Schreiben | Sprechen und Zuhören | Sprache | Lesen und Medien

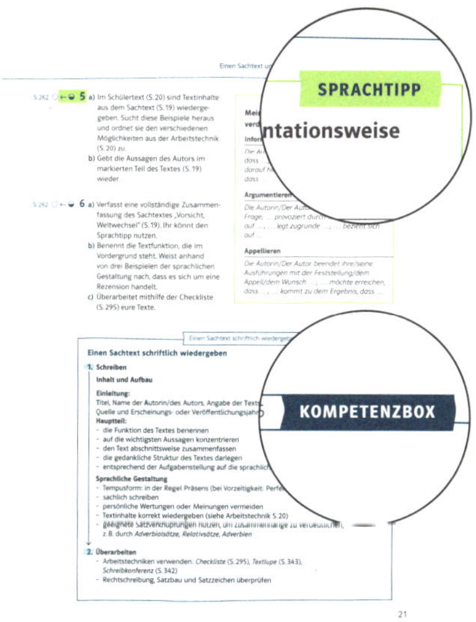

Arbeitstechniken unterstützen euch beim Lösen der Aufgaben.
Sprachtipps helfen euch beim Formulieren.
Kompetenzboxen sagen euch, was ihr wissen und können müsst.

Trainieren

Trainingsplatz
Hier könnt ihr nach einem oder mehreren Teilkapiteln alles das üben, was ihr zuvor gelernt habt.

Übe

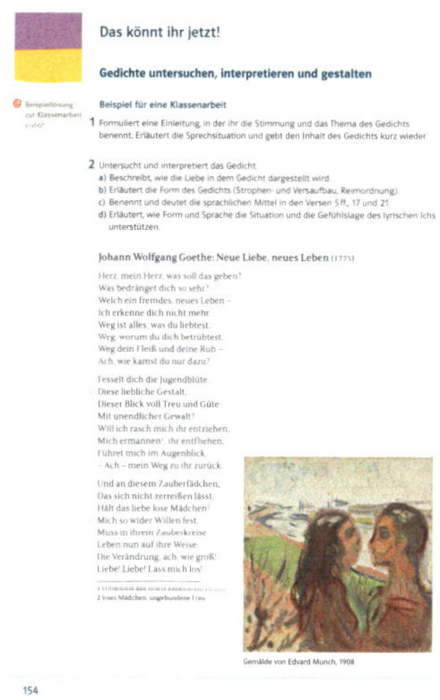

Das könnt ihr jetzt!
Hier bereitet ihr euch auf Klassenarbeiten und Tests vor.
Mit den Lösungen in eurem Buch könnt ihr euch selbst überprüfen.
Beispiellösungen für die Klassenarbeiten findet ihr im Online-Bereich.

Selbstlernen

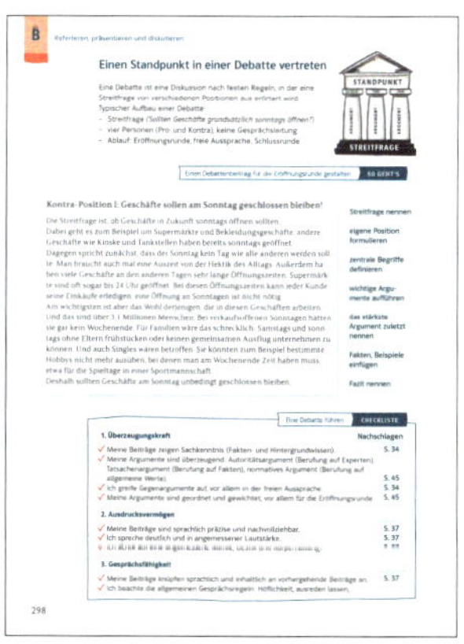

Lerninseln
Hier könnt ihr nachschlagen, wenn euch etwas unklar ist.
So geht's-Beispiele zeigen euch, wie ihr euer Wissen anwendet.
Checklisten helfen euch eure Ergebnisse zu überprüfen.

Symbole

○ ◒ ●	einfache, mittlere, schwierige Aufgabe
S. 280 ○ ← ◒	mittlere Aufgabe wird mit Starthilfe einfach
S. 280 ◒ ← ●	schwierige Aufgabe wird mit Starthilfe mittel
6	Übungsaufgabe
6	Aufgabe mit sprachlichen Übungen
MK	Aufgabe zur Entwicklung von Medienkompetenz
6 EXTRA	Zusatzaufgabe, Projekt

Rechtschreibstrategien

↱↰	verwandte Wörter suchen
→	Wörter verlängern
◡	Wörter zerlegen und Silbe für Silbe mitsprechen
A?a	Substantive und Substantivierungen großschreiben
⇥	nachschlagen

Starthilfen → S. 265

3 Alles unter Kontrolle?!

Starthilfen → S. 267

4 Auf ins neue Leben

Starthilfen → S. 269

5 Unerwartete Begebenheiten

Starthilfen → S. 271

6 Unzertrennlich

Starthilfen → S. 273

Starthilfen → S. 276

Starthilfen → S. 277

Starthilfen → S. 280

Starthilfen → S. 280

11 Wasserwelten

Starthilfen → S. 283

12 Außergewöhnliche Persönlichkeiten

Starthilfen → S.284

13 Last-Minute-Tipps
Regeln und Strategien der Rechtschreibung anwenden 244

Texte:

Lerninseln

1 Science-Fiction: Auf in neue Welten

Sich und andere informieren

A

Jules Verne: Der Vater der Science-Fiction[1] (2016, Ausschnitt aus einem Sachbuch)

Jules Verne wird zurecht als „Vater der Science-Fiction“ bezeichnet. Als erster Autor überhaupt rückt er wissenschaftlich-technische Vorgänge in den Mittelpunkt von Romanen. Zu Jules Vernes bekanntesten Figuren gehören Kapitän Nemo in seiner „Nautilus“ („20.000 Meilen unter dem Meer“), der Weltreisende Phileas Fogg („In 80 Tagen um die Welt“) oder Professor Lidenbrock („Die Reise zum Mittelpunkt der Erde“). [...] In einer Zeit des industriellen Aufbruchs nutzte Jules Verne den fast blinden Glauben der Menschen an die Wunderkraft der Technik. Verne studierte eifrig neue Erfindungen, lotete ihre Einsatzmöglichkeiten aus und verknüpfte die sich abzeichnenden Trends mit seiner erstaunlichen Fantasie. Er schrieb über die Zukunft, wie er sie sich vorstellte und vielleicht auch ein Stück weit erträumte. [...]
In seinen Romanen entwarf Jules Verne Welten, die sich seine Zeitgenossen beim besten Willen nicht vorstellen konnten.

1 Science-Fiction: engl.: science: Wissenschaft, fiction: Fiktion, etwas Vorgestelltes, Erdachtes

1

Das Unterseeboot Nautilus aus dem Roman „20.000 Meilen unter dem Meer“ von Jules Verne (1828–1905)

1 **a)** Besprecht, was ihr unter Science-Fiction versteht.
b) Untersucht, welche typischen Elemente von Science-Fiction in den Texten A und B (S.11) vorkommen.

2 Erklärt anhand der zwei Bilder 1 und 2 (S.11), woran man erkennen kann, dass es sich um Science-Fiction handelt.

Das lernt ihr jetzt!

1.1 Funktionen von Sachtexten unterscheiden

1.2 einen Sachtext untersuchen und schriftlich wiedergeben

1.3 ein Referat vorbereiten und mediengestützt präsentieren

B

Ursula Poznanski: Cryptos (2020, Ausschnitt aus dem Klappentext)

Wohin gehen wir, wenn wir nirgendwo mehr hinkönnen?

Kerrybrook ist Janas Lieblingswelt: Ein idyllisches Fischerdorf mit viel Grün und geduckten Häuschen. Es gibt Schafe, gemütliche Pubs[1] und vom Meer her weht ein kühler Wind. Manchmal lässt Jana es regnen. Meistens dann, wenn es an ihrem Arbeitsplatz mal wieder so heiß ist, dass man kaum mehr atmen kann.

Jana ist Weltendesignerin. An ihrer Designstation entstehen alternative Realitäten, die sich so echt anfühlen wie das reale Leben: Fantasyländer, Urzeitkontinente, längst zerstörte Städte. Aber dann passiert ausgerechnet in Kerrybrook, der friedlichsten Welt von allen, ein spektakuläres Verbrechen. Und Jana ist gezwungen zu handeln …

1 der Pub: Kneipe

2

„Star Wars – Der Aufstieg Skywalkers" (2019, Film)

Ergebnisse der TAMoLi

(Texte, Aktivitäten und Motivationen im Literaturunterricht der Sekundarstufe I)

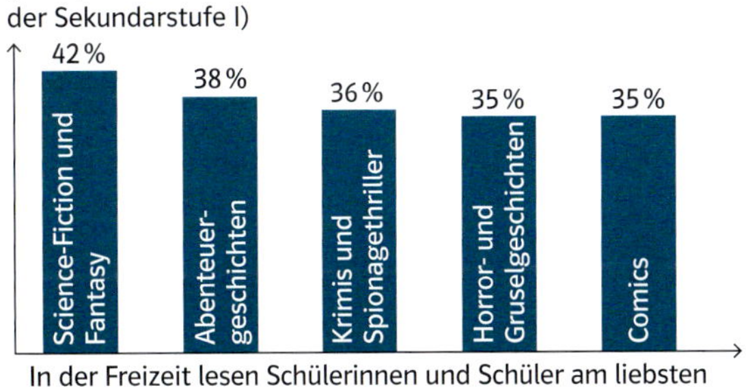

Quelle: Ernst Klett Verlag

MK **3** **a)** Tauscht euch darüber aus, welche Science-Fiction-Filme oder -Serien euch gefallen. Begründet eure Meinung.

b) Vergleicht eure Lesevorlieben mit dem Diagramm. Begründet, warum ihr gern Science-Fiction-Literatur lest oder warum nicht.

MK **4** Besprecht, wie man sich gezielt über Science-Fiction informieren kann.

1.1 Ein Blick in die Zukunft · Funktionen von Sachtexten unterscheiden

○ **1** Lest nur die Überschriften der drei Texte (S. 12 f.) und besprecht, was ihr von ihnen erwartet.

1 Was ist Science-Fiction? (2012, Ausschnitt aus einem Lexikon)

Science-Fiction: […] die Sammelbezeichnung für Romane, Erzählungen, Hörspiele, Comics, Filme und Fernsehserien […], deren Gegenstand die Darstellung einer zumeist in kosmischen Dimensionen gesehenen, zukünftigen Welt ist, in der den Menschen durch den Fortschritt der wissenschaftlich-technischen Entwicklung ungeahnte, z. T. aber den physikalischen Gesetzen widersprechende Möglichkeiten eröffnet sind: Weltraumfahrten bis an die Grenzen des Universums, Reisen in zukünftige oder vergangene Zeiten, Entdeckung und Besiedlung ferner Sterne, eine völlige Umgestaltung der Lebensbedingungen auf der Erde usw. Oft gestaltetes Thema ist die Invasion der Erde durch außerirdische Wesen.

2 Gabriele Teutloff: Science-Fiction als Chance für den Unterricht!?

(2006, Ausschnitt aus einer Fachzeitschrift)

Ein guter [Science-Fiction]-Autor kann den Leser gedankenschnell in eine unbekannte Welt versetzen: Man bewegt sich in interstellaren Räumen[1] und berechnet Entfernungen in Lichtjahren statt in Kilometern. Energieschirme, Photonenantrieb, Telebeamer und Materiekonverter werden zu selbstverständlichen Standards. In kosmischen Cafés trifft man auf außerirdische Lebensformen mit bizarrem[2] Äußerem und ebenso abstrusen[3] Gewohnheiten. Verletzungen verheilen innerhalb von Sekunden und wenn überhaupt Nahrung gebraucht wird, wird sie auf Wunsch per Knopfdruck materialisiert. […]

Der Leser eines [Science-Fiction]-Romans kann das Undenkbare denken und nie Gesehenes beobachten. [Science-Fiction]-Romane bieten für jeden etwas – für den Pessimisten, den Optimisten, den Suchenden, den Sehnsüchtigen, den Fantasten, den Abenteurer, den Technikbegeisterten. Science-Fiction nimmt den Leser mit auf eine Reise – wenn er sich darauf einlässt. Das ist nichts Ungewöhnliches, das macht eigentlich jede Literatur. Das Besondere an [Science-Fiction]-Literatur ist die Vielfalt ihrer Themen und deren Projektion in eine zukünftige Welt. […]

Dabei verfolgen einige [Science-Fiction]-Romane ausgesprochen pädagogische Ziele, indem sie vor bedrohlichen Entwicklungen warnen und zu Verhaltensänderungen animieren[4]. […]

Ein besonderer Reiz für den Unterricht kann darin bestehen, vom Autor nicht erkannte Widersprüche aufzudecken oder die Wahrscheinlichkeit der visionären[5] Szenarien abzuwägen. Ebenso reizvoll kann es sein, alte [Science-Fiction]-Romane daraufhin zu analysieren, welche wissenschaftlichen Entwicklungen sie vorweggenommen haben bzw. welche Prognosen nicht oder anders als vermutet eingetreten sind. […]

Skeptiker halten dem entgegen, dass die Beschäftigung mit fantastischen Zukunftsvisionen Jugendliche überfordere, die oft noch nicht einmal Phänomene aus ihrer unmittelbaren Lebensumwelt verstehen. Wenn sie sich per TV oder Kinofilm auf eine Reise „in die unendlichen Weiten des Weltalls“ begeben, fällt es tatsächlich (nicht nur) vielen Jugendlichen schwer, Realität und Fiction auseinanderzuhalten.

---

1 der interstellare Raum: sternfernes Weltraumgebiet innerhalb einer Galaxie 2 bizarr: ungewöhnlich, seltsam 3 abstrus: unklar, verworren 4 animieren: ermuntern, anregen 5 visionär: traumhaft, vorausgesehen

3 Friederike Kipar: Wow! Was für ein Buch! (2020, Ausschnitt aus einer Rezension)

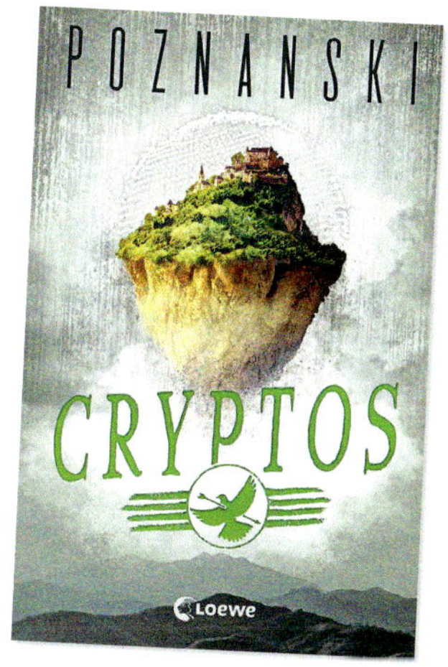

Venedig ist schon längst untergegangen und auch die Fidschi-Inseln sind Geschichte. Auch der Versuch, diese Orte virtuell wieder aufleben zu lassen, ist gescheitert, denn kaum jemand macht einen Transfer[1] nach Venedig. Wahrscheinlich, weil niemand Sehnsucht nach diesem Ort hat. Wie soll man denn auch Sehnsucht nach etwas haben, das man gar nicht kennt ...

Ursula Poznanski siedelt ihren neuen Roman zwar auf der Erde an, jedoch nicht in der Welt, wie wir sie heute kennen. Denn „Cryptos" spielt in der Zukunft. Auf einer Erde, die zum einen Teil durch die Hitze vollkommen vertrocknet und zum anderen durch die vielen Naturkatastrophen überflutet und zerstört worden ist. Ein Leben, wie wir es kennen, ist auf diesem Planeten nicht mehr möglich.

Da es jedoch nach wie vor sehr viele Menschen gibt, wurde etwas erschaffen, was es bisher nicht gab: Die Flucht des Geistes in virtuelle Welten.

Damit ist nicht gemeint, dass die Menschen vor dem Computer sitzen und Spiele spielen, sondern etwas, das (wenn man einmal darüber nachdenkt und die Sache mit der überhitzen Erde außer Acht lässt) sehr reizvoll ist: Die Menschen leben nämlich nicht mehr in Häusern, sondern liegen in körpergroßen Kapseln, die überall auf der Welt in Bungalows stehen. Im Geiste sind sie jedoch in anderen Welten und leben dort ihr richtiges Leben. In Welten, wie zum Beispiel dem irisch anmutenden Städtchen Kerrybrook, in dem es Schäfer gibt und zwei Pubs, in denen sich das Leben abspielt. Man kommt zusammen, man trinkt, man unterhält sich, man lässt es sich gut gehen. [...] Dann jedoch wird in Kerrybrook, diesem friedlichen Ort, jemand umgebracht.

Das wäre jetzt nicht weiter tragisch, denn wenn man in den Welten stirbt, stirbt man nur in dieser Welt und kann einfach wieder nach einem „Realitätsstopp" in der Kapsel auf der Erde in die Fantasiewelt zurückkehren. In diesem Fall ist es aber so, dass die getötete Person in ihrer Kapsel einen Stromstoß bekommen hat und nun wirklich tot ist. Ein für alle Mal.

Jana beschließt der Sache auf den Grund zu gehen ...

Ganz ehrlich: Eigentlich hatte ich nicht vor, dieses Buch zu lesen. Das gefühlt x-te Buch zum Thema Zukunft der Erde und Klimawandel. Dann wurde mir der Titel jedoch so angepriesen, dass ich dachte, es könne ja nicht schaden, die ersten Seiten zu lesen. Nun, es hat mir definitiv nicht geschadet, denn was hätte ich da verpasst! Bei „Cryptos" handelt es sich nämlich mitnichten um die x-te Dystopie[2], in der man das Gefühl hat, dass alles schonmal irgendwie dagewesen ist, wie bei so manch anderem Buch. Nein, Ursula Poznanski kreiert hier etwas wirklich Neues. Das gepaart mit der Tatsache, dass sie einfach unglaublich fesselnd schreibt, ist einer der Gründe, weshalb ich „Cryptos" so gut finde und es eines meiner Highlights des Jahres 2020 ist.

[...] Ursula Poznanski hat hier eine absolut faszinierende, durchdachte und fesselnde Fantasy-Dystopie geschrieben, die ich sowohl in der Erwachsenen-Abteilung als auch in der Jugendbuch-Abteilung sehe. Ich lege „Cryptos" allen ans Herz, die beim Lesen in eine andere Welt abtauchen und alles um sich herum vergessen möchten. Wie ich.

---

1 der Transfer: hier: sehr schnelle Reise, Transport 2 die Dystopie: erfundene, in der Zukunft spielende Erzählung mit negativem Ausgang

S.262 ○ ← ◒ **2** Erschließt die Texte **1** – **3** (S. 12 f.).

Lesetechniken → S. 292

a) Benennt jeweils das Thema des Textes.

b) Arbeitet in jedem Text die wichtigsten Aussagen heraus.

◒ **3** **a)** Diskutiert, ob Science-Fiction-Literatur im Unterricht behandelt werden sollte. Nutzt dazu die Texte **1** – **3** (S. 12 f.).

b) Besprecht, welcher Text (S. 12 f.) euch die meisten Argumente liefert.

S.262 ○ ← ◒ **4** **a)** Bestimmt für jeden der drei Texte (S. 12 f.) die Absicht. Nennt Textstellen, an denen ihr die Absicht erkannt habt. Achtet dabei auch auf die sprachliche Gestaltung.

b) Untersucht, inwiefern sich die Absicht der Texte (S. 12 f.) bereits in den Überschriften zeigt.

S.262 ○ ← ◒ **5** Erklärt am Beispiel des Textes **3** (S. 13), welche Probleme sich bei der Zuordnung der Funktion ergeben können.

6 **EXTRA** Skeptiker behaupten, Science-Fiction-Romane würden Jugendliche überfordern und ihnen Angst einflößen, weil sie nicht in der Lage seien, zwischen Realität und Fiktion zu unterscheiden. Positioniert euch zu dieser Meinung und begründet euren Standpunkt.

KOMPETENZBOX

Funktionen von Sachtexten unterscheiden

Je nach Absicht der Autorin/des Autors unterscheidet man verschiedene Funktionen von Sachtexten. Viele Sachtexte erfüllen mehrere Funktionen gleichzeitig, aber in der Regel steht eine Funktion im Vordergrund.
Klärt die Absicht des Textes und achtet auch auf Anlass, Aktualität, Quelle und Adressatenkreis.

informieren	argumentieren	appellieren
– Fakten nennen – Begriffe definieren – Sachverhalte beschreiben – Zusammenhänge erklären – z. B. *Lexikonartikel, Bericht, …*	– Meinung vertreten – Argumente aufführen – Schlussfolgerungen ziehen – z. B. *Leserbrief, Stellungnahme, Kommentar, …*	– für etwas werben – zu etwas aufrufen oder auffordern – z. B. *Werbetext, politische Rede, Onlinepetition, Rezension, …*
Häufige sprachliche Mittel können z. B. sein:		
– sachlicher, nicht wertender Stil – Passiv und Passivumschreibungen *(man kann bezeichnen, lässt sich einordnen)* – Konjunktionen und Adverbien *(da, weil, darum, dort)* – …	– Konjunktionen und Adverbien *(obwohl, sodass, deshalb, trotzdem)* – wertende Substantive (Nomen) und Adjektive *(Unfug, großartig)* – …	– Modalverben *(sollen, müssen)* – Imperative *(Lest dieses tolle Buch!)* – rhetorische Fragen *(Wer wünscht sich nicht, dass alle Probleme plötzlich gelöst sind?)* – …

1.2 Eine Reise durch Raum und Zeit · Einen Sachtext untersuchen und schriftlich wiedergeben

Den Sachtext untersuchen

1 Tauscht euch darüber aus, inwiefern die Wissenschaft auch von den Ideen der Science-Fiction profitieren kann.

Hörverstehen
g33f8c

Wissenschaft, inspiriert durch Science-Fiction

Schon der wahrscheinlich allererste Science-Fiction-Roman war einfach nur hanebüchen[1]: Da leben Aliens auf dem Mond, gegen die Atemnot im All hilft ein feuchter Schwamm vor der Nase. Manche Kritiker würden abwinken und rufen: „Alles unrealistisch!" Wüssten sie aber den Namen des Urhebers, wer weiß, sie würden womöglich verstummen. Denn es war der große Astronom und Naturphilosoph Johannes Kepler, der in seiner Erzählung „Somnium" (lateinisch für „der Traum") eine Traumreise zum Mond beschrieb – im Jahr 1608, einige Zeit, bevor Galileo Galilei sein Teleskop auf die Sterne richtete, und mehr als 300 Jahre, bevor der US-Astronaut Neil Armstrong seinen Fuß auf den Mond setzte.

Die Mondlandung war also 1969 eigentlich schon ein alter Hut. Zumindest, wenn man von der Idee ausgeht. Kepler beschreibt in seinem Roman eine Space Odyssee[2], spart nicht mit physikalischen Details über die Schwerelosigkeit im All und spekuliert über die Verhältnisse, die auf dem Erdtrabanten[3] wohl herrschen mögen. Auch wenn vieles nicht besonders realistisch ist, so war Keplers Idee doch prophetisch[4]. […]

Die Mondlandung ist ein gutes Beispiel dafür, wie sehr der Gang der Welt und auch die Entwicklung der Wissenschaft und Technologie sich in den Geschichten zeigen, die man liest oder in Filmen sieht – und wie sehr diese wieder zurückspiegeln in die Wissenschaft. […] Denn natürlich ist es wichtig, sich mit den Gedankenentwürfen über die Zukunft zu befassen. Die Menschheit verändert ihre Lebenswelt in solchem Tempo, dass die Visionen von gestern schnell zur Realität von heute werden können. Science-Fiction ist außerdem schon seit Langem keine Domäne[5] pickliger Nerds mehr: Längst im Mainstream angekommen, beeinflusst sie die Meinung der Menschen über die Wissenschaft – und zugleich auch ihre Richtung. Sie spiegelt unser Weltbild und weist auf gesellschaftliche Themen, die kommen werden.

Es gibt unzählige Anekdoten darüber, welche Technologien zuerst in fiktionalen Geschichten auftauchten und später Teil der Wirklichkeit wurden. Als Klassiker gilt Stanley Kubricks „2001: Space Odyssey" [aus dem Jahr 1968], in dem sprechende Computer, künstliche Intelligenz, tabletähnliche Computerflundern, ebenfalls eine Mondlandung und viele andere visionäre Gadgets[6] auftauchen. Nicht umsonst hieß das erste Klapphandy StarTac in Anlehnung an Star Trek, in dem bekanntermaßen schon lange mit „Kommunikatoren" telefoniert wurde, die im Grunde wie heutige Handys aussehen. […]

Überhaupt ist der Einfluss fiktionaler Geschichten viel größer, als ein paar visionäre Gadgets in Filmszenerien glauben machen. „In den USA gibt es eine enge Verflechtung zwischen Hollywood und der Raumfahrtforschung", sagt Alexandra Ganser, Professorin für Amerikanistik an der Universität Wien. Sie untersucht in einem eigenen Forschungsprojekt die Zukunftsvisionen

1 hanebüchen: skandalös, unglaublich 2 die Space Odyssee: lange, abenteuerliche Irrfahrt durch das Weltall 3 der Erdtrabant: Mond der Erde 4 prophetisch: voraussehend 5 die Domäne: Gebiet, auf dem jemand Bescheid weiß 6 das Gadget: kleiner, raffinierter technischer Gegenstand

Hollywoods und wie sich diese in der US-amerikanischen Politik und Wissenschaftslandschaft niederschlagen. [...]

Auch die didaktischen[7] Filme „Man and the Moon" und „Man in Space" von Walt Disney aus dem Jahr 1955 sind schöne Beispiele. Darin erklärt der deutsche Raketenkonstrukteur Wernher von Braun, der nach dem Zweiten Weltkrieg für die NASA arbeitete, wie die Raumfahrt funktioniert, ergänzt durch Cartoonszenen. Diese Zusammenarbeit setzte sich im 21. Jahrhundert fort. „Der Film ‚Der Marsianer' von Ridley Scott wäre nicht entstanden ohne das Expertenwissen der NASA, sie war auch sehr an der Vermarktung des Films beteiligt", sagt Ganser. Die NASA unterhalte ein eigenes Kulturbüro, das PR[8] macht und Einfluss nimmt auf kulturelle Institutionen[9]. „Im Gegenzug eröffnen solche Science-Fiction-Filme Spielräume für das Denken, wecken Interesse und regen zu Ideen an, die dann später wiederum in der Wissenschaft aufgegriffen werden", sagt Ganser. [...]

Das Genre Science-Fiction verändert sich außerdem: Es wird immer ernsthafter und wissenschaftlicher. [...] „Fiktion und Wissenschaft gehen hier Hand in Hand", kommentiert Ganser. Doch genau darin liegt aus ihrer Sicht auch eine Gefahr: „Es vermischen sich Fiktionalität und Projektionen in die Zukunft mit der Realität. Es wird impliziert[10], dass es eine natürliche Entwicklung zum Leben auf dem Mars gibt, dass es im Wesen der Menschheit liegt, zu expandieren." [...] „Es wird mit diesen Filmen und Serien vermittelt, dass die Menschheit auf der Erde nicht überleben kann und eine Expansion[11] ins Weltall unvermeidlich ist, der logische nächste Schritt. Dabei ist das wiederum wirklich reine Fiktion." Viel sinnvoller sei es, den Pioniergeist dafür aufzubringen, die Erde nicht zu zerstören, als die Vorstellung zu verbreiten, es sei leicht machbar, das Universum nachhaltig zu gestalten. [...] „Aktuell sind Apokalypsen und Dystopien[12] sehr en vogue[13]. Dabei brauchen wir positive Erzählungen über die Zukunft, die mehrere Möglichkeiten offenlassen – damit wir uns nicht reale Handlungsmöglichkeiten verbauen."

(Judith Blage, 2019, Ausschnitt, Süddeutsche Zeitung online)

1966–1969 erschien die Science-Fiction-Serie „Raumschiff Enterprise". Die Crew telefoniert mit diesem sogenannten Kommunikator, der den ersten Handys (ab 1983) verblüffend ähnlich sieht.

---

7 didaktisch: pädagogisch, lehrhaft **8** PR: Öffentlichkeitsarbeit **9** die kulturelle Institution: z. B. Theater oder Museum **10** impliziert: mit eingeschlossen **11** die Expansion: Vergrößerung, räumliche Ausdehnung **12** die Dystopie: erfundene, in der Zukunft spielende Erzählung mit negativem Ausgang **13** en vogue: modisch

2 Nennt aus dem Text Beispiele für Erfindungen, die ihren Ursprung in der Science-Fiction haben.

3 Erschließt den Inhalt des Textes.

a) Klärt unbekannte Wörter aus dem Textzusammenhang oder schlagt sie nach.
b) Unterteilt den Text in thematische Sinnabschnitte.
c) Formuliert die wichtigsten Aussagen jedes Abschnitts.

4 Entscheidet, welche der folgenden Aussagen das Thema des Textes (S.15 f.) am besten trifft. Begründet eure Wahl.

A Der Sachtext „Wissenschaft, inspiriert durch Science-Fiction“ erläutert die Gefahren, die sich aus dem Wechselspiel von Science-Fiction und Wissenschaft ergeben.
B Die Autorin Judith Blage thematisiert in ihrem Sachtext „Wissenschaft, inspiriert durch Science-Fiction“ verschiedene Science-Fiction-Beispiele und deren Umsetzung in der Realität.
C Im Sachtext „Wissenschaft, inspiriert durch Science-Fiction“ geht die Autorin Judith Blage darauf ein, wie sich Wissenschaft und Science-Fiction gegenseitig beeinflussen und welchen Nutzen man daraus ziehen kann.

S.262 **5** Klärt die gedankliche Struktur des Textes (S.15 f.) und ergänzt das Flussdiagramm.

Einstieg: Hinführung zur Science-Fiction-Literatur
- Beispiel: Johannes Kepler „Somnium“, 1608
- erster Science-Fiction-Roman 361 Jahre vor der ersten Mondlandung
- detailreiche Schilderungen des Weltraums

↓

1. Aspekt:
- Science-Fiction inspiriert Wissenschaft
- ...

Beispiel: ...

↓

2. Aspekt:
- ...

Beispiel: ...

↓

3. Aspekt:
- ...

Beispiel: ...

↓

Schlussfolgerung/Fazit: ...

S.262 **6** **a)** Ordnet den Text (S.15 f.) einer Funktion zu und begründet.
MK **b)** Der Text (S.15 f.) wurde von der Süddeutschen Zeitung veröffentlicht. Welche Rückschlüsse lassen sich auf die Verlässlichkeit des Textes und den Adressatenkreis ziehen?

S.262 **7** Untersucht auffällige sprachliche Mittel des Textes (S.15 f.) und erläutert, welche Wirkung damit erzielt wird. Nutzt die Kompetenzbox (S.18).

Internetrecherche → S.322

MK **8** **EXTRA** Stellt einen Aspekt des Textes (S.15 f.) heraus, den ihr besonders interessant findet. Formuliert offene Fragen, die im Text nicht beantwortet werden. Recherchiert Antworten im Internet und achtet dabei auf verlässliche Quellen.

Einen Sachtext untersuchen S. 294 **KOMPETENZBOX**

Einen Sachtext untersuchen

Ihr könnt in drei Schritten vorgehen:
- Erschließt den Inhalt.
- Bestimmt die Funktion des Textes.
- Untersucht auffällige sprachliche Mittel.

1. Den Inhalt erschließen
- unbekannte Wörter klären
- Text in Abschnitte einteilen und die gedankliche Struktur erfassen
- Schlüsselwörter markieren
- abschnittsweise die wichtigsten Aussagen notieren
- das Thema formulieren

2. Die Funktion bestimmen
- Absicht des Textes klären
- vorwiegende Funktion (informieren, argumentieren oder appellieren) erkennen
- auf Anlass, Aktualität, Quelle und Adressatenkreis achten

3. Auffällige sprachliche Mittel untersuchen

Untersuchungsschwerpunkte	***Beispiele***	***Mögliche Wirkung***
Leseransprache	Verwendung von Pronomen wie *„wir"* und *„du"*	*Einbezug der Leserin/ des Lesers*
Satzbau und Satzarten		
- Aufforderungssatz	*Das musst du lesen!*	*Betonung*
- Fragesatz	*Wohin gehen wir, wenn wir nirgendwo mehr hinkönnen?*	*Gliederung des Textes*
- Ellipse	*Ohne Wenn und Aber.*	
- Parataxe (Hauptsätze)	*Im Gegenzug eröffnen solche Science-Fiction-Filme Spielräume für das Denken. Sie wecken Interesse und regen Ideen an.*	*Verständlichkeit*
- Hypotaxe (komplexe Satzgefüge) - ...	*Es wird impliziert, dass es eine natürliche Entwicklung zum Leben auf dem Mars gibt, dass es im Wesen der Menschheit liegt, zu expandieren.*	*Herstellen von Zusammenhängen*
weitere sprachliche Auffälligkeiten		
- Neologismus (Wortneuschöpfung)	*Computerflunder*	*Hervorhebung, Betonung, Bewertung, Meinungsbildung*
- Anglizismus	*worst case*	
- Wortspiel	*Räumschiff (Kehrmaschine)*	
- Aufwertung, positiv besetzter Ausdruck	*unbeschwert, abenteuerlich*	
- Abwertung, negativ besetzter Ausdruck	*beschwerlich, bedenklich*	
- Hyperbel (Übertreibung)	*tausendfach erlebt*	
- Fremdwörter	*pragmatisch, narzisstisch*	*Vermittlung von Wissenschaftlichkeit,*
- rhetorische Frage (Scheinfrage) - ...	*Was sind aber nun die angeblichen Nachteile von Science-Fiction-Literatur?*	*Gliederung des Textes*

Den Sachtext schriftlich wiedergeben

Axel Weidemann: Vorsicht, Weltwechsel **(2020, Ausschnitt aus einer Rezension zu Ursula Poznanskis Roman „Cryptos" im Feuilleton[1] der Frankfurter Allgemeinen Zeitung)**

Ist das eigentlich vorstellbar, die Umkehrung der lebensweltlichen Anteile von Realität [...] und Virtualität[2]? Dass der Mensch also mehr als zwanzig Stunden seines Lebens in Welten verbringt, deren Wirklichkeit sich größtenteils dadurch auszeichnet, dass sie besser oder extremer ist als die eigentliche; so ganz praktisch und real? Vorstellbar [...] ist eben alles. Und dass sich die Fluchtpunkte von Menschen, ihren Gedanken, ihren Debatten[3], ihrem Zorn und ihren Ängsten schon zu einem stetig steigenden Anteil in virtuelle (nicht zwangsläufig immer digitale) Räume verlagert haben, kann jeder Mensch mit einem internetfähigen Gerät und etwas Abstand leicht bemerken. [...]

Entscheidend ist: Noch hat der Mensch eine Wahl, ob er sich diesem Weltwechsel unterziehen will.

In Ursula Poznanskis Jugend-Thriller „Cryptos" hat die beschriebene Umkehrung etwa achtzig Jahre in der Zukunft bereits stattgefunden: Menschen fristen ihr Leben in Kapseln, die in Wohndepots in kargen Zellen stehen. Über spezielle Anzüge und Masken, die Körperempfindungen simulieren, den Körper automatisch versorgen und dessen Abfallprodukte abführen, sind die Menschen mit virtuellen Welten verbunden, in denen sie aufwachsen, lernen, lieben, abschalten. Doch keine virtuelle Welt ohne Wettbewerb: Man kann an Spielen, Rätseln oder Schnitzeljagden teilnehmen, um Geld (jede Welt hat ihre eigene Währung) für Aussehensveränderungen oder weitere Zugangspässe für andere, bessere Welten zu erwerben. [...]

Dass auch die virtuellen Welten lebensgefährlich sein können, erfährt eine junge Frau namens Jana Pasco bald am eigenen Leib. Für den mächtigen Weltenschmiede-Konzern „Mastermind" erschafft die talentierte Designerin Welten [...].

In ihnen kommt es seit kurzem regelmäßig zu Unregelmäßigkeiten. Nutzer verschwinden, andere werden umgebracht. Normalerweise ist das kein Problem. Wer virtuell stirbt, wacht in seiner Kapsel wieder auf, muss eine halbe Stunde pausieren und kann bald wieder abtauchen. Nun aber kommen die Leute nicht zurück. Natürlich geht Jana der Sache auf den Grund. Natürlich macht ihr das Unternehmen Druck. Und natürlich wird es höchst bedrohlich. [...]

Videospiele und virtuelle Welten sind für die Schriftstellerin Ursula Poznanski nicht irgendein Modethema. Bereits 2010 hatte sie mit ihren Roman „Erebos" eine große Leserschaft erworben. [...]

Ihr Kniff, nach einer Klimakatastrophe nicht die überhitzte Welt, sondern das menschliche Leben einzufrieren, ist schlüssig, weil sich der Trend, der jedem Menschen seine persönliche Wunschwelt verspricht, längst bildgewaltig auf den heimischen Bildschirmen abzeichnet. [...]

Der Bau künstlicher Ersatzwelten ist längst in vollem Gange – ihre Vorreiter waren sogenannte „Massively Multiplayer Online Role-Playing Games"[4] [...]. Heute haben die Spiele schlicht mehr virtuellen Zuckerguss auf ihrer Oberfläche.

Auf Zuckerguss und Schnörkel verzichtet Poznanski in ihrer klaren Sprache und Erzählstruktur. Und „Cryptos" fügt dem Themenspektrum der Computerspiele etwas entscheidend Neues hinzu: Es geht [...] darum, was passiert, wenn die erschaffenen Welten plötzlich ein Eigenleben beginnen, das sich der Kontrolle ihres Schöpfers entzieht.

---

1 das Feuilleton: literarischer, kultureller oder unterhaltender Teil einer Zeitung **2** die Virtualität: etwas Erfundenes, das aber der wirklichen Welt ähnlich ist **3** die Debatte: Streitgespräch **4** das Massively Multiplayer Online Role-Playing Game: Computer-Rollenspiel, ausschließlich über das Internet spielbar, es können gleichzeitig mehrere tausend Spieler eine virtuelle Welt bevölkern

1 Besprecht, ob ihr den Roman „Cryptos“ lesen würdet. Begründet eure Meinung.

S. 262 **2** Untersucht den Sachtext (S. 19) in drei Schritten: Erschließt den Inhalt. Bestimmt die Funktion. Untersucht auffällige sprachliche Mittel. Notiert Stichpunkte.

S. 262 **3** Klärt mithilfe des folgenden Beispiels, welche Informationen in die Einleitung gehören.

> *In der Rezension „Vorsicht, Weltwechsel“, erschienen im Jahr 2020 im Feuilleton der Frankfurter Allgemeinen Zeitung, verdeutlicht der Autor Axel Weidemann die Aktualität des Jugendromans „Cryptos“ von Ursula Poznanski.*

4 Untersucht den folgenden Ausschnitt aus dem Hauptteil einer Zusammenfassung des Sachtextes „Vorsicht, Weltwechsel“ (S. 19). Welche Merkmale weist eine schriftliche Wiedergabe eines Sachtextes auf?

> *Im ersten Abschnitt (Z. 1–19) stellt sich der Autor die Frage, ob ein Leben in einer nicht realen, gedachten Welt vorstellbar ist, wie es Ursula Poznanski in ihrem Jugendroman „Cryptos“ darstellt (vgl. Z. 1ff.). Das vollständige Leben in virtuellen Scheinwelten sei zwar eine Idee des Romans. Allerdings ist laut Weidemann die Realität durch zahlreiche Angebote im Internet und in „virtuelle[n] […] Räume[n]“ (Z. 12 ff.) nicht mehr weit davon entfernt. Nach Weidemann ist es das Ziel, eine bessere Wirklichkeit zu schaffen und aus der Realität zu fliehen (vgl. Z. 35 f.). Dabei besteht der größte Unterschied darin, dass der Mensch momentan noch die Wahl habe.*

ARBEITSTECHNIK

Wiedergabe von Textinhalten

Zusammenfassen von Abschnitten (paraphrasieren)

Zusammenfassen von Abschnitten (paraphrasieren)	***Beispiele***
– Indikativ – Fundstelle mit vgl. (vergleiche) in Klammern	*Weidemann lobt sowohl die Erzählstruktur als auch den Ideenreichtum der Autorin (vgl. Z. 72–80).*

Wörtliches Zitieren

– in Anführungszeichen, Fundstelle in Klammern – Auslassungen durch eckige Klammern kennzeichnen […] – grammatikalische Änderungen in eckigen Klammern kennzeichnen	*Im Jugendroman „Cryptos“ leben die Menschen in ständigen Computersimulationen, „deren Wirklichkeit […] besser oder extremer ist“ (Z. 5 ff.).*

Indirekte Wiedergabe von Aussagen

– Konjunktiv I oder Konjunktiv II oder *würde*-Umschreibung	*Im Jugendroman „Cryptos“ habe die Umkehrung von Realität und Virtualität bereits stattgefunden.*
– *dass*-Satz mit Indikativ oder Konjunktiv möglich	*Der Autor betont, dass die Gefahr des Kontrollverlusts besteht.*
– Präposition „nach“, „laut“ oder „für“ und Indikativ, Fundstelle mit vgl. (vergleiche) in Klammern	*Nach Weidemann geht die entworfene Scheinwelt in „Cryptos“ weit über ein normales Computerspiel hinaus (vgl. Z. 76–80).*

S.262 ○←◒ **5** **a)** Im Schülertext (S.20) sind Textinhalte aus dem Sachtext (S.19) wiedergegeben. Sucht diese Beispiele heraus und ordnet sie den verschiedenen Möglichkeiten aus der Arbeitstechnik (S.20) zu.
b) Gebt die Aussagen des Autors im markierten Teil des Textes (S.19) wieder.

S.262 ○←◒ **6** **a)** Verfasst eine vollständige Zusammenfassung des Sachtextes „Vorsicht, Weltwechsel" (S.19). Ihr könnt den Sprachtipp nutzen.
b) Benennt die Textfunktion, die im Vordergrund steht. Weist anhand von drei Beispielen der sprachlichen Gestaltung nach, dass es sich um eine Rezension handelt.
c) Überarbeitet mithilfe der Checkliste (S.295) eure Texte.

SPRACHTIPP

Meinung und Argumentationsweise verdeutlichen

Informieren

Die Autorin/Der Autor informiert darüber, dass …; … leitet ein, indem sie/er …; … weist darauf hin, dass …; … erläutert; … stellt fest, dass …

Argumentieren

Die Autorin/Der Autor kritisiert …; … stellt in Frage; … provoziert durch …; … stützt sich auf …; … legt zugrunde …; … bezieht sich auf …

Appellieren

Die Autorin/Der Autor beendet ihre/seine Ausführungen mit der Feststellung/dem Appell/dem Wunsch …; … möchte erreichen, dass …; … kommt zu dem Ergebnis, dass …

Einen Sachtext schriftlich wiedergeben S.295 **KOMPETENZBOX**

Einen Sachtext schriftlich wiedergeben

1. Schreiben

Inhalt und Aufbau

Einleitung:
Titel, Name der **A**utorin/des Autors, Angabe der **T**extsorte, **T**hema (**TATT**), Quelle und Erscheinungs- oder Veröffentlichungsjahr

Hauptteil:
- die Funktion des Textes benennen
- auf die wichtigsten Aussagen konzentrieren
- den Text abschnittsweise zusammenfassen
- die gedankliche Struktur des Textes darlegen
- entsprechend der Aufgabenstellung auf die sprachliche Gestaltung eingehen

Sprachliche Gestaltung
- Tempusform: in der Regel Präsens (bei Vorzeitigkeit: Perfekt)
- sachlich schreiben
- persönliche Wertungen oder Meinungen vermeiden
- Textinhalte korrekt wiedergeben (siehe Arbeitstechnik S.20)
- geeignete Satzverknüpfungen nutzen, um Zusammenhänge zu verdeutlichen, z.B. durch *Adverbialsätze, Relativsätze, Adverbien*

2. Überarbeiten
- Arbeitstechniken verwenden: *Checkliste* (S.295), *Textlupe* (S.343), *Schreibkonferenz* (S.342)
- Rechtschreibung, Satzbau und Satzzeichen überprüfen

Einen Sachtext untersuchen und schriftlich wiedergeben

Hörverstehen
g33f8c

Thomas Le Blanc: Welche Schätze birgt die Science-Fiction-Literatur?

(2014, Ausschnitt aus einem Artikel des Hessischen Ministeriums für Wirtschaft, Energie, Verkehr und Landesentwicklung)

Die Science-Fiction ist ein Literaturgenre[1], das einen wissenschaftlich fundierten Blick in eine Zukunft unseres Planeten und unserer menschlichen Zivilisation oder aber in ein Szenario auf einem anderen Planeten mit einer anderen Spezies bietet. Zumeist geschrieben von Autoren mit naturwissenschaftlichem Hintergrund, gibt die Science-Fiction nicht vor, die Zukunft voraussehen oder vorhersagen zu wollen. Science-Fiction ist ein intellektuelles Spiel[2] mit Möglichkeiten, eine Übertragung vorhandener Technologien auf eine andere Welt mit anderen Umweltbedingungen oder eine Fortschreibung einer bereits angelaufenen Entwicklung in die Zukunft. Der Science-Fiction-Autor fragt: was könnte geschehen, wenn ... [...]. Das geschilderte Szenario könnte so eintreten, aber es könnte auch ganz anders kommen, und manche Darstellung wird absichtlich zu einem worst case[3] vorausgedacht, um gerade vor dem tatsächlichen Eintreffen einer solchen Entwicklung zu warnen – mit der beabsichtigten Folge, dass diese Entwicklung dann nicht eintritt.

In der Science-Fiction sind die Naturwissenschaften und die Phantasie kein feindliches Paar, sondern beide Disziplinen sind in ihr vereint, da sie lediglich andere Sichtweisen unserer aller Welterfahrung darstellen und gerade durch ihre Verbindung zu Novitäten[4] gelangen.

Science-Fiction wird etwa seit den letzten Jahrzehnten des 19. Jahrhunderts geschrieben, Namen wie Jules Verne, Herbert George Wells und Kurd Laßwitz stehen für den Beginn des Genres. Man sprach zunächst von „Zukunftsromanen" [...]. Der Begriff „Science-Fiction" für diese in die Zukunft blickende Literatur wurde erst 1929 geprägt von dem Luxemburger Erfinder, Schriftsteller und Herausgeber Hugo Gernsback. Ihren ersten Höhepunkt mit der Entwicklung der wichtigsten Sujets[5] hatte die Science-Fiction in den 1940er und 1950er Jahren mit Autoren wie Isaac Asimov, Robert A. Heinlein, Arthur C. Clarke, A.E. Van Vogt, Poul Anderson und Ray Bradbury. Seitdem ist sie ein konstant erfolgreiches Literaturgenre, das auch im Film („Star Wars"/„Krieg der Sterne", „E.T.", „2001: Odyssee im Weltraum", „Terminator", „Matrix") und im Fernsehen („Star Trek") sich erfolgreich etablieren[6] konnte. In den 1960ern spaltete sich von der Science-Fiction das ebenso beliebte Fantasy-Genre ab, in dem Welten magisch erklärt werden, während die Science-Fiction ihrem wissenschaftlichen Fundament treu geblieben ist. Vieles, von dem die Science-Fiction erstmalig erzählt hat, ist später auch in der Realität technologischer Standard geworden: das Internet, das Mobiltelefon, die Atombombe, der Roboter, das Cloning sind nicht nur in ihrer Technik, sondern vor allem in ihrer Konsequenz auf unsere Gesellschaft zuvor vielfältig und intensiv in der Science-Fiction beschrieben worden.

Filmbild aus „2001: Odyssee im Weltraum", Regie: Stanley Kubrick, 1968

1 das Genre: Art, Typ, Gruppe 2 das intellektuelle Spiel: intelligentes Gedankenspiel 3 worst case: schlimmster Fall, der in der Zukunft eintreten kann 4 die Novität: etwas Neues 5 das Sujet: Thema 6 etablieren: einrichten, durchsetzen

◒ **1** Erläutert, weshalb nach Ansicht des Autors in manchen Science-Fiction-Geschichten absichtlich das Worst-Case-Szenario (S. 22, Z. 21–25) dargestellt wird.

S. 263 ◒ ← ● **2** Erschließt den Inhalt des Textes (S. 22). Ihr könnt die Kompetenzbox (S. 18) zur Hilfe nehmen.

◒ **3** Entscheidet, welche der folgenden Schüleraussagen das Thema des Textes (S. 22) am besten trifft. Begründet eure Wahl.

A *Im Text „Welche Schätze birgt die Science-Fiction-Literatur?" von Thomas Le Blanc erläutert der Autor, dass das Potenzial des Science-Fiction-Genres in der Entwicklung neuer wissenschaftlicher Erfindungen besteht, die durch die Naturwissenschaften realisiert werden.*

B *Thomas Le Blanc bewertet in seinem Text „Welche Schätze birgt die Science-Fiction-Literatur?" den Einfluss des Science-Fiction-Genres auf die Wissenschaft als bedeutsam. Sie kann vor dem tatsächlichen Eintreffen negativer Entwicklungen in der Zukunft warnen und die Entwicklung neuer Erfindungen aufzeigen.*

C *Der Autor Thomas Le Blanc zeigt in seinem Text „Welche Schätze birgt die Science-Fiction-Literatur?", was Science-Fiction Positives leisten kann. Dabei stellt er auch die Geschichte der Science-Fiction-Literatur dar.*

S. 263 ◒ ← ● **4** **a)** Untersucht die gedankliche Struktur des Textes (S. 22).
b) Ihr könnt die gedankliche Struktur des Textes in einem Flussdiagramm darstellen. Orientiert euch dabei an dem Flussdiagramm auf Seite 17.

◒ **5** **a)** Prüft die Verlässlichkeit des Textes (S. 22).
MK **b)** Klärt die Absicht des Textes und bestimmt den Adressatenkreis.
c) Ordnet den Text einer Funktion zu und begründet.

S. 263 ○ ← ◒ **6** Nennt zwei auffällige sprachliche Mittel im Text (S. 22). Erläutert, welche Wirkungen damit erzielt werden sollen.

◒ **7** Gebt die Aussagen des Autors im markierten Teil des Textes (S. 22) wieder. Nutzt verschiedene Möglichkeiten der Textwiedergabe (S. 20).

S. 263 ○ ← ◒ **8** **a)** Verfasst eine vollständige Zusammenfassung des Sachtextes „Welche Schätze birgt die Science-Fiction-Literatur?" (S. 22).
- Geht auch auf die gedankliche Struktur des Textes ein.
- Benennt außerdem die Textfunktion.
- Weist an zwei Beispielen der sprachlichen Gestaltung nach, dass es sich bei diesem Text um einen fachwissenschaftlichen Text handelt.

b) Überarbeitet eure Texte mithilfe der Checkliste (S. 295).

1.3 Zurück in die Zukunft? · Ein Referat vorbereiten und mediengestützt präsentieren

Das Referat vorbereiten

Im Deutschunterricht sollen verschiedene Referate zum Thema „Science-Fiction-Literatur" gehalten werden. Für ein Referat dient unter anderem der folgende Text als Vorbereitung:

Mary Borges: Eine kurze Geschichte der Science-Fiction (2020, Ausschnitt)

Die Geschichte der Science-Fiction nimmt ihren Anfang in der Literatur, genauer, in der Fantastik. Wo genau, ist schwer zu definieren. Elemente der Science-Fiction kann man schon in frühen Erzählungen und Märchen finden. Aber da bleiben es Elemente, denen der zukünftige oder wissenschaftliche Bezug fehlt. [...]

Im Allgemeinen setzt man den Beginn der Science-Fiction im 19. Jahrhundert bei Edgar Allen Poe, Jules Verne und H. G. Wells an. Bei Poe war es eine „magisch verstandene Wissenschaftlichkeit", Verne kombinierte Abenteuergeschichten mit wissenschaftlichem Optimismus und Wells brach in wissenschaftlich aufgemachten Fiktionen mit den gesellschaftlichen Ansichten seiner Zeit[1]. In diesen drei Urformen der Science-Fiction findet man bereits sämtliche Themen, die von der späteren Science-Fiction aufgegriffen werden (Raumfahrt, Zeitreisen, technologischer Fortschritt, Invasionen aus dem All, Übermenschen).

Mit der steigenden Technologisierung der Gesellschaft in den 20er und 30er Jahren bot die Science-Fiction schließlich eine Möglichkeit, die rapide steigende Informationsflut des technologisch-wissenschaftlichen Sektors[2] zu verarbeiten. Dabei fand oft eine Entpolitisierung statt, die weg von den gesellschaftlichen Aspekten hin zu einer rein technologischen Betrachtung ging. Es wurde Massenliteratur mit pseudowissenschaftlichen[3] Details in Heftchen für ein jugendliches Publikum aufbereitet, wodurch auch der Ausdruck „Pulps[4]" entstand. [...]

Ab 1937 wurden Bücher und Hefte abseits der reinen Unterhaltung produziert. Es entstand ein Markt abseits der Hefte, was insbesondere John W. Campbell, Herausgeber des Magazins *Astounding Science-Fiction* erkannte. Er veröffentlichte erstmals Autoren wie Isaac Asimov, Arthur C. Clarke und Robert A. Heinlein. Diese und andere Publikationen[5] verhalfen der Science-Fiction erstmals zu Ansehen abseits der Schundheftchen. [...]

Erst in den 60ern rehabilitierte[6] sich die Science-Fiction als ernsthafte Literaturrichtung und die Geisteswissenschaften begannen, sich ernsthaft mit ihr zu befassen. Die Begeisterung für Science-Fiction in dieser Zeit entstand auch aus dem schnellen technologischen Fortschritt und den Möglichkeiten der Raumfahrt, die besonders in Amerika ihren Ursprung hatte und ihren Ausdruck in vielen Science-Fiction-Serien wie *Captain Video and his Video Rangers* oder *Space Patrol* bereits seit den 50ern hatte. Zeitgleich wurde das Genre aber auch erwachsen. Es wurde mehr Wert auf raffiniertes Storytelling[7] gelegt und Themen, die zuvor vermieden worden waren, wurden behandelt. [...] Autoren dieser Zeit waren unter anderem Ursula K. LeGuin, Frank Herbert und Philipp K. Dick.

In den 80er Jahren beeinflusste die Erfolgsgeschichte des Computers das Genre maßgeblich und der Cyberpunk entstand.

---

1 brach mit den gesellschaftlichen Ansichten seiner Zeit: zeigte eine andere Meinung als die meisten Menschen
2 der Sektor: Bereich **3** pseudowissenschaftlich: nur dem Anschein nach wissenschaftlich **4** Pulp: Zeitschriftenmagazin mit literarischen Geschichten, die im Amerika der 1930er bis 1950er Jahre beliebt waren **5** die Publikation: das veröffentlichte Werk **6** rehabilitieren: das Ansehen wiederherstellen **7** Storytelling: Gestaltung der Geschichte

Autoren wie William Gibson und Mangaka wie Masamune Shirow nahmen die Leser mit in düstere Dystopien[8], deren Macht von virtuellen Welten gesteuert wurde. Die Aktualität der Thematik hält bis heute an […]. Vielleicht liegt das aber auch daran, dass die Zukunft in diesen Erzählungen uns fast eingeholt hat. Und manche düsteren Vorahnungen dabei sind, sich zu bewahrheiten. Wir erleben gerade ein Comeback der Dystopien. Was wohl mit der eben erwähnten Überschneidung von technologischer Entwicklung und früheren Utopien zu tun hat. […] Der Hype um […] *Hunger Games*, *The Divergent* oder *Maze Runner* ist nicht verwunderlich. Hier werden auch keine Jahreszahlen mehr genannt. Es ist Science-Fiction. Aber sie könnte heute spielen. Und erschreckenderweise fehlt meist nicht viel dazu. Wir befinden uns also im Zeitalter der Jugend-Dystopien. Jugendliche sind die Helden, vielleicht, weil sie uns Erwachsene retten können und den Weg für ein neues Zeitalter der Utopien[9] bereiten können. Wir können also gespannt sein, wie es mit der Geschichte der Science-Fiction weitergeht.

8 die Dystopie: erfundene, in der Zukunft spielende Erzählung mit negativem Ausgang **9** die Utopie: positive Zukunftsvorstellung

S. 263 ○ ← ◒ **1** Übernehmt den Zeitstrahl zur Geschichte der Science-Fiction-Literatur und ergänzt ihn mithilfe der Informationen aus dem Text.

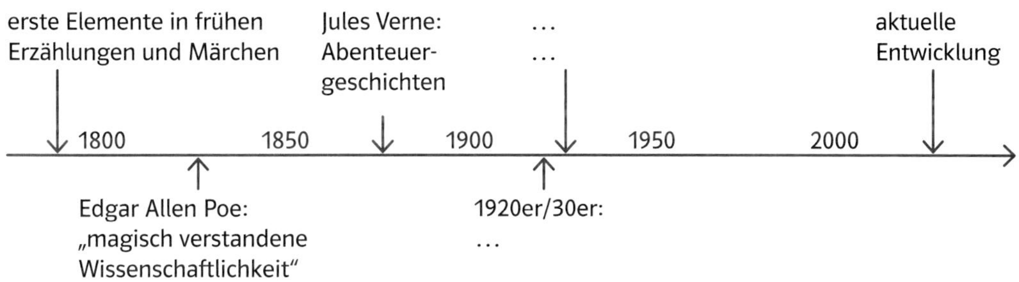

Verhalten im Internet g33f8c

◒ **2** MK **a)** Recherchiert weiteres Material für ein Referat zum Thema „Die Geschichte der Science-Fiction-Literatur".
b) Wertet das Material aus.
c) Stellt euch das Material vor und diskutiert seine Eignung für das Referat.
d) Ergänzt den Zeitstrahl aus Aufgabe 1.

◒ **3** **a)** Vergleicht die beiden Gliederungen **A** und **B**.
b) Ergänzt diejenige, die eurer Meinung nach für ein Referat besser geeignet ist.

Gliederung A
Einleitung
1. Was ist Science-Fiction-Literatur?
Hauptteil
2. Ursprünge der Science-Fiction-Literatur
2.1 Erste Ansätze im 19. Jahrhundert
2.2 …
3. …
Schluss
4. Aktuelle Entwicklung …

Gliederung B
Einleitung
1. Jules Verne als Vater der Science-Fiction-Literatur
Hauptteil
2. Die Geschichte der Science-Fiction-Literatur
3. …
Schluss
4. …

Präsentationsfolien gestalten

S. 263 ○ ← ◒ MK **1** Vergleicht die beiden Präsentationsfolien **A** und **B** für ein Referat und beurteilt Gestaltung und Informationsgehalt. Begründet eure Meinung.

A **Ursprünge der Science-Fiction-Literatur**

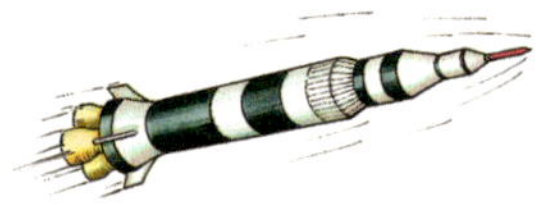

Die Geschichte der Science-Fiction beginnt in der Fantastik-Literatur (z. B. Märchen). Im Allgemeinen setzt man den Beginn der Science-Fiction im 19. Jahrhundert. Bekannte Autoren dieser Zeit waren Edgar Allen Poe, Jules Verne und H. G. Wells. Bereits damals wurden sämtliche Themen der späteren Science-Fiction aufgegriffen (z. B. Raumfahrt, Zeitreisen, technologischer Fortschritt, Invasionen aus dem All).

B 2. Ursprünge der Science-Fiction-Literatur
2.1 Erste Ansätze im 19. Jahrhundert

- Edgar Allen Poe (1809–1849): Verbindung von Magie und Wissenschaft

- Jules Verne (1828–1905): Abenteuer und technische Visionen

- H. G. Wells (1866–1946): wissenschaftliche Fiktionen

► **Urformen der Science-Fiction-Literatur**

◒ MK **2** Gestaltet mithilfe der Arbeitstechnik zwei bis drei Präsentationsfolien zum Thema „Die Geschichte der Science-Fiction-Literatur“.

Präsentationsfolien S. 297 **ARBEITSTECHNIK**

Präsentationsfolien gestalten

Es gibt verschiedene Möglichkeiten der Foliengestaltung:

A reine Textfolien, die knapp formulierte Kernaussagen oder Zitate enthalten
B Strukturfolien, die durch grafische Elemente Zusammenhänge veranschaulichen
C Folien mit Bildmaterial, das durch knappe Texte erläutert wird
D Folien mit Ton- und Videomaterial, die das Referat ergänzen

Beachtet:

1. Beginnt eure Präsentation mit einem Überblick (Thema, Gliederung).
2. Das Folienlayout soll möglichst schlicht und bei jeder Folie gleich sein, damit es nicht vom Inhalt ablenkt.
3. Bei Stichworten reichen sieben Zeilen pro Folie aus, die Schriftgröße sollte mindestens 20 Punkt sein.
4. Die Folien sollen nicht abgelesen werden, sondern eine Veranschaulichung des Gesagten sein.
5. Ihr könnt Ton- und Videomaterial in die Präsentation einbinden. Damit unterstützt ihr den Inhalt und lockert das Referat auf.
6. Gebt alle Quellen an.

MK **3 EXTRA** Stellt andere Präsentationsprogramme vor.

MK **4 EXTRA** Recherchiert im Internet nach geeigneten Videosequenzen, die euer Referat unterstützen können. Gestaltet eine Folie mit passendem Videomaterial.

S. 263 **5** Entwerft einen Stichwortzettel für das Referat „Die Geschichte der Science-Fiction-Literatur“. Notiert zu eurer Gliederung die wesentlichen Informationen in Stichworten zum Inhalt und Regieanweisungen zur Präsentation.

MK **6** Übt das Halten eures Referats. Ihr könnt euch dabei filmen, um einen Eindruck von eurer Vortragsweise zu bekommen.

7 Haltet das Referat und gebt euch Feedback (S. 343).

8 EXTRA Wählt ein anderes Thema aus dem Bereich „Science-Fiction-Literatur“ aus.
a) Erstellt eine Gliederung für ein Referat zu diesem Thema.
b) Gestaltet einige Präsentationsfolien für ein Referat zu diesem Thema.

Referat S. 296–297 **KOMPETENZBOX**

Ein Referat vorbereiten und mediengestützt präsentieren

1. Das Referat vorbereiten

a) Informationen sammeln und ordnen:
- genaue und abgegrenzte Fragestellungen formulieren
- Teilthemen festlegen
- Informationen recherchieren und auswerten
- Quellen notieren
- evtl. weitere Fragen entwickeln und erneut recherchieren

b) Das Referat gliedern:
- in Einstieg, Hauptteil, Schluss gliedern
- nachvollziehbare Reihenfolge beachten (roter Faden)

c) Das Referat ausgestalten:
- interessanten Einstieg wählen, zum Beispiel: Frage, Aktualität, Zitat, spannende Textstelle, Bild
- im Hauptteil alle wichtigen Informationen in geordneter Reihenfolge bringen, Veranschaulichungen nutzen
- interessanten Schluss wählen, zum Beispiel: Frage vom Einstieg beantworten, eigene Meinung äußern, gedanklichen Anstoß geben

d) Den Stichwortzettel schreiben und das Referat proben:
- übersichtlichen Stichwortzettel oder nummerierte Karteikarten verwenden

2. Das Referat halten
- Thema nennen
- Gliederung erläutern
- Blickkontakt zum Publikum halten
- laut, deutlich und nicht zu schnell sprechen
- Möglichkeiten für Rückfragen und Diskussionen geben

Das könnt ihr jetzt!

Einen Sachtext untersuchen und schriftlich wiedergeben

Beispiellösung zur Klassenarbeit g33f8c

Beispiel für eine Klassenarbeit

1 Erschließt den Sachtext „Scotty, ich bin schon da: Wie sich Science-Fiction auf unseren Alltag auswirkt" und gebt ihn schriftlich wieder. Geht dabei auch auf die gedankliche Struktur des Textes ein.

2 Ordnet den Text einer Funktion zu und begründet.

3 Weist an zwei Beispielen der sprachlichen Gestaltung nach, dass sich der Text an ein gebildetes Publikum richtet.

Silvia Hühn: Scotty, ich bin schon da: Wie sich Science-Fiction auf unseren Alltag auswirkt (2019, Ausschnitt)

Die technischen Wunder, mit denen Captain Kirks Crew und sein Raumschiff damals nicht nur Kinderaugen zum Strahlen brachten, schienen in den 1960er Jahren vollkommen außerhalb der Reichweite der technologischen Entwicklung. Heute allerdings gehört die Technik aus den Science-Fiction-Klassikern häufig bereits zum Alltag.

[...] Die Wissenschaft hat schon viele Ideen von Science-Fiction-Autoren in die Realität befördert. Angefangen bei Reisen zu fremden Himmelskörpern, außerirdischer und futuristischer Technik, über fortschrittliche Medizin, bis hin zu leistungsstarken Werkstoffen mit biotechnischen Eigenschaften: Aus Science-Fiction werden Science-Facts[1].

Schriftsteller neigen oft dazu, in ihren Geschichten die Protagonisten[2] an weit entlegene Orte dieser oder sogar anderer Welten zu schicken. Kommunikationswege, die dabei beschritten werden, sind oft sehr interessanter und kreativer Art. Einige dieser Möglichkeiten wurden von Wissenschaftlern und Ingenieuren in die Realität gebracht.

Erste Modelle von Kommunikationssatelliten gab es bereits in den 1970er Jahren. Die Endgeräte waren aber stationär und riesengroß. Mit der Erfindung des Mobiltelefons 1983 brach dann eine Ära der mobilen Kommunikation an, die bis heute kein Ende zu erreichen scheint.

Eine weitere futuristische[3] Idee stammt ebenfalls aus der Feder des Autors des Star Trek-Universums. Die Kommunikationsoffizierin von Captain Kirk, Lieutenant Uhura, nutzt ein technisches Gerät, welches einem schnurlosen „In Ear-Kopfhörer" ähnelt (1966). [...] Ein weiteres Beispiel für mobile Kommunikation in Filmen ist die Armbanduhr von Michael Knight, dem Protagonisten der Serie „Knight Rider" (1982). Diese nutzt er, um mit seinem sprechenden Auto K.I.T.T. zu kommunizieren. Aus dieser Idee heraus wurde die Smartwatch entwickelt. [...]

Einer der wichtigsten Werke der Filmgeschichte ist wohl „Metropolis". Der erste Stummfilm in Spielfilmlänge zeigte 1927 erstmalig die Idee der Videotelefonie im Sci-Fi-Genre[4] [...]. Die Videotelefonie wurde zwar 1936 schon realisiert, aber die Technik konnte sich nicht durchsetzen. Die ersten drei Geräte waren stationäre Telefonzellen. Folgemodelle für den Heimgebrauch waren fehleranfällig und konnten nur eine geringe Bildqualität wiedergeben. [...]

Ein weiteres aus dem Sci-Fi-Genre entlehntes Hilfsmittel ist die allgegenwärtige Verfügbarkeit von Daten. In jedem unserer mobilen Endgeräte steckt theoretisch jedes Wort, jede Note und jedes Bild, das je erschaffen wurde, an jedem beliebigen Ort, zu jeder beliebigen Zeit. Schon in den 1970er Jahren boten diverse Sci-Fi-Serien und -Filme einen Ausblick auf unendliches, zentral und dezentral gespeichertes Wissen. [...]

---

1 Science-Facts: wissenschaftlich-technische Spekulationen, die zur Realität werden 2 der Protagonist: Hauptfigur einer Handlung
3 futuristisch: zukunftsweisend 4 das Sci-Fi-Genre: kurz für Science-Fiction-Genre, eine Literatur- und Filmgattung

Untrennbar mit dem Internet, drahtlosen Verbindungen und Mobilfunk ist auch der Sektor der Unterhaltung verbunden. Neben den tausend Wegen, sich analog zu unterhalten und zu spielen, bieten Sci-Fi-inspirierte Technologien ein wahres Füllhorn an neuen Erfahrungen.

Als Erstes sei an dieser Stelle das Tablet erwähnt. [...] Das sogenannte „Newspad" ermöglichte den Menschen im Film den Zugriff auf aktuelle Nachrichten, genauso wie sich der reale Trend abzeichnet. Viele andere griffen die Idee des flachen interaktiven Bildschirms auf. Vor allem die Kombination aus Touchscreen und Flachbildschirm mit Akkubetrieb mag heute alltäglich anmuten, für die 1980er und frühen 1990er Jahre war sie futuristisch. So existierte auch in der Serie „Per Anhalter durch die Galaxis" (1980) ein faltbarer Bildschirm, welcher in der Form eines Buchbandes dargestellt wird. [...]

Das Wechselspiel fiktiver und realer Inspiration[5] wird auch in Zukunft zu kreativen Bildern und rasanten Innovationen[6] auf beiden Gebieten führen. Ingenieure werden dafür sorgen, dass die Ideen der Forscher und Autoren auch für jedermann zugänglich werden. Dies bedeutet für den Zuschauer, kontinuierlich am Ball zu bleiben, um wissenschaftliche Neuheiten nicht zu verpassen.

(Text von der Internetseite des VDI Verlags, Medienunternehmen für Ingenieure)

5 die Inspiration: plötzliche Erkenntnis, erhellende Idee, die jemanden, besonders bei einer geistigen Tätigkeit, weiterführt
6 die Innovation: Neuerung durch Anwendung neuer Ideen und Techniken

Schritt für Schritt zur Klassenarbeit

Lösungen
→ S. 287

1. Erschließt den Text. So könnt ihr vorgehen:
- Formuliert W-Fragen zu einzelnen Textstellen und notiert stichwortartig die Antworten.
- Klärt unbekannte Wörter aus dem Textzusammenhang (z. B. Ingenieur) oder schlagt sie nach.
- Unterteilt den Text in Abschnitte.
- Notiert Schlüsselwörter, die besonders wichtige Informationen enthalten.
- Untersucht, wie die Autorin ihren Text aufgebaut hat und wie sie das Textverstehen steuert.
  Beginnt damit, Thesen zu suchen (eine Behauptung wird aufgestellt, eine Aussage gemacht oder eine Meinung geäußert).
  Überprüft, ob für die Thesen auch Begründungen (Argumente) vorliegen.
  Überprüft, ob Argumentationsstützen (z. B. Beispiele, Fakten, Zahlen, Expertenmeinungen) vorhanden sind.
- Formuliert eine vollständige Einleitung (TATT und Erscheinungsjahr) und den Hauptteil.
- Überarbeitet euren Text mithilfe der Checkliste (S. 295).

2. Untersucht, ob die Autorin im Text eher informiert oder argumentiert. Überlegt, welche Absicht die Autorin verfolgt.

3. Untersucht den Satzbau und die Verwendung von Fachbegriffen im Text. Erläutert, welche Funktion diese sprachlichen Mittel erfüllen.

2 Mode um jeden Preis?

Sprachlicher Umgang mit anderen

1

3

2

4

1 Betrachtet die Bilder und besprecht, inwiefern sie mit dem Thema „Mode" zusammenhängen.

2 Tauscht euch aus: Wo und wie oft kauft ihr Kleidung? Worauf achtet ihr beim Einkauf?

3 „Kleider machen Leute." Erklärt dieses Sprichwort und nehmt Stellung.

Das lernt ihr jetzt!

2.1 eine Debatte vorbereiten und durchführen

2.2 zu einer Diskussion ein Protokoll verfassen

Warum ich nur noch 31 Klamotten habe – und wie das geht

Und warum mir Shoppen trotzdem noch Spaß macht.

Meine Freundin und ich misten ihren Schrank aus. Da ist ja das Preisschild noch dran, denke ich. „Die Hose hatte ich nicht ein einziges Mal an", sagt sie. Warum kauft sie denn so viele Klamotten?, denke ich, verkneife mir aber die Frage. Ich kenne schließlich die Antworten: Nur mal zum Anprobieren [...] bestellt und vergessen zurückzuschicken. War im Sale. [...] Ich wollte nach dem Shoppen nicht mit leeren Händen nach Hause gehen. Dachte, dafür gibt es sicher mal einen Anlass. Dachte, es steht mir. Dachte, ich nehme noch ab. Sieht doch ganz okay aus und kostet nur 30 €. Jahrelang habe ich auch so gelebt. [...]

Es fing an, als ich auszog. „Ich kann nicht alles mitnehmen, weil ich keinen Platz mehr in meinem Gepäck habe", erklärte ich meiner Mutter, als ich das erste Mal in ein neues Land zog. Ich nahm drei Koffer mit.

Bei meinem zweiten Umzug hatte ich nur noch einen Koffer – und eine Hand frei. [...] Es steckte mehr hinter der Entscheidung als nur der Wunsch nach leichtem Gepäck. Es war eine Sehnsucht nach weniger Verantwortung – auf allen Ebenen. Ich wollte weniger mit mir herumtragen und weniger Schaden in der Welt anrichten. [...]

Warum besitzen wir überhaupt so viele Klamotten? Produktion und Absatz von Kleidung haben sich in den letzten 20 Jahren verdoppelt. Die Ausgaben sind aber ungefähr gleichgeblieben. Vom gleichen Geld können wir also einfach viel mehr kaufen. Ein deutscher Haushalt gibt heute durchschnittlich 110 € im Monat für Bekleidung aus. Ein Einpersonenhaushalt 64 €. Davon werden im Jahr 60 Kleidungsstücke gekauft. Aber wir tragen Kleidung nur noch halb so lang wie noch vor 15 Jahren. Auch, weil in den 1950er Jahren der „saisonale Modewechsel" erfunden wurde. Seitdem besitzen wir Sommersachen und Wintersachen. Neue Kollektionen kommen in immer kürzeren Abständen. Ich liebe es, mich schön anzuziehen [...]. Aber ich will kein Teil des Konsum-Hypes sein. Ich will nicht vergessen, was ich alles habe, und keine App brauchen, um meinen Kleiderschrank managen zu können. Mit meinen 31 Kleidungsstücken habe ich mich selbst zur Außenseiterin gemacht. Aber ich will nichts kaufen müssen, um glücklich zu sein.

(Merve Kayikci, 2019, Ausschnitt, Spiegel online)

4 Haltet ihr es für eine gute Idee, mit 31 Kleidungsstücken auszukommen? Begründet.

5 **a)** Informiert euch in dem Zeitungsartikel, warum die Verfasserin nur noch 31 Kleidungsstücke besitzt.

b) Entwickelt eigene Ideen für ein nachhaltiges Konsumverhalten.

2.1 Augen auf beim Kleiderkauf! · Debatten führen

Eine Debatte vorbereiten

Schlimmer als Kreuzfahrten: Mode-Wahnsinn zerstört Umwelt – wie wir das ändern

Über fünf Milliarden Kleidungsstücke hängen in Deutschlands Schränken. Pro Kopf macht das rund 95 Kleidungsstücke. Jedes fünfte davon tragen wir so gut wie nie. Kleidung ist heute Massenware.

Ständig neue Kollektionen von Modemarken wollen uns vermitteln, dass wir regelmäßig Neues brauchen. Dabei tragen wir jedes fünfte Kleidungsstück so gut wie nie. Aber der Preis für Kleidung ist eben gering – zumindest im Laden. Der Preis, den die Umwelt und andere Menschen dafür zahlen, ist hingegen immens.

[…] Dabei sind die ausgestoßenen Emissionen bei der Produktion von Kleidung nur ein Teil der schädlichen Folgen. Ein Überblick:

CO_2-Ausstoß: Derzeit verursacht die Textilindustrie jährlich 1,2 Billionen Tonnen CO_2 – und damit mehr als internationale Flüge und Kreuzfahrten zusammen. Die Modeindustrie als Teil der Textilbranche ist allein für fünf Prozent der globalen Emissionen zuständig. […]

Wasserverbrauch: Einer der beliebtesten Rohstoffe für Kleidung ist weiterhin Baumwolle. Die verbraucht schon bei ihrem Anbau riesige Mengen Wasser. Die genauen Angaben hierzu schwanken zwischen 3,6 und 26,9 Kubikmetern Wasser pro Kilogramm Baumwolle. Schon der niedrige Wert entspricht rund 25 Badewannen voll Wasser. […]

Giftige Chemikalien: Beim Anbau von Baumwolle werden häufig Pestizide eingesetzt. Rund 25 Prozent des Marktes entfallen auf den Anbau der Naturfaser. Und auch bei der Verarbeitung der Rohstoffe werden Chemikalien eingesetzt, die dann im Abwasser und manchmal auch direkt im Meer oder Fluss landen […].

Ausbeutung der Arbeiter: Menschen, die in Anbau- und Verarbeitungsländern der Textilbranche leben, leiden nicht nur unter der Zerstörung ihrer direkten Umwelt. Zwar schaffen Modezulieferer dort zahlreiche Arbeitsplätze. Doch oft arbeiten die Menschen dort unter gefährlichen Bedingungen für einen minimalen Lohn.

(2020, Ausschnitt, Focus online)

Schaubild → S. 293

○ **1** Wertet das Schaubild aus und zieht Schlussfolgerungen.

S. 264 ○ ← ◒ **2** **a)** Der Text enthält viele Argumente, die für eine Einschränkung des Modekonsums sprechen. Fasst diese in Stichpunkten zusammen.

b) Notiert Argumente, die gegen eine Einschränkung des Modekonsums sprechen.

Arbeitstechnik → S. 45

c) Ordnet eure Argumente nach Überzeugungskraft. Argumente sind überzeugend, wenn sie
- für jeden verständlich sind,
- viele betreffen,
- Fakten oder Tatsachen beinhalten (Tatsachenargument),
- die Meinung eines Experten wiedergeben (Autoritätsargument),
- sich auf allgemeingültige Werte beziehen (normatives Argument).

Was kostet mein T-Shirt?

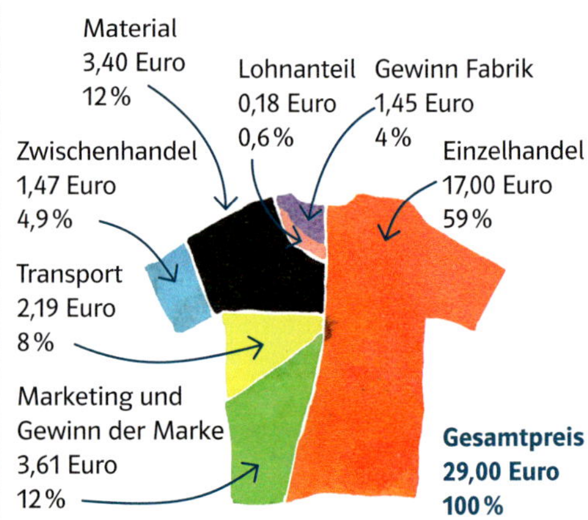

3 „Sollen wir unseren Modekonsum stärker einschränken?“ Bereitet zu dieser Streitfrage eine kurze Stellungnahme vor. Macht euren Standpunkt deutlich und ergänzt mithilfe der folgenden Satzanfänge zwei bis drei Argumente.

Dafür spricht ...; Deshalb bin ich dafür ...; Ein wichtiges Argument für ... ist ...;
Dagegen spricht ...; Deshalb bin ich dagegen ...; Ein zentrales Gegenargument ist ...;

Hörverstehen
282d67

Shoppen mit gutem Gewissen

Das rote Shirt soll es sein – dann noch nach der Größe schauen, da fällt der Blick auch aufs Etikett am Innensaum: „Made in Bangladesh“. Kann ich das guten Gewissens kaufen? Aber die anderen T-Shirts im Laden haben alle ähnliche Herkunftsschilder, auch die teuren: „Made in Pakistan“, „Made in India“, „Made in Myanmar“.

Viele von uns kennen dieses Gefühl der Verwirrung beim Blick auf die Kleidungs-Etiketten. Denn wir können kaum erkennen, ob unsere Kleidung unter zweifelhaften Bedingungen entsteht: Mit Materialien, die nicht nachhaltig sind, schädlichen Färbemitteln, viel zu hohem Wasserverbrauch, Hungerlöhnen und im schlimmsten Fall mit Kinderarbeit. [...]

Gar keine Kleidung mehr aus Ländern wie Bangladesch, Indien oder anderen zu kaufen, ist jedoch auch keine Lösung. Die Textilindustrie ist für viele Menschen dort ein wichtiger Arbeitgeber – sie sind auf diese Arbeit angewiesen. Woran erkennt man also Kleidung, die nachhaltig und fair produziert ist?

Seit einem Jahr am „Grünen Knopf“, dem ersten staatlichen Textil-Siegel. Das Besondere daran: Das Siegel deckt sowohl Umwelt- als auch Sozialstandards ab. Der Staat legt die Kriterien nach internationalen Maßgaben fest. Entwickelt wurde das Siegel vom Bundesentwicklungsministerium.

Wenn Sie den „Grünen Knopf“ an einem Kleidungsstück sehen, dann erfüllt es 26 anspruchsvolle soziale und ökologische Kriterien – von A wie Abwassergrenzwerte bis Z wie Zwangsarbeitsverbot. Auch das Verbot von Kinderarbeit sowie Mindestlöhne gehören dazu.

Zusätzlich wird das Unternehmen als Ganzes anhand von 20 weiteren Kriterien überprüft: Kennt es die Risiken in seinen Lieferketten? Gibt es Vorsorgemaßnahmen wie Beschwerdemechanismen für die Näherinnen in den Produktionsländern? Denn das ganze Unternehmen muss Verantwortung in seinen Lieferketten tragen. Einzelne „Alibi-Kollektionen“ oder „Vorzeige-Produkte“ reichen für den „Grünen Knopf“ nicht aus.

Das alles wird von unabhängigen Prüfstellen, wie zum Beispiel dem TÜV oder der DEKRA oder dem DIN-Institut kontrolliert.

Produkte mit dem „Grünen Knopf“ gibt es mittlerweile für jeden Geschmack und Geldbeutel. 50 Millionen Kleidungsstücke mit dem „Grünen Knopf“ gingen im ersten Jahr über die Ladentheken! Wir wollen aber noch weit mehr Kunden überzeugen. Denn jede und jeder Deutsche kauft im Schnitt 60 Kleidungsstücke pro Jahr. Wer nachhaltig einkauft, zeigt, dass er im wahrsten Wortsinn Verantwortung trägt!

Der „Grüne Knopf“ zeigt aber auch, dass die Verantwortung für faire und nachhaltige Mode nicht nur bei den Kundinnen und Kunden liegt. Auch die Modemarken müssen ihre Managementsysteme ändern und ihre Verantwortung nachweisen. [...] Nach einem Jahr sind fast 50 Unternehmen zertifiziert – vom Ein-Frau-Start-up bis zum Großkonzern. Selbst in der Fußball-Bundesliga ist faire und nachhaltige Mode bereits angekommen: Eine ganze Reihe von Vereinen, darunter Werder Bremen, der VfB Stuttgart und Union Berlin, bieten Fan-Kleidung mit dem „Grünen Knopf“ an.

Das rote Shirt sah nicht nur auf dem Bügel und in der Umkleidekabine gut aus, es trägt auch den „Grünen Knopf“. Also: Keine Kinderarbeit, keine Zwangsarbeit, keine gefährlichen Chemikalien. Dafür schadstoffgeprüfte Stoffe, Mindestlöhne und bezahlte Überstunden. Klarheit statt schlechtes Gewissen. Nur eine Sache kann mir der „Grüne Knopf“ nicht abnehmen: Brauche ich das neue Shirt überhaupt?

(2020, Ausschnitt, Anzeige aus Süddeutscher Zeitung)

○ **4** Besprecht, was ihr von der Idee des Siegels „Grüner Knopf" haltet (S. 33).

◒ **5** **a)** Sucht Argumente für den „Grünen Knopf" aus dem Text (S. 33) heraus. Sammelt mögliche Gegenargumente.
b) Ordnet euren Pro-Argumenten passende Argumentationsstützen zu.
c) Bringt eure Argumente in eine nachvollziehbare Reihenfolge (z. B. nach Überzeugungskraft oder Verknüpfbarkeit) und entkräftet ein Gegenargument.
d) Besprecht, ob sich euer Standpunkt zur Streitfrage „Sollen wir unseren Modekonsum stärker einschränken?" (S. 33, Aufgabe 3) durch die Informationen zum „Grünen Knopf" ändert.

ARBEITSTECHNIK

Mit der Fishbowl-Methode diskutieren

Die Fishbowl-Methode (frei übersetzt: Aquarium) ist eine Form der Diskussionsrunde.
- Bildet einen kleinen Innen- und einen größeren Außenkreis.
- Wählt eine Moderatorin/einen Moderator, sie/er nimmt im Innenkreis Platz. Lasst außerdem einen Stuhl im Innenkreis frei.
- Der Innenkreis diskutiert über die Streitfrage.
- Aus dem Außenkreis kann man sich in die Diskussion einschalten, indem man sich kurzzeitig auf den freien Stuhl im Innenkreis setzt, mitdiskutiert und anschließend wieder Platz im Außenkreis nimmt.
- Der Außenkreis beobachtet die Diskussion und gibt Feedback.

S. 264 ○ ← ◒ **6** „Trägt das Siegel der ‚Grüne Knopf' zu einer Verbesserung oder Lösung der Probleme bei, die sich aus dem gesteigerten Modekonsum ergeben?".
Diskutiert diese Streitfrage mithilfe der Fishbowl-Methode. Nutzt eure Ergebnisse aus Aufgabe 2 (S. 32).

Debatte S. 298 **KOMPETENZBOX**

Eine Debatte vorbereiten

Eine Debatte ist eine Diskussion nach festen Regeln, in der eine Streitfrage von verschiedenen Positionen aus (Pro und Kontra) erörtert wird. Die Streitfrage ist so formuliert, dass man sich für oder gegen eine Veränderung aussprechen kann (ja/nein).

1. Sich informieren
- Streitfrage verstehen und Vorwissen sammeln (Was wisst ihr schon?)
- Recherchezíele festlegen (Was müsst ihr noch recherchieren?)
- im Internet oder in Sachtexten recherchieren
- evtl. Argumente austauschen (Fishbowl-Methode)

2. Die Rechercheergebnisse ordnen und Notizen anfertigen
- in Pro- und Kontra-Argumente sortieren und passende Argumentationsstützen zuordnen
- die Pro- und Kontra-Argumente jeweils ordnen (z. B. nach Überzeugungskraft oder Verknüpfbarkeit)

Eine Debatte führen

Fashionblogger13: Hey ihr Lieben! Mich hat eine Nachricht erreicht, die ich ziemlich krass fand. Der User hat mir vorgeworfen, dass ich total oberflächlich wäre – weil ich Mode liebe?!! Was sagt ihr dazu?

Modemiri: Krass! Das ist totaler Quatsch, lass dich nicht fertigmachen! Nur weil man sich für Mode interessiert, ist man nicht oberflächlich!

Goffelinho: Hm, schon irgendwie. Sonst könnte man ja einfach sagen: Mir ist egal, was ich anhabe. Die inneren Werte zählen.

Modemiri: Aber es sagt ja keiner, dass die inneren Werte nicht zählen. Trotzdem muss man nicht in Lumpen rumlaufen!

○ MK **1** Lest die Kommentare und besprecht, ob ihr den Vorwurf der Oberflächlichkeit nachvollziehen könnt.

S. 264 ○ ← ◒ MK **2** „Sind Modeblogger oberflächlich?“

a) Erstellt eine Tabelle mit Pro- und Kontra-Argumenten. Nutzt die Argumente aus den Kommentaren und eigene Argumente.

b) Ordnet die Pro- und Kontra-Argumente jeweils in einer nachvollziehbaren Reihenfolge (z. B. nach Überzeugungskraft oder Verknüpfbarkeit).

c) Entscheidet euch für einen Standpunkt und nehmt Stellung dazu. Nennt eure Position sowie einige wichtige Argumente.

3 Diskutiert die Streitfrage „Sind Modeblogger oberflächlich?“ mithilfe der Fishbowl-Methode (S.34). Achtet darauf, an eure Vorrednerin/euren Vorredner anzuknüpfen. Orientiert euch an dem Beispiel.

MK

Beitrag 1: Modeblogger sind oberflächlich, weil sie das Äußere so sehr in den Mittelpunkt stellen.
Beitrag 2: Nur weil man auf sein Äußeres achtet, heißt das nicht, dass man nicht auch andere Werte hat.

S.264 **4** **a)** Entscheidet euch für ein Kleidungsstück oder Modeaccessoire, das ihr für die größte Erfindung der Modebranche haltet. Überzeugt eure Klasse davon in maximal einer Minute. Orientiert euch an dem folgenden Beispiel und nutzt den Sprachtipp (S.37).

b) Bewertet eure Beiträge nach den Kriterien Überzeugungskraft und Ausdrucksvermögen aus der Checkliste (S.298).

Die Sonnenbrille – die größte Erfindung der Modebranche

Jeder kennt das Problem: an sonnigen Tagen ist es schwer, alles im Blick zu halten. Basecaps oder Schattenplätze helfen dabei nur bedingt. Doch auf sie ist immer Verlass: die Sonnenbrille! Sie kann durchaus als größte Erfindung der Modebranche beschrieben werden. Dafür spricht nicht nur ihr praktischer Nutzen. Durch ihren lässigen Look ist sie zudem ***das*** *Modeaccessoire. Nicht umsonst besingen viele Stars sie in ihren Songs, z.B. „I wear my sunglasses at night“.*

Der Ablauf einer Debatte nach den Regeln von „Jugend debattiert“

- vier Personen debattieren ohne Gesprächsleitung
- zwei vertreten eine Pro-Position, zwei eine Kontra-Position

Die Eröffnungsrunde

- vier Personen beziehen in einer Eröffnungsrede Stellung
- Pro und Kontra wechseln sich ab
- Redezeit pro Person: max. eineinhalb Minuten

Die freie Aussprache

- Austausch der vier Personen in freiem Wechsel
- Dauer: acht Minuten

Die Schlussrunde

- erneute Stellungnahme in gleicher Reihenfolge wie bei Eröffnungsrunde
- keine neuen Argumente, sondern Ertrag aus der Debatte
- Redezeit pro Person: eine Minute

5 a) Erklärt den Ablauf einer Debatte nach den Regeln von „Jugend debattiert“ (S. 36) mit eigenen Worten.

b) Schaut euch den Sprachtipp an und überlegt, welche Funktionen die Eröffnungsrunde, die freie Aussprache und die Schlussrunde einer Debatte jeweils haben.

6 Aus der Diskussion im Fashionblog entsteht die Streitfrage „Sollte man nur 30–40 Kleidungsstücke besitzen?“. Bereitet mithilfe der Kompetenzbox (S. 34) eine Debatte vor.

S. 265 ○ ← **7** Führt zur Streitfrage „Sollte man nur 30–40 Kleidungsstücke besitzen?“ eine Debatte nach den Regeln von „Jugend debattiert“. Nutzt den Sprachtipp.
- Beginnt mit einer Eröffnungsrunde, in der ihr euren Standpunkt verdeutlicht.
- Führt eine freie Aussprache durch.
- Nehmt in einer Schlussrunde abschließend Stellung.
- Bewertet die Debatte mithilfe der Checkliste (S. 298).

SPRACHTIPP

Argumente vorbringen

Die Eröffnungsrunde

Jeder von euch weiß …
Das Problem, dass …; ist allgemein bekannt.
Dieses Problem besteht unter anderem darin, dass …
Deshalb frage ich: Soll …?
Dafür/dagegen spricht …
Ein Einwand lautet: …
Allerdings …
Für mich ist entscheidend/ausschlaggebend, dass …
Deshalb spreche ich mich dafür/dagegen aus, dass …

Die freie Aussprache

Du sagst, dass …
Dem würde ich entgegenhalten, dass …
Das sehe ich anders, weil …
Gegen dein Argument spricht, dass …
Du findest …, aber nach meiner Erfahrung …
Du wendest ein, dass … Es ist jedoch …
Wir sind uns darüber einig, dass … Allerdings …
Es ist zwar sicher richtig, dass …, aber …

Die Schlussrunde

Die Debatte hat gezeigt, dass …
Wir haben in der Debatte Einigkeit darüber erzielt, dass … Allerdings bleibt der Streitpunkt …
Mich hat dein Argument … nachdenklich gemacht und schließlich überzeugt. Daher unterstütze ich jetzt doch …
Aufgrund … bleibe ich bei meiner Meinung, dass …

Debatte S. 298 **KOMPETENZBOX**

Eine Debatte führen

1. Die Eröffnungsrunde
- kurze Stellungnahme jeder Rednerin/jedes Redners
- Entscheidungsfrage nennen und eigene Position dazu verdeutlichen
- Interesse des Publikums wecken

↓

2. Die freie Aussprache
- sachlich argumentieren sowie Argumentationsstützen verwenden
- an Vorrednerinnen/Vorredner anknüpfen, Gegenargumente aufgreifen und entkräften
- Gesprächsregeln einhalten

↓

3. Die Schlussrunde
- abschließende Stellungnahme jeder Rednerin/jedes Redners
- die stärksten Argumente für die eigene Position wiederholen

2.2 Festzuhalten ist ... · Ein Protokoll verfassen

○ **1** Erläutert, wann und warum Protokolle geschrieben werden.

◒ **2** Damit Textilien aus fairer Herstellung bezogen werden können, möchte eine Schülervertretung die Preise für die Schul-Shirts erhöhen. Die Diskussion der SV-Sitzung soll protokolliert werden, um auf der Schulkonferenz über die Diskussion berichten zu können. Ergänzt das Protokoll mithilfe der Kompetenzbox (S. 39), indem ihr
- die wesentlichen Redebeiträge und Ergebnisse im Protokoll festhaltet,
- das Ende des Protokolls gestaltet.

Protokoll der SV-Sitzung vom 18.06.2021 zur Diskussion über die Gestaltung der Schul-Shirts

Ort:	Gutenbergschule, Raum 101
Zeit:	9.30–10.30 Uhr
Anwesende:	26 Klassen- und Stufensprecherinnen/Stufensprecher der Jahrgänge 5-12, s. Anwesenheitsliste
Entschuldigt fehlen:	Max Bertolt (7d), Lea Berg (9a), Nino Canó (Jgst. 12)
Protokollant:	Ibrahim Moura (Jgst. 11)

TOP[1] 1: Preiserhöhung der Schul-Shirts
- SV-Sprecherin Liza Giedry begrüßt und stellt TOP 1 vor:
  Sollen die Preise für die Schul-Shirts angehoben werden, um fair produzierte Kleidung kaufen zu können?
- Benni Schmid (Jgst. 11) fasst den aktuellen Stand und die Optionen zusammen:
  ...
- ...

1 TOP: Tagesordnungspunkt

Benni Schmid, Jgst. 11:
Hi zusammen. Kurzfassung: Momentan verkaufen wir die Kleidung der Firma BasicFit: T-Shirts für 11,00 €, Hoodies für 21,50 €. Die Shirts bestehen zu 100 % aus Baumwolle, die Hoodies zu 80 % aus Baumwolle und zu 20 % aus Polyester. Der Anbieter Eco-Outfits bietet Kleidung, die zu 60 % aus recycelter Bio-Baumwolle und zu 40 % aus recycelten PET-Flaschen besteht. Die Shirts kosten 19,90 € und die Hoodies 39,90 €. Die Muster hängen hier vorne an der Tafel. Und jetzt: her mit euren Argumenten!

Elif Yılmaz, 6c:
Ich finde die neuen Klamotten super. Und „neu" ist immer gut!

Dustin Rauen, Jgst. 10:
Sorry, Elif, aber das ist genau der falsche Ansatz. Uns geht's ja eben nicht um „neu", sondern um etwas Recyceltes. Aber der Preisanstieg ist schon enorm.

Luis Siever, Jgst. 12:
Aber der höhere Preis ist es voll wert! Wir würden damit endlich mal ein Zeichen setzen für das, was uns wichtig ist: fairer Handel, nachhaltige Produktion, bessere Arbeitsbedingungen für Menschen in der Textilbranche. Das gibt's halt nicht umsonst!

Ariane Pötter, 8a:
Ich verstehe dich, Luis. Aber wir können uns auch nicht immer nur korrekt verhalten. Wir haben schon vegetarische Angebote in der Mensa, letzten Sommer hatten wir eine Aktion gegen Plastikmüll usw. Wir machen als Schule ja schon eine Menge guter Aktionen. Aber wir wollen ja auch, dass viele Schüler unsere Schulkleidung tragen. Und wenn sie so teuer ist, können sie sich vielleicht einige nicht mehr leisten oder wollen sie ganz einfach zu dem höheren Preis nicht mehr kaufen.

Liza Giedry, Jgst. 12, SV-Sprecherin:
So, vielen Dank für eure Argumente. Wir kommen dann zur Abstimmung. Die ist nicht bindend, sondern soll erstmal ein Meinungsbild einholen. Wir müssen ja dann ohnehin nochmal auf der Schulkonferenz diskutieren. Also, Handzeichen, bitte! ... Ich zähle 13 Ja-Stimmen und 10 Nein-Stimmen, außerdem 3 Enthaltungen.

KOMPETENZBOX

Ein Protokoll verfassen

Das Protokoll informiert und dient als Gedächtnisstütze, z. B. zur sachlichen Zusammenfassung der Ergebnisse einer Diskussion.

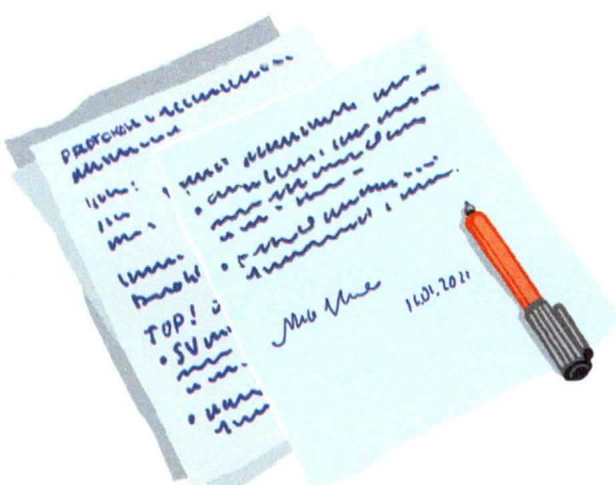

Protokollkopf: Datum, Ort, Zeit, anwesende und fehlende Teilnehmerinnen und Teilnehmer, Protokollführende/r, Thema

- Zusammenfassung der Redebeiträge
- Beschlüsse, Abstimmungsergebnisse und Verantwortlichkeiten
- Zeitform: Präsens
- Stichpunkte oder ganze Sätze möglich, aber durchgehend eine Form

Ende des Protokolls: Ort, Datum, Unterschrift der/des Protokollführenden

Das könnt ihr jetzt!

Sprachlicher Umgang mit anderen

Tolles aus der Tonne

Brillen aus Kartoffelresten, Kleidung aus Kaffeesatz: Statt nur Müll zu hinterlassen, will die Modebranche den Abfall nun nutzen.

Die Steinzeitmenschen haben leider kein vollständiges Memo[1] darüber hinterlassen, wie das anfing mit ihnen und dem Leder. Aber da man ziemlich sicher weiß, dass sie sich hauptsächlich von Fleisch ernährten – nun ja, es müssen sich viele, sehr viele Tierfelle da draußen vor der Höhle gestapelt haben. Irgendwann fingen sie dann offensichtlich an, diese Abfälle mit Knochenwerkzeugen zu bearbeiten, um Kleidung oder Zelte daraus zu fertigen. Klassischer Fall von Resteverwertung sozusagen.
Auch bekannte Gerichte wie Paella[2], Tiroler Gröstl[3] oder Bouillabaisse[4] sind so entstanden. Was noch gut war, wurde nicht weggeschmissen, sondern weiterverarbeitet. Alles andere wäre ja auch totale Verschwendung, und die konnten sich die meisten Menschen früher schlicht nicht leisten. Erst mit wachsendem Wohlstand zog entsprechend die Wegwerfmentalität ein. Wenn Not erfinderisch macht, führt Reichtum offensichtlich eher zu Stumpfsinn und Hochmut, mit Müllbergen als Kathedralen der Überflussgesellschaft.
Aber nun ist die Not wieder groß, weil die Ressourcen knapp werden und der Klimawandel voranschreitet. Vor allem die Modeindustrie steht als extrem umweltschädlich da und versucht, nicht nur im Design, sondern auch in der Produktion wieder kreativer zu werden. Statt immer nur neuproduzierte Stoffe zu verwenden – etwa Baumwolle, deren Anbau extrem flächen- und wasserintensiv ist, oder Polyester, das ungefähr so gut verrottet wie Plastikflaschen – wird nun zunehmend auf recycelte Materialien zurückgegriffen. [...]
Oder man sucht einfach gleich nach umweltfreundlichen Alternativen, zum Beispiel dort, wo sowieso schon haufenweise Zeug vorhanden ist und nicht genutzt wird: im Abfall. Zurück zur guten alten Resteverwertung. [...]
Ein Londoner Brillenlabel brachte vor einem halben Jahr eine neue Kollektion heraus. Statt aus dem üblichen Acetat, einem halbsynthetischen Material, das zwar zu Teilen aus Zellulose[5] besteht, aber am Ende eben doch Plastik ist, wurde mit zehn anderen Materialien für Prototypen[6] experimentiert. Rahmen aus geschredderten alten CDs, menschlichen Haaren, Wolle, aber auch aus Maiskolben oder Kartoffelschalen, die bei der Herstellung von Pommes frites anfallen. Auf letztere Idee kam das britische Start-up[7] Chip(s)board. Sie verwenden die Reste [...], um daraus Bio-Plastik herzustellen, das nicht nur ihren ästhetischen Ansprüchen genügt, sondern eben auch kompostierbar ist. Neben Brillen sollen bald weitere Produkte für den Designbereich folgen, etwa Knöpfe aus Kartoffelabfällen. (So kriegt Pommes essen doch noch einen entscheidenden Mehrwert.)

(Silke Wichert, 2020, Ausschnitt, Süddeutsche Zeitung)

1 das Memo: Merkzettel 2 die Paella: spanisches Reisgericht 3 das Tiroler Gröstl: österreichisches Pfannengericht mit Kartoffeln
4 die Bouillabaisse: französische Fischsuppe 5 die Zellulose: Hauptbestandteil pflanzlicher Zellwände 6 der Prototyp: Vorbild, Muster
7 das Start-up: Unternehmensgründung mit einer neuartigen Geschäftsidee

Argumente gegen Recyclingmode

- *hoher Preis*
- *geringere Auswahl bedeutet Einschränkung*
- *energieaufwendiger Recyclingprozess*
- *z. T. geringere Haltbarkeit der Produkte*
- *keine endgültige Lösung zur Nachhaltigkeit, Beispiel: Plastikmüll wird zwar noch einmal verwendet, aber irgendwann erneut weggeworfen*

Lösungen
→ S.287

1 Erklärt mithilfe des Zeitungsartikels (S.40) die Idee von Recyclingmode.

2 Bereitet eine Debatte zur Streitfrage „Sollten wir nur noch recycelte Mode tragen?" vor, indem ihr
- die Pro- und Kontra-Argumente aus dem Text und von dem Stichwortzettel in einer Tabelle gegenüberstellt und mit Argumentationsstützen ergänzt,
- euren Standpunkt festlegt,
- eure Argumente und Argumentationsstützen ordnet.

3 **a)** Führt die Debatte nach den Regeln von „Jugend debattiert" (S.36) durch.
b) Bewertet die Debatte mithilfe der Checkliste (S. 298).

1 Mode ist jener seltsame Vorgang, bei dem allen plötzlich etwas gefällt, was ihnen gestern noch nicht gefallen hat und was ihnen morgen nicht mehr gefallen wird.
(Margot Hielscher (*1919), deutsche Schauspielerin und Sängerin)

2 Wer auch immer gesagt hat, dass man Glück nicht mit Geld kaufen kann, wusste einfach nicht, wo man gut shoppen gehen kann.
(Bo Derek (*1956), US-Schauspielerin)

3 Mode ist das wichtigste Mittel der Textilindustrie gegen die zunehmende Haltbarkeit der Stoffe.
(Emilio Schuberth (1909–1972), italienischer Modeschöpfer deutscher Herkunft)

4 Das Grünste, was du in der Mode machen kannst, ist großartige Mode zu kaufen, die du jahrelang tragen wirst!
(Michael Kors (*1959), US-amerikanischer Modedesigner)

4 Wählt zwei Aussagen aus, die ihr befürwortet oder ablehnt. Begründet eure Einschätzung.

5 **a)** Besprecht, wie ihr die Karikatur versteht.
b) Stimmt ihr der Aussage zu? Begründet.

3 Alles unter Kontrolle?!

Schriftlich argumentieren

1

Schutz Verantwortung
Illusion Privatsphäre
Sorge Sicherheit Misstrauen
Aufsicht Überwachung Vorsorge
Freiheit Abschreckung Prävention

1 Besprecht, wie ihr die Karikatur 1 versteht. Diskutiert, ob ihr die dargestellte Situation für übertrieben haltet.

2 Betrachtet die Wörterwolke und erklärt, wie die Wörter mit dem Begriff „Kontrolle“ zusammenhängen. Ergänzt weitere Wörter.

3 **a)** Tauscht euch über Situationen aus, bei denen ihr kontrolliert worden seid. Erschien euch die Kontrolle sinnvoll? Begründet.
b) Gibt es Gelegenheiten, bei denen ihr euch mehr Kontrolle wünschen würdet? Begründet.
c) „Vertrauen ist gut, Kontrolle ist besser“. Erläutert, was damit gemeint ist, und nehmt Stellung dazu.

Das lernt ihr jetzt!

3.1 Argumente sammeln und auswählen

3.2 eine schriftliche Argumentation planen, verfassen und überarbeiten

3.3 verschiedene Textsorten nutzen, um Adressaten zu überzeugen

Was sind die „Big Brother Awards"?

Seit dem Jahr 2000 werden in Deutschland die „Big Brother Awards" an Firmen, Organisationen und Personen verliehen, die in besonderer Weise und nachhaltig die Privatsphäre von Menschen beeinträchtigen sowie persönliche Daten verkaufen oder gegen ursprüngliche Interessen verwenden.

Die „Big Brother Awards" sind ein internationales Projekt: In bisher 19 Ländern wurden gefährliche Machenschaften für Menschen und Demokratie mit diesen Preisen ausgezeichnet.

Die „Big Brother Awards" bringen die Feinde des Datenschutzes dorthin, wo sie nicht sein wollen: ins Scheinwerferlicht der Öffentlichkeit. Konkrete Beispiele zeigen, wie die Gegenseite denkt, arbeitet und vertuscht. Die „Big Brother Awards" garantieren ihnen seit 2000 Spitzenplätze und Schlagzeilen in den Medien, die sie garantiert nicht haben wollen.

Der Name ist George Orwells Dystopie[1] „1984" entnommen, in der der Autor bereits Ende der vierziger Jahre seine Vision einer totalitären[2] Überwachungsgesellschaft entwarf.

Ausgerichtet werden die Big Brother Awards von Digitalcourage e.V.

(Ausschnitt Internetseite Big Brother Awards.de)

2

1 die Dystopie: erfundene, in der Zukunft spielende Erzählung mit negativem Ausgang

2 totalitär: unterdrückend, unterwerfend

MK **4** **a)** Erklärt mithilfe des Textes, worum es bei der Verleihung der „Big Brother Awards" geht.

b) Haltet ihr die Verleihung für sinnvoll? Begründet.

MK **5** **a)** Die „Big Brother Awards" werden auch als „Oscars für Datenkraken" bezeichnet. Erläutert den Begriff „Datenkrake".

b) Untersucht, was ihr anhand der Karikatur 2 über die „Big Brother Award"-Preisträger erfahrt. Achtet auf die Mimik und Gestik der Datenkrake und des Publikums.

c) Entwerft für die „Big Brother Awards" eine Trophäe, die man überreichen könnte. Begründet eure Gestaltung.

3.1 Los geht's · Argumente sammeln und auswählen

○ **1** Was haltet ihr von Fitness- und Gesundheits-Apps? Stellt euch auf einem Meinungsstrahl in der Klasse auf und nennt Gründe für eure Position.
MK

finde ich sehr gut | finde ich gut | finde ich weniger gut | finde ich gar nicht gut

Ganz schön vermessen

Die Fitness-App als Big Brother: Persönliche Daten sind sensibel, vor allem, wenn es um die Gesundheit geht.

[...] Das Tracking des Körpers ist für ein Drittel der Deutschen in ihrer Freizeit längst Alltag. Sie nutzen Fitnessarmbänder, die ihren Herzschlag, ihre Schrittzahl, ihren Kalorienverbrauch messen. [...] Der Soziologe[1] Hartmut Rosa sieht die Ursache für unseren ständigen Optimierungswunsch[2] in unserem Wirtschaftssystem. Das ziele auf Wachstum und ständige Steigerung ab. „Jeder Einzelne muss jedes Jahr etwas schneller laufen, um seinen Platz in der Gesellschaft zu erhalten." Exemplarisch[3] dafür sind TV-Formate wie „The Biggest Loser"[4]. Die Teilnehmenden treibt die Sehnsucht nach einem anderen, sprich: fitten und attraktiven Körper. Wer fit ist, gilt als leistungsfähig, ehrgeizig, willensstark und diszipliniert. Die technische Unterstützung auf dem Weg zu gesellschaftlicher Anerkennung erkaufen sich die Nutzer mit ihren Körperdaten. Dabei könnten sie weder „nachvollziehen, welche Daten an wen übermittelt werden", noch könnten sie dies beeinflussen, sagt der Hamburger Datenschützer Johannes Caspar. Je günstiger die App, desto wahrscheinlicher, dass sensible Informationen zum Beispiel an Werbefirmen fließen. [...]

Wie gesund wir sind, interessiert aber nicht nur unseren Arbeitgeber und die Werbeindustrie, sondern auch unsere Krankenversicherung. Je mehr Daten sie über uns hat, umso besser kann sie unseren Körper überwachen, Frühwarnsignale erkennen und Krankheiten vermeiden. So ganz uneigennützig ist das natürlich nicht, denn auf diese Weise könnten die Kassen eine Menge Geld sparen. Weniger Kranke, weniger Ausgaben für die Heilung.

Ihre Apps bieten dem Nutzer verschiedenste Services, sie sollen etwa die Kommunikation zwischen Patient und Kasse erleichtern, zu mehr Bewegung motivieren oder den Krankheitsverlauf dokumentieren [...]. Klingt für den Verbraucher erst mal ziemlich positiv. Was aber, wenn die Fitten irgendwann weniger für ihre Versicherung zahlen müssen als die weniger Fitten?

(Simone Ahrweiler, Nicolas Rose, 2018, Ausschnitt, Jugendmagazin der Bundeszentrale für politische Bildung, Fluter online)

1 der Soziologe: Wissenschaftler, der sich u. a. mit gesellschaftlichen Entwicklungen und menschlichem Zusammenleben beschäftigt 2 der Optimierungswunsch: Streben nach Verbesserung/Vervollkommnung 3 exemplarisch: beispielhaft 4 „The Biggest Loser": Fernsehshow, bei der Kandidatinnen/Kandidaten möglichst viel abnehmen sollen

◒ **2** **a)** Klärt auf Grundlage des Textes, welche Probleme mit der Nutzung von Fitness- und Gesundheits-Apps verbunden sein können. Berücksichtigt auch die Karikatur auf Seite 45.
MK
b) Diskutiert, ob ihr die Kritik für berechtigt haltet.

S.265 ○ ← ◒ **3** Im Zuge eines Projekttages zum Thema „gesund leben" hat sich eure Gruppe mit Fitness- und Gesundheits-Apps beschäftigt. Ihr sollt eine Präsentation für eure Klasse zur Streitfrage „Ist die Nutzung von Fitness- und Gesundheits-Apps sinnvoll?" vorbereiten. Verwendet die folgende Arbeitstechnik.

a) Sammelt Pro- und Kontra-Argumente mit Beispielen. Ihr könnt den Text (S.44) nutzen.

b) Wählt zwei überzeugende Argumente aus und bereitet stichwortartig eure Präsentation vor.

c) Stellt eure Präsentationen vor und gebt euch Rückmeldungen.

ARBEITSTECHNIK

Argumente sammeln, auswählen und ordnen

1. Streitfrage in Teilthemen auffächern, um Argumente zu finden, z. B. mithilfe von W-Fragen

2. Pro- und Kontra-Argumente mit Argumentationsstützen zu den Teilthemen sammeln

3. Argumente auswählen
- unpassende oder wenig überzeugende Argumente streichen
- überprüfen, ob sich Argumente widersprechen
- ähnliche Argumente, die zueinander gehören oder sich überschneiden, zusammenfassen

Fitness-Apps dienen als Motivation zur Leistungsverbesserung, weil man sich steigern möchte. Fitness-Apps ermöglichen die Dokumentation von Erfolgen und das Setzen individueller Trainingsziele.

4. nachvollziehbare Reihenfolge festlegen, zum Beispiel sortieren nach
- Überzeugungskraft
  Argumente sind überzeugend, wenn sie
  • für jeden verständlich sind,
  • viele betreffen,
  • Fakten und Tatsachen beinhalten (Tatsachenargument),
  • Aussagen eines Experten wiedergeben (Autoritätsargument),
  • sich auf allgemeingültige Werte beziehen (normatives Argument).
- Verknüpfbarkeit; Argumente passen inhaltlich zusammen.

3.2 Komplett kontrolliert = gut geschützt?! · Eine schriftliche Argumentation verfassen

Eine schriftliche Argumentation planen

○ **1** Tauscht euch darüber aus, wie eure Eltern kontrollieren können, in welchem Umfang ihr digitale Medien nutzt. Was haltet ihr von diesen Kontrollmöglichkeiten? Begründet.
MK

1

Überwachungs-Apps für Eltern – Wer schaut nach mir?

„Wir wissen, wo du bist. Wir wissen, wo du warst. Wir wissen mehr oder weniger, worüber du nachdenkst." [...] Für diesen Zweck gibt es mittlerweile eine ganze Reihe von Apps, mit denen sich Kinder, Verwandte und Lebenspartner rund um die Uhr überwachen lassen. Besorgte Helikoptereltern[1] können eine App auf dem Smartphone ihrer Sprösslinge installieren, um Textnachrichten zu tracken, die Browserhistorie[2] einzusehen oder Kontakte, Social-Media-Posts und Orte zu kontrollieren. [...] Sogar gelöschte Messages lassen sich per Fernsteuerung wiederherstellen. In einer Demo ist zu sehen, wie man das Leben seiner Kinder in Echtzeit „monitoren"[3] kann: Die jüngsten Gesprächsprotokolle aller Kontakte werden angezeigt, die letzten Anrufe mit Verbindungsdaten, auf einer Karte sind die letzten Standorte verzeichnet. Zudem lassen sich Fotos, SMS, [...] abrufen. [...]
Die Arbeit werde diskret in einem „Background-Modus" verrichtet, heißt es. Ein gewisser „Eduard aus Deutschland" lobt: „Mein Sohnemann klebt rund um die Uhr an seinem Smartphone. Da möchte ich schon auch mal wissen, dass da nichts auf schiefe Bahnen ausschert. So bin ich immer auf dem Laufenden, was er in der bunten Smartphone-Welt so treibt." Und Elijah aus Kanada sekundiert[4]: „Eine gute Wahl für alle Eltern, die nicht von gestern sind." Wer nicht gestrig sein will, so der Tenor, überwacht die Kinder in Echtzeit.
(Adrian Lobe, 2018, Ausschnitt, Frankfurter Allgemeine Zeitung online)

1 die Helikoptereltern: überfürsorgliche Eltern, die wie ein Helikopter um ihre Kinder kreisen 2 die Browserhistorie: Verlauf besuchter Internetseiten 3 monitoren: beobachten, kontrollieren 4 sekundieren: beipflichten

2

Multimedia Stiftung Warentest: Was Kinderschutz-Apps können – und was nicht

Berlin – Was macht mein Kind da auf dem Smartphone? Und wie kann ich es vor den finsteren Seiten des Internets schützen? Kinderschutz-Apps wollen Eltern solche Sorgen nehmen – doch selbst die „guten" unter ihnen bieten keine hundertprozentige Sicherheit, wie dcie Stiftung Warentest berichtet („test"-Ausgabe 9/20).

Neun Programme für Smartphones und Tablets hat die Stiftung unter die Lupe genommen, darunter auch den eingebauten Kinderschutz [der Smartphones]. [...] [Diese] Lösungen schneiden aber nur „befriedigend" ab – unter anderem wegen fehlender pädagogischer Unterstützung für Eltern und lückenhafter oder schwammig formulierter Datenschutzerklärungen. [...]

Kinderschutz-Apps mit mehr Funktionen sind in der Regel kostenpflichtig. [...] Teils gibt es dafür aber auch Funktionen mit zweifelhaftem Nutzen.
Generell kritisieren die Warentester, dass viele Apps zu sehr auf Kontrolle und Verbote und weniger auf eine pädagogisch sinnvolle Begleitung Heranwachsender setzen. Besonders problematisch seien Apps, die zum Beispiel Chat-Verläufe

nach Schlüsselwörtern durchsuchen. Das soll Kinder und Jugendliche vor Gefahren wie Cybermobbing oder -grooming[1] schützen, verletzt allerdings vor allem die Privatsphäre der Kinder, so die Experten. Generell sollten Eltern sich im Klaren darüber sein, dass auch gute und seriöse Kinderschutz-Apps nur kontrollieren und blockieren können. Einen echten Schutz vor den Gefahren des Internets bieten sie nicht – und sind damit auch kein Ersatz dafür, Kinder bei den ersten Gehversuchen im Netz zu begleiten und ihnen Medienkompetenz zu vermitteln.

(dpa Deutsche Presse-Agentur GmbH)

Wie können Eltern ihre Kinder sinnvoll bei der Mediennutzung begleiten?

1 Cybergrooming: Kontaktaufnahme Erwachsener mit Minderjährigen über das Internet, die auf sexuellen Missbrauch abzielt

2 MK **a)** Arbeitet aus den Texten 1 und 2 (S. 46 f.) die wesentlichen Informationen zu Eltern-Kontroll-Apps heraus.

b) Besprecht, wie sich verschiedene Personengruppen zu Chancen und Risiken von diesen Apps in den Texten äußern.

S. 265 **3** Überlegt, wie ihr die blau markierten Textstellen (S. 46 f.) in einer eigenen Argumentation nutzen könntet. Ordnet sie folgenden Möglichkeiten zu und begründet.

Fakt oder Tatsache (Tatsachenargument) | Aussage eines Experten (Autoritätsargument)

Bezug auf allgemeingültige Werte (normatives Argument) | Beispiel

Leserkommentare zum Text 1 :
Überwachungs-Apps für Eltern – Wer schaut nach mir? (S. 46)

Supermom75:	Gute Eltern merken auch ohne Überwachung, ob mit ihrem Kind etwas nicht stimmt.
Mr. Walker:	Wer solche Apps braucht, hat in Sachen Erziehung versagt. Schon mal was von Eigenverantwortlichkeit und Vertrauen gehört?! Diese Apps schaden mehr, als sie nutzen! Da kann man sein Geld auch gleich zum Fenster hinauswerfen.
Rainbow:	Mich beruhigt es sehr, wenn ich 24/7 weiß, wo meine Kinder sind und was sie machen. So bin ich auch bereit, ihnen mehr zu erlauben.
Darkangel:	Als ob sich Kinder eine Dauerüberwachung gefallen ließen ... Sie finden Mittel und Wege, die Überwachung zu umgehen.

4 **a)** Nehmt Stellung zu den Leserkommentaren.

b) Verfasst selbst einen kurzen Leserkommentar zu Text 1 (S. 46).

S.265 ○ ← ◒ **5** Auf dem letzten Elternstammtisch der Klasse 8b wurde über die zeitintensive und unkontrollierbare Smartphonenutzung gesprochen. Ein Vater empfahl Eltern-Kontroll-Apps, über deren Nutzung nun einige Eltern nachdenken. Die Klasse diskutiert jetzt: „Sollten Eltern-Kontroll-Apps verboten werden?"

a) Fächert diese Streitfrage mithilfe von W-Fragen in Teilthemen auf.

b) Sammelt Pro- und Kontra-Argumente mit Argumentationsstützen.

c) Tauscht euch zu zweit aus und ergänzt eure Sammlung.

◒ **6** Begründet, warum ein Schüler die beiden folgenden Argumente überarbeitet hat. Nutzt die Arbeitstechnik (S.45).

> *anstatt: Ich finde es falsch, dass meine Eltern meine Privatsphäre durch den Einsatz von Eltern-Kontroll-Apps nicht respektieren.*
> *→ besser: Durch Eltern-Kontroll-Apps wird die Privatsphäre der Kinder erheblich eingeschränkt.*

> *anstatt: Eltern verbringen auch viel Zeit an ihrem Smartphone.*
> *→ besser: Aufmerksame Eltern bemerken auch ohne Eltern-Kontroll-App, wenn etwas nicht mit ihrem Kind stimmt.*

S.265 ○ ← ◒ **7** **a)** Wählt aus eurer Sammlung (Aufgabe 5) geeignete und überzeugende Argumente mit Argumentationsstützen aus. So könnt ihr vorgehen:
- unpassende Argumente streichen
- Argumente, die sich widersprechen, streichen
- ähnliche Argumente, die zueinander gehören oder sich überschneiden, zusammenfassen

b) Bewertet die Überzeugungskraft eurer Argumente und Argumentationsstützen.
Überlegt euch eine entsprechende Kennzeichnung, z.B. mit Kreuzen (xxx = sehr überzeugend, xx = überzeugend, x = wenig überzeugend).
Argumente sind überzeugend, wenn sie
- für jeden verständlich sind,
- viele betreffen,
- Fakten und Tatsachen beinhalten (Tatsachenargument),
- Aussagen eines Experten wiedergeben (Autoritätsargument),
- sich auf allgemeingültige Werte beziehen (normatives Argument).

Aufbau einer schriftlichen Argumentation

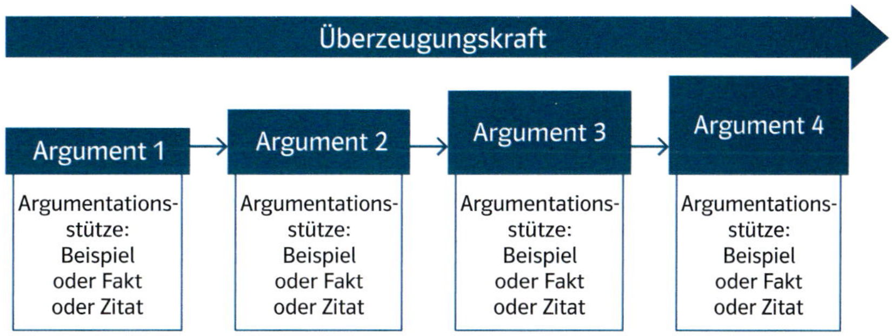

8 **a)** Erläutert anhand der Abbildung einen möglichen Aufbau einer schriftlichen Argumentation.
b) Besprecht auf Grundlage der folgenden Aussagen **A** und **B**, ob es auch andere Möglichkeiten des Aufbaus geben könnte.

A Ich ordne meine Argumente lieber so, wie sie am besten zueinander passen.
B Ich beginne mit einem sehr starken Argument, um zu zeigen, dass ich etwas Wichtiges zu sagen habe.

9 „Sollten Eltern-Kontroll-Apps verboten werden?" Entscheidet euch für einen Standpunkt. Wählt drei bis vier entsprechende Argumente von Aufgabe 7 (S. 48) aus und ordnet sie in einer nachvollziehbaren Reihenfolge an.

S. 265 **10** **a)** Überlegt, warum und an welcher Stelle es in einer Argumentation sinnvoll ist, auf Gegenargumente einzugehen.
b) Diskutiert, ob ein erwähntes Gegenargument immer entkräftet werden muss.
c) Sucht euch ein Argument aus, das nicht eurem Standpunkt entspricht. Begründet, wo das Gegenargument in eurer Anordnung aus Aufgabe 9 platziert werden sollte.

Eine Argumentation planen S. 299 **KOMPETENZBOX**

Eine schriftliche Argumentation planen

- die Streitfrage erfassen und in Teilthemen auffächern
- Pro- und Kontra-Argumente mit Argumentationsstützen sammeln, auch anhand von Texten
- eigenen Standpunkt bestimmen, dabei Menge und Überzeugungskraft der Argumente bedenken
- Argumente und Argumentationsstützen auswählen und in einer nachvollziehbaren Reihenfolge ordnen, dabei Folgendes beachten:
  - Überzeugungskraft
  - Verknüpfbarkeit
  - Widerspruchsfreiheit der Argumente (siehe Arbeitstechnik S. 45)
- ein wichtiges Gegenargument aussuchen und sinnvoll platzieren

Eine schriftliche Argumentation verfassen und überarbeiten

S. 265 ○ ← ◒ **1** Besprecht, welche Elemente die folgende Einleitung enthält.

> *Niemand mag es, auf Schritt und Tritt beobachtet und in allem überwacht zu werden. Was in der realen Welt ein absolutes Tabu ist, findet in der digitalen Welt statt, wenn Eltern-Kontroll-Apps auf den Smartphones ihrer Kinder installieren. Diese Apps ermöglichen es, Standortdaten abzufragen, den Browserverlauf, Socialmediadaten, Fotos und Chats zu verfolgen, sogar gelöschte Nachrichten können wiederhergestellt werden. Deshalb stellt sich die Frage, ob Eltern-Kontroll-Apps verboten werden sollten.*

◒ **2** Als Einstieg eignen sich beispielhafte Situationen, Zitate, Redensarten oder Fragen. Tauscht euch darüber aus, ob die folgenden Ideen **A** – **C** für eine Einleitung zum Thema „Eltern-Kontroll-Apps" geeignet sind. Berücksichtigt dabei, ob sie eher für oder gegen den Einsatz dieser Apps sprechen.

A Welche Eltern wollen nicht nur das Beste für ihr Kind und dieses vor Schaden bewahren?

B Vertrauen ist gut, Kontrolle ist besser.

C Stellt euch vor: Sobald ihr euer Smartphone benutzt, würde euch immer jemand über die Schulter schauen.

◒ **3** **a)** Verfasst eine eigene Einleitung für eure Argumentation zu der Streitfrage „Sollten Eltern-Kontroll-Apps verboten werden?".

b) Tauscht eure Einleitungen aus, gebt euch Rückmeldungen und überarbeitet sie.

S. 266 ○ ← ◒ **4** Im Hauptteil eurer Argumentation könnt ihr Argumente entfalten, indem ihr u.a.
- Bedingungen oder Konsequenzen von Maßnahmen oder Entscheidungen darstellt,
- Vergleiche anführt, die Sachverhalte verdeutlichen.

Entfaltet und verknüpft die folgenden Argumente **A** und **B**. Nutzt den Sprachtipp.

A Durch Eltern-Kontroll-Apps wird die Privatsphäre der Kinder massiv verletzt.

B Der Einsatz von Eltern-Kontroll-Apps signalisiert den Kindern das Misstrauen der Eltern.

SPRACHTIPP

Argumente entfalten und verknüpfen

Im Hauptteil eurer Argumentation ist es wichtig, dass ihr eure Argumente ausführlich entfaltet und sinnvoll miteinander verknüpft. Ihr könnt mithilfe von Konjunktionen *(weil, da, sodass, wenn, obwohl)* und Adverbien *(dennoch, deshalb, dabei, daraus, folglich)* Zusammenhänge deutlich machen.

Argumente entfalten

Dies zeigt sich auch an …; Dabei muss man beachten, dass …; In diesem Zusammenhang ist auch wichtig, dass …, Es sollte nicht vernachlässigt werden, dass …, Daraus ergibt sich …, Eine mögliche Konsequenz ist, dass …, Hieraus resultiert bestenfalls/schlimmstenfalls …, Das ist vergleichbar mit …, Das gleicht …, Nur unter der Voraussetzung/Bedingung, dass …; Auch die Wissenschaftlerin/der Wissenschaftler betont, dass …, Wie Studien belegen …, Betrachtet man die Zahlen …, So argumentieren Experten, dass …

steigende Anordnung verdeutlichen

Grundsätzlich ist zu sagen …, Hinzu kommt …, Noch bedeutsamer ist …, Der zentrale Punkt ist aber …, Am wichtigsten ist …, Am meisten ins Gewicht fällt …; Besonders wichtig ist …

Gegenargumente entkräften

Entscheidender ist allerdings …, Trotzdem darf man nicht vergessen, dass …, Zwar ist es richtig, dass …, aber …, Häufig wird gesagt/angeführt, dass …, jedoch …; Dabei sollte man nicht nur …, sondern auch … bedenken …, Abgesehen von …, ist aber auch …

5 „Sollten Eltern-Kontroll-Apps verboten werden?" Formuliert den Hauptteil eurer Argumentation aus. Achtet darauf, eure Argumente zu entfalten. Nutzt dazu den Sprachtipp (S. 50).

6 Untersucht die folgenden Beispiele **A** und **B** für Schlussteile. Ordnet zu, welche Aspekte jeweils zu finden sind.

Einleitung aufgreifen | eigene Sichtweise darstellen | Ergebnisse bündeln

Kompromissvorschlag anbieten | Forderung formulieren | Ausblick geben

A *Auf Grundlage der angeführten Argumente ergibt sich das Fazit, dass ich für ein Verbot der Eltern-Kontroll-Apps bin. Zwar wäre es für viele Eltern beruhigend, per Standortermittlung jederzeit erfahren zu können, wo ihr Kind sich gerade aufhält, oder Chatverläufe und Browserhistorien einzusehen, um sich zum Beispiel nicht wegen Mobbing zu sorgen. Aber das ständige Gefühl, auf Schritt und Tritt beobachtet und in allem überwacht zu werden und die permanente Verletzung der Privatsphäre sind schwerwiegender. Sie verhindern eine unbefangene Nutzung des Smartphones und sollten tabu sein. Jeder, auch ein Kind, sollte das Recht haben, Dinge für sich zu behalten und unbeobachtet zu tun.*

B *Insgesamt gesehen halte ich die Argumente gegen eine Überwachung der Kinder mithilfe von Eltern-Kontroll-Apps für überzeugender als die Gründe dafür. Eltern-Kontroll-Apps sollten verboten werden, denn Gefahren digitaler Medien, wie zum Beispiel Mobbing, unpassende Inhalte oder Hetze lassen sich durch sie nicht ausräumen. Wer seine Kinder davor schützen will, sollte sie weniger kontrollieren und mehr Zeit darauf verwenden, ihnen einen sinnvollen Umgang mit Smartphones und digitalen Medien beizubringen. Auf diese Weise wird das Problembewusstsein und die Eigenverantwortlichkeit der Kinder gefördert, was sie besser schützt als jede App.*

7 Verfasst einen eigenen Schlussteil für eure Argumentation. Ihr könnt euch an den Beispielen **A** und **B** (Aufgabe 6) orientieren.

S. 266 **8** **a)** Besprecht, wie der folgende Schülertext auf euch wirkt. Belegt eure Einschätzungen mit Beispielen.
b) Nutzt den Sprachtipp auf Seite 52 für die genaue Analyse des Schülertextes und überarbeitet diesen.

Eigentlich ist es keine dumme Idee, die eigenen Kinder mithilfe einer Eltern-Kontroll-App überwachen zu lassen. Sei es nur, um in kritischen Situationen, zum Beispiel im Falle eines vorliegenden auffälligen Verhaltens, nachvollziehen zu können, welche Websites die eigenen Kinder per Smartphone besucht haben oder worüber sie sich unter Umständen in Chats geäußert haben könnten.
Wenn Eltern außerdem über das, was ihre Kinder mit dem Smartphone so machen, besser Bescheid wissen, könnten diese gegebenenfalls eher bereit sein, ihren Kindern mehr zu erlauben. Dies gilt aber nur unter der Voraussetzung, dass das Problem in der Unkenntnis bezüglich der Aktivitäten ihrer Kinder besteht.

SPRACHTIPP

Leserfreundlich schreiben

– unübersichtliche Schachtelsätze auflösen, wichtige Informationen in Hauptsätzen geben, nicht in Nebensätzen	*Es ist nicht zu unterschätzen, dass die Eltern-Kind-Beziehung, wenn Kinder, die von ihren Eltern heimlich kontrolliert werden, dies erfahren, leidet.* → ***Besser:*** *Die Eltern-Kind-Beziehung leidet unter der heimlichen Kontrolle, sobald die Kinder von dieser erfahren.*
– selten eingeschobene Nebensätze verwenden	*Für Eltern, die sich um die Sicherheit ihrer Kinder sorgen, können Kontroll-Apps beruhigend sein.* → ***Besser:*** *Kontroll-Apps können beruhigend sein, wenn Eltern sich um die Sicherheit ihrer Kinder sorgen.*
– mehrteilige Verben nicht so weit voneinander trennen	*Sie lehnen dieses, obwohl …, ab* → ***Besser:*** *Sie lehnen dieses ab, obwohl …*
– selten Nominalisierungen verwenden	*das Kontrollieren* → ***Besser:*** *kontrollieren*
– in der Regel Aktiv statt Passiv verwenden	*Es wird von vielen behauptet, …* → ***Besser:*** *Viele behaupten, …*
– überflüssige Füllwörter streichen	*eigentlich, gewissermaßen, doch, sicherlich, …*

9 Überprüft mithilfe des Sprachtipps, wie leserfreundlich eure eigene Argumentation ist, und überarbeitet sie bei Bedarf.

Eine Argumentation verfassen S. 300 KOMPETENZBOX

Eine schriftliche Argumentation verfassen und überarbeiten

Eine schriftliche Argumentation dient dazu, den eigenen Standpunkt zu einem strittigen Thema überzeugend darzustellen.

Inhalt und Aufbau

- **Einleitung:** Streitfrage nennen, Interesse bei der Leserin/dem Leser wecken, kurz in das Thema einführen, z. B. Begriffe klären
- **Hauptteil:** Argumente mit Argumentationsstützen für den eigenen Standpunkt in nachvollziehbarer Reihenfolge anordnen, z. B. steigernd vom schwächsten zum stärksten Argument; Argumente verknüpfen und entfalten; ein Gegenargument berücksichtigen
- **Schluss:** die eigene Sichtweise darstellen, die Ergebnisse bündeln, eine Forderung formulieren, einen Ausblick auf Künftiges geben, einen Kompromissvorschlag anbieten, eventuell die Einleitung aufgreifen

Sprachliche Gestaltung

- sachlich und in der Regel im Präsens schreiben (bei Vorzeitigkeit: Perfekt)
- abwechslungsreich und leserfreundlich formulieren (s. Sprachtipp)
- auf die Verknüpfung von Wörtern und Sätzen achten, um Zusammenhänge zu verdeutlichen (Sprachtipp S. 50).

Beim **Überarbeiten**
- Arbeitstechniken verwenden: *Checkliste* (S. 300), *Textlupe* (S. 343), *Schreibkonferenz* (S. 342)
- Rechtschreibung, Satzbau und Zeichensetzung prüfen

Eine schriftliche Argumentation verfassen

In der Politik wird über eine sogenannte Klarnamenpflicht diskutiert. Man dürfte dann in sozialen Netzwerken bzw. dem gesamten Internet keine Pseudonyme oder Nicknames (Spitznamen) mehr benutzen. Es müsste immer der richtige Name angegeben werden. Die Klasse 8d hat im Rahmen eines Projekttages zu „Chancen und Risiken des Internets" zum Thema Klarnamenpflicht recherchiert und erörtert nun mögliche Argumente.

1 a) Sichtet die Argumente zur Klarnamenpflicht (S.53) und unterscheidet sie in Pro- und Kontra-Argumente.

MK

b) Bewertet die Überzeugungskraft der Argumente mithilfe der Arbeitstechnik (S.45). Überlegt euch eine entsprechende Kennzeichnung, z.B. mit Kreuzen (xxx = sehr überzeugend, xx = überzeugend, x = wenig überzeugend).

2 „Sollte eine Klarnamenpflicht im Internet eingeführt werden?" Überarbeitet die folgende Einleitung zu dieser Streitfrage.

Im Folgenden beschäftige ich mich mit der Frage, ob eine Klarnamenpflicht für das Internet eingeführt werden sollte. Das ist ein wichtiges und aktuelles Thema, weil es in der Politik diskutiert wird. Klarnamenpflicht bedeutet, dass man das Internet nicht mehr anonym, sondern nur noch dann nutzen darf, wenn man seinen richtigen Namen angibt.

S.266 **3** a) Ordnet die folgenden Texte **A** – **C** den entsprechenden Argumenten (S.53) zu.
b) Untersucht, wie die Argumente jeweils entfaltet werden (siehe S.50, Aufgabe 4).
c) Entfaltet zwei weitere Argumente von Seite 53. Nutzt den Sprachtipp (S.50).

A *Niemand läuft permanent mit einem riesigen Namensschild herum, damit er immer und überall identifizierbar ist, oder hinterlässt an jedem Ort, an dem er sich aufhält, oder bei jeder Gelegenheit, in deren Rahmen er sich äußert, seine Daten.*

B *Es ist ungerecht, wenn jemand mit häufigem Namen trotz Klarnamenpflicht vergleichsweise anonym bleiben könnte, weil es genug andere gibt, die genauso heißen, während jemand mit seltenem Namen ziemlich eindeutig identifizierbar wäre.*

C *Wäre Anonymität nicht mehr möglich, würde dies einen erheblichen Verlust für Betroffene darstellen. Ihnen würde die Chance genommen, über Erfahrungen zu sprechen, Fragen zu stellen oder sich Ratschläge geben zu lassen, ohne sich gleich outen zu müssen.*

S.266 **4** Überarbeitet den folgenden Ausschnitt aus einer Argumentation, indem ihr einige Hauptsätze in Satzgefüge umwandelt und Zusammenhänge mithilfe von Konjunktionen und Adverbien verdeutlicht.

Das eigentliche Problem ist nicht die Anonymität. Viele Beleidigungen und Bedrohungen werden bereits jetzt unter Klarnamen veröffentlicht. Dies betrifft Äußerungen zu Fremdenhass und Diskriminierung von Minderheiten. Andere Posts ließen sich zuordnen oder zurückverfolgen. Dies wird nicht hinreichend verfolgt. Dies zieht zu wenig Konsequenzen nach sich. Die Klarnamenpflicht hat wenig Aussicht auf Erfolg. Es wird sich wahrscheinlich wenig ändern.

5 Verfasst einen Schlussteil.

6 **EXTRA** Entwerft ein Plakat, auf dem ihr die Einführung einer Klarnamenpflicht fordert oder ablehnt. Achtet darauf, wichtige Argumente vorzubringen und diese passend zu illustrieren. Euer Plakat kann auch mehrsprachig sein.

Philipp Müller: Warnen oder Löschen: Wie sollen Plattformen mit Falschmeldungen verfahren?

(2019, Ausschnitt, Bundeszentrale für politische Bildung)

Soziale Netzwerkseiten (SNS) im Internet ziehen (neben vielen wünschenswerten) eine ganze Reihe problematischer Inhalte an: Es finden sich auf den Seiten Beleidigungen, Diskriminierungen, Verschwörungstheorien, politische Propaganda[1] und Falschmeldungen. Doch welche Maßnahmen erscheinen dagegen angebracht und sinnvoll? [...] [I]n den vergangenen Jahren [wurden] verschiedene Versuche unternommen, einer wachsenden öffentlichen Debatte zu dieser Frage zu begegnen und gleichzeitig die prinzipielle Zugangsoffenheit für jede Art von Inhalten zu erhalten. Die Ideen reichen dabei von der Zusammenarbeit mit sogenannten „Fact-Checking"-Partnern[2], die inhaltlich zweifelhafte Botschaften nachrecherchieren, bis hin zu einer Anpassung der Algorithmen[3], die darüber entscheiden, welche Inhalte Nutzern angezeigt werden. Doch der Grundton der öffentlichen Debatte bleibt kritisch und scheint sich vor allem Löschungen problematischer Inhalte zu wünschen. Damit soziale Netzwerkseiten dies konsequenter angehen, hat die Bundesregierung im Jahr 2017 eigens ein Gesetz erlassen, das Netzwerkdurchsetzungsgesetz (NetzDG[4]). Bei Beleidigungen, Verleumdungen oder Volksverhetzung[5] scheint der Fall eindeutig. Derartige Äußerungen verstoßen gegen geltendes Recht und müssen schon allein deshalb von den Plattformen genommen werden. [...]

Wenn es hingegen um bewusst verbreitete Falschmeldungen geht, die derzeit unter dem Begriff „Fake News" durch die öffentliche Debatte geistern, ist die Lösung weniger klar. Denn im Rahmen der Meinungsfreiheit steht es in demokratischen Staaten aus gutem Grund jedem frei, auch Unwahrheiten zu behaupten, sofern diese Behauptungen keinem anderen direkt schaden. Dies ist unter anderem deshalb so geregelt, weil es im Einzelfall gar nicht so einfach ist, eindeutig festzulegen, ob eine Aussage wahr oder unwahr ist. Würde nun das Verbreiten der Unwahrheit per se[6] unterbunden, könnte dies zur Unterdrückung gesellschaftlich randständiger[7], aber nicht unbedingt unwahrer Auffassungen und Behauptungen beitragen. [...]

Forschungsergebnisse legen nahe, dass Falschmeldungen eher geglaubt werden, wenn sie das bereits vorhandene Weltbild ihrer Leser bestätigen, als wenn sie ihm widersprechen. Jedoch bedeutet dies dennoch, dass von jeder zusätzlichen Verbreitung ein schädliches Wirkpotential[8] ausgehen kann, wenn nur die richtige Leserin oder der richtige Leser erreicht wird. Insofern erscheint es wünschenswert, dass eindeutig als falsch identifizierbare Meldungen so wenige Nutzer erreichen wie möglich. Das Löschen von Falschmeldungen ist dennoch mit Vorsicht zu genießen. Denn oft ist nicht eindeutig nachweisbar, ob eine Aussage wahr ist. [...] Bei einer rigiden[9] Löschung vermeintlicher Unwahrheiten auf sozialen Netzwerkseiten könnten daher auch eigentlich wahre Inhalte gelöscht werden. Man spricht hier von „Overblocking". Das Problem verschärft sich, wenn die Entscheidung darüber, welche Inhalte gelöscht werden, in der Hand von Unternehmen mit wirtschaftlichen Eigeninteressen liegt. [...] Um drohenden Strafen zu entgehen, könnten die Betreiber daher in größerem Umfang Inhalte löschen, als eigentlich sinnvoll wäre.

1 die politische Propaganda: Versuch der gezielten Meinungsbeeinflussung bezüglich bestimmter politischer Ideen und Vorstellungen 2 Fact-Checking: Überprüfung von Meldungen auf ihren Wahrheitsgehalt und eine entsprechende Kennzeichnung zweifelhafter Meldungen, diese Praxis ist mittlerweile bei einigen Social-Media-Plattformen üblich 3 der Algorithmus: Programmcode, der Vorgänge auf Internetseiten festlegt 4 das Netzwerkdurchsetzungsgesetz: Gesetz, das darauf abzielt, gegen Hasskriminalität, strafbare Inhalte und Fake News auf Social-Media-Plattformen vorzugehen 5 die Volksverhetzung: Hass gegen bestimmte Bevölkerungsgruppen aufstacheln, z. B. aus rassistischen Motiven 6 per se: von selbst, aus sich heraus 7 randständig: eine gesellschaftliche Randgruppe betreffend 8 das schädliche Wirkpotential: hier: Möglichkeit negativer Auswirkungen 9 rigide: strikt, unnachgiebig

S. 266 ◒ ← ● **7** „Sollten Fake-News gelöscht werden?" Zu dieser Streitfrage soll ein Beitrag in der Schülerzeitung erscheinen. Verfasst eine schriftliche Argumentation, in der ihr auch ein Gegenargument berücksichtigt. Nutzt den Text und sammelt weitere Argumente.
MK

3.3 Videoüberwachung in der Schule? · Verschiedene Textsorten nutzen, um Adressaten zu überzeugen

Videoüberwachung auf Schulhöfen – Das Kind im Auge von Kameras

Hörverstehen
tt5k9h

Herrenberg. Zu den ersten Städten in Baden-Württemberg, die sich nicht mehr anders zu wehren wussten, zählte Fellbach. Im März 2015 fiel in der Gemeinde im Rems-Murr-Kreis die endgültige Entscheidung, an der Anne-Frank-Realschule Kameras zu installieren – nach monatelanger Debatte. Körperverletzung, Brandstiftung, Sachbeschädigung, Diebstahl listete der damalige Oberbürgermeister Christoph Palm als Argumente für den Beschluss auf, Trinkgelage und Müllberge ohnehin. Seit die Kameras am Schulhof hängen, herrscht Ruhe. Im vergangenen Jahr war „nur ein einziger gravierender Vorfall" zu beklagen, teilt ein Stadtsprecher mit. Demgemäß sind die kritischen Stimmen verstummt.

Das Vorbild war Österreich. Wiener Schulen hatten bereits vor zehn Jahren begonnen, ihre Schüler elektronisch zu überwachen. In Deutschland folgte zunächst Hamburg. Dort hängen rund 350 Kameras an Schulhöfen. Bayern zog nach. [...] Anfang 2016 erklärten auch die Rektoren dreier Herrenberger Schulen ihre Kapitulation vor Vandalismus und forderten die Videoüberwachung. Kameras sind bei ihnen noch immer nicht installiert. Dabei wird es vorerst bleiben, aus gutem Grund. [...]

„Die Marschroute ist, sich langsam voranzutasten", sagt Renate Spannbrucker, die Leiterin des Sozialamts. So schreibt es das Datenschutzgesetz des Landes vor, das einige Hürden aufstellt, bevor Schulhöfe videoüberwacht werden dürfen. Zuvor müssen alle anderen Möglichkeiten zumindest geprüft worden sein. Der Auslöser für den Wunsch „waren Vermüllung und Vandalismus, wie überall", sagt Spannbrucker. Beides beklagen nicht nur Schulleiter, sondern auch Jugendliche. [...]

Schulen, die eine Videoüberwachung wünschen, müssen sie genehmigen lassen. Dazu ist eine ausführliche Begründung nötig. Zu der zählt auch der Nachweis, dass die Ziele anders nicht zu erreichen sind, sei es mittels eines Zauns, besserer Beleuchtung oder eines Sicherheitsdienstes. So ist es im Datenschutzgesetz vermerkt. Die Behörde des Landesdatenschutz-Beauftragten prüft Anträge bis ins Detail. „Jeder Schulhof ist anders", sagt der für Videoüberwachung zuständige Referent Axel Breithut, „es kommt auch auf die Kameraeinstellung an." Falls öffentliche Wege das Gelände durchziehen, darf auf ihnen nicht gefilmt werden.

Datenschützer sehen den Trend zum Kind im Auge der Kamera selbstredend kritisch. Sogar Kamera-Attrappen halten sie für bedenklich, weil Menschen sich beobachtet fühlen oder überwachte Plätze gleich ganz meiden könnten. [...]

Festzulegen ist auch, wer die Aufnahmen sichten darf. „Das ist im Idealfall nur der Datenschutzbeauftragte, vielleicht noch der Hausmeister, aber nicht der Englischlehrer", sagt Breithut. Nach spätestens vier Wochen sind die Aufnahmen zu löschen. Fellbach hat diese Frist auf drei Tage verkürzt.

(Marc Schieferecke, 2018, Ausschnitt, Stuttgarter Zeitung online)

Leserbrief zu „Videoüberwachung auf Schulhöfen – Das Kind im Auge von Kameras"

Es ist höchste Zeit, dem Vandalismus und der zunehmenden Gewalt an Schulen Einhalt zu gebieten. Ständig sieht man verunstaltete Schulhöfe. Immer wieder hört man von ausufernden Prügeleien, Mobbing, usw. Die momentanen Zustände sind untragbar. Zu ihrer Behebung kann und muss jedes Mittel recht sein, also auch Videoüberwachung. Kritiker behaupten, die permanente Überwachung und Beobachtung löse Stress bei den Kindern aus und erzeuge eine Atmosphäre des Misstrauens. Sie übersehen dabei, dass nur diejenigen etwas zu befürchten haben, die gegen Regeln verstoßen oder etwas verheimlichen wollen. Alle anderen profitieren von der Videoüberwachung, weil sie eine Aufsicht rund um die Uhr ermöglicht. So sind Schülerinnen und Schüler besser geschützt und das Schulgelände bleibt intakt. Zwar ist der Preis von Videoüberwachungsanlagen nicht zu unterschätzen, jedoch fallen sie im Vergleich zu den Kosten wenig ins Gewicht, die durch das Beheben von Schäden regelmäßig anfallen. Es ist nicht einzusehen, dass die Allgemeinheit permanent zur Kasse gebeten wird, weil Halbstarke ihrer Zerstörungswut freien Lauf gelassen haben und nicht erwischt worden sind. Außerdem ist es inakzeptabel, dass die ganze Schulgemeinschaft unter den Taten einiger weniger leidet. Videoüberwachung hilft dabei, Tätern auf die Spur zu kommen. Rechtliche Hürden und Beschränkungen für Videoüberwachung an Schulen sollten aus dem Weg geräumt werden. Die Investition in die flächendeckende Ausweitung der Videoüberwachung an Schulen stellt eine sinnvolle Investition in die Zukunft unserer Schulen und unserer Kinder dar.

Cordula Fleischer, Herrenberg

1 **a)** Benennt die Argumente, die im Zeitungsartikel (S. 56) für bzw. gegen den Einsatz von Kameraüberwachung an Schulen angeführt werden.
b) Untersucht den Leserbrief (S. 56 f.).
- Auf welche Argumente des Zeitungsartikels wird eingegangen?
- Welche Argumente des Zeitungsartikels werden nicht erwähnt?
- Welche neuen Aspekte enthält der Leserbrief?

2 **a)** Besprecht, welcher Standpunkt im Leserbrief bezogen und wie dieser vertreten wird.
b) Klärt, an welche Personengruppen sich der Leserbrief richtet.
c) Beurteilt die Überzeugungskraft des Leserbriefes.

3 Untersucht den Leserbrief im Hinblick auf folgende Elemente: Einleitung, Bezug zum Artikel, Darstellung des eigenen Standpunktes, Argumente, Forderungen. Arbeitet mit Zeilenangaben.

4 **a)** Besprecht, welche Probleme bezüglich Videoüberwachung durch die beiden Karikaturen verdeutlicht werden.
b) Klärt, ob diese Aspekte auch für den Schulbereich bedeutsam sind.
c) Formuliert auf Grundlage der Karikaturen Argumente gegen Videoüberwachung an Schulen.

S.266 ○ ← ◒ **5** **a)** Beurteilt die Überzeugungskraft der folgenden Argumente. Untersucht, welche Argumente für die Überzeugung welcher Personengruppen geeignet sind.
b) Sammelt weitere Pro- und Kontra-Argumente.

1 *Videoüberwachung greift in die Grundrechte der gefilmten Person ein. Jede Person darf selbst bestimmen, ob und wie Daten über die eigene Person preisgegeben und verwendet werden.*

2 *Die Kamera sieht nie alles. Es wird immer überwachungsfreie Bereiche geben, in denen Diebstähle, Mobbing und Vandalismus möglich sind.*

3 *Die Pausen sind zur Erholung da. Wenn man sich auf dem Schulhof nicht mehr frei und unbeobachtet bewegen kann, verursacht das Stress und Misstrauen.*

4 *Die Anschaffung, Installation und Wartung von Kameraanlagen zur Überwachung ist teuer.*

5 *Es gibt andere Möglichkeiten, Vandalismus zu verhindern und die Schulgemeinschaft zu schützen.*

◒ **6** Verfasst einen eigenen Leserbrief zu dem Artikel „Videoüberwachung auf Schulhöfen – Das Kind im Auge von Kameras" (S.56), in dem vor allem die Schülersicht deutlich wird. Nutzt die Kompetenzbox (S.59).

Keine Kameras am Goethe-Gymnasium!

Kameraüberwachung an Schulen ist keine Seltenheit mehr. Immer mehr Schulen stellen Anträge bei den zuständigen Behörden, darunter auch unsere Schule, das Goethe-Gymnasium. Viele Schulen erhalten die Genehmigung, ihre Schülerschaft rund um die Uhr per Video zu überwachen. Begründet wird dieser Schritt mit zunehmendem Vandalismus, der Häufung von Gewalt und vermehrten Diebstählen. Kameraüberwachung diene dem Schutz der Schulgemeinschaft und sorge für saubere, unbeschädigte Schulgelände und sei deshalb für alle ein Gewinn, so die Verantwortlichen. Wer so argumentiert, übersieht jedoch, dass durch Kameraüberwachung die Rechte von uns Schülerinnen und Schülern verletzt werden und wir massiv in unserer Entfaltung eingeschränkt werden.
Kameraüberwachung an Schulen muss ein Ende haben bzw. sollte in unserem Fall gar nicht erst begonnen werden.
Wir, die Schülervertretung des Goethe-Gymnasiums, fordern:
- dass der Antrag auf Kameraüberwachung am Goethe-Gymnasium zurückgezogen wird und
- dass keine Anlagen zur Kameraüberwachung installiert werden.

Die Schule soll ein Ort des Lernens sein, an dem wir unser individuelles Potenzial entfalten können. Das sollte in einer Atmosphäre geschehen, in der sich alle wohlfühlen. Doch dies ist nicht möglich, wenn wir uns auf Schritt und Tritt beobachtet fühlen und wenn wir ständig befürchten müssen, eines vermeintlichen Fehlverhaltens überführt zu werden. Wir werden in der Schule auch ohne Kameraüberwachung schon genug kontrolliert. Insbesondere in den Pausen sollten wir uns frei und unbeschwert bewegen können, um uns vom Unterricht zu erholen. Dauerhafte Überwachung bewirkt das Gegenteil und verursacht Stress und Misstrauen.
Außerdem greift Videoüberwachung in die Grundrechte der gefilmten Person ein: Jeder darf selbst bestimmen, ob und wie Daten über seine Person preisgegeben und verwendet werden. Im Fall von Kameraüberwachung an Schulen haben die Schülerinnen und Schüler jedoch keine Wahl. Das ist ein unhaltbarer Zustand. Unterstützen Sie unser Anliegen mit Ihrer Unterschrift und sagen Sie „Nein" zu Kameraüberwachung am Goethe-Gymnasium.
Die Schülervertretung des Goethe-Gymnasiums

7 a) Würdet ihr die Onlinepetition der Schülervertretung (S. 58) unterstützen? Begründet.
b) Klärt, worauf die Schülervertretung mit ihrer Onlinepetition abzielt.
c) Überlegt, an wen sich die Schülervertretung richtet.

S. 266 **8** a) Untersucht den Aufbau der Onlinepetition (S. 58). Nutzt die folgenden Begriffe.

Hintergrundinformationen Schilderung der Situation

Begründungen Appell Forderung

b) Vergleicht den Leserbrief (S. 56 f.) mit der Onlinepetition (S. 58). Nennt Gemeinsamkeiten und Unterschiede.
c) Klärt, wie sich die Zielsetzung der beiden Texte auf deren Gestaltung auswirkt.

9 **EXTRA** Entwerft einen Flyer, mit dem ihr auf die Onlinepetition aufmerksam macht und der wichtige Aspekte enthält. Achtet auf die grafische Gestaltung.

Leserbrief S. 301 **KOMPETENZBOX**

Leserbriefe und Onlinepetitionen schreiben

Sowohl Leserbriefe als auch Onlinepetitionen beziehen sich auf aktuelle Themen und Streitfragen. Sie bieten die Möglichkeit, andere von dem eigenen Standpunkt mit Argumenten zu überzeugen.

Leserbrief	Onlinepetition
– Meinung zu einem Zeitungsartikel äußern	– über konkrete Maßnahmen oder Beschlüsse beschweren
– Darstellung der Autorin/des Autors bekräftigen oder dieser widersprechen	– konkrete Forderungen stellen
– neue Aspekte oder anderen Blickwinkel einbringen	– Unterstützerinnen und Unterstützer gewinnen, Unterschriften sammeln
So könnt ihr beim Schreiben vorgehen:	
– auf Artikel beziehen, zu dem ihr den Leserbrief schreibt	– konkrete Maßnahmen oder Beschlüsse schildern, Hintergrundinformationen geben (z. B. Auswirkungen, Betroffene)
– Standpunkt verdeutlichen – Meinung durch nachvollziehbare Argumente begründen	
– Schlussfolgerungen, Forderungen, Wünsche äußern	– Forderung äußern, um Unterstützung bitten
– Namen und Wohnort angeben, Leserbriefe dürfen nicht anonym sein	– Verfasserin/Verfasser der Petition angeben
– auf Textlänge und eine angemessene Wortwahl achten – leserfreundlich schreiben (s. Arbeitstechnik S. 52)	

Leserbriefe und Onlinepetitionen schreiben

Daten-Utopie[1] im Jahr 2030: Was für eine wunderbare Welt

Im Jahr 2030 ist alles besser: intelligente Bank-Apps, Kundenbindung[2], offene Daten[3]. Auch die größten Skeptiker haben verstanden, dass die Freiheit der Daten die eigene Freiheit nicht einschränkt.

Neulich, beim Spaziergang durch die Fußgängerzone, hat mein Smartphone vibriert: „Angebot zum Ende der Winterpause! 35 Prozent auf den Laufschuh deiner Wahl. Jetzt hier." Wie passend, gleich neben dem Schuhladen kommt die Push-Mitteilung[4]. Die alten Schuhe sind laut der letzten im Smartphone gespeicherten Rechnung des Sportgeschäfts nun auch ein Jahr alt und durchgelaufen. Den Chip, der die Schritte und die gelaufene Strecke aufzeichnet, kann ich leicht entfernen, er passt in jeden neuen Schuh.

Gut, dass für die unerwartete, aber praktische und – wenn ich ehrlich bin – nötige Anschaffung ausreichend Geld auf dem Konto liegt. Seit kurzem habe ich einen neuen Stromtarif, weil die Banking-App festgestellt hat, dass ich für meinen Verbrauch zu viel gezahlt habe, und den Tarif automatisch umgestellt hat. Das gesparte Geld fließt nun in die Schuhe, ich bezahle mit dem Smartphone, auf dem Display blinkt der neue Kontostand auf und zeigt, wie hoch mein Budget für Freizeitausgaben in diesem Monat noch ist.

Ich denke zurück an die Zeit, als das alles begann: Zuerst wurde es normal, Bahnverbindungen über eine App abzurufen und Taxis über das Smartphone zu bestellen. Natürlich beginnt es mit GPS-Daten, der vielleicht niederschwelligste Einstieg für Nutzer: Bei kaum einer anderen Datenfreigabe bekommt man so schnell nützliche Ergebnisse, die vom Standort abhängig sind. Ortsbasierte Suche mit einem Klick am Laptop – wie konnte ich ohne sie nur leben? Wann habe ich das letzte Mal bei einem Restaurant angerufen, um nach den Öffnungszeiten und einer Reservierung zu fragen? Ich kann mich nicht mehr daran erinnern. […]

Irgendwann hat es Klick gemacht bei den Leuten, die skeptisch waren, ihre Daten freizugeben. Sein Traumhaus kann man schließlich auch nicht bauen lassen, ohne dem Architekten zu verraten, was man haben will. Selbst die oft so träge öffentliche Hand[5] hat das Konzept der „Offenen Daten" verstanden und genutzt. Und mit Anwendungen für öffentliche Bereiche wie Mobilität, Gesundheitswesen oder Bildung den kommerziellen Apps den Boden bereitet. Eine Verwaltung weiß am besten, was in einer Stadt passiert.

Mit „Open Data" werden Informationen über die Auslastung von öffentlichen Verkehrsmitteln oder von stauanfälligen Straßen nützlich für den Bürger – und für die Verwaltung, denn sie spart dadurch Geld. Die Verwaltung ist transparent. In Bürgerportalen sind Kosten von Bauvorhaben der öffentlichen Hand für jeden sichtbar, Entwickler bauen mit Hilfe der Daten Apps, etwa um Orte von Baustellen zu visualisieren oder um die Ausgaben der Verwaltung zu überprüfen. Wie viel unnütz ausgegebenes Steuergeld bereits dadurch gespart werden konnte!

(Jonas Jansen, 2016, Ausschnitt, Frankfurter Allgemeine Zeitung online)

---

1 die Utopie: positive Zukunftsvision, die nicht umsetzbar erscheint 2 die Kundenbindung: Versuch, Kunden dazu zu animieren, nur bei einem bestimmten Unternehmen zu kaufen 3 die offenen Daten: allgemein zugängliche Daten, die von allen zu beliebigen Zwecken genutzt werden können 4 die Push-Mitteilung: Mitteilung, die auf digitalen Geräten automatisch angezeigt wird 5 die öffentliche Hand: Sammelbezeichnung für staatliche Institutionen wie Bund, Länder, Gemeinden usw.

1 a) Listet auf, welche Zukunftsvorstellungen im Text (S. 60) enthalten sind.

MK b) Haltet ihr diese für vorteilhaft oder nachteilig? Bezieht auch die Karikatur ein. Begründet euren Standpunkt.

c) Beurteilt die dargestellte Zukunftsvorstellung im Text aus Sicht folgender Personengruppen:
- ältere Menschen
- Datenschützerinnen/Datenschützer
- Firmen
- Eltern

d) Stellt die Chancen und Risiken, die mit der „Daten-Utopie im Jahr 2030" verbunden sind, in Form einer Collage oder Wörterwolke (S. 42) dar.

2 MK Schreibt einen Leserbrief zu dem Artikel „Daten-Utopie im Jahr 2030: Was für eine wunderbare Welt" (S. 60). Nutzt die Kompetenzbox (S. 59).

Digitale Schülerausweise jetzt!

Die Digitalisierung hat Einzug in alle Lebensbereiche erhalten. Wir kaufen online ein, bezahlen im Supermarkt mit dem Handy oder per Karte, erhalten personalisierte Werbung und auch der Personalausweis kann digital genutzt werden. Eine Ausnahme bilden bislang Schülerausweise. Ausgerechnet technikbegeisterte und ansonsten durchdigitalisierte Schülerinnen und Schüler müssen sich immer noch mit Ausweisen und Busfahrkarten in Papierform herumschlagen, die sie im Gegensatz zu ihrem Handy ständig vergessen oder gar verlieren. Das muss ein Ende haben. Wir wollen nicht länger in der Ausweis-Steinzeit leben. Wir empfinden das als große Zumutung, zumal die Einführung digitaler Schülerausweise viele Vorteile hätte. Deshalb fordern wir die möglichst baldige Einführung digitaler Schülerausweise.

Digitale Schülerausweise bieten aber nicht nur Vorteile. Es gibt Bedenken im Hinblick auf den Datenschutz, da durch einen digitalen Schülerausweis noch mehr persönliche Daten auf dem Smartphone hinterlegt wären, als das ohnehin schon der Fall ist. Wenn der digitale Ausweis auch für die Mensa genutzt würde, könnte genau nachvollzogen werden, was wann gekauft wurde. Das dürfte insbesondere Eltern interessieren. Ein Problem bei der Einführung wäre auch, dass nicht alle Kinder ein Smartphone haben.

Deshalb unterschreibt noch heute!

S. 266 **3** a) Beurteilt, ob die Onlinepetition Aussicht darauf hat, Unterstützerinnen und Unterstützer zu finden. Begründet.

b) Benennt Stellen, die nicht gelungen sind, und begründet, warum dies so ist.

c) Überarbeitet die Onlinepetition oder verfasst eine eigene zum Thema.

4 **EXTRA** Sucht nach strittigen Themen in eurem Umfeld, zu denen es lohnenswert wäre, eure Meinung in Form eines Leserbriefs oder einer Onlinepetition zu äußern. Schaut zum Beispiel in die Lokalzeitung oder Schülerzeitung oder nehmt Kontakt zu eurer Schülervertretung auf. Achtet darauf, was und wen ihr mit eurem Text erreichen wollt.

Das könnt ihr jetzt!

Eine schriftliche Argumentation verfassen

Beispiellösung zur Klassenarbeit tt5k9h

Beispiel für eine Klassenarbeit

„Sollten Schülerinnen und Schüler im Unterricht ein EEG-Stirnband tragen?“
Verfasst eine Argumentation zu dieser Streitfrage, die in eurer Schülerzeitung unter der Rubrik „Meine Meinung“ veröffentlicht werden soll. Ihr könnt den folgenden Text als Ausgangspunkt nutzen.

- Begründet euren Standpunkt mit mindestens drei Argumenten.
- Verwendet Argumentationsstützen.
- Berücksichtigt ein Gegenargument.

Technik aus den USA: Stirnband misst Aufmerksamkeit von Schülern

Bei dieser Technik nützt kein Schauspielern mehr: Etwa 10.000 Schüler in China haben bei einem groß angelegten Test im Unterricht Stirnbänder getragen, die die Aktivität ihres Gehirns maßen. Das berichtet die wissenschaftliche Fachzeitschrift „New Scientist“.

Die Lehrer konnten demnach auf einer App die durchschnittliche Aufmerksamkeitsspanne ihrer Schüler sehen. Außerdem zeigten unterschiedlich farbige Lämpchen an den EEG-Stirnbändern[1] an, ob die Schüler konzentriert bei der Sache waren.

Die Technik dafür stammt dem Bericht zufolge von der im US-Bundesstaat Massachusetts ansässigen Firma BrainCo. Dessen Gründer Bicheng Han sagte, das Gerät helfe Lehrern zu erkennen, welche Schüler besondere Unterstützung benötigten.

Die Schüler im Alter von 10 bis 17 Jahren, die an dem Test teilnahmen, mussten zu Hause zudem täglich 25 Minuten ein bestimmtes Handyspiel spielen. Das sollte ihre Konzentrationsfähigkeit erhöhen.

„Nach einigen Runden lernen sie, wie man konzentriert bleibt“, sagte Han dem „New Scientist“. Je mehr sie sich konzentrierten, desto weiter kamen sie im Spiel voran. Han zufolge haben die Studienteilnehmer ihre Noten um zehn Prozent verbessert. Außerdem hätten sie weniger Zeit für die Hausaufgaben gebraucht. […]

Neben ethischen[2] Bedenken wegen der Überwachung der Schüler äußern Wissenschaftler auch Zweifel an der Aussagekraft der Daten. Dem Bericht zufolge kann die Aufmerksamkeit mittels der Hirnströme nicht exakt bestimmt werden. Auch eine Verbesserung der Leistung lasse sich nicht belegen. Hierbei handele es sich oftmals um einen Placebo-Effekt[3].

Brian Anderson von der Texas A&M University brachte noch einen weiteren Kritikpunkt an: „Was ist, wenn die Schüler sehr klug sind, so dass sie nicht so viel Aufmerksamkeit brauchen, um etwas zu verstehen?“ Diese Schüler hätten aus Sicht der Lehrer dann einen besonderen Unterstützungsbedarf.

(2019, Ausschnitt, Spiegel online)

1 EEG: Abkürzung für Elektroenzephalografie, Verfahren zur Messung der Hirnaktivität 2 ethisch: moralisch
3 der Placebo-Effekt: Veränderung, die auf der vermeintlichen Wirksamkeit einer Sache beruht, im medizinischen Bereich beispielsweise eines wirkstofflosen Medikaments

Schritt für Schritt zur Klassenarbeit

Lösungen
→ S. 288

1. Erfasst die Streitfrage und fächert sie in Teilthemen auf, z. B. mithilfe von W-Fragen.

W-Fragen:
- *Was messen EEG-Stirnbänder?*
- *Wie zuverlässig messen die EEG-Stirnbänder?*
- *Was ist das Ziel der Messungen?*
- *…*

Teilthemen:
- *Wirksamkeit und Ziel der EGG-Stirnbänder*
- *Auswirkungen der EEG-Stirnbänder auf den Unterricht*
- *Konsequenzen für die Schülerinnen/Schüler*
- *…*

2. a) Sammelt zu den Teilthemen Pro- und Kontra-Argumente mit Argumentationsstützen.
b) Streicht unpassende oder wenig überzeugende Argumente.

Pro-Argument: Konzentration wird gefördert bzw. kann gezielt trainiert werden. …
Kontra-Argument: Die Aufmerksamkeit kann anhand der Hirnstrommessungen nicht exakt erfasst werden. …

3. Entscheidet euch für einen eigenen Standpunkt. Bedenkt dabei die Anzahl und Überzeugungskraft der Argumente.

4. Wählt drei überzeugende Argumente mit Argumentationsstützen für euren Standpunkt sowie ein Gegenargument aus. Bringt die Argumente in eine nachvollziehbare Reihenfolge. Orientiert euch an der Arbeitstechnik auf Seite 45.

5. Verfasst eure Argumentation. Orientiert euch an dem folgenden Aufbau:
- Einleitung: Führt ins Thema ein. Weckt das Interesse der Leserin/des Lesers. Nennt die Streitfrage.

  Können Sie sich 90 Minuten am Stück durchgängig konzentrieren, ohne zwischendurch auch nur geringfügig in Gedanken abzuschweifen? …

- Hauptteil: Nutzt eure vorbereitete Anordnung der Argumente. Entfaltet die Argumente und verknüpft sie. Entkräftet ein Gegenargument.

  Zunächst sollte bedacht werden, dass …

- Schluss: Verdeutlicht euren Standpunkt. Formuliert eine abschließende Forderung, einen Ausblick auf Künftiges oder einen Kompromissvorschlag. Stellt eventuell einen Bezug zur Einleitung her.

  Auf Grundlage der angeführten Argumente ergibt sich das Fazit, dass ich …

6. Überarbeitet eure Argumentation. Nutzt die Checkliste auf Seite 300.

4 Auf ins neue Leben

Auf Materialbasis einen informierenden Text schreiben

1 **Ausgangssituation:**
An eurer Schule findet eine Projektwoche zum Thema „Auf ins neue Leben – Migration in Deutschland und in der Welt“ statt. In dieser Projektwoche beschäftigen sich verschiedene Gruppen von Schülerinnen, Schülern und Lehrkräften mit Teilaspekten des Themas, zum Beispiel mit dem Ankommen in einer neuen Umgebung und einer neuen Sprache, mit den Gründen für Migration und Flucht, mit dem Auswandern aus Deutschland.
Als Abschluss der Projektwoche präsentieren die Gruppen ihre Ergebnisse in Ausstellungen, kurzen Vorträgen und Präsentationen auf der Internetseite der Schule.

Der Autor Rafik Schami lebt seit 1971 in Deutschland.

2 **Rafik Schami**

Rafik Schami wurde 1946 in Damaskus geboren. Er kam 1971 nach Deutschland. Sein erstes Buch in deutscher Sprache erschien 1978. Rafik Schami zählt zu den bedeutendsten Autoren deutscher Sprache. Seine Werke wurden in 33 Sprachen übersetzt.

3 „Rafik Schami hat dem deutschen Publikum die arabische Welt in über 30 Jahren lebendig gemacht. Die Düfte der Gewürze, das Murmelspiel der Kinder in den Gassen von Damaskus ebenso wie die gnadenlose Macht des Aberglaubens und den Terror der Diktatur.“
(Leonie Berger, Südwestrundfunk 2)

4 **Rafik Schami: Sami und der Wunsch nach Freiheit** **(2017, Ausschnitt aus dem Klappentext)**

Die unglaubliche Geschichte von Sami und seinem abenteuerlichen Leben in den Gassen von Damaskus. Geschichten um Geschichten reihen sich aneinander. Sie alle erzählen von einer innigen Freundschaft, der Sehnsucht zweier Jungen nach Freiheit und dem Ausbruch der syrischen Rebellion.

1 Lest die Ausgangssituation 1 und überlegt, welche weiteren Arbeitsgruppen es zu diesem Thema noch geben könnte. Tauscht euch darüber aus, bei welcher Projektgruppe ihr euch anmelden würdet.

2 **a)** Fasst zusammen, was ihr in den Texten 2 und 3 über Rafik Schami erfahrt.
b) Besprecht anhand des Klappentextes (4), was ihr von dem Roman erwartet und ob ihr ihn lesen würdet.
c) Diskutiert, ob ihr Rafik Schami als deutschen oder als syrischen Autor bezeichnen würdet.

Das lernt ihr jetzt!

4.1 die Besonderheiten des materialgestützten Schreibens erfassen, Materialien auswerten, Informationen ordnen und gliedern

4.2 einen informierenden Text schreiben und überarbeiten

Bevölkerung in Deutschland (2020)

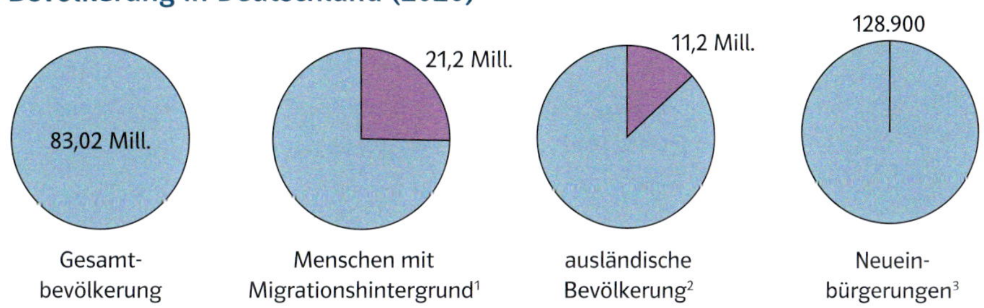

1 der Migrationshintergrund: familiärer Hintergrund, Kind oder Enkelkind von Migrantinnen/Migranten zu sein; Migrantin/Migrant: Person, die im Ausland geboren und nach Deutschland gezogen ist 2 die ausländische Bevölkerung: alle Personen, die nicht die deutsche Staatsangehörigkeit besitzen 3 die Neueinbürgerung: Erwerb der deutschen Staatsbürgerschaft

Quelle: Statistisches Bundesamt

Robert Lewandowki, polnischer Fußballer, über 7 Jahre beim FC Bayern München

Toni Kroos, deutscher Fußballer, über 7 Jahre bei Real Madrid

3 „Menschen, die ausländische Wurzeln haben, sind in Deutschland sehr selten." Beurteilt diese Aussage mithilfe des Schaubildes zur Bevölkerung in Deutschland.

4 „Robert Lewandowski und Toni Kroos sind typische Migranten." Diskutiert diese Aussage.

4.1 Neue Sprache, neues Leben · Auf Materialbasis einen informierenden Text planen

Die Besonderheiten des materialgestützten Schreibens erfassen

Aufgabenstellung:
Eure Projektgruppe hat sich mit Schriftstellerinnen und Schriftstellern beschäftigt, die nach Deutschland, nach Österreich oder in die Schweiz eingewandert sind und erfolgreich auf Deutsch schreiben. Für den Präsentationstag hat eure Gruppe eine Ausstellung (Vorstellung einzelner Autorinnen und Autoren, Videos mit Interviews und Ausschnitten von Lesungen, Buchvorstellungen auf Plakaten) vorbereitet und eine Broschüre dazu erstellt. Gestaltet einen einführenden Text zum Schreiben in der neuen Sprache für diese Broschüre.
Berücksichtigt in dem informierenden Text folgende Gesichtspunkte:
- Nennt zu Beginn einige erfolgreiche Autorinnen und Autoren, die auf Deutsch schreiben, aber in einem anderssprachigen Land geboren wurden. Geht auch darauf ein, in welchem Alter sie eingewandert sind.
- Stellt im Hauptteil typische Erfahrungen beim Ankommen in der deutschen Sprache dar. Erklärt außerdem, was das Schreiben auf Deutsch für einzelne Autorinnen und Autoren bedeutet.
- Geht darauf ein, worüber man sich in eurer Ausstellung informieren kann.

1 Erklärt, worin sich die Aufgabenstellung für das materialgestützte Schreiben von anderen Aufgabenstellungen in Klassenarbeiten oder im Unterricht unterscheidet.

2 Untersucht die Äußerungen A – I zum materialgestützten Schreiben im Hinblick auf die Aufgabenstellung oben.
a) Entscheidet, ob die Aussagen richtig oder falsch sind.
b) Formuliert die falschen Aussagen so um, dass sie zutreffen.

A Ich muss die Aufgabenstellung besonders gründlich lesen, weil sie viele Hinweise zur Gestaltung des Textes enthält. Wichtige Stellen sollte ich markieren.
B Wenn man nicht genug Informationen für den Text hat, kann man auch Informationen erfinden.
C Beim Aufbau meines Informationstextes bin ich völlig frei.
D Ich sollte den Text so schreiben, dass Schülerinnen und Schüler ihn gut verstehen, aber auch Erwachsene sollen ihn gern lesen.
E Ich finde alle nötigen Informationen in den Texten oder kenne sie aus dem Deutschunterricht.
F Bei dieser Aufgabenstellung sollte ich auf jeden Fall meine grundsätzliche Meinung zur Einwanderung äußern.
G Am besten markiere ich in den Materialien mit mehreren Farben die Stellen, die zu den verschiedenen Teilen der Aufgabenstellung passen.
H Ich muss alle in den Materialien enthaltenen Informationen in meinem Text unterbringen.
I Ich schreibe Textstellen aus den Materialien, die passen, genauso in meinen Text.

3 Besprecht, welche Funktionen der Text in der Broschüre (S. 66) hat.

4 Notiert in Stichpunkten die Vorgaben aus der Aufgabenstellung (S. 66).
- Aus welchem Anlass wird der Text geschrieben?
- An welche Adressaten richtet sich der Text?
- Was ist das Thema des Textes? Welche Teilthemen soll der Text enthalten?
- Welche Vorgaben zur Gliederung des Textes gibt es?

Die Materialien auswerten

S. 267 ○ ← ◒ **1** Überfliegt die Materialien 1 – 4 (S. 67–70). Ordnet zu, welche Teilthemen der Aufgabenstellung (S. 66) in den Materialien jeweils angesprochen werden.

Material 1 Deutsche Sprache, meine Sprache

Immer mehr Autoren schreiben auf Deutsch, obwohl das nicht ihre Muttersprache ist. Im Kampf mit der schwierigen Grammatik entstehen neue Geschichten, die zu Bestsellern werden.

Mit den Mitteln der Sprache kann man Herzen erobern. Der Schriftsteller Saša Stanišić zeigt, wie das geht. Sein Buch „Herkunft", eine humorvolle, spielerisch-poetische Reflexion seiner Autobiografie und des Erzählens selbst, war der Überraschungserfolg des letzten Jahres. [...]

Saša Stanišić ist nicht der einzige Autor, der in seiner Zweitsprache Deutsch schreibt. Auch Melinda Nadj Abonji, Kübra Gümüşay, Meral Kureyshi, Abbas Khider, Yoko Tawada, Yusuf Yeşilöz, Olga Grjasnowa, Ivna Žic oder Usama Al Shahmani haben sich die deutsche Sprache zu eigen gemacht und formen sie mit den Mitteln der Poesie. Die Tatsache, dass Migration für einen bedeutenden Teil der Menschheit Alltag ist, schlägt sich breit in der deutschsprachigen Literatur nieder.

Das ist gut so – aber alles andere als selbstverständlich. Der Weg ist lang. Denn da gibt es etwas, das der literarische Star Saša Stanišić bei allem Erfolg nicht vergessen hat: „Ich weiß noch, wie es sich anfühlt, keine Sprache zu haben." [...]

Melinda Nadj Abonji erlebte die Zeit nach ihrer Ankunft in der Schweiz als Verstummen. In ihrer Zürcher Poetikvorlesung [...] erzählt die 2010 sowohl mit dem deutschen als auch mit dem Schweizer Buchpreis ausgezeichnete Schriftstellerin von einem Erlebnis aus dem Kindergarten. Es wurde das „Schneewittchen" aufgeführt. Die Lehrerin wies dem neu dazugekommenen Kind die Rolle als stummer Baum zu: „Ob es außer mir noch andere Bäume gab, weiß ich nicht mehr; ich jedenfalls stand einen Baum, und diese kleine Geschichte, die fast schon eine lustige Anekdote sein könnte, ist meine erste Erinnerung an eine öffentlich erlebte Scham; ich fühlte mich lächerlich und dumm in meiner Stummheit."

Als Nadj Abonji später lesen lernte, veränderte sich alles. „Lesen war die überaus konkrete Erfahrung des Glücks, in der Stille Stimmen zu hören." [...]

Abbas Khider kam erst als Erwachsener nach Deutschland. Umso mehr kämpfte er zu Beginn mit der sperrigen Sprache. Doch sein Weg vom Asylsuchenden zum Literaturstudenten und schließlich zum Schriftsteller erscheint rückblickend als Erfolgsgeschichte. Inzwischen hat er fünf Romane auf Deutsch geschrieben, der neuste, „Palast der Miserablen", erscheint Mitte Februar [...]. Abbas Khiders Beispiel zeigt: Der hiesige Buchmarkt ist Autorinnen und Autoren mit nichteinheimischen Namen nicht länger verschlossen, wenn das auch lange gedauert hat. Andere Stimmen werden gehört. Die Themen Flucht und Diktatur sind auch bei großen Verlagshäusern angekommen, erhalten also jene Relevanz, die ihnen in globaler Perspektive gebührt, zumindest wenn sie wie Khider einen schelmisch-komödiantischen, leicht lesbaren Zugang zu diesen schweren Themen wählen. Wenn er auf Deutsch schreibe, habe er keine Angst, sagte der Autor in einem Interview. „Der deutsche Abbas ist freier. In der fremden Sprache wird es möglich, über alles zu reden." Auch über die Foltergefängnisse unter dem irakischen Diktator

Saddam Hussein, die Khider von innen gesehen hat. Hat man sich einer fremden Sprache erst einmal angenähert, hält sie plötzlich Freiheit bereit. [...] Durch Übertragungen, Reibungen und Kontrast mit der jeweiligen Muttersprache erweitert sich auch das Deutsche, entsteht eine neue Melodie. Saša Stanišić formuliert das so: „Der Koffer aus Sprache ist mit mehr Gepäck leichter geworden." [...]
Im Idealfall bricht Literatur unsere eigene begrenzte Perspektive auf und hinterfragt sogenannte Wahrheiten. Je mehr Menschen also auf Deutsch mitreden und mitschreiben, desto besser.
(Martina Läubli, 2020, Ausschnitt, Neue Zürcher Zeitung am Sonntag)

S. 267 ○ ← ◒ **2** Nennt die Autorinnen und Autoren, die in dem Zeitungsartikel (S. 67 f.) im Zentrum stehen. Notiert, was ihr über ihr Ankommen in der deutschen Sprache erfahrt.

○ **3** Im Text äußert die Journalistin auch ihre Meinung. Welche Meinung hat sie? Nennt Textstellen, an denen dies deutlich wird.

S. 267 ◒ ← ● **4** Der Titel des Artikels ist eine Abwandlung der Redewendung „Deutsche Sprache, schwere Sprache." Erklärt, was durch den Titel ausgesagt wird.

◒ **5** In der Schülerauswertung zu Material 1 wurden die Informationen am Rand zusammengefasst. Beurteilt die Randnotizen. Überarbeitet Schwachstellen.

Teilthemen: Autorinnen/Autoren Erfahrungen beim Ankommen

Mit den Mitteln der Sprache kann man Herzen erobern. Der Schriftsteller Saša Stanišić zeigt, wie das geht. Sein Buch „Herkunft", eine humorvolle, spielerisch-poetische Reflexion seiner Autobiografie und des Erzählens selbst, war der Überraschungserfolg des letzten Jahres. [...]	*sehr erfolgreicher Autor: Saša Stanišić*
Saša Stanišić ist nicht der einzige Autor, der in seiner Zweitsprache Deutsch schreibt. Auch Melinda Nadj Abonji, Kübra Gümüşay, Meral Kureyshi, Abbas Khider, Yoko Tawada, Yusuf Yeşilöz, Olga Grjasnowa, Ivna Žic oder Usama Al Shahmani haben sich die deutsche Sprache zu eigen gemacht und formen sie mit den Mitteln der Poesie.	*viele andere bekannte Autorinnen/Autoren mit Deutsch als Zweitsprache* *Autorinnen/Autoren finden sich selbst gut*
Die Tatsache, dass Migration für einen bedeutenden Teil der Menschheit Alltag ist, schlägt sich breit in der deutschsprachigen Literatur nieder. Das ist gut so – aber alles andere als selbstverständlich. Der Weg ist lang. Denn da gibt es etwas, das der literarische Star Saša Stanišić bei allem Erfolg nicht vergessen hat: „Ich weiß noch, wie es sich anfühlt, keine Sprache zu haben." [...]	*schwer und langwierig: von den ersten Worten zum literarischen Schreiben in der neuen Sprache*

S. 267 ○ ← ◒ **6** Einzelne aussagekräftige Formulierungen könnt ihr auch wörtlich aus Materialien übernehmen. Schreibt ein oder zwei solcher Textstellen aus Material 1 (S. 67 f.) heraus.

Material 2 „Für mich ist es ja selbstverständlich, zwischen den Kulturen zu leben." Interview mit Alina Bronsky (2010, Ausschnitt)

Sie sind in Jekaterinburg/Russland geboren und leben seit Ihrem zwölften Lebensjahr in Deutschland. Inwieweit hat Ihre eigene Migrationserfahrung Ihr Schreiben geprägt?

Bronsky: Diese Erfahrung wirkt sicher noch lange nach. Eine Auswanderung mit der ganzen Familie zwingt einen zum Neuanfang, lässt einen eine nahezu kindliche Sprach- und Hilflosigkeit und schrittweise Orientierung in der neuen Welt ziemlich bewusst durchleben, es ist eine sehr bereichernde und spannende Sache, die ich jedem empfehlen kann.

Alina Bronsky, geboren 1978, erhielt für ihr erstes Buch „Scherbenpark" (2008) zahlreiche Preise.

AutorInnen mit Migrationshintergrund müssen in Deutschland oft gegen Stigmatisierungen bezüglich Ihrer Herkunft ankämpfen. Kennen Sie das migrantischen AutorInnen oft von vornherein unterstellte „Fremdheitsgefühl"?

Bronsky: Eine Stigmatisierung[1] habe ich nicht wahrgenommen. Es kommt allerdings durchaus vor, dass meine Herkunft den öffentlichen Eindruck mehr prägt als bei gebürtig deutschen Autoren. Ich werde dann hauptsächlich als russische Autorin wahrgenommen, die ich aber nicht bin, da ich mehr als die Hälfte meines Lebens Deutsch schreibe. Da muss ich manchmal schon extra betonen, dass der Geburtsort die Persönlichkeit nicht ausmacht, sondern nur eins von vielen Puzzleteilchen der Vergangenheit ist. [...]

Hat sich [...] an den Erwartungen der deutschen Kulturmedien[2] oder an Ihrem Selbstverständnis als russischstämmige Autorin etwas verändert?

Bronsky: Die Erwartungen der Medien kenne ich zum Glück nicht und feile auch nicht regelmäßig an meinem Selbstverständnis. Für mich ist es ja selbstverständlich, zwischen den Kulturen zu leben, ich hebe das nicht extra hervor. Was neu hinzugekommen ist, ist das beglückende Gefühl, zu wissen, dass ich gar nicht so wenige Leser habe, [...].

In [...] „Die schärfsten Gerichte der tatarischen Küche" drehen Sie den Spieß um und machen den Deutschen zum Ausländer. Welchen Reiz hatte diese für insbesondere die deutschen LeserInnen umgekehrte Perspektive für Sie?

Bronsky: Ich fand die Perspektive nicht ungewöhnlich – in den meisten Ländern der Welt sind wir ja alle Ausländer. [...]

Wie geht dieser Satz für Sie weiter?: „Mein Deutschland ist ...,

Bronsky: ... im Winter oft schneefrei und im Sommer manchmal so heiß, dass auch die Feigen reif werden – wenn das nicht die Erfüllung eines sibirischen Kindheitstraums ist.

1 die Stigmatisierung: negative Bewertung 2 die Kulturmedien: Sendungen oder Artikel, die sich mit Literatur, Kunst oder Musik beschäftigen

S. 267 ○ ← ◒ **7** Alina Bronsky fühlte sich in der ersten Zeit in Deutschland sprachlos und hilflos. Erklärt, wie sie diese Erfahrung bewertet.

○ **8** Ergänzt den Satz: *Alina Bronsky sieht sich nicht als russische Autorin, weil ...*

Material 3 Lebenslauf Saša Stanišić

7. März 1978	Geburt in Višegrad, Bosnien (damals: Jugoslawien)
1992	Besetzung von Višegrad durch serbische Truppen, Flucht der Familie Stanišić nach Heidelberg
1992-1997	Besuch der internationalen Gesamtschule Heidelberg, Abschluss: Abitur
1998	Eltern wandern in die USA aus, Stanišić bleibt zum Studium in Deutschland
1997–2004	Studium an der Universität Heidelberg, Fächer: Deutsch als Fremdsprache, Slawistik, während des Studiums zunehmende literarische Tätigkeit, erste Veröffentlichungen in Sammelbänden
2004	Beginn des Studiums am Deutschen Literaturinstitut Leipzig
2006	erster Roman („Wie der Soldat das Grammofon repariert"), Nominierung für den Deutschen Buchpreis
2008	Uraufführung des ersten Theaterstücks („Go west") in Graz
2013	deutsche Staatsbürgerschaft
2014	zweiter Roman („Vor dem Fest"), Preis der Leipziger Buchmesse, nominiert für den Deutschen Buchpreis
2019	dritter Roman („Herkunft"), Deutscher Buchpreis
2021	Stanišić lebt mit seiner Lebensgefährtin und seinem Sohn in Hamburg.

Material 4 Saša Stanišić: Herkunft (2019, Ausschnitt aus einem Roman)

Im Roman „Herkunft" erzählt Saša Stanišić von seiner Heimat in Bosnien und von seinem Ankommen und Aufwachsen in Deutschland. Im Roman vermischen sich tatsächliche Erlebnisse und Erfundenes.

Du stehst vor der Tür und liest: Ziehen. Das ist eine Tür. Das sind Buchstaben. Das ist Z. Das ist I. Das ist E. Das ist H. Das ist E. Das ist N. Ziehen. Willkommen an der Tür zur deutschen Sprache. Und du drückst.

Es ist der 20. September 1992. Du bist seit einem Monat in Deutschland. Die Tür gehört zu deiner Schule, heute ist dein erster Schultag. [...]

Niemand in der Klasse ist von hier. Niemand spricht Deutsch. Super eigentlich, alle verstehen einander nur so ein bisschen und niemand muss irgendetwas erklären, weil man eh nichts erklären kann.

Der Geografielehrer stellt Landkarten auf und zeigt auf Flüsse und Berge und Wälder und Städte, und du schreibst Rhein auf und Feldberg und Odenwald, und der Lehrer sagt: „Ich bin in Mannheim geboren. Pekka, wo bist du geboren?" und Pekka sagt: „Im Odenwald."

Für die neue deutsche Schule also eine neue Jeans. Neu sind auch die Regeln, nach denen die Sprache gespielt wird und die meisten Spiele. Neu ist, dass Vater fehlt. Vater ist noch in Višegrad. [...]

Saša Stanišić hat 2021 zusammen mit seinem Sohn das Kinderbuch „Hey, hey, hey, Taxi" geschrieben.

Die neue Sprache lässt sich einigermaßen gut packen, aber ganz schlecht transportieren.

Du verstehst mehr, als du sagen kannst. An den Gepäckbändern der Deklination vergisst du Endungen, die deutschen Wörter sind zu sperrig, die Fälle geraten durcheinander und die Aussprache guckt immer raus, ganz egal, wie du die Sätze zusammenlegst.

Die Wochentage und die Monate hast du längst gepackt, es vergehen allerdings einige, bis du Freunde hast. Sie sind mit geteilter Sprache leichter zu finden. Du verstehst, welche Fußballmannschaft sie mögen. Olli aus Eppelheim mag eine Mannschaft aus Hamburg. Sein Vater nimmt euch mit zu einem Spiel nach Karlsruhe. Zum ersten Mal lädt dich in Deutschland jemand zu etwas ein. Ollis Vater schreit den Schiri an. Du lernst die Vokabel „Duwichserdu". Er kauft euch in der Halbzeit Bratwürste. Du singst mit: „Hamburger Jungs, Hamburger Jungs, wir sind alle Hamburger Jungs." Für neunzig Minuten bist du ein Hamburger Junge. Deine Mannschaft heißt HSV. HSV verliert. Daran wirst du dich gewöhnen. […]

Plötzlich das: Du verliebst dich ein bisschen. Susanne hat blondes Haar, lang und gepflegt, ein Schmetterling darin, eine Klammer, rot und leicht. Susanne spricht kein Serbokroatisch und kein Englisch. Dein Deutsch ist noch zu schlecht, um wirklich ehrlich verliebt zu sein. Wie soll man erzählen? Man zuckt mit den Schultern, wenn eine Frage gestellt wird, und hält Händchen.

„Welche Musik hörst du?"

„Ja, Musik gut!"

Vierundzwanzig Stunden später sagt Susanne: „Es ist aus."

„Aus was?", fragst du.

„Aus, also mit uns. Ich will mit dir nicht mehr gehen."

„Gehen wohin?", fragst du. „Ausgehen?"

„Nein, du verstehst nicht – ich mach Schluss."

„Auf Schloss ausgehen?"

Du lernst „Händchen halten" und „Abschiedskuss".

S.267 ◒←● **9** „Saša Stanišić macht sich in diesem Ausschnitt über sein eigenes Deutschlernen lustig." Beurteilt diese Aussage.

◒ **10** Ein Schüler hat sich zu den Materialien 3 und 4 (S.70 f.) Notizen gemacht. Überprüft die Eignung der Notizen für den Informationstext und streicht Unnötiges.

Material	*Erfahrungen mit der deutschen Sprache*
Material 3	– *erst mit 14 Deutsch gelernt* – *mit 19 Abitur gemacht* – *ungewöhnlich: als Erwachsener sehr erfolgreich als Autor auf Deutsch* – *Eltern sind später von Deutschland in die USA ausgewandert*
Material 4	– *Romanauszug schildert Erfahrungen witzig und anschaulich* – *erst ein Monat in Deutschland* – *sehr große Schwierigkeiten, Beispiel: An der Tür steht „Ziehen" und er drückt.* – *erst in einer Vorbereitungsklasse (keiner spricht Deutsch)* – *Pekka versteht im Erdkundeunterricht nicht die Fragen des Lehrers* – *Wochentage und Monate lernt er schnell, Schwierigkeiten bei der Grammatik, vor allem bei den richtigen Endungen der Wörter (Deklination von Nomen)* – *durch Sprachprobleme auch Schwierigkeiten, Freunde zu finden* – *Sport als Möglichkeit (HSV-Erlebnis mit einem deutschen Freund)* – *Zusammensein mit erster deutscher Freundin klappt nicht, können nicht miteinander reden*

S.267 ○ ← ◒ **11** Übernehmt die folgende Tabelle und ergänzt die Informationen aus den Materialien 1 – 4 (S.67–70). Ihr könnt sie auch auf Kopien in unterschiedlichen Farben markieren. Beachtet, dass nicht jedes Material zu allen Teilthemen Informationen enthält.

Material	Autorinnen/Autoren, Alter der Einwanderung	Erfahrungen beim Ankommen	Bedeutung des Schreibens auf Deutsch
Material 1 (S.67)	*Saša Stanišić* *…* *Abbas Khider, Erwachsenenalter*	*Sprachlosigkeit …* *…*	*–* *…* *Abbas Khider: auf Deutsch kann er besser über traumatische Erfahrungen schreiben als auf Arabisch*
Material 2 (S.69)	*Alina Bronsky, …*		
Material 3 (S.70)	*Saša Stanišić, 14 Jahre*		
Material 4 (S.70)			

◒ **12** Diskutiert die folgenden Aussagen zum Auswerten der Materialien für das materialgestützte Schreiben.

A Ich formuliere alle wichtigen Aussagen aus den Materialien mit eigenen Worten.
B Ich mache nur Markierungen in den Texten, mit verschiedenen Farben für die verschiedenen Teilthemen. Notizen benötige ich nicht.
C Ich markiere wichtige Textstellen und schreibe mir Notizen an den Rand der Texte.

Die Informationen ordnen und gliedern

◒ **1** Ordnet die Informationen aus eurer Tabelle (Aufgabe 11) in einer nachvollziehbaren Reihenfolge. Ihr könnt so vorgehen:

a) Notiert auf einzelnen Zetteln wichtige Informationen zu den Teilthemen (Autorinnen/Autoren, Erfahrungen, Bedeutung des Schreibens). Markiert die Zettel farbig.
b) Ordnet die Zettel in der Reihenfolge, die euch für den Text sinnvoll erscheint.

● **2** Für den Hauptteil hat ein Schüler seine Zettel erstellt und geordnet. Erklärt, inwiefern diese Anordnung gelungen ist. Ergänzt weitere Zettel.

1. Ankommen in der deutschen Sprache

– gemeinsame Erfahrung der Autorinnen und Autoren: Sprachlosigkeit, Unfähigkeit zur Kommunikation mit anderen

– einfachste Dinge fallen schwer (Beispiel: Stanišić, Tür, Ziehen-Drücken)

– wegen fehlender Sprache, Schwierigkeit, Anschluss zu finden

– Unsicherheit, Peinlichkeit (Nadj Abonji: Baum bei Theateraufführung in Grundschule)

– Sport als Hilfe (Stanišić: HSV-Geschichte)

2. Bedeutung des Schreibens auf Deutsch

- *Bereicherung der deutschen Literatur (Flucht und Migration wichtige Themen im Leben vieler Menschen)*

- *Schreiben auf Deutsch selbstverständlich, da man einen Großteil seines Lebens auf Deutsch geschrieben hat (Bronsky: Wahrnehmung als russische Autorin falsch)*

○ **3** Besprecht, welche Autorinnen und Autoren ihr in der Einleitung erwähnen wollt.

S. 268 ○ ← ◒ **4** Notiert für den Schluss Stichpunkte, was in der Ausstellung zu sehen sein wird.

5 EXTRA Der Schriftsteller Rafik Schami hat in dem Text „Vom Zauber der Zunge" seine Erfahrungen mit der deutschen Sprache auf bildhafte Weise dargestellt. Besorgt euch den Text, untersucht ihn und stellt ihn der Klasse vor.

Einen informierenden Text planen S. 302–304 **KOMPETENZBOX**

Auf Materialbasis einen informierenden Text planen

1. Aufgabenstellung erfassen
- Anlass und Ziel des Textes
- Adressat des Textes
- Thema des Textes
- Teilthemen des Textes
- Vorgaben zur Gestaltung des Textes, z. B. *Form, Aufbau, Länge*

2. Materialien auswerten
- Überblick über den Inhalt der Materialien verschaffen
  - orientierend lesen
  - Art und Quelle der Materialien erfassen, z. B. *Lebenslauf, Zeitungsartikel*
- Texte, Diagramme und Bilder auswerten, dabei immer die Vorgaben aus der Aufgabenstellung beachten
- wichtige Informationen zu Teilthemen notieren
- Informationen in den Materialien mit verschiedenen Farben für die verschiedenen Teilthemen markieren

3. Gliederung erstellen

Einleitung:
- interessanten Einstieg finden
- Thema nennen
- auf Anlass eingehen

Hauptteil:
- Reihenfolge der Teilthemen festlegen
- Stichpunkte den Teilthemen zuordnen

Schluss:
- Bezug zur Einleitung herstellen
- je nach Aufgabenstellung: Aufforderung, Ankündigung, Einladung

4.2 Gekommen, um zu schreiben · Auf Materialbasis einen informierenden Text schreiben und überarbeiten

Den informierenden Text schreiben

1 Eine andere Projektgruppe hat zu ihrer Ausstellung schon den Informationstext für die Broschüre fertiggestellt. Untersucht den Text.

a) Mit welchem Thema hat sich die Projektgruppe beschäftigt?
b) Wie wird in der Einleitung Interesse geweckt?
c) Auf welche Weise werden Einleitung und Hauptteil verknüpft?

> Heinrich Heine, Bertolt Brecht, Hannah Arendt und Cornelia Funke – was haben diese berühmten Schriftstellerinnen und Schriftsteller gemeinsam? Richtig, sie sind durch ihr Schreiben berühmt geworden. Aber da ist noch mehr: Alle vier wurden zwar in Deutschland geboren, haben aber viele Jahre ihres Lebens in anderen Ländern verbracht. Einige haben sogar ihre späteren Werke nicht mehr auf Deutsch, sondern in der neuen Sprache geschrieben. Und es gibt noch viel mehr Autorinnen und Autoren, die diesen Weg gewählt haben.
>
> Aber warum verlassen Menschen, deren Bücher hauptsächlich im deutschsprachigen Raum gelesen werden, ihre Heimat? Die Gründe dafür sind vielfältig, haben aber immer mit dem Wunsch nach einem besseren Leben zu tun. Heine, Brecht und Arendt mussten aus Deutschland fliehen, weil sie Zensur und Verfolgung fürchten mussten. Heine floh im 19. Jahrhundert vor der strengen Zensur in Deutschland nach Paris, Brecht und Arendt flüchteten vor der Gewaltherrschaft der Nationalsozialisten in die USA. Fliehen musste Cornelia Funke nicht. Bei ihr ...

2 Wählt Begriffe aus, die den Text charakterisieren. Begründet eure Auswahl mit Textstellen.

unterhaltend | witzig | wertend | informierend | spannend
argumentierend | sachlich | anschaulich | appellierend | erzählend

3 Es gibt verschiedene Möglichkeiten, einen informierenden Text zu beginnen.

a) Ordnet die Möglichkeiten 1 – 4 den Beispielen A – D (S. 75) zu.
b) Besprecht, welche Möglichkeiten für euren Informationstext zur Aufgabenstellung auf S. 66 geeignet sind. Ihr könnt auch andere Ideen einbringen.
c) Formuliert eine Einleitung für euren Informationstext.

1 Anlass, Ereignis | **2** Frage | **3** Definition eines Begriffs | **4** persönliche Erfahrung

A Könnt ihr euch vorstellen, einen Roman in einer anderen Sprache zu schreiben?

B Ich kann mich noch gut an meine ersten Sätze im Englischunterricht erinnern.

C Der Deutsche Buchpreis ging 2020 an einen Autor, der erst mit 14 Jahren Deutsch gelernt hat.

D Deutsch als Zweitsprache, das meint ...

SPRACHTIPP

Informationen aus Materialien übernehmen

Informationen aus Materialien zusammenfassen

Dem Lebenslauf von … kann man entnehmen …
Von der Autorin weiß man …
Die Äußerungen im Interview zeigen, dass …
In dem Roman schildert der Autor die Schwierigkeiten beim …
Statistische Daten verdeutlichen, wie sehr …

Aussagen mit eigenen Worten wiedergeben (paraphrasieren)

Original: „Auch Melinda Nadj Abonji, Kübra Gümüşay, Meral Kureyshi, Abbas Khider, Yoko Tawada, Yusuf Yeşilöz, Olga Grjasnowa, Ivna Žic oder Usama Al Shahmani haben sich die deutsche Sprache zu eigen gemacht und formen sie mit den Mitteln der Poesie." (S. 67, Z. 8–13)
Paraphrase: *Mittlerweile gibt es viele erfolgreiche Autorinnen und Autoren, die literarische Texte auf Deutsch schreiben, obwohl sie eine andere Erstsprache haben.*

Direkte oder indirekte Übernahme einzelner Aussagen (ohne Zeilenangaben)

Alina Bronsky sagt selbst: „Eine Auswanderung mit der ganzen Familie zwingt einen zum Neuanfang."
Alina Bronsky selbst meint, die Auswanderung zwinge zu einem Neuanfang.
Die Journalistin Martina Läubli meint dazu: „Je mehr Menschen also auf Deutsch mitreden und mitschreiben, desto besser".
Nach der Journalistin Martina Läubli ist es umso besser, je mehr Menschen auf Deutsch mitreden und mitschreiben.

4 Fasst die Stichpunkte zu Abbas Khider (S. 76) für den Hauptteil zusammen. Orientiert euch an dem folgenden Beispiel zu Alina Bronsky und nutzt den Sprachtipp.

Erfahrungen beim Ankommen, Bedeutung des Schreibens auf Deutsch

Material 2 (S. 69)
Alina Bronsky (mit 12 aus Russland eingewandert):
- Auswanderung zwingt zu Neuanfang
- Sprach- und Hilflosigkeit, wie ein Kleinkind
- bewusstes Durchleben der Hilflosigkeit = bereichernde Erfahrung, „sehr bereichernde und spannende Sache, die ich jedem empfehlen kann"
- Schreiben auf Deutsch für sie selbstverständlich
- …

→ *Die aus Russland stammende Alina Bronsky fühlte sich in ihrer ersten Zeit in Deutschland sprach- und hilflos wie ein Kleinkind. Sie bewertet diese Erfahrung im Nachhinein aber positiv, da sie ihren Anfang im neuen Land mit zwölf Jahren bewusst erlebte, anders als beim Sprachenlernen als Kleinkind. Sie selbst bezeichnet dies als „eine sehr bereichernde und spannende Sache", die sie nur empfehlen könne. Als Erwachsene ist das Schreiben auf Deutsch für sie selbstverständlich, da …*

Material 1 (S.67)

Abbas Khider (als Erwachsener aus dem Irak eingewandert):
- im Irak gefoltert, Asylsuchender in Deutschland
- neue Sprache am Anfang schwer, aber dann Literaturstudium, Schriftsteller
- fünf Romane auf Deutsch
- Schreiben auf Deutsch: einfacher, über schlimme Erfahrungen zu schreiben, Interview: „Der deutsche Abbas ist freier. In der fremden Sprache wird es möglich, über alles zu reden."
- ...

→ *Eine besondere Einstellung zum Schreiben in der neuen Sprache hat ...*

5 Verfasst den vollständigen Hauptteil des Informationstextes.
Nutzt eure Vorarbeiten, den Sprachtipp (S. 75) und die Kompetenzbox (S. 77).

6 Formuliert einen Schluss. Weist auf Elemente der Ausstellung hin (siehe Ausgangssituation S. 66).

Abbas Khider, geboren 1973 in Bagdad, kam 2000 nach Deutschland und ist heute ein wichtiger deutschsprachiger Autor.

Den informierenden Text überarbeiten

1 Untersucht die beiden Einleitungen A und B (S.77).
a) Benennt, welche Möglichkeit (Aufgabe 3, S.74) jeweils genutzt wurde.
b) Bestimmt die sprachlich nicht gelungene Einleitung und überarbeitet sie.

A *Deutscher Buchpreis 2020 an Saša Stanišić! Der ist erst mit 14 aus Bosnien nach Deutschland gekommen. Und schon ein paar Jahre später macht er Abi und schreibt super Romane. Wahnsinn, oder!? Und die absolute Ausnahme, gibt's ja sonst nicht! Aber falsch gedacht: Es gibt eine ganze Bande von erfolgreichen Autorinnen und Autoren, die erst spät Deutsch gelernt haben und trotzdem super gut auf Deutsch schreiben. Da ist zum Beispiel Alina Bronsky, die mit zwölf Jahren aus Russland eingewandert ist. Oder Abbas Khider, der als erwachsener Asylsuchender gekommen ist.*

B *Kann man in einer Sprache, die man erst als Jugendlicher oder Erwachsener lernt, erfolgreiche Romane und Theaterstücke schreiben? Viele würden das wohl bezweifeln und es ist sicher auch alles andere als leicht, aber es gibt eine Reihe von Autorinnen und Autoren, die genau das geschafft haben. So ist z. B. Alina Bronsky mit zwölf Jahren aus Russland nach Deutschland gekommen und sie war mit ihrem Debütroman „Scherbenpark" sehr erfolgreich. Saša Stanišić hat erst mit 14 Deutsch gelernt, aber 2020 hat er den Deutschen Buchpreis gewonnen. Und Abbas Khider ist sogar erst als Erwachsener aus dem Irak gekommen, mittlerweile hat er schon fünf Romane auf Deutsch veröffentlicht.*

2 Überarbeitet eure eigenen Informationstexte.

a) Tauscht die Texte aus und gebt euch Rückmeldungen. Nutzt die folgende Kompetenzbox und die Checkliste auf Seite 304.

b) Verbessert eure Texte mithilfe der Rückmeldungen.

Verhalten im Internet 62gy67

MK **3 EXTRA** Recherchiert nach weiteren Autorinnen und Autoren, die nach Deutschland, nach Österreich oder in die Schweiz eingewandert sind und erfolgreich auf Deutsch schreiben. Stellt ihre Biografie und einige ihrer Bücher vor.

Einen informierenden Text schreiben S. 304 **KOMPETENZBOX**

Auf Materialbasis einen informierenden Text schreiben und überarbeiten

1. Den informierenden Text schreiben

Inhalt und Aufbau

- Orientierung an den Vorgaben in der Aufgabenstellung
- Gliederung des informierenden Textes in Einleitung, Hauptteil, Schluss
  Einleitung:
  • mit interessantem Einstieg beginnen
  • Thema nennen
  • auf Anlass eingehen
  Hauptteil:
  • Reihenfolge der Teilthemen beachten
  Schluss:
  • Bezug zur Einleitung herstellen
  • je nach Aufgabenstellung: Aufforderung, Ankündigung, Einladung

Sprachliche Gestaltung

- Sprachniveau den Adressaten anpassen
- Tempusform: in der Regel Präsens und bei Vorzeitigkeit: Perfekt, Präteritum
- sachlich schreiben, unnötige Details vermeiden
- mit Beispielen veranschaulichen
- persönliche Wertungen oder Meinungen vermeiden
- Informationen aus Materialien übernehmen (Sprachtipp S. 75)
- geeignete Satzverknüpfungen (z. B. Konjunktionen und Adverbien) nutzen, um Zusammenhänge zu verdeutlichen

2. Den informierenden Text überarbeiten

- Arbeitstechniken verwenden: *Checkliste* (S. 304), *Textlupe* (S. 343), *Schreibkonferenz* (S. 342)
- Rechtschreibung, Satzbau und Satzzeichen überprüfen

Auf Materialbasis einen informierenden Text schreiben

Aufgabenstellung:
Eure Projektgruppe hat das Thema „Auswanderung aus Deutschland" bearbeitet. Erstellt für die Internetseite der Projektgruppe einen Informationstext, der auf der Startseite stehen soll.
Berücksichtigt in dem informierenden Text folgende Gesichtspunkte:
- Stellt zu Beginn die Bedeutsamkeit des Themas und das große öffentliche Interesse am Thema dar.
- Nennt im Hauptteil wichtige Fakten zur Auswanderung und Gründe für die Auswanderung. Geht auch auf Erfahrungen und Tipps zum Auswandern ein.
- Weist abschließend darauf hin, dass man sich auf weiteren Seiten der Projektgruppe genauer informieren kann.

○ **1** **a)** Habt ihr schon einmal darüber nachgedacht, wie es wäre, aus Deutschland auszuwandern? Tauscht euch aus.
b) In welches Land würdet ihr am ehesten auswandern? Begründet eure Wahl.

◒ **2** Untersucht die Aufgabenstellung.
- Was ist der Anlass und das Ziel des Textes?
- An welche Adressaten richtet sich der Text?
- Welche Teilthemen soll der Text enthalten?
- Welche Vorgaben zur Gliederung des Textes gibt es?

S.268 ○ ← ◒ **3** Verschafft euch einen Überblick über die Materialien 1 – 4 (S.78–81). Notiert, welche Teilthemen der Aufgabenstellung dem jeweiligen Material zuzuordnen sind.

◒ **4** **a)** Kennt ihr diese Sendung? Nennt typische Inhalte.
b) Besprecht, was dieses Sendeformat erfolgreich macht.

Material 1 **Fernsehsendung und Einschaltquote**

wird seit 2006 gesendet, Sendung am 25.08.2020: 1,5 Millionen Zuschauer

Material 2 Auswanderer: Die Besten verlassen Deutschland

Pro Jahr verliert Deutschland 30.000 hochqualifizierte Fachkräfte. Nicht schlimm, meinen die einen, weil die meisten zurückkommen. Andere sehen ein Problem.

Deutschland laufen hochqualifizierte Fachkräfte davon. Innerhalb des vergangenen Jahrzehnts waren es durchschnittlich und jährlich rund 180.000 Personen mit deutscher Staatsangehörigkeit. Etwa 130.000 kehrten wieder zurück. Netto gehen damit in jedem Jahr 50.000 Bürger verloren. Das sind Zahlen einer Studie des Bundesinstituts für Bevölkerungsforschung, kurz BiB.

„Durch intensive Forschung wissen wir, wie viele Menschen jährlich auswandern. Wir wissen aber wenig über die Sozialstruktur[1] der Auswanderer", sagt Nils Witte, Wissenschaftler am BiB und Mitarbeiter an der Studie. In der wurde untersucht: Wer geht, wer kommt zurück und warum überhaupt verlassen Menschen Deutschland? Bei einem so hohen Bedarf an Fachkräften könnte das ein großes Problem sein. […]

Wir Deutschen sind der Studie zufolge international eine vergleichsweise mobile Bevölkerung: Die Auswanderungsrate von 5,1 Prozent ist höher als in vielen anderen Industrienationen, etwa der von US-Amerikanern mit 0,7 Prozent. Insgesamt leben gegenwärtig etwa vier Millionen Deutsche im Ausland, mit einem Anteil von zwei Dritteln die meisten aber nur temporär[2].

Aus- und Rückwanderer sind im Durchschnitt 36 Jahre und damit zehn Jahre jünger als die Gesamtbevölkerung. Von der hat rund ein Viertel einen Hochschulabschluss, bei den Auswanderern sind es dagegen drei Viertel. Auswanderer sind damit überproportional[3] hoch qualifiziert.

„Dank der Studie können wir nun erstmals Aussagen über die Qualifikationsstruktur[4] deutscher Auswanderer treffen. Wir kennen ihre Bildungsabschlüsse und ihre Berufe. Welche Fächer die Auswanderer studiert haben, wissen wir aber nicht", sagt Witte. Die Entscheidung, das Land für längere Zeit zu verlassen, geht meistens auf mehrere Gründe zurück, wobei der Beruf eine zentrale Rolle spielt. Knapp 60 Prozent nennen eigene berufliche Anreize bei der Entscheidung für ein Leben im Ausland, weitere etwa 30 Prozent geben den Beruf des Partners oder der Partnerin an. Nur ein knappes Fünftel gab Unzufriedenheit in Deutschland als Grund fürs Auswandern an.

[…] „Auswanderer bevorzugen Länder mit geringen Sprachbarrieren. Deshalb sind unsere beiden Nachbarländer und die englischsprachige USA so beliebt", sagt Witte. Seiner Meinung nach führt Auswanderung nicht zu einem Braindrain, also einem Verlust von Fachkräften, weil die meisten Auslandsaufenthalte zeitlich befristet sind und die Qualifikation der Auswanderer und Rückkehrer sehr ähnlich ist. „Die Besten gehen, es kommen aber auch die Besten zurück", sagt Witte.

Für Gabriel Felbermayr, Präsident des Instituts für Weltwirtschaft in Kiel, liegt dagegen ganz klar ein Braindrain vor, weil „wir in zehn Jahren eine halbe Million Leistungsträger verlieren". Für eine Volkswirtschaft wie die deutsche, die stark auf gut ausgebildete Menschen angewiesen ist, sei das keine gute Nachricht. […]

Für Felbermayr muss Deutschland attraktiver werden, damit hochqualifizierte Zuwanderer aus anderen Industrieländern wie der Schweiz oder den USA kommen.

(Peter Ilg, 2020, Ausschnitt, heise online)

1 die Sozialstruktur: Lebensverhältnisse, Einkommen, Alter 2 temporär: für einen bestimmten Zeitraum
3 überproportional: mehr/besser als üblich 4 die Qualifikationsstruktur: Anteil von Menschen mit Schulabschluss, abgeschlossener Berufsausbildung, Studium

5 Erklärt mithilfe von Daten aus dem Zeitungsartikel (S. 79), warum das Thema Auswanderung in Deutschland eine hohe gesellschaftliche Bedeutung hat.

S. 268 **6** Notiert oder markiert auf einer Kopie wichtige Fakten zur Auswanderung (Material 2, S. 79). Achtet auf das durchschnittliche Alter und die Qualifikation der Auswanderer sowie auf das Verhältnis von Auswanderung und Rückkehr.

7 „Ist doch ganz klar: Wer auswandert, ist unzufrieden in Deutschland und will nur noch weg." Nehmt mithilfe des Artikels (S. 79) zu dieser Aussage Stellung.

Material 3 **Auswanderung: Zielländer und Altersstruktur**
(im Ausland lebende Deutsche, Stand 2011)

Fast 90 Prozent der deutschen Auswanderer verteilen sich auf 12 Länder

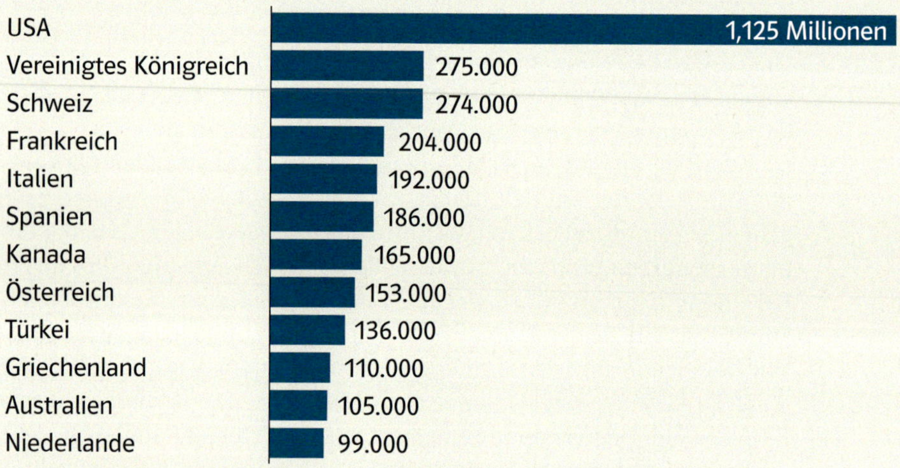

Deutsche Auswanderer nach Altersgruppen

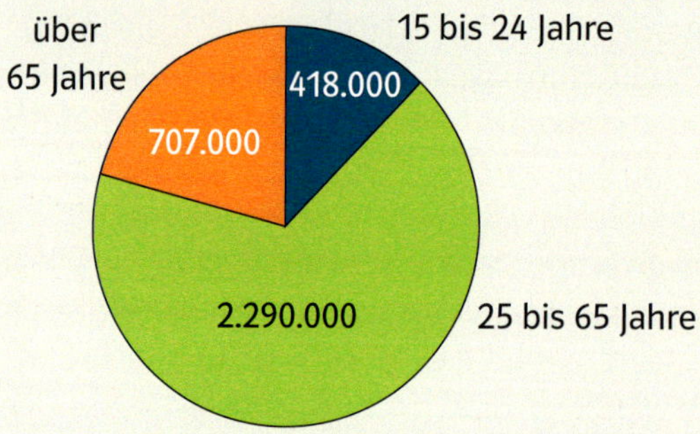

Quelle: Internetseite Deutsche im Ausland

S. 268 **8** Untersucht die Diagramme zur Auswanderung aus Deutschland.
a) Welche Daten überraschen euch? Welche entsprechen euren Erwartungen?
b) Gebt die zentralen Aussagen aus den Diagrammen mit eigenen Worten wieder.

Material 4 **Erfahrungsbericht: Schreiner in Schweden** (Internetseite Deutsche im Ausland)

Ausgewanderte Personen: Ralf und Christiane
Beruf: Schreiner
Wohin (Land/Stadt): Schweden, Småland
Wann: Februar 2007

Warum sind Sie ausgewandert?
Ralf hat einen Job gefunden, nachdem er in Deutschland arbeitslos war.
Was waren die größten Hürden/Schwierigkeiten und Überraschungen bei der Auswanderung?
Eine gewisse Hürde war die Sprache, aber wir konnten ja schon etwas zu Beginn.
Was war das schönste/lustigste Ereignis seit der Auswanderung?
Wir wurden ganz herzlich aufgenommen und bekamen viel Hilfe.
Was sind die größten Unterschiede zwischen Deutschland und Ihrem Auswanderland?
Die ruhige Mentalität, der Eigensinn der Menschen und die wunderbare Natur hier.
Was vermissen Sie am meisten an Deutschland? Was machen Sie gegen Heimweh?
Dass man hier so weit fahren muss, wenn man mal spontan in ein Café will oder ins Theater oder Kino usw.
Heimweh? Da hilft: warten bis es vorbei geht ;) oder einfach daran denken, wie es uns vorher in Deutschland ergangen ist und dass wir es hier viel besser haben.
Ihr Ratschlag für zukünftige Auswanderer:
Auf jeden Fall versuchen, sich zu integrieren und nicht den „Deutschen raushängen lassen".

S.268 ○ ← ◒ **9** **a)** Notiert, welche positiven und negativen Erfahrungen die Auswanderer in Schweden gemacht haben.
b) Gebt mit eigenen Worten wieder, welche Tipps die beiden für das Auswandern geben.

◒ **10** Erstellt eine Gliederung für den Informationstext (Aufgabenstellung S.78). Notiert wichtige Informationen entsprechend der Vorgaben für den Aufbau des Informationstextes:
- Einleitung: Bedeutsamkeit des Themas, großes öffentliches Interesse
- Hauptteil: wichtige Fakten, Erfahrungen und Tipps
- Schluss: Teilbereiche des Themas

◒ **11** Beurteilt Inhalt und Sprache des folgenden Schlussteils. Überarbeitet den Text.

So, Leute, jetzt wisst ihr das Grundlegende zum Thema „Auswanderung aus Deutschland". Checkt doch mal unsere anderen Seiten: Erfahrungsberichte von Auswanderinnen und Auswanderern in verschiedene Länder, Vorstellung und Beurteilung von TV-Sendungen zum Auswandern, berühmte und erfolgreiche Deutsche im Ausland, Folgen der Auswanderung für die Wirtschaft in Deutschland. Klickt euch rein!

S.268 ◒ ← ● **12** Verfasst eure Einleitung und euren Hauptteil des Informationstextes entsprechend der Aufgabenstellung auf Seite 78.

◒ **13** Tauscht eure Texte aus. Gebt euch Rückmeldungen mithilfe der Checkliste (S.304) und überarbeitet eure Texte.

Das könnt ihr jetzt!

Auf Materialbasis einen informierenden Text schreiben

Beispiellösung zur Klassenarbeit
62gy67

Beispiel für eine Klassenarbeit

Aufgabenstellung:
Eure Projektgruppe hat sich mit Menschen beschäftigt, die wegen der Arbeit nach Deutschland gekommen sind. Sie werden heute Arbeitsmigrantinnen und Arbeitsmigranten genannt, früher hat man auch von Gastarbeitern gesprochen. Erstellt für die Internetseite der Projektgruppe einen einleitenden Informationstext.

Berücksichtigt in dem informierenden Text folgende Gesichtspunkte:
- Erklärt zu Beginn den Unterschied zwischen Flucht und Arbeitsmigration.
- Stellt im Hauptteil wesentliche Aspekte des Themas „Gastarbeiter" dar. Stellt auch dar, was an diesem Begriff problematisch ist.
- Geht zum Schluss auf die Bedeutung von Arbeitsmigranten für die deutsche Wirtschaft heute ein.

Material 1 **Gastarbeiter – Definition** (Bundeszentrale für politische Bildung)

Als Gastarbeiter/innen werden die Arbeitsmigrantinnen und -migranten bezeichnet, die in den 1950er- und 1960er-Jahren gezielt nach Deutschland angeworben wurden, um den Arbeitskräftemangel in der Nachkriegszeit auszugleichen. Sie trugen in hohem Maße zum sogenannten Wirtschaftswunder bei. Es handelt sich um ein Wort der Alltagssprache, nicht um einen amtlichen Begriff. Bilaterale Verträge[1] zur Anwerbung ausländischer Arbeitskräfte schloss die Bundesrepublik Deutschland mit Italien (1955), Spanien und Griechenland (1960), der Türkei (1961), Marokko (1963), Portugal (1964), Tunesien (1965) und Jugoslawien (1968). Den Namen „Gastarbeiter" erhielten die Arbeitsmigrantinnen und -migranten, weil ihr Aufenthalt eigentlich nur vorübergehend sein und sie in ihr Heimatland zurückkehren sollten. Viele der ausländischen Arbeitskräfte blieben jedoch dauerhaft in der Bundesrepublik und holten ihre Familien nach. Im Zuge der Öl(preis)krise und steigender Arbeitslosigkeit wurde die Anwerbung 1973 mit dem sogenannten Anwerbestopp beendet. Vom Ende der 1950er Jahre bis zum Anwerbestopp 1973 kamen rund 14 Millionen Arbeitsmigrantinnen und -migranten nach Deutschland, von denen 11 Millionen wieder in ihre Herkunftsländer zurückkehrten.

1 der bilaterale Vertrag: Vertrag zwischen zwei Ländern

Material 2 **Ein Moped für Armando Rodrigues de Sá**

Er kam aus Portugal und wurde im September 1964 als millionster Gastarbeiter in der Bundesrepublik begrüßt. Als Geschenk bekam Armando Rodrigues de Sá ein Moped und einen Strauß Nelken. Der gelernte Zimmermann arbeitete anschließend in Süddeutschland. Von seinem frühen Tod in seiner Heimat nahm die deutsche Öffentlichkeit keine Notiz.

Großer Bahnhof für einen kleinen Mann in Köln-Deutz, für Armando Rodrigues de Sá aus Viseu in Portugal, der soeben ausgerufen wurde. Der „große Bahnhof" galt einem 38-jährigen gelernten Zimmermann, der nach Deutschland kam, um Geld zu verdienen. Er saß in einem der beiden Sonderzüge, die am 10. September 1964 mit 1.100 sogenannten Gastarbeitern aus Spanien und Portugal in Köln eintrafen.

Das Foto des sichtlich irritierten Zimmermanns in schlichter Alltagskleidung mit breitkrempigem Hut und Dreitagebart, auf dem nagelneuen Moped sitzend, wurde zum Sinnbild des deutschen Wirtschaftswunders und der Arbeitsmigranten aus Südeuropa.

Die ersten „Gastarbeiter" waren knapp zehn Jahre zuvor ins Land geholt worden: Angesichts von Vollbeschäftigung und expandierenden Märkten suchten Industrie und Handwerk billige Arbeitskräfte. Im Oktober 1955 nahm Wirtschaftsminister Ludwig Erhard in einer Regierungserklärung vor dem Bundestag dazu Stellung.

Bereits zwei Monate später wurde das erste Anwerbeabkommen mit Italien abgeschlossen. Es folgten weitere Vereinbarungen mit Spanien, Griechenland, der Türkei und Jugoslawien. Das Abkommen mit der Militärdiktatur Portugals unterzeichnete die Bundesregierung im März 1964. Kurz darauf trafen die ersten Portugiesen in Köln ein.

Armando Rodrigues de Sá kam nach Deutschland, weil er sich „im Land des Geldes", wie er es ausdrückte, bessere Verdienstmöglichkeiten erhoffte. Er sprach kein Wort Deutsch, ließ Frau und zwei Kinder in seinem Heimatdorf zurück und musste eine entwürdigende medizinische Untersuchung in Lissabon über sich ergehen lassen, bevor er einen Arbeitsvertrag als Zimmermann unterschreiben konnte.

In Köln begrüßten ihn Wirtschaftsvertreter und Politiker mit Musik, Blumen und Ansprachen, darunter Werner Mühlbradt von der Bundesvereinigung der Deutschen Arbeitgeberverbände.

Miserable Arbeits- und Lebensbedingungen

„Wir rechnen im Durchschnitt mit einer monatlichen Zunahme von etwa 20.000 und glauben, dass wir für das Jahr 1964 mit einem Saldo von 150.000 mehr abschließen." Die Rede des Arbeitgeber-Vertreters war symptomatisch: Wirtschaft und Politik jonglierten mit Zahlen und betrachteten die „Gastarbeiter" damals als mobile Reservearmee mit geringer Qualifikation ohne größere soziale oder rechtliche Ansprüche. Ihre Arbeits- und Lebensbedingungen waren miserabel, sie wohnten vorwiegend in Baracken und arbeiteten im Akkord- und Schichtsystem, vor allem dort, wo schmutzige oder schwere Tätigkeiten anfielen. [...]

Die Erwartung, die ausländischen Arbeiter wären nur ein vorübergehendes Phänomen, erwies sich als Fehleinschätzung. Viele holten ihre Familien nach und richteten sich auf ein dauerhaftes Leben hierzulande ein, eine Entwicklung, auf die die deutsche Gesellschaft nicht vorbereitet war und zunächst hilflos bis abwehrend reagierte. Mit dem Satz „Man hat Arbeitskräfte gerufen, und es kamen Menschen" hat der Schriftsteller Max

Frisch diesen schwierigen Prozess vom „Gastarbeiter"- zum Einwanderungsland prägnant zusammengefasst. [...] Das weitere Leben des „ein-millionsten Gastarbeiters" Armando Rodrigues de Sá war hingegen keine Erfolgsgeschichte. Er erkrankte an Krebs und kehrte nach Portugal zurück. Niemand sagte ihm, dass er Krankengeld beanspruchen konnte. So gab die Familie die in Deutschland erarbeiteten Ersparnisse für die ärztliche Versorgung aus. Armando Rodrigues starb 1979 im Alter von nur 53 Jahren. Das Moped, das man ihm 1964 bei seiner Ankunft in Köln geschenkt hatte, steht heute im Haus der Geschichte in Bonn.

(Otto Langels, 2014, Ausschnitt, Deutschlandfunk online)

Material 3 Kritik am Begriff des Gastarbeiters

Bereits Anfang der 1970er Jahre wurde der Begriff von einigen Soziologen[1] als euphemistisch[2] betrachtet. Auf ihre Initiative hin veranstaltete der WDR 1972 ein Preisausschreiben zur Findung eines geeigneteren Wortes, zu dem 32.000 Vorschläge eingingen. Hiernach wurde zunächst der Begriff des „ausländischen Arbeitnehmers" vermehrt benutzt. Später war in seriösen Publikationen von „Arbeitsmigranten" die Rede. Die neuen Begriffe konnten sich aber nicht in der breiten Öffentlichkeit durchsetzen. Heute wird der Begriff „Gastarbeiter" – insbesondere in der Fachliteratur – häufig in Anführungsstriche gesetzt. (Wikipedia)

1 die Soziologie: Wissenschaft, die sich mit der Struktur der Gesellschaft beschäftigt
2 euphemistisch: beschönigend, verharmlosend

Material 4 Anzahl der Gastarbeiter nach Ländern

Als die Gastarbeiter kamen

Die Zuwanderung von Gastarbeitern nach Deutschland erfolgte auf der Grundlage von Anwerbeabkommen unter anderem mit Italien (1955), Griechenland und Spanien (1960), der Türkei (1961), Portugal (1964) und Jugoslawien (1968). Sie endete offiziell mit dem Anwerbestopp vom November 1973.

Ausländische Arbeitnehmer in 1.000

		darunter:					
	Insgesamt	Italiener	Griechen	Spanier	Türken	Portugiesen	Jugoslawen
1955	80	8	0,6	0,5	–	–	–
1960	329	144	21	16	3	0,3	9
1965	1.217	372	187	183	133	14	64
1970	1.949	382	242	172	354	45	423
1971	2.241	408	269	187	453	58	478
1972	2.352	426	270	184	511	66	475
1973	2.595	450	250	190	605	85	535
1974	2.287	332	229	150	607	78	467
1975	2.039	292	196	125	543	68	416
1980	2.016	308	130	85	588	58	349

Stand: jeweils 30. September. Quelle: Bundesagentur für Arbeit

Material 5 **Bertelsmann-Stiftung: Deutscher Arbeitsmarkt auf außereuropäische Zuwanderung angewiesen** (2019, Ausschnitt)

Deutschland hat bis 2060 einen jährlichen Einwanderungsbedarf von mindestens 260.000 Menschen. Nur so lässt sich der demografisch[1] bedingte Rückgang des Arbeitskräfteangebots auf ein für die Wirtschaft verträgliches Maß begrenzen. Es ist zu erwarten, dass im Jahresdurchschnitt rund 114.000 Zuwanderer aus anderen EU-Staaten kommen werden, demnach rund 146.000 Personen aus Drittstaaten außerhalb der EU einwandern müssten. Zu diesen Ergebnissen kommt eine Untersuchung von Johann Fuchs und Alexander Kubis vom Institut für Arbeitsmarkt und Berufsforschung (IAB) sowie Lutz Schneider von der Hochschule Coburg in unserem Auftrag. [...] Unser Vorstand Jörg Dräger hebt hervor: „Migration ist ein zentraler Schlüssel zu einer gelingenden Zukunft. Deutschland braucht Fachkräfte – auch aus Regionen außerhalb Europas."

1 demografisch: die Altersstruktur einer Gesellschaft betreffend

Schritt für Schritt zur Klassenarbeit

Lösungen
→ S. 288

1. Untersucht die Aufgabenstellung (S. 82).
- Aus welchem Anlass wird der Text geschrieben?
- Wo soll der Text erscheinen?
- An welche Adressaten richtet sich der Text?
- Was ist das Thema des Textes?
- Welche Teilthemen soll der Text enthalten? Ordnet diese der Einleitung, dem Hauptteil und dem Schluss zu.

↓

2.
- Markiert die wichtigen Informationen zu den Teilthemen auf einer Kopie der Materialien. Verwendet unterschiedliche Farben für die verschiedenen Teilthemen.
- Macht euch Randnotizen.

↓

3.
- Fasst die Informationen mit eigenen Worten zusammen.
- Überlegt, welche Fakten und Zahlen in euren Informationstext aufgenommen werden sollen.
- Sucht wichtige Aussagen heraus, die ihr direkt oder indirekt wiedergeben wollt. Ordnet sie den Teilen eures Textes zu.

↓

4. Formuliert den Text. Nutzt für die Einleitung euer Vorwissen und für den Schluss Material 5.

↓

5. Überarbeitet euren Text.
- Achtet darauf, dass der Text den Vorgaben der Aufgabenstellung (S. 82) entspricht.
- Nutzt die Checkliste (S. 304).
- Überprüft die Rechtschreibung, Zeichensetzung und Grammatik.

5 Unerwartete Begebenheiten

Erzählende Texte untersuchen, interpretieren und gestalten

Elisabeth Steinkellner: repeat (alles wie gehabt) (2016)

Ich erwache im Dunkeln. Unter der Decke ist es warm und alles in mir sehnt sich danach, in dieser Behaglichkeit zu verweilen. Zu warten, bis das Licht kommt. Bis sich das Schwarz in Grau verwandelt und später in so was wie Weiß. Aber so lange kann ich nicht warten. Aus der Küche kommen Geräusche, Schränke werden geöffnet, Geschirr klirrt leise. Ich spüre dem Traum nach, der sich gerade erst verflüchtigt hat, erinnere mich vage an ein Haus mit Balkon und dass jemand ein gelbes T-Shirt getragen hat.

Eins, zwei, drei, zähle ich innerlich, dann schiebe ich die Bettdecke zurück und steige rasch aus dem Bett, der Boden unter meinen Füßen ist empfindlich kalt. Ich husche aus meinem Zimmer ins Bad, lande mit einem Satz auf dem weichen Vorleger beim Waschbecken, der die Bodenkälte einigermaßen abhält. Hahn auf, die Leitungen pfeifen wie gewöhnlich und spucken dann das Wasser verzögert und unregelmäßig aus. Zahnbürste unter den Strahl, Pasta drauf, putzen. Dann noch schnell das Gesicht waschen, abtrocknen, das Handtuch riecht muffelig. Ich sehe mich im Spiegel. Schneide eine Grimasse. Lächle. Drehe den Kopf zur Seite, versuche, mich im Profil zu betrachten. Dann hauche ich warmen Atem auf das Spiegelglas und schreibe mit der Fingerspitze eine Jahreszahl in den Beschlag.

Im nächsten Moment ist sie auch schon wieder verschwunden. Ich gehe in mein Zimmer zurück, berühre dabei den kalten Boden mit so wenigen Schritten wie möglich. Vor dem Kleiderschrank steige ich so lange von einem Fuß auf den anderen, bis ich mich entschieden habe. Boxershorts, Jeans, T-Shirt, Kapuzensweater. Das Übliche. Zuletzt ziehe ich mir Socken an, dann greife ich nach meinem Rucksack und verlasse den Raum.

In der Küche warten eine Tasse Kakao und ein Teller mit einem Käsebrot auf mich. Daneben ein Zettel: *Bin wie immer um fünf zu Hause. Küsschen!*

Ich schalte das Radio ein und setze mich zum Frühstück. Sehe zum Fenster hinaus, es ist immer noch dämmrig. Draußen schmilzt der Schnee, hat sich in ein stetes Tropfen von Dachrinnen und Fenstersimsen verwandelt. Lange hat er sich nicht gehalten.

Erst vor wenigen Tagen, zu Silvester, hat es zu schneien begonnen. Mit den Rodeln[1] sind wir auf den Hügel hinauf, da waren schon ziemlich viele Leute, überall ein Johlen und Lachen, und vom Himmel sind diese unglaublich großen, dicken Schneeflocken gefallen. Sektflaschen sind herumgewandert, ständig hat man eine vor die Nase gehalten bekommen, daran genippt, sie weitergereicht. Irgendwann hat alles in und unter mir ein wenig geschwankt und sich angenehm und

1 der Rodel: Schlitten

1 Besprecht, was ihr mit Silvester und Neujahr verbindet.

2 Die Kurzgeschichte lässt offen, ob es sich um eine Erzählerin oder einen Erzähler handelt. Besprecht, welche Vorstellung ihr beim Lesen hattet.

3 Die Bild-Text-Collage (S. 87) enthält zentrale Elemente der Kurzgeschichte.
- **a)** Erläutert mithilfe der Collage, wie die Hauptfigur ihre Situation zunächst empfindet und wie sich diese Empfindung ändert.
- **b)** Tauscht euch aus, welche Elemente ihr in der Collage ersetzen oder hinzufügen würdet.

Das lernt ihr jetzt!

- 5.1 eine erweiterte Inhaltsangabe zu einem literarischen Text schreiben
- 5.2 erzählende Texte untersuchen
- 5.3 erzählende Texte interpretieren
- 5.4 mit erzählenden Texten produktiv umgehen
- 5.5 eine Novelle untersuchen

wohlig warm angefühlt. Der Himmel voll mit bunten Feuerwerkslichtern und aus irgendeinem Autoradio der Donauwalzer[2], laut und verzerrt.

Auf einem alten, zerschlissenen Schlitten sind wir ins neue Jahr gesaust, den Hügel hinunter, haben die Arme in die Luft geworfen und uns gegenseitig „Prosit Neujahr!" in die Ohren gekreischt. Und neben mir hat jemand gesagt, oder eigentlich eher gelallt: „Jetzt wird alles anders, du wirst schon sehen. Neu und viel, viel schöner."

Ich stelle das benutzte Geschirr in die Spüle, ziehe Jacke und Schuhe an und nehme meinen Rucksack. Lasse die Tür hinter mir ins Schloss fallen und laufe die Stiegen[3] nach unten.

Draußen fährt gerade die Straßenbahn in die Haltestelle ein. Alles wie gehabt, denke ich und sprinte los. Wie jeden Morgen. Werfe mich im letzten Moment zwischen die automatischen Schiebetüren.

Hinter mir schlüpft noch jemand durch die Tür. Ich drehe mich um, unsere Blicke treffen sich und bleiben aneinander hängen. Dann merke ich plötzlich, dass wir beide lächeln, und weiß nicht, wer damit begonnen hat. „Kennen wir uns?", fragt das andere Lächeln und ich schüttle den Kopf, ohne wegzuschauen. Die Straßenbahn setzt sich ruckelnd in Bewegung und draußen ist es endlich hell.

2 der Donauwalzer: bekannter Walzer von Johann Strauss (1825–1899), wird in Österreich oft in der Silvesternacht gehört
3 die Stiege: Treppenstufe

4 Die Hauptfigur beschreibt an einigen Stellen die Umgebung. Sucht Beispiele heraus und untersucht, wie diese Beschreibungen mit der Stimmung der Hauptfigur zusammenhängen.

5 **a)** Erklärt die Bedeutung des Titels der Kurzgeschichte.
b) Besprecht, ob ihr den Titel passend findet. Formuliert andere treffende Titel.

5.1 Standhalten · Eine erweiterte Inhaltsangabe zu einem literarischen Text schreiben

Eine Inhaltsangabe planen

Fabrizio Silei, Maurizio A. C. Quarello: Der Bus von Rosa Parks
(2011, Ausschnitt aus einer Graphic Novel)

Der Textausschnitt spielt in den 1950er-Jahren in den USA. Zu dieser Zeit war die Diskriminierung stark ausgeprägt, was sich auch in der Verwendung rassistischer Begriffe im Text (z. B. Z. 15) zeigt. Ein Großvater erzählt seinem Enkel rückblickend ein Erlebnis mit der ihm bis dahin unbekannten Rosa Parks.

Es war der 1. Dezember 1955, und wie jeden Abend nahm ich den Bus [...], um nach Hause zu fahren. Die vorderen Sitzplätze waren für die Weißen reserviert, auf die anderen konnten auch wir uns setzen, vorausgesetzt, dass kein Weißer stehen musste.
An diesem Abend war es kalt, und ich war müde. Als ich einstieg, waren zum Glück noch Plätze frei, und so konnte ich mich hinsetzen.

Ein paar Haltestellen weiter stieg auch sie ein: Rosa.

Sie war zweiundvierzig Jahre alt, trug eine Brille und strahlte Würde aus. Sie war eine der vielen Farbigen, die jetzt von der Arbeit heimkehrten; sie arbeitete als Schneiderin in einem Kaufhaus. Sie setzte sich neben mich. Ein paar andere Schwarze mussten stehen, aber die Weißen hatten alle einen Sitzplatz. An der nächsten Haltestelle stiegen vier Personen ein, deren Haut weiß wie Mehl war. Sofort schrie uns der Busfahrer an, wir sollten aufstehen und unsere Plätze für die Weißen freimachen. Ich gehorchte, und so wie ich gehorchten auch zwei andere schwarze Frauen. Jetzt fehlte noch ein Sitzplatz, aber Rosa rührte sich nicht.
Der Busfahrer bemerkte das und brüllte noch einmal nach hinten: „Alle Neger müssen aufstehen und ihre Plätze für die Weißen freimachen.
Du da, steh auf, und gib dem Herrn deinen Platz!“
In diesem Augenblick geschah etwas Unglaubliches, etwas vollkommen Außergewöhnliches, das alles verändern sollte.
Von diesem Tage an war nichts mehr wie zuvor:

Rosa blieb regungslos auf ihrem Platz sitzen.

Der Fahrer lenkte den Bus an den Straßenrand und brachte ihn zum Stehen. Fluchend erhob er sich von seinem Platz und ging auf Rosa zu. „Was ist? Bist du nicht nur schwarz, sondern auch noch taub? Siehst du nicht, dass dort ein Herr steht?“
Besorgt betrachtete ich diese Frau, die ich nicht kannte: „Madam, Sie müssten aufstehen, sonst bekommen Sie Schwierigkeiten.“
Sie blickte mir tief in die Augen und sah meine Angst.
Ich verstummte, und auch sie sagte nichts.
Unter dem Blick dieser zarten und entschlossenen Frau fühlte ich mich auf einmal ganz klein.
[...]
Kein Wort. Nur dieser mitleidvolle Blick. Der Busfahrer in seiner Uniform, gut rasiert, zwei Schweißflecken unter den Achseln, baute sich in voller Größe vor ihr auf.

„Steh auf! Mach deinen Platz für den Herrn frei!", befahl er.

„Nein!",

sagte die Frau ruhig und sah ihm direkt in die Augen.

„Ich habe gesagt, du sollst aufstehen und deinen Platz für den Herrn freimachen, Negerin!"

Rosa zuckte mit keinem Muskel. Sie blickte ihm direkt in die Augen, so wie sie zuvor mich angesehen hatte, und wiederholte entschlossen: „Nein!"

Der Mann war außer sich vor Wut und stieg gestikulierend und schreiend aus dem Bus: „Ach! So ist das also? Na warte, dir werd ich's zeigen! Ich werd dir die Flausen schon austreiben lassen!"

Rosa Parks (1913–2005); Bürgerrechtlerin, die gegen die Diskriminierung in den USA kämpfte

Obwohl es Dezember war, wurde uns warm im Bus, unerträglich warm. Einige Weiße schüttelten den Kopf.

„Wo soll das hinführen?", fragte eine Frau und sah uns verächtlich an.

Ein älterer farbiger Herr, der neben mir stand, trat auf Rosa zu.

„Madam! Noch ist es Zeit, stehen Sie auf!", bat er sie fast flehentlich.

Sie sah ihn wortlos an, lächelte und schüttelte den Kopf.

Dann kam der Busfahrer mit zwei Polizisten zurück; sie packten Rosa an den Armen und zogen sie gewaltsam vom Sitz hoch. Sie wehrte sich nicht und ließ sich zum Polizeiauto tragen, wie eine Königin auf ihrer Sänfte. Sie legten ihr Handschellen an, wie einer Verbrecherin – und ich tat

nichts, gar nichts.

Einige Tage später sagten sie mir auf der Arbeit, dass ich nicht mehr mit dem Bus nach Hause fahren sollte. [...]

„Sie haben eine von unseren Frauen festgenommen, in einem Bus, weil sie ihren Platz nicht für einen Weißen freimache wollte. Deswegen fahren wir aus Protest alle nicht mehr Bus. Verstehst du?"

○ **1** Erklärt, warum Rosa Parks verhaftet wird.

◒ **2** Diskutiert das Verhalten von Rosa Parks, dem Busfahrer und der älteren schwarzen Person. Begründet eure Meinung.

◒ **3** Untersucht die Sätze und Wörter, die in dem Textausschnitt (S. 88 f.) besonders hervorgehoben sind. Besprecht mögliche Gründe.

4 Plant mithilfe der folgenden Tabelle den Hauptteil einer Inhaltsangabe. Gliedert dazu den Text (S. 88 f.) in Handlungsschritte und fasst diese zusammen. Notiert wichtige Gedanken und Gefühle der Hauptfiguren.

wichtige Handlungsschritte	wichtige Gedanken und Gefühle
– *Dezember 1955, der Ich-Erzähler fährt mit einem Bus von der Arbeit nach Hause*	– *der Ich-Erzähler ist müde*
– *er setzt sich auf einen Platz für schwarze Personen*	– *er ist froh, sitzen zu können*
– *weiße Personen steigen hinzu und der Busfahrer …*	– *…*

S. 269 **5** **a)** Erschließt das Thema des Textes. Ordnet dazu den folgenden Fragen **1** – **4** die passenden Antworten **A** – **D** zu.
b) Formuliert auf Grundlage von Aufgabe 5a schriftlich das Thema des Textes.

1 In welcher schwierigen Lage befindet sich die Hauptfigur?
2 Was sind die Ursachen für die schwierige Lage?
3 Wie wird das Problem gelöst (positiv, negativ, neutral)?
4 Warum wird das Problem so gelöst?

A Rosa Parks wird verhaftet.
B Die Gesellschaft der 1950er-Jahre ist von Rassismus geprägt.
C Rosa Parks weigert sich, einen Sitzplatz für einen „Weißen" (Z. 16) freizumachen.
D Rosa Parks wird von einem Busfahrer beschimpft, beleidigt und bedroht.

6 **EXTRA** Informiert euch über die historische Person Rosa Parks. Besprecht, inwiefern das folgende Zitat zu ihr passt.

„Eine Sache mag noch so aussichtslos erscheinen, es kann immer eine Person geben, die eine zweite Person unbewusst inspiriert, diese wiederum vielleicht eine dritte, und schließlich verändert es die Welt – oder zumindest eine Ecke davon." (Paul Rogat Loeb[1])

1 Paul Rogat Loeb: geb. 1952, politisch und sozial engagierter US-amerikanischer Schriftsteller

Eine Inhaltsangabe schreiben und überarbeiten

1 Schreibt mithilfe der Ergebnisse von Aufgabe 5b eine Einleitung.

S. 269 **2** Wenn ihr wörtliche Rede übernehmen wollt, müsst ihr diese in indirekte Rede umwandeln (Konjunktiv oder *würde*-Form) oder das Gesagte mit eigenen Worten umschreiben. Ergänzt die folgenden Sätze.

indirekte Rede → S. 329

Besorgt betrachtete ich diese Frau, die ich nicht kannte: „Madam, Sie müssten aufstehen, sonst bekommen Sie Schwierigkeiten." (S. 88, Z. 25 f.)
Der Ich-Erzähler ist um Rosa Parks besorgt und fordert sie auf aufzustehen, da sie sonst …

Der Busfahrer brüllt: „Du sollst aufstehen und deinen Platz für den Herrn freimachen!" (S. 89, Z. 39 ff.)
Der Busfahrer brüllt, Rosa …

„Ich werd dir die Flausen schon austreiben lassen!", droht er. (S. 89, Z. 53 ff.)
Der Busfahrer droht Rosa Parks, er …

„Nein!", sagte die Frau ruhig. (S. 89, Z. 36 f.)

3 a) Verfasst anhand eurer Tabelle (S. 90, Aufgabe 4) den Hauptteil der Inhaltsangabe. Achtet auf passende Satzverknüpfungen.
b) Überarbeitet eure Inhaltsangabe. Nutzt dazu die Checkliste auf Seite 314.

4 Bei erweiterten Inhaltsangaben werden Aufgaben zur Textdeutung gestellt. Aufgabe 3 auf Seite 89 könnte eine solche sein. Formuliert in einem zusammenhängenden Text eure Ergebnisse zu dieser Aufgabe.

MK **5** **EXTRA** Recherchiert den Begriff „Alltagsrassismus" und nennt aktuelle Beispiele.

Inhaltsangabe S. 314 **KOMPETENZBOX**

Eine erweiterte Inhaltsangabe zu einem literarischen Text schreiben

Die Inhaltsangabe ist ein informierender Text. Sie hat die Aufgabe, das Thema des Textes zu benennen und knapp über dessen Inhalt zu informieren.

1. Planen
Erschließt den Text, indem ihr euch Stichpunkte zu folgenden Aspekten macht:
- W-Fragen zu Ort, Zeit und Figuren
- Text in Handlungsschritte gliedern und diese zusammenfassen (äußere Handlung)
- wichtige Gedanken und Gefühle zusammenfassen (innere Handlung)
- Thema des Textes erschließen

2. Schreiben

Inhalt und Aufbau
Einleitung:
Titel, Name der **A**utorin/des Autors, Angabe der **T**extsorte, **T**hema (**TATT**) und Erscheinungs- oder Veröffentlichungsjahr
Hauptteil:
- wichtige Handlungsschritte und wichtige innere Handlung darstellen
- auf die richtige Reihenfolge achten

Die Inhaltsangabe endet meist mit dem Hauptteil. Sie kann je nach Aufgabenstellung auch einen Schlussteil enthalten, in dem man z. B. das Thema vertieft.

Sprachliche Gestaltung
- Tempusform: Präsens, bei Vorzeitigkeit: Perfekt
- sachlich und knapp schreiben
- Wörter und Sätze durch Konjunktionen (*weil, da, nachdem, sodass*) und Adverbien (*deshalb, dennoch, dabei*) verknüpfen, um Zusammenhänge zu verdeutlichen
- die wörtliche Rede als indirekte Rede formulieren (Konjunktiv oder *würde*-Form) oder mit eigenen Worten zusammenfassen

3. Überarbeiten
- Arbeitstechniken verwenden: *Checkliste* (S. 314), *Textlupe* (S. 343), *Schreibkonferenz* (S. 342)
- Rechtschreibung, Satzbau und Satzzeichen überprüfen

Die erweiterte Inhaltsangabe
Eine Inhaltsangabe kann durch eine Aufgabe zur Textdeutung erweitert werden. Diese kann sich z. B. auf die Figurengestaltung, die Erzählweise, besondere sprachliche Mittel oder Textsortenmerkmale beziehen. Die Untersuchungsergebnisse müssen mit Zitaten (Arbeitstechnik S. 100) belegt werden.

5.2 Glücksmomente · Erzählende Texte untersuchen

○ **1** Tauscht euch darüber aus, was ihr mit Cowboys verbindet.

Hörverstehen b6vr7h

Sibylle Berg: Und in Arizona[1] geht die Sonne auf (2000)

Es ist zu früh zu hell, das Hemd scheuert an seinem Hals, die Krawatte würgt ihn. Er möchte sich kratzen, kratzen, kratzen, bis der Abend kommt. Der ist noch weit, und er sitzt am Tisch. Er schubbert[2] ein wenig sein Bein am Stuhl. Dass es nicht auffallen möge, sie ihn wieder ansehen, mit diesem Blick, der sagt: Was macht der Hund bei Tisch?

Seine Tochter redet über Kleider, seine Frau redet über Kleider, er kennt diese Personen nicht. Sie sehen ihn nicht. Er versteht nichts von wichtigen Dingen. Von Musik, Büchern, Blumen und von Kleidern, gar nichts. Sie geben ihm das Gefühl, etwas Störendes zu sein, zu laut, zu derb, nicht schön.

Er stört. Überall. Wenn er auf dem Sofa lümmelt und Bier trinken möchte, Sport schauen, stundenlang, ist er im Weg. Seine Bierflasche hinterlässt Ringe auf den Kunstbüchern, die auf dem Beistelltisch liegen. Seine Füße verschieben den Teppich, seine Chips krümeln, sein Atem macht schlechten Dunst. Scheißleben! Geduldet nimmt er sein Frühstück ein, es mag nicht recht rutschen in der trockenen Kehle. Was fühlst du, was denkst du, warum bist du so grob, warum fühlst du nichts, denkst du nichts? Nie genügt er. Nie mag seine Frau ihm glauben, dass er gar nichts denkt, nichts fühlt. Dass er glücklich ist, Sport zu schauen, zur Decke zu starren, in einer Kneipe zu hocken und mit anderen Männern zu schweigen. Endlich ist das Frühstück zu Ende, ein flüchtiger Kuss, Vater geht in die Welt, vielleicht kommt er nie zurück.

Er geht zu seinem Auto. Er steigt ein, nimmt Platz, das Auto begrüßt ihn: Hey, umziehen! Und endlich trägt er auch außen die Kleidung, die er innerlich immer anhat: speckige Jeans, Stiefel, Lederweste, Cowboyhut.

Die Sporen an den Stiefeln scheppern, er tritt das Gaspedal. Die Maschine arbeitet, sie gehorcht ihm. Sie bettelt um Beherrschung, will sich unterwerfen. Er steuert, er lenkt. Die starke Maschine, so viele Pferde, sie tragen ihn über die Prärie[3], den Ozean, ist doch egal. Endlich ist er wer.

Cowboy kommt aus dem Englischen und bedeutet wörtlich „Kuhjunge".

Ein einsamer Mann, der mit muskulösen Armen die Zügel hält. Seine Pferde reiten, schneller, besser als alle anderen. Keine greinenden[4] Weiber, er und die Maschine, und in Arizona geht die Sonne auf. Freiheit, die ich meine, summt er und raucht in Gedanken eine fette Zigarre. Hier ist seine wahre Heimat. Vergessen mit jedem Kilometer die Weiber, die Kunstbücher, die Ringe vom Bierglas, das ist sein Wagen und wenn er da Bier reinstellt, ist es seine Sache. Da hat ihm keiner dreinzureden.

Yeah, sagt er leise, schießt den Gang rein, das Auto stöhnt dankbar. Die anderen Männer auf den schwächeren Pferden – abgehängt. Der letzte Kampf, den einer noch schlagen darf in einer Welt voller Schwuchteln[5] und Frauen, die zetern und greinen: den Wagen mit ruhiger Hand zu Höchstleistungen treiben, vorantreiben, alle abhängen, besiegen, zeigen, wo der Hammer hängt.

1 Arizona: Bundesstaat im Südwesten der USA 2 schubbern: reiben 3 die Prärie: Grassteppe in Nordamerika 4 greinend: weinerlich klagend 5 die Schwuchtel: diskriminierender Begriff für einen Homosexuellen

Unter seiner Hand wird das Auto ein Boot, ein Panzer, ein Formel-1-Geschoss – egal was, Hauptsache, Metall, Holz, Kolben, die Öl fressen und arbeiten wie ein Glied, wie ein Mann, verdammt, es ist so wenig, was er braucht. Den Hut, das Pferd und seine Ruhe. Warum gibt es das nur hier? Weil die Welt falsch geworden ist, weil keiner Respekt hat vor der Arbeit eines Mannes, weil sie ihn auslachen zu Hause, wenn er sich mit Kunstbüchern nicht auskennt.

Und er rast über die Stadtautobahn. Vor ihm die Sioux[6], hinter ihm Apachen[6]. Ein größeres Auto wäre toll. Größeres Auto, größere Freiheit, größere Geschwindigkeit und Macht und weit weg damit und nie zurück. Nie zurück zu einer Familie, die ihn nicht versteht, zu Dingen, die ihn nichts angehen. Manchmal, wenn er sich selbst nicht sieht, möchte er weinen, so kotzt es ihn an, das Leben, das ihm einer heimlich in die Tasche gesteckt hat und das er verdammt nicht will. Er kennt den Typ nicht, der im Anzug mit seiner Frau ins Theater geht. Seiner Frau, die mal so blond war, ihn bewundert hat. Lacht ihn aus inzwischen. War auch gar nicht blond. Gefärbt, betrogen, ausgelacht. Verdammt will er sein, ein anderes Leben haben, eines, das er sich als Junge immer vorgestellt hat. Er war ein Held gewesen in seinen Träumen. Und ist nun einer, der gelbe Haut hat und gelbe Finger vom Rauchen, vom Traurigsein.

Das Auto umschließt ihn, ist ein Himmel für ihn allein, gibt ihm Halt in einer gottverdammten Welt, die aus den Fugen geraten ist. Rasen und kuppeln, das Chrom, das Leder, und dann beginnt er zu fliegen. Über die Straße, die anderen Wagen klein, die Straßen, die Luft unter dem Auspuff, fliegen, eine Runde drehen, da ist sein Haus, winzig klein, darin zwei Frauen, die er nicht versteht, in einem Leben, das er nicht verdient, in einer Welt, die nicht mehr gemacht ist für einen wie ihn. Er dreht ab, schräg über den Berg über die Prärie, da steht die Sonne und er lächelt. Zum ersten Mal an diesem Morgen.

6 der Sioux, der Apache: Angehörige von indigenen Völkern im Norden bzw. Südwesten der USA

2 „Er war ein Held gewesen in seinen Träumen. Und ist nun einer, der gelbe Haut hat und gelbe Finger vom Rauchen, vom Traurigsein." (Z. 82 ff.)
Erläutert, was die Hauptfigur so traurig macht.

3 Untersucht, welche Bedeutung *Cowboy*, *Prärie* und *Arizona* in dem Text (S. 92 f.) haben. Sucht Textpassagen heraus, in denen sich diese Begriffe finden, und klärt, wofür sie stehen.

S. 269 MK

4 Fertigt zu der Kurzgeschichte eine Bild-Text-Collage ähnlich wie auf S. 87 an. Ihr könnt sie auch digital gestalten, z. B. mit *Sketchnotes*. Die Bild-Text-Collage soll
- wichtige Inhalte der Kurzgeschichte enthalten,
- die wirkliche Welt der Hauptfigur und ihre Traumwelt verdeutlichen.

5 Diskutiert, inwiefern der Mann und die Frauen in der Kurzgeschichte klischeehaft dargestellt sind.

Erzählweise → S. 312

6 Benennt die Erzählform (Ich-Form, Er-/Sie-Form) und prüft, ob die Innensicht oder die Außensicht vorherrscht. Begründet mit Textstellen.

S. 269
Kurzgeschichte → S. 312

7 **a)** Überprüft, ob die Kurzgeschichte die folgenden typischen Merkmale aufweist:
- Im Mittelpunkt steht eine außergewöhnliche Situation oder besondere Begebenheit.
- Es kommen nur wenige Figuren vor, die knapp durch einige wichtige Merkmale charakterisiert werden.

b) Welche weiteren Merkmale von Kurzgeschichten kennt ihr? Prüft, ob sie auf diese Kurzgeschichte zutreffen.

Erich Kästner: Das Märchen vom Glück (1947)

Siebzig war er gut und gern, der alte Mann, der mir in der verräucherten Kneipe gegenübersaß. Sein Schopf sah aus, als habe es darauf geschneit, und die Augen blitzten wie eine blank gefegte Eisbahn. „O, sind die Menschen dumm", sagte er und schüttelte den Kopf, dass ich dachte, gleich müssten Schneeflocken aus seinem Haar aufwirbeln. „Das Glück ist ja schließlich keine Dauerwurst, von der man sich täglich seine Scheibe herunterschneiden kann!"

„Stimmt", meinte ich, „das Glück hat ganz und gar nichts Geräuchertes an sich. Obwohl ..." „Obwohl?" „Obwohl gerade Sie aussehen, als hinge bei Ihnen zu Hause der Schinken des Glücks im Rauchfang." „Ich bin eine Ausnahme", sagte er und trank einen Schluck. „Ich bin die Ausnahme. Ich bin nämlich der Mann, der einen Wunsch frei hat."

Er blickte mir prüfend ins Gesicht, und dann erzählte er seine Geschichte. „Das ist lange her", begann er und stützte den Kopf in beide Hände, „sehr lange. Vierzig Jahre. Ich war noch jung und litt am Leben wie an einer geschwollenen Backe. Da setzte sich, als ich eines Mittags verbittert auf einer grünen Parkbank hockte, ein alter Mann neben mich und sagte beiläufig: ‚Also gut. Wir haben es uns überlegt. Du hast drei Wünsche frei.' Ich starrte in meine Zeitung und tat, als hätte ich nichts gehört. ‚Wünsch dir, was du willst', fuhr er fort, ‚die schönste Frau oder das meiste Geld oder den größten Schnurrbart – das ist deine Sache. Aber werde endlich glücklich! Deine Unzufriedenheit geht uns auf die Nerven.' Er sah aus wie der Weihnachtsmann in Zivil[1]. Weißer Vollbart, rote Apfelbäckchen, Augenbrauen wie aus Christbaumwatte. Gar nichts Verrücktes. Vielleicht ein bisschen zu gutmütig. Nachdem ich ihn eingehend betrachtet hatte, starrte ich wieder in meine Zeitung. ‚Obwohl es uns nichts angeht, was du mit deinen drei Wünschen machst', sagte er, ‚wäre es natürlich kein Fehler, wenn du dir die Angelegenheit vorher genau überlegtest. Denn drei Wünsche sind nicht vier Wünsche oder fünf, sondern drei. Und wenn du hinterher noch immer neidisch und unglücklich wärst, könnten wir dir und uns nicht mehr helfen.' Ich weiß nicht, ob Sie sich in meine Lage versetzen können. Ich saß auf einer Bank und haderte[2] mit Gott und der Welt. In der Ferne klingelten die Straßenbahnen. Die Wachtparade zog irgendwo mit Pauken und Trompeten zum Schloss. Und neben mir saß nun dieser alte Quatschkopf!"

„Sie wurden wütend?"

„Ich wurde wütend. Mir war zumute wie einem Kessel kurz vorm Zerplatzen. Und als er sein weißwattiertes Großvatermündchen von neuem aufmachen wollte, stieß ich zornzitternd hervor: ‚Damit Sie alter Esel mich nicht länger duzen, nehme ich mir die Freiheit, meinen ersten und innigsten Wunsch auszusprechen – scheren Sie sich zum Teufel!' Das war nicht fein und höflich, aber ich konnte einfach nicht anders. Es hätte mich sonst zerrissen."

„Und?" „Was ‚Und'?" „War er weg?"

„Ach so! – Natürlich war er weg! Wie fortgeweht. In der gleichen Sekunde. In Nichts aufgelöst. Ich guckte sogar unter die Bank. Aber dort war er auch nicht. Mir wurde ganz übel vor lauter Schreck. Die Sache mit den Wünschen schien zu stimmen! Und der erste Wunsch hatte sich bereits erfüllt! Du meine Güte! Und wenn

1 in Zivil: nicht in dienstlicher, militärischer Kleidung, hier: ohne Weihnachtsmannkostüm 2 hadern: unzufrieden sein und sich beklagen

er sich erfüllt hatte, dann war der gute, liebe, brave Großpapa, wer er nun auch sein mochte, nicht nur weg, nicht nur von meiner Bank verschwunden, nein, dann war er beim Teufel! Dann war er in der Hölle! ‚Sei nicht albern', sagte ich zu mir selber. ‚Die Hölle gibt es ja gar nicht, und den Teufel auch nicht.' Aber die drei Wünsche, gab's denn die? Und trotzdem war der alte Mann, kaum hatte ich's gewünscht, verschwunden … Mir wurde heiß und kalt. Mir schlotterten die Knie. Was sollte ich machen? Der alte Mann musste wieder her, ob's nun eine Hölle gab oder nicht. Das war ich ihm schuldig. Ich musste meinen zweiten Wunsch dransetzen, den zweiten von dreien, o ich Ochse! Oder sollte ich ihn lassen, wo er war? Mit seinen hübschen, roten Apfelbäckchen? ‚Bratapfelbäckchen', dachte ich schaudernd. Mir blieb keine Wahl. Ich schloss die Augen und flüsterte ängstlich: ‚Ich wünsche mir, dass der alte Mann wieder neben mir sitzt!' Wissen Sie, ich habe mir jahrelang, bis in den Traum hinein, die bittersten Vorwürfe gemacht, dass ich den zweiten Wunsch auf diese Weise verschleudert habe, doch ich sah damals keinen Ausweg. Es gab ja auch keinen …"

„Und?"

„Was ‚Und'?"

„War er wieder da?"

„Ach so! – Natürlich war er wieder da! In der nämlichen Sekunde[3]. Er saß wieder neben mir, als wäre er nie fortgewünscht gewesen. Das heißt, man sah's ihm schon an, dass er …, dass er irgendwo gewesen war, wo es verteufelt, ich meine, wo es sehr heiß sein musste. O ja. Die buschigen weißen Augenbrauen waren ein bisschen verbrannt. Und der schöne Vollbart hatte auch etwas gelitten. Besonders an den Rändern. Außerdem roch's wie nach versengter[4] Gans. Er blickte mich vorwurfsvoll an. Dann zog er ein Bartbürstchen aus der Brusttasche, putzte sich Bart und Brauen und sagte gekränkt: ‚Hören Sie, junger Mann – fein war das nicht von Ihnen!' Ich stotterte eine Entschuldigung. Wie leid es mir täte. Ich hätte doch nicht an die drei Wünsche geglaubt. Und außerdem hätte ich immerhin versucht, den Schaden wieder gutzumachen. ‚Das ist richtig', meinte er. ‚Es wurde aber auch die höchste Zeit.' Dann lächelte er. Er lächelte so freundlich, dass mir fast die Tränen kamen. ‚Nun haben Sie nur noch einen Wunsch frei', sagte er, ‚den dritten. Mit ihm gehen Sie hoffentlich ein bisschen vorsichtiger um. Versprechen Sie mir das?' Ich nickte und schluckte. ‚Ja', antwortete ich dann, ‚aber nur, wenn Sie mich wieder duzen.' Da musste er lachen. ‚Gut, mein Junge', sagte er und gab mir die Hand. ‚Leb wohl. Sei nicht allzu unglücklich. Und gib auf deinen letzten Wunsch acht.' – ‚Ich verspreche es Ihnen', erwiderte ich feierlich. Doch er war schon weg. Wie fortgeblasen."

„Und?"

„Was ‚Und'?"

„Seitdem sind Sie glücklich?"

„Ach so. – Glücklich?" Mein Nachbar stand auf, nahm Hut und Mantel vom Garderobehaken, sah mich mit seinen blitzblanken Augen an und sagte: „Den letzten Wunsch hab ich vierzig Jahre lang nicht angerührt. Manchmal war ich nahe dran. Aber nein. Wünsche sind nur gut, solange man sie noch vor sich hat. Leben Sie wohl."

Ich sah vom Fenster aus, wie er über die Straße ging. Die Schneeflocken umtanzten ihn. Und er hatte ganz vergessen, mir zu sagen, ob wenigstens er glücklich sei. Oder hatte er mir absichtlich nicht geantwortet? Das ist natürlich auch möglich.

---

3 in der nämlichen Sekunde: in eben dieser Sekunde **4** versengt: an der Oberfläche leicht angebrannt

○ **8** Was würdet ihr euch wünschen, wenn ihr drei Wünsche frei hättet?

Binnenhandlung → S. 311

◒ **9 a)** Der Text beinhaltet eine Geschichte in der Geschichte. Erklärt mithilfe der Zeichnung, wie diese Aussage gemeint ist.

b) Gebt den Inhalt der Binnenhandlung mit eigenen Worten wieder.

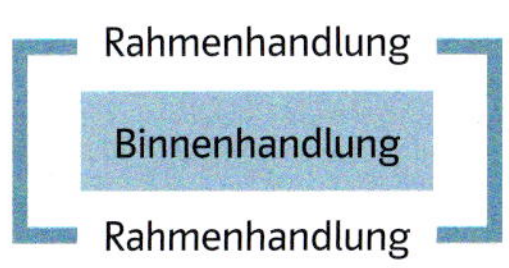

◒ **10** Bestimmt die Erzählform und die Erzählperspektive der Binnenhandlung.

S. 269 ◒ ← ● **11** Innerhalb der Binnenhandlung durchlebt der Mann mit den drei Wünschen ganz unterschiedliche Gefühle. Skizziert mehrere Comicbilder mit Gedankenblasen. Ihr könnt den Comic auch digital, z. B. mit *Comic Life*, gestalten.

MK

12 Der Text wirkt an manchen Stellen komisch.

a) Untersucht, wie in der folgenden Textpassage Komik erzeugt wird.
„Ich musste meinen zweiten Wunsch dransetzen, den zweiten von dreien, o ich Ochse! Oder sollte ich ihn lassen, wo er war? Mit seinen hübschen, roten Apfelbäckchen? ‚Bratapfelbäckchen', dachte ich schaudernd." (S. 95, Z. 76–80)

b) Sucht eine weitere komische Textpassage heraus und probt verschiedene Sprechweisen, um die Komik darzustellen. Tragt die Textstellen in der passenden Sprechweise vor.

13 Diskutiert über folgende Aussagen zum Titel des Textes „Das Märchen vom Glück" und erläutert, wie ihr ihn versteht.

A Der Titel weist darauf hin, dass ein Märchen erzählt wird, denn im wahren Leben hat schließlich keiner drei Wünsche frei.

B Den Titel kann man so verstehen, dass es keinen Sinn macht, dem Glück hinterherzujagen. Stattdessen sollte man Zufriedenheit in der Gegenwart anstreben.

Erzählende Texte S. 310–313 **KOMPETENZBOX**

Erzählende Texte untersuchen

Ein erzählender Text kann zum Beispiel eine Kurzgeschichte, eine Erzählung oder ein Roman sein. Bei der Untersuchung eines erzählenden Textes ist es wichtig, den Zusammenhang zwischen **Inhalt**, **Form** und **Sprache** herzustellen.

Inhalt und Figuren
- äußere und innere Handlung
- Konflikt oder Problem
- Figurengestaltung und Figurenbeziehungen
- Handlungsort und Handlungszeit

Form und Sprache
- **Aufbau:** ein Handlungsstrang oder mehrere Handlungsstränge, Rahmenhandlung und Binnenhandlung, Rückblick, Vorgriff
- **Erzählweise:** Erzählform (Ich-Form, Er-/Sie-Form), Erzählperspektive (Innen- oder Außensicht), Erzählverhalten (personal, auktorial, neutral)
- besondere sprachliche Mittel, Wortwahl

Folgende Fragen helfen euch bei der **Deutung**:
- Was ist das Thema des Textes?
- Wie lassen sich zentrale Konflikte und ihre Entwicklung deuten?
- Wie lässt sich die Gestaltung der zentralen Figuren und ihrer Beziehungen deuten?
- Haben die Handlungszeit und der Handlungsort Einfluss auf die Figuren und die Konflikte?
- Welche Wirkung haben die sprachlichen Mittel und die Erzählweise?

5.3 Auf der Suche · Erzählende Texte interpretieren

Eine Interpretation planen

Hörverstehen
b6vr7h

Lutz Rathenow: Die Flaschenpost (1995)

Tag für Tag, Jahr für Jahr fuhr Paul jede freie Minute ans Meer. Um eine Flaschenpost zu finden.

Seit seiner Kindheit träumte er davon. Ja, schon als Baby soll er unruhig an der Flasche geschüttelt haben. Bei jeder Mahlzeit hielt er sie vor seine Augen, ob sich nicht eine Nachricht in ihr verberge.

Als Schulkind leerte er erwartungsvoll Brauseflaschen. Bis auf einen Hosenträgerknopf und zwei versehentlich abgefüllte Etiketten fand er nichts.

Und Paul wuchs und wuchs und wurde erwachsen: Ein ansehnlicher, anständiger junger Mann. Nur die neugierig unruhigen Augen befremdeten einige. Es hielt ihn nicht in der straßenüberwucherten Stadt. Dass er in jeder freien Minute zum Strand fuhr, schien den Nachbarn wiederum nicht außergewöhnlich zu sein.

Paul wanderte das Ufer ab, ohne versteinerte Seeigel, Donnerkeile[1], Bernstein oder Hühnergötter[2] zu suchen.

Weder eine neue Surfausrüstung noch verrückte Kleidung führte er vor. Die Bräune der Haut interessierte ihn so wenig wie die Temperatur des Wassers. Er döste nicht ruhesüchtig im Sand, vollführte kein Krafttraining, spielte nicht mal Volleyball.

Aber er ging oft baden. Das beruhigte jene Leute, die ihn beobachteten.

Paul schwamm mit sicheren Zügen weit hinaus. Bei jedem Wetter. Das fanden die Beobachter allerdings seltsam. Und er stutzte seinen Vollbart nicht. Wild umwehte der sein Gesicht. Die Augen funkelten im zerzausten Haar.

Wie Kinderaugen wirkten sie. Das bemerkten nur die Kinder, schüchtern und neugierig suchten sie seine Nähe. Und noch eine seltsame Sache: Bei Sturm war Paul oft unterwegs. „Sturmpaule“ nannten ihn bald die Einheimischen. Er spürte nahendes Unwetter. Seine Haut zog sich dann zusammen.

Die Fischer fragten Paul jeden Tag, ob ein Sturm zu erwarten sei. Sie achteten ihn und richteten sich nach den Vorhersagen. Er aß in der Fischerklause an ihrem Tisch und sprach wenig.

Einmal aber gestand er seine vergebliche Suche, beichtete von seiner Sehnsucht nach einem Geheimnis, das er lüften und ergründen wollte. „Ich warte noch immer auf jenen Tag, der mein Leben ändern wird“, murmelte Paul.

Die Fischer nickten. Da sagte der vorlaute Karl: „Eine Flaschenpost mit dem Plan einer Schatzinsel. Davon hab' ick schon als Kind geträumt. Ein Jahr lang jede Nacht. Ehrlich, deshalb bin ick aus Berlin hierhergezogen!“

Friedhelm ergänzte mit fast flüsternder Stimme: „Ja, ja, ich weiß auch nicht, warum, aber ich sehe jedesmal nach. Ist ein Fang im Hafen, stöbere ich in allen Kisten herum. Durchschnüffle die Planken, könnte ja eine Nachricht reingeraten sein.“

Mit einem Faustschlag auf das Tischholz meldete sich der alte Bertram: „Mein Großvater hatte noch Flaschenpostkontakt mit einem Seeungeheuer. Lacht nur, irgendwas war da dran. Der zeigte uns Briefe mit ganz seltsamen Zeichen. Klar, Ungeheuer gibt es nicht, aber irgendwas war da dran. Die Farben schillerten ganz komisch. Und am Tage seines Todes verschwanden alle Zettel.“

Nun ging es hoch her. Alle redeten durcheinander. Jeder hatte schon auf ein Geheimnis gewartet, das die Wellen unerwartet vor seine Füße schwemmten. Am heftigsten wohl jene, die nur ihre Köpfe senkten und auf die tischtuchlose Holzplatte starrten.

Schämte sich da wer, die Suche aufgegeben zu haben? Weil man damit kein Geld verdiente?

Zu vorgerückter Stunde flüsterte der Wirt vom *Schrecklichen Anker*: „Wisst ihr, dass ich einmal eine gefunden habe? Ja, ja, eine Flasche. Brauchst du gar nicht den Kopf zu schütteln, Karl. Früher, als ich noch Fischer war. Ja, mit einem Zettel darin. Der stammte von meinem Sohn. Er bat den Meeresgott, mich zu verzaubern. Ich sollte nicht mehr zur See fahren können, sondern zu Hause bleiben und mit den Kindern spielen. Von dem Tag an fuhr ich nicht mehr raus. Zwei Monate später übernahm ich den ‚Anker‘ als Wirt.“

1 der Donnerkeil: versteinertes Skelettteil von tintenfischartigen Kopffüßlern aus der Uhrzeit 2 der Hühnergott: Stein mit einem natürlich entstandenen Loch

In der Kneipe erzählten sich die Seeleute weiter Geschichten über riesige, winzige, verwunschene, explosive und ganz normale Flaschenposten. Später bewegten die Männer mehr die Arme als den Mund und zeichneten seltsame Gebilde in die Luft.

Währenddessen erhob sich Paul und ging zum Strand. An Flaschen war wie immer kein Mangel: Bierpullen, Milchflaschen. Eine Whisky- und eine halbe Wärmflasche. Sekt-, Brause-, Nuckelflaschen.

Doch schien diese Nacht eine besondere zu sein. Der Vollmond gab den Dingen einen vorsichtigen Glanz. Die Luft kribbelte auf der Haut.

Und da schwamm eine dickbäuchige lila Flasche mit silbern funkelnden Punkten, da schwamm sie heran. Paul stakte ihr entgegen, fischte sie aus dem knietiefen Wasser. Es klapperte leicht in ihr. Paul sah den Zettel sofort. Seine Finger zitterten, als er an Land die Versiegelung aufbrach, den Verschluss abschraubte, das unregelmäßig geformte Ding entkorkte. Er schüttelte, und das zusammengerollte Papier fiel in seine Hand.

Es war goldgrau, fasste sich samten und kostbar an.

Paul entzündete sein Feuerzeug.

Las sich das Blatt halblaut vor: „Fremder, zerreiße unverzüglich diesen Zettel, streue seine Schnipsel ins Meer! Wirf die Flasche, die ihn barg, rasch hinterher! Und betritt niemals mehr diesen Strand! Dieses Meer ist für Dich fortan verrufen! Andernorts suche Dein Glück! Es grüßt Dich der, der es weiß."

Leise las Paul den Text nochmals.

Dann vernichtete er das Blatt, warf die Flasche ins Meer, drehte sich um und verließ den Strand. Mit dem nächsten Zug fuhr er weg. Die Fischer wunderten sich noch zehn Jahre, warum Paul plötzlich geflohen war und sie nie mehr besuchte.

Paul reiste künftig in seiner freien Zeit in die Berge. Er wanderte und kletterte geschickt zu günstigen Aussichtspunkten. Er scheute keine Mühen, diese zu erreichen. Die Leute hielten ihn bald für einen in sein Hobby vernarrten Bergsteiger. Paul ließ sich auf den Gipfeln nieder und blickte in die Wolken. Welches Geheimnis möchte sich dort verbergen?

So saß er da und schaute nach oben.

Stundenlang, still, erwartungsfroh.

1 Sammelt eure ersten Eindrücke von Paul.
- Was erfährt man von Paul und seinem Leben?
- Was denken die anderen Menschen über Paul?

Erzählperspektive → S. 312

2 **a)** Bestimmt die Erzählform und die Erzählperspektive.
b) Erläutert, welche Wirkung sie auf die Darstellung der Hauptfigur haben.

3 Beschreibt den Aufbau der Kurzgeschichte. Nutzt die folgenden Stichpunkte in der richtigen Reihenfolge.

Höhe- bzw. Wendepunkt: Flaschenpost | offenes Ende: Berggipfel

Schilderung von Pauls Jugend | Wiedergabe von einem Gespräch mit den Fischern

Beschreibung von Pauls Verhalten am Strand | unvermittelter Einstieg

4 Einige Textstellen (S. 97 f.) sind farbig markiert. Klärt, welche Funktion diese Textstellen haben. Nutzt die Stichpunkte: Höhe- und Wendepunkt, Verhältnis von Geheimnis und Glück.

S. 269 **5** Untersucht die grau markierten Textstellen (S. 97 f.) genauer. Welche Vorstellungen von Geheimnis und Glück werden hier dargestellt?

S.269 ◒←● **6** Untersucht, wie der Höhe- bzw. Wendepunkt sprachlich gestaltet ist. Achtet auf
- die Darstellung von Sinneseindrücken,
- die Verwendung anschaulicher Adjektive und Verben,
- die Funktion der Appelle,
- den Satzbau und die Satzarten auf dem Zettel in der Flaschenpost.

Interpretation S.315 **KOMPETENZBOX**

Eine schriftliche Interpretation planen

- erste Eindrücke formulieren
- wichtige Schritte der äußeren und inneren Handlung zusammenfassen
- Thema formulieren
- Notizen anfertigen, Zusammenhang von Inhalt (Was wurde geschrieben?) sowie Form und Sprache (Wie wurde es geschrieben?) verdeutlichen
- auf die Aufgabenstellung achten, mögliche Untersuchungsaspekte können sein:
  - Themen, Handlungsverlauf, Konflikte, Probleme, Figurenkonstellation
  - Erzählweise: Erzählform, Erzählperspektive, Erzählverhalten
  - auffällige sprachliche Merkmale

Eine Interpretation schreiben und überarbeiten

Beispiel für eine Klassenarbeit zu Lutz Rathenow: Die Flaschenpost (S.97 f.)

1 Formuliert eine Einleitung, in der ihr das Thema der Kurzgeschichte benennt. Gebt dann den Inhalt kurz wieder.

2 Untersucht und interpretiert die Kurzgeschichte.
a) Bestimmt die Erzählform und die Erzählperspektive. Erläutert, welche Wirkung sie auf die Darstellung der Hauptfigur haben.
b) Beschreibt den Aufbau der Kurzgeschichte. Benennt dabei auch den Höhepunkt.
c) Erläutert, welche Vorstellungen von Geheimnis und Glück zum Ausdruck kommen.
d) Beschreibt, wie der Höhepunkt sprachlich gestaltet ist. Welche Wirkung wird dadurch erreicht?

◒ **1** Schreibt mithilfe des folgenden Stichpunktzettels eine Einleitung und eine kurze Inhaltsangabe (Aufgabe 1 der Klassenarbeit).

- *Einleitung: TATT, Veröffentlichungsjahr, Thema: vergebliche Suche nach Glück*
- *Paul sucht schon als Kind nach Flaschenpost*
- *geht auch als Erwachsener noch jeden Tag ans Meer*
- *wirkt auf andere oft merkwürdig*
- *gesteht eines Tages, dass er nach einem Geheimnis sucht, das sein Leben verändert*
- *Fischer berichten von geheimen Wünschen und Erfahrungen*
- *Paul findet Flaschenpost*
- *Botschaft: er solle Strand verlassen, Meer sei für ihn verflucht*
- *wandert seither und sucht sein Glück in den Bergen*

◒ **2** Zentrale Aussagen müsst ihr mit Textbelegen stützen. Prüft in den folgenden Beispielen **A** und **B**, welche Aspekte aus der Arbeitstechnik „Richtig zitieren" angewendet werden.

A Pauls Begeisterung für eine Flaschenpost wird auch durch die Übertreibung betont, er habe schon als Baby beim Flaschentrinken nach Botschaften gesucht (vgl. S. 97, Z. 3–6).	Paraphrase mit Verweis
B Die Faszination, die von der Flasche ausgeht, wird durch die Attribute „dickbäuchig[...]" und „lila[farben]" (S. 98, Z. 93) hervorgerufen. Durch eine weitere bildhafte Umschreibung, die „silbern funkelnden Punkte" (S. 98, Z. 94), wird diese Faszination unterstrichen.	integrierte Zitate mit Zeilenangabe

ARBEITSTECHNIK

Richtig zitieren

Mit Textzitaten könnt ihr eure Aussagen zu einem Text begründen und belegen.

Wörtliche Zitate stehen in Anführungszeichen. Sie werden originalgetreu, d.h. ohne Änderungen übernommen. Zitate sollten nicht zu lang und aussagekräftig sein und in den eigenen Text integriert werden.

Die Fundstelle wird in Klammern durch genaue Seiten-, Zeilen- und Versangaben nachgewiesen.	*„Tag für Tag, Jahr für Jahr fuhr Paul jede freie Minute ans Meer." (S. 97, Z. 1f.)* *Abkürzungen: S., Z., V.*
Auslassungen müssen durch eckige Klammern kenntlich gemacht werden.	*Paul habe schon „[a]ls Schulkind [...] erwartungsvoll Brauseflaschen" (S. 97, Z. 7f.) geleert.*
Grammatikalische Änderungen müssen in eckige Klammern gesetzt werden.	*Von Kindern erntet Paul „neugierig[e]" (S. 97, Z. 32) Blicke.*
Es ist auch möglich, Textpassagen zu paraphrasieren, d.h. sinngemäß wiederzugeben, und auf die Fundstelle in Klammern zu verweisen.	*Kinder finden Pauls Verhalten am Strand interessant (vgl. S. 97, Z. 31ff.).* *Abkürzung: vgl.*

S. 270 ○ ← ◒ **3** **a)** Beurteilt den folgenden Schülertext und macht Verbesserungsvorschläge.
b) Überarbeitet den Schülertext. Nutzt die Arbeitstechnik.

Ausschnitt aus einer Interpretation zu „Die Flaschenpost"

Paul sehnt sich sein ganzes Leben lang „nach einem Geheimnis" (S. 97, Z. 42f.). Dieses Geheimnis soll sein Leben ändern. Er findet dann auch ein Geheimnis, nämlich die Flaschenpost. Seine extreme Aufregung wird durch die Beschreibung körperlicher Reaktionen deutlich. Es heißt nämlich, dass „seine Finger zitterten" (S. 98, Z. 97). Die Botschaft in der Flasche ist aber bedrohlich und deshalb geht er weg (vgl. S. 98, Z. 112f.). Sein Leben hat sich also wirklich total geändert. Ich glaube aber, das Geheimnis sollte ihn glücklich machen. Am Ende weiß man nicht so genau, ob er glücklich ist, aber er ist auf jeden Fall „erwartungsfroh" (S. 98, Z. 124).

4 a) Erstellt eine Gliederung für Aufgabe 2 der Klassenarbeit (S. 99). Ordnet dazu eure Notizen. Ihr könnt sie nummerieren oder markieren.
b) Schreibt auf der Grundlage eurer Gliederung einen zusammenhängenden Text mit Textbelegen. Nehmt die Arbeitstechnik „Richtig zitieren" (S.100) zu Hilfe.

5 Überarbeitet in Partnerarbeit eure Interpretationen mithilfe der Checkliste (S. 315).

Wolfdietrich Schnurre: Beste Geschichte meines Lebens (1978)

Beste Geschichte meines Lebens. Anderthalb Maschinenseiten[1] vielleicht. Autor vergessen, in der Zeitung gelesen. Zwei Schwerkranke im selben Zimmer. Einer an der Türe liegend, einer am Fenster. Nur der am Fenster kann hinaussehen. Der andere keinen größeren Wunsch als das Fensterbett zu erhalten. Der am Fenster leidet darunter. Um den anderen zu entschädigen, erzählt er ihm täglich stundenlang, was draußen zu sehen ist, was draußen passiert. Eines Nachts bekommt er einen Erstickungsanfall. Der an der Tür könnte die Schwester rufen. Unterlässt es; denkt an das Bett. Am Morgen ist der andere tot: erstickt. Sein Fensterbett wird geräumt; der bisher an der Tür lag, erhält es. Sein Wunsch ist in Erfüllung gegangen. Gierig, erwartungsvoll wendet er das Gesicht zum Fenster. Nichts, nur eine Mauer.

1 die Maschinenseite: mit einer Schreibmaschine geschrieben

Kurzgeschichte → S.312

6 Diskutiert, ob man diesen Text als Kurzgeschichte bezeichnen kann.

7 Fasst die innere und äußere Handlung der Geschichte zusammen.

8 Formuliert eine Einleitung, in der ihr das Thema der Kurzgeschichte benennt. Gebt dann den Inhalt kurz wieder.

S.270 ○←

9 Untersucht sprachliche Auffälligkeiten des Textes und deren Wirkung. Achtet zum Beispiel auf Wortwiederholungen und auf den Satzbau. Belegt mit Textstellen. Nehmt die Arbeitstechnik „Richtig zitieren" (S.100) zu Hilfe.

10 Formuliert in Sätzen, was der Schwerkranke am Ende der Geschichte wohl denkt.

Interpretation S.315 **KOMPETENZBOX**

Eine Interpretation schreiben und überarbeiten

Schreiben
Meist sind in der Aufgabenstellung Untersuchungsaspekte vorgegeben, die ihr berücksichtigen müsst. Orientiert euch beim Schreiben an folgendem Aufbau:
- Einleitung (TATT, Erscheinungs- oder Veröffentlichungsjahr)
- kurze Inhaltsangabe
- untersuchen und interpretieren nach vorgegebenen Aspekten
- zentrale Aussagen durch Textbelege stützen (siehe Arbeitstechnik „Richtig zitieren", S.100).

Überarbeiten
- Arbeitstechniken verwenden: *Checkliste* (S. 315), *Textlupe* (S. 343), *Schreibkonferenz* (S. 342)
- Rechtschreibung, Satzbau und Satzzeichen überprüfen

Erzählende Texte interpretieren

Hörverstehen
b6vr7h

Reiner Kunze: Fünfzehn (1975)

Alte Rechtschreibung

Sie trägt einen Rock, den kann man nicht beschreiben, denn schon ein einziges Wort wäre zu lang. Ihr Schal dagegen ähnelt einer Doppelschleppe: lässig um den Hals geworfen, fällt er in ganzer Breite über Schienbein und Wade. (Am liebsten hätte sie einen Schal, an dem mindestens drei Großmütter zweieinhalb Jahre gestrickt haben – eine Art Niagara-Fall aus Wolle. Ich glaube, von einem solchen Schal würde sie behaupten, daß er genau ihrem Lebensgefühl entspricht. Doch wer hat vor zweieinhalb Jahren wissen können, daß solche Schals heute Mode sein würden.) Zum Schal trägt sie Tennisschuhe, auf denen jeder ihrer Freunde und jede ihrer Freundinnen unterschrieben haben. Sie ist fünfzehn Jahre alt und gibt nichts auf die Meinung uralter Leute – das sind alle Leute über dreißig.

Könnte einer von ihnen sie verstehen, selbst wenn er sich bemühen würde? Ich bin über dreißig.

Wenn sie Musik hört, vibrieren noch im übernächsten Zimmer die Türfüllungen. Ich weiß, diese Lautstärke bedeutet für sie Lustgewinn. Teilbefriedigung ihres Bedürfnisses nach Protest. Überschallverdrängung unangenehmer logischer Schlüsse. Trance. Dennoch ertappe ich mich immer wieder bei einer Kurzschlussreaktion: Ich spüre plötzlich den Drang in mir, sie zu bitten, das Radio leiser zu stellen. Wie also könnte ich sie verstehen – bei diesem Nervensystem?

Noch hinderlicher ist die Neigung, allzu hochragende Gedanken erden zu wollen.

Auf den Möbeln ihres Zimmers flockt der Staub. Unter ihrem Bett wallt er. Dazwischen liegen Haarklemmen, ein Taschenspiegel, Knautschlacklederreste, Schnellhefter, Apfelstiele, ein Plastikbeutel mit der Aufschrift „Der Duft der großen weiten Welt", angelesene und übereinandergestülpte Bücher (Hesse, Karl May, Hölderlin), Jeans mit in sich gekehrten Hosenbeinen, halb- und dreiviertel gewendete Pullover, Strumpfhosen, Nylon und benutzte Taschentücher. (Die Ausläufer

dieser Hügellandschaft erstrecken sich bis ins Bad und in die Küche.) Ich weiß: Sie will sich nicht den Nichtigkeiten des Lebens ausliefern. Sie fürchtet die Einengung des Blicks, des Geistes. Sie fürchtet die Abstumpfung der Seele durch Wiederholung! Außerdem wägt sie die Tätigkeiten gegeneinander ab nach dem Maß an Unlustgefühlen, das mit ihnen verbunden sein könnte, und betrachtet es als Ausdruck persönlicher Freiheit, die unlustintensiveren zu ignorieren. Doch nicht nur, daß ich ab und zu heimlich ihr Zimmer wische, um ihre Mutter vor Herzkrämpfen zu bewahren, – ich muß mich auch der Versuchung erwehren, diese Nichtigkeiten ins Blickfeld zu rücken und auf die Ausbildung innerer Zwänge hinzuwirken.

Einmal bin ich dieser Versuchung erlegen.

Sie ekelt sich schrecklich vor Spinnen. Also sagte ich: „Unter deinem Bett waren zwei Spinnennester."

Ihre mit lila Augentusche nachgedunkelten Lider verschwanden hinter den hervortretenden Augäpfeln, und sie begann „Iix! Ääx!

Uh!“ zu rufen, so dass ihre Englischlehrerin, wäre sie zugegen gewesen, von soviel Kehlkopfknacklauten – englisch „glottal stops“ – ohnmächtig geworden wäre. „Und warum bauen die ihre Nester gerade bei mir unterm Bett?“

„Dort werden sie nicht oft gestört.“ Direkter wollte ich nicht werden, und sie ist intelligent.

Am Abend hatte sie ihr inneres Gleichgewicht wiedergewonnen. Im Bett liegend, machte sie einen fast überlegenen Eindruck. Ihre Hausschuhe standen auf dem Klavier. „Die stelle ich jetzt immer dorthin“, sagte sie. „Damit keine Spinnen hineinkriechen können.“

○ **1** Besprecht, inwiefern in der Kurzgeschichte typische Probleme zwischen Eltern und Teenagern dargestellt werden.

○ **2** Erklärt, aus wessen Sicht das Mädchen beschrieben wird. Belegt mit Textstellen.

S. 270 ◒ ← ● **3** Untersucht, wie der Vater
- das äußere Erscheinungsbild,
- typische Eigenschaften und Einstellungen,
- typische Verhaltensweisen seiner Tochter wahrnimmt.

Ihr könnt so beginnen:

Sicht des Vaters auf das äußere Erscheinungsbild seiner Tochter:
- *sehr kurzer Rock (vgl. S. 102, Z. 1 f.) → hält den Rock für unpassend, aufreizend*
- *extrem langer Schal, wertender Vergleich mit „Doppelschleppe“ (S. 102, Z. 4) → meint, sie wolle damit auffallen, ihre Individualität zum Ausdruck bringen*
- *...*

Sicht des Vaters auf typische Eigenschaften und Einstellungen seiner Tochter:
- *...*

◒ **4** Wie wirkt das Mädchen auf euch? Beschreibt die Wirkung und begründet. Ihr könnt die folgenden Beispiele übernehmen und sie vervollständigen.

Der Schal wird mit „einer Doppelschleppe“ (S. 102, Z. 3 f.) verglichen und sieht aus, wie „eine Art Niagara-Fall aus Wolle“ (S. 102, Z. 8 f.). Diese bildhaften Beschreibungen ...
Das Mädchen ist zwar unordentlich, aber die Unordnung wirkt durch die bildhafte Sprache, z. B. die Metapher „Hügellandschaft“ (S. 102, Z. 47) oder die bildhafte Beschreibung es „flockt der Staub“ (S. 102, Z. 36 f.), nicht negativ, sondern eher ...
Die Tochter wirkt schlagfertig, denn ...

S. 270 ○ ← ◒ **5** **a)** Notiert Zeilenangaben zu Textstellen, in denen die Gedankengänge und das Verhalten des Vaters in der Ich-Form formuliert werden.
b) Besprecht, inwiefern der Vater sich selbst charakterisiert.
c) Beschreibt schriftlich das Verhältnis von Vater und Tochter und führt Textbelege dafür an.

5.4 Randerscheinungen? · Mit erzählenden Texten produktiv umgehen

Einen Paralleltext schreiben

Kurt Marti: Meine Angst lässt grüßen (1982)

Meine Angst, wurde mir ausgerichtet, lasse grüßen, sie erfreue sich bester Gesundheit. Ich hatte sie, aber das ist schon fast zwei Wochen her, zwischen Lausanne und Fribourg[1] aus dem Zug geworfen. Warum, fiel mir damals plötzlich ein, sollte man sich einer so lästigen Klette nicht entledigen können? Da außer mir gerade niemand im Abteil war, die gute Gelegenheit mir aufmunternd zunickte, hab ich's dann also getan. Soviel mir bekannt, ist eine solche Handlung nicht strafbar. Nur vergaß ich natürlich im Überschwang meines Entschlusses, dass Ängste überaus zäh sind. Sie überleben alles, sie überleben auch uns. Meine Angst zum Beispiel ist, bevor sie auf mich kam, die meiner Mutter gewesen. Und meine Mutter hat sie vielleicht schon von einer Tante gekriegt, das weiß ich schon nicht mehr. Wie immer: Wir Menschen kommen und gehen, doch ungerührt bleiben die Ängste am Leben und wählen sich neue Träger aus. Kein Wunder, dass es einer Angst überhaupt nichts ausmacht, aus dem fahrenden Zug geworfen zu werden. Deshalb ist meine euphorische[2] Handlung ein sinnloser Akt gewesen. Wie zu erwarten war, stellt sich nunmehr heraus, dass die würzige Waldluft des Waadtlandes[3] meine Angst erst recht gekräftigt hat. Schon also lässt sie mich grüßen. Bald wird sie wiederum da sein, ausgeruht und erholt für ihren Erwählten, für mich. Treue, hört man heute oft klagen, sei selten geworden. So kann nur reden, wer für einen Augenblick seine Angst vergessen hat, vielleicht hat vergessen wollen. Aber niemand bleibt uns so unentwegt treu wie die Angst.

1 Lausanne, Fribourg: Städte in der Schweiz 2 euphorisch: überschwänglich 3 Waadtland: Land des Kantons Waadt in der Schweiz

○ **1** Erklärt, warum niemand in der Situation des Ich-Erzählers sein möchte.

S. 270 ◒ ← ● **2** Erläutert, was das Besondere an der Erzählweise dieses Textes ist.

◒ **3** Ergänzt auf der Grundlage von Martis Erzählung die folgende Aufzählung:

Die Angst des Ich-Erzählers lässt grüßen, erfreut sich bester Gesundheit, …

◒ **4** Untersucht weitere sprachliche Mittel und deren Wirkung, zum Beispiel die indirekte Redewiedergabe (Z. 26 f.) oder die Wortwiederholungen (Z. 28 f.).

S. 271 ◒ ← ● **5** Erstellt zu einem Gefühl, über das ihr schreiben wollt, eine Mindmap oder einen Stichpunktzettel.
- Ordnet eure Ideen zum Inhalt.
- Notiert sprachliche Mittel, die ihr verwenden wollt. Orientiert euch an dem Stil von Marti.

S. 271 ◒ ← ● **6** **a)** Verfasst einen Paralleltext zu „Meine Angst lässt grüßen" (S. 104).
Achtet darauf, dass
- das Gefühl anschaulich dargestellt und personifiziert ist,
- ihr ähnliche Gestaltungsmittel wie Marti verwendet.

Orientiert euch an der Kompetenzbox auf Seite 107.

b) Tauscht eure Texte aus und gebt euch Rückmeldungen.

Die Perspektive einer Figur einnehmen

Selim Özdoğan: Eins dieser Bilder (2003)

Hörverstehen b6vr7h

Mein Vater steht mit seiner Kamera in einem braunen Anzug und einem weißen Pulli darunter am Rand der Aula. Ich bin in der dritten oder vierten Klasse. Es ist irgendein Schulfest, keines mit Sackhüpfen und Eierlaufen und Negerkusswettessen[1], eines, das in der Aula stattfindet und vielleicht haben wir Theater gespielt oder Gedichte vorgetragen. Fast alle Eltern sind da, wir Kinder laufen kreischend und lachend durch die Stuhlreihen, der offizielle Teil ist vorüber, die Erwachsenen stehen in Grüppchen zusammen, vielleicht trinken sie Bier und rauchen. In den Siebzigern durfte man in der Aula bestimmt noch rauchen.

Ich habe mich hinter der letzten Stuhlreihe versteckt, dort, wo es zur Schulbibliothek geht. Mein Blick fällt auf meinen Vater. Er steht allein neben der Tür zum Lehrerzimmer und wirkt kleiner als sonst. Er ist der Einzige, der allein rumsteht. Selten trägt er Anzüge, und ich weiß, dass er sich nicht wohl darin fühlt. Und dieser Pullover ist einfach zu eng, er drückt auf den Brustkorb meines Vaters und trägt dazu bei, dass er so klein aussieht.

Er ist 1,75, aber selbst Frau Fimmers, meine Zeichenlehrerin, die kaum 1,60 sein kann, wirkt gerade größer als er. Hätte mein Vater nicht diese Kamera in der Hand, er würde ganz verloren aussehen. Ab und zu blickt er durch den Sucher und macht Fotos von uns Kindern, das ist seine Aufgabe, der Grund, warum er überhaupt da steht.

Ich hatte meinen Vater noch nie vorher so gesehen. Zu Hause war er groß und souverän. Er hatte alles im Griff, er konnte Sachen reparieren, mich auf seinen Schultern tragen und mir bei den Matheaufgaben helfen. Draußen konnte er Fußball spielen, Drachen steigen lassen, Auto fahren und Wasserkästen mit einer Hand tragen.

In dieser Aula machte er ein Gesicht, als ... Ja, was für ein Gesicht war das eigentlich, das er gerade machte? Ein Gesicht, als würde er nicht dazugehören und es genau wissen. Ich glaube nicht, dass es in erster Linie mit der Sprache zu tun hatte. Da waren noch andere Väter und Mütter ausländischer Kinder, doch es stand sonst niemand allein am Rand. Da waren noch genug Leute, mit denen er wenigstens auf türkisch hätte reden können, doch er machte nur alle paar Minuten ein Foto und wartete, dass die Gesellschaft sich auflöste.

Er fotografierte, er wollte etwas an diesem Tag festhalten, für sich, für mich, für uns. Er fotografierte, also musste er nicht reden, trinken, lachen. Später habe ich mich oft gefragt, ob er wirklich etwas festhalten wollte oder ob es ihm ganz recht war, in größeren Gesellschaften eine Aufgabe zu haben, um sich nicht verloren zu fühlen. Oder zumindest nicht so auszusehen.

Er stand am Rand, eingezwängt in diesen Anzug, und nicht nur der, sondern die ganze Aula voller Menschen, zu denen er nicht gehörte, erzeugte in ihm Unbehagen. Er stand da, allein, und seit einigen Jahren fühle ich mich oft so, wie er sich an dem Tag gefühlt haben muss.

1 Negerkuss: wird heute wegen der abwertenden Bedeutung nicht mehr verwendet; Schaumkuss

◒ **1** Beschreibt kurz die Situation im Text oder spielt sie nach.

◒ **2** „Er stand am Rand, ..." (Z. 55), heißt es über den Vater. Welche unterschiedlichen Bedeutungen hat diese Beschreibung?

S.271 ◒ ← ● **3** Schreibt den Text „Eins dieser Bilder“ (S.105) so um, dass die Szene aus der Perspektive des Vaters in der Ich-Form erzählt wird.
- Überlegt, welche Gestaltungsmittel ihr beim Schreiben berücksichtigen müsst.
- Erstellt einen Schreibplan. Nutzt die Kompetenzbox auf Seite 107.
- Skizziert in Stichpunkten, weshalb ihr euch für diese inhaltliche und sprachliche Gestaltung entschieden habt.

◒ **4** Tragt eure Texte in Kleingruppen vor und begründet anhand der Stichpunkte eure Gestaltung. Gebt euch Rückmeldungen.

◒ **5** Lest den Textausschnitt aus der Graphic Novel „Der Bus von Rosa Parks“ (S. 88 f.). Versetzt euch in die Lage Rosa Parks' und schildert das Geschehen aus ihrer Sicht. Ihr könnt so beginnen:

> *Ich war todmüde, als ich nach zwölf Stunden harter Arbeit in den Bus stieg. Zum Glück war ein Platz frei. Doch schon an der nächsten Station erblickte ich aus den Augenwinkeln vier Weiße, die den Bus betraten. Fast gleichzeitig schrie der Busfahrer, wir sollten gefälligst den Platz frei machen. Ich zuckte zusammen und zwei Frauen und ein Mann sprangen sofort auf. Ich nicht.*
>
> *Auch ich hatte Angst in diesem Moment. Aber ich hatte den Blick der einen schwarzen Frau gestreift. Ich sah ihren Schrecken, ich sah ihre unendliche Müdigkeit und da …*

Clemens J. Setz: Eine sehr kurze Geschichte (2011)

Nach einem langen und harten Arbeitstag im Büro stellte Lilly fest, dass auf ihren Schulterblättern kleine Flügel gewachsen waren: schmutzig rosafarbene, verletzlich wirkende Hautgebilde, die wie Gelsenstiche[1] juckten und sich von ihr mit einiger Willensanstrengung sogar ein wenig hin und her bewegen ließen. Vor lauter Angst schnitt sich Lilly die Flügel mit einer Schere ab und spülte sie im Klo hinunter. Sie überlegte, ob sie vielleicht nachwachsen würden, aber die Sorge erwies sich als unbegründet. Die Flügel kamen nie mehr wieder, egal wie lang und hart Lillys Arbeitstage auch waren, bis ans Ende ihres kurzen Lebens.

1 die Gelsenstiche: Mückenstiche

○ **6** Sucht Adjektive aus, die ausdrücken, wie die Geschichte auf euch wirkt, oder fügt eigene hinzu. Begründet.

traurig · tiefsinnig · rätselhaft · unrealistisch · ernüchternd

pessimistisch · nachdenklich · bedrückend · mahnend

7 Nehmt zu den folgenden Aussagen Stellung. Belegt eure Meinung mit Textstellen.

A Die Flügel sind ein Symbol für Freiheit. Lilly hat ihre Chance nicht ergriffen.
B Die Flügel werden als „schmutzig rosafarbene, verletzlich wirkende Hautgebilde“ (Z. 3 f.) dargestellt. Das zeigt, dass Lilly gar keine Chance hat, ihrem harten Leben zu entfliehen.

8 MK **a)** Verfasst ein Interview mit Lilly.
- Darin stellt Lilly ihren Arbeitsalltag dar,
- erzählt von ihren Gedanken und Gefühlen bei der Entdeckung der Flügel und
- erklärt, warum sie diese abgeschnitten hat.

Verwendet offene Fragen (Fragen, auf die man nicht mit ja oder nein antworten kann).

b) Zeichnet das Interview auf. Achtet auf eine passende Sprechweise Lillys.

9 Schreibt einen Paralleltext zu „Eine sehr kurze Geschichte“ (S. 106).
Ihr könnt so beginnen:

Am Abend eines anstrengenden Tages saß Tom in seinem Zimmer, als sich plötzlich sein Fenster von selbst öffnete und sich eine leuchtende Strickleiter vom Fensterbrett Richtung Himmel emporschlängelte …

Perspektive einer Figur einnehmen S. 316 **KOMPETENZBOX**

Mit einem erzählenden Text produktiv umgehen

1. Den Ausgangstext untersuchen
- äußere und innere Handlung erschließen
- Eigenschaften und Verhaltensweisen der Figuren untersuchen
- Erzählweise untersuchen

2. Idee finden und Schreibplan erstellen:
- Aufgabenstellung und inhaltliche Vorgaben des Ausgangstextes beachten

3. Den eigenen Text schreiben
- Besonderheiten der verschiedenen Formen beachten, zum Beispiel:

einen Paralleltext schreiben
- Aufbau, Erzählweise und auffällige sprachliche Mittel übernehmen
- Handlung schlüssig darstellen

die Perspektive einer Figur einnehmen:
einen inneren Monolog verfassen oder
ein Interview mit einer literarischen Figur führen
- Eigenheiten, Denkweise und Verhaltensweisen der Figur beachten
- Sprachstil verwenden, der der Figur angemessen ist
- beim Interview offene Fragen formulieren

4. Den eigenen Text überarbeiten
- Arbeitstechniken verwenden: *Checkliste* (S. 316), *Textlupe* (S. 343), *Schreibkonferenz* (S. 342)
- Rechtschreibung, Satzbau und Satzzeichen überprüfen

Unsichtbar · Eine Novelle untersuchen

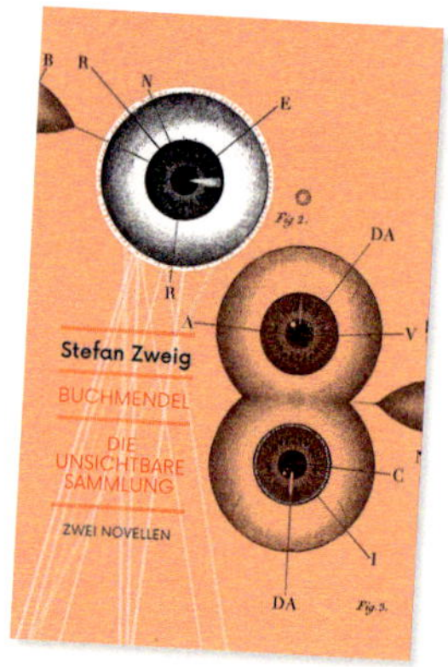

○ **1** Welche Assoziationen habt ihr, wenn ihr den Titel „Die unsichtbare Sammlung“ lest?

Stefan Zweig: Die unsichtbare Sammlung (1927, Ausschnitt)
Eine Episode aus der deutschen Inflation[1]

Der Erzähler trifft im Zug auf einen der angesehensten Kunsthändler Berlins und kommt mit ihm ins Gespräch. Der Kunsthändler berichtet:

„Ich muss Ihnen doch erzählen, woher ich gerade komme. Denn diese Episode ist so ziemlich das Sonderbarste, was mir altem Kunstkrämer in den siebenunddreißig Jahren meiner Tätigkeit begegnet ist. […]“
Der Kunsthändler erzählt von einer Begegnung mit einem langjährigen Kunden namens Herwarth, zu dem er seit langem keine Geschäftsbeziehung mehr hat. Der Händler hat Herwarth aufgesucht, um ihm Kunstwerke aus seiner bedeutenden Sammlung abzukaufen. Herwarth empfängt ihn.
„Ich legte ab und trat ein. In der Mitte des bescheidenen Zimmers stand hochaufgerichtet ein alter, aber noch markiger Mann, mit buschigem Schnurrbart in verschnürtem, halb militärischem Hausrock und hielt mir herzlich beide Hände entgegen. Doch dieser offenen Geste unverkennbar freudiger und spontaner Begrüßung widersprach eine merkwürdige Starre in seinem Dastehen. Er kam mir nicht einen Schritt entgegen, und ich musste – ein wenig befremdet – bis an ihn heran, um seine Hand zu fassen. Doch als ich sie fassen wollte, merkte ich an der waagerecht unbeweglichen Haltung dieser Hände, dass sie die meinen nicht suchten, sondern erwarteten. Im nächsten Augenblick wusste ich alles: Dieser Mann war blind. […]“
„Ein seltener Besuch“, lachte er mir breit entgegen, „wirklich ein Wunder, dass sich einmal einer der Berliner großen Herren in unser Nest verirrt … Aber da heißt es vorsichtig sein, wenn sich einer der Herren Händler auf die Bahn setzt … […] Ja, ich kann mir's schon denken, warum Sie mich aufsuchen … Die Geschäfte gehen jetzt schlecht in unserem armen, heruntergekommenen Deutschland, es gibt keine Käufer mehr, und da besinnen sich die großen Herren wieder einmal auf ihre alten Kunden […].“
Ich berichtigte sofort, er habe mich missverstanden, ich sei nicht gekommen, ihm etwas zu verkaufen, ich sei nur gerade hier in der Nähe gewesen und hätte die Gelegenheit nicht versäumen wollen, ihm als vieljährigem Kunden unseres Hauses und einem der größten Sammler Deutschlands meine Aufwartung zu machen. Kaum hatte ich das Wort „einer der größten Sammler Deutschlands“ ausgesprochen, so ging eine seltsame Verwandlung im Gesicht des alten Mannes vor. Noch immer stand er aufrecht und starr inmitten des Zimmers, aber jetzt kam ein Ausdruck plötzlicher Helligkeit und innersten Stolzes in seine Haltung, er wandte sich in die Richtung, wo er seine Frau vermutete, als wollte er sagen: „Hörst du“, und voll Freudigkeit in der Stimme, ohne eine Spur jenes militärisch barschen Tones, in dem er sich noch eben gefallen, sondern weich, geradezu zärtlich, wandte er sich zu mir: „Das ist wirklich sehr, sehr schön von Ihnen … Aber Sie sollen auch nicht umsonst gekommen sein. Sie sollen etwas sehen, was Sie nicht jeden Tag zu sehen bekommen, selbst nicht in Ihrem protzigen Berlin … ein paar Stücke, wie sie nicht schöner in der ‚Albertina‘[2] und in dem gottverfluchten Paris zu finden sind … Ja, wenn man sechzig Jahre sammelt, da kommen allerhand Dinge zustande, die sonst nicht gerade auf der Straße liegen. Luise, gib mir mal den Schlüssel zum Schrank!“
Jetzt aber geschah etwas Unerwartetes.

1 die Inflation: Anfang der 1920er Jahre befand sich Deutschland in einer schweren wirtschaftlichen Krise. Dies führte zu einer hohen Arbeitslosigkeit, großer Not und auch dazu, dass das Geld immer weniger wert war. Die Menschen konnten sich kaum etwas von ihrem Geld kaufen. Deshalb wurde der Tauschhandel, der Handel von Ware gegen Ware, wieder bedeutender. 2 die ‚Albertina‘: bedeutendes Kunstmuseum in Wien

○ **2** Was könnte Unerwartetes geschehen? Besprecht eure Ideen.

Stefan Zweig: Die unsichtbare Sammlung (1927, Ausschnitt)

Herwarths Ehefrau bittet den Kunsthändler eindringlich nach der Mittagszeit noch einmal zu kommen und sich die Sammlung erst dann anzusehen. Ihre Tochter holt ihn später vom Hotel ab. Diese gesteht dem Händler:

„Ich muss ganz aufrichtig zu Ihnen reden ... Sie kennen die Zeit, Sie werden alles verstehen ... Vater ist nach dem Ausbruch des Krieges vollkommen erblindet. [...] [Er] weiß nicht, dass wir alles verloren haben und dass man von seiner Pension nicht mehr zwei Tage im Monat leben kann ... Dazu kam noch, dass der Mann meiner Schwester gefallen ist und sie mit vier kleinen Kindern zurückblieb ... Doch Vater weiß nichts von allen unseren materiellen Schwierigkeiten. Zuerst haben wir gespart, noch mehr gespart als früher, aber das half nichts. Dann begannen wir zu verkaufen – wir rührten natürlich nicht an seiner geliebten Sammlung ... Man verkaufte das bisschen Schmuck, das man hatte [...]. Und eines Tages war nichts mehr da ... wir wussten nicht weiter ... und da ... da ... haben Mutter und ich ein Stück verkauft. Vater hätte es nie erlaubt, er weiß ja nicht, wie schlecht es geht, er ahnt nicht, wie schwer es ist, im Schleichhandel das bisschen Nahrung aufzutreiben [...]. Deshalb erschrak auch meine Mutter so, als Sie heute kamen ... denn wenn er Ihnen die Mappen aufmacht, so ist alles verraten ... wir haben ihm nämlich in die alten Passepartouts[1], deren jedes er beim Anfühlen kennt, Nachdrucke oder ähnliche Blätter statt der verkauften eingelegt, so dass er nichts merkt, wenn er sie antastet. Und wenn er sie nur antasten und nachzählen kann (er hat die Reihenfolge genau in Erinnerung), so hat er genau dieselbe Freude, wie wenn er sie früher mit seinen offenen Augen sah. [...]"

Und plötzlich hob das alternde Mädchen die Hände auf, und ihre Augen schimmerten feucht.

„... bitten wir Sie ... machen Sie ihn nicht unglücklich ... nicht uns unglücklich ... zerstören Sie ihm nicht diese letzte Illusion[2], helfen Sie uns, ihn glauben zu machen, dass alle diese Blätter, die er Ihnen beschreiben wird, noch vorhanden sind ... er würde es nicht überleben, wenn er es nur mutmaßte. Vielleicht haben wir ein Unrecht an ihm getan, aber wir konnten nicht anders: man musste leben ... und Menschenleben, vier verwaiste Kinder, wie die meiner Schwester, sind doch wichtiger als bedruckte Blätter ... [...]"

Das war alles so erschütternd gesagt, wie es mein Nacherzählen gar nicht ausdrücken kann. Mein Gott, als Händler hat man ja viele dieser niederträchtig ausgeplünderten, von der Inflation hundsföttisch[3] betrogenen Menschen gesehen, denen kostbarster jahrhundertealter Familienbesitz um ein Butterbrot weggegaunert war – aber hier schuf das Schicksal ein Besonderes, das mich besonders ergriff. Selbstverständlich versprach ich ihr, zu schweigen und mein Bestes zu tun.

1 das Passepartout: Umrahmung aus leichter Pappe für Gemälde, Zeichnungen 2 die Illusion: dem Wunschdenken entsprechende Selbsttäuschung 3 hundsföttisch: niederträchtig, gemein

○ **3** Hat euch der Fortgang der Novelle überrascht? Begründet.

○ **4** Klärt, was sich in dieser Novelle hinter der Bezeichnung „Die unsichtbare Sammlung" verbirgt.

◒ **5** Erläutert die Ausgangssituation der Novelle und besprecht, an welchen Stellen sich unerwartete Wendungen finden.

◒ **6** **a)** Fasst zusammen, wie die Tochter die Kunstverkäufe rechtfertigt.
b) Erklärt, welche Auswirkungen die Kunstverkäufe für die Familie haben.

7 Versetzt euch in die Lage des Kunsthändlers. Wärt ihr an seiner Stelle dem Anliegen der Tochter nachgekommen? Sammelt Pro- und Kontraargumente und begründet eure Entscheidung.

Stefan Zweig: Die unsichtbare Sammlung (1927, Ausschnitt)

Herwarth erwartet den Kunsthändler bereits und zeigt ihm seine Sammlung.

„So, und jetzt wollen wir gleich anfangen – es ist viel zu sehen, und die Herren aus Berlin haben ja niemals Zeit. Diese erste Mappe da ist Meister Dürer[1] und, wie Sie sich überzeugen werden, ziemlich komplett – dabei ein Exemplar schöner als das andere. Na, Sie werden ja selber urteilen, da sehen Sie einmal!" Er schlug das erste Blatt der Mappe auf. „Das große Pferd."[2]

Und nun entnahm er mit jener zärtlichen Vorsicht, wie man sonst etwas Zerbrechliches berührt, mit ganz behutsam anfassenden schonenden Fingerspitzen der Mappe ein Passepartout, in dem ein leeres vergilbtes Papierblatt eingerahmt lag, und hielt den wertlosen Wisch begeistert vor sich hin. Er sah es an, minutenlang, ohne doch wirklich zu sehen, aber er hielt ekstatisch[3] das leere Blatt mit ausgespreizter Hand in Augenhöhe, sein ganzes Gesicht drückte magisch die angespannte Geste eines Schauenden aus. Und in seine Augen, die starren mit ihren toten Sternen, kam mit einem Mal – schuf dies der Reflex des Papiers oder ein Glanz von innen her? – eine spiegelnde Helligkeit, ein wissendes Licht. [...]

Mir lief es kalt über den Rücken, als der Ahnungslose ein vollkommen leeres Blatt so begeistert rühmte, und es war gespenstisch mitanzusehen, wie er mit dem Fingernagel bis zum Millimeter genau auf alle die nur in seiner Phantasie noch vorhandenen unsichtbaren Sammlerzeichen hindeutete. Mir war die Kehle vor Grauen zugeschnürt, ich wusste nichts zu antworten; aber als ich verwirrt zu den beiden aufsah, begegnete ich wieder den flehentlich aufgehobenen Händen der zitternden und aufgeregten Frau. Da fasste ich mich und begann mit meiner Rolle.

„Unerhört!" stammelte ich endlich heraus. „Ein herrlicher Abzug." Und sofort erstrahlte sein ganzes Gesicht vor Stolz. „Das ist aber noch gar nichts", triumphierte er, „da müssen Sie erst die ‚Melancholia'[4] sehen oder da die ‚Passion'[5], ein illuminiertes Exemplar, wie es kaum ein zweites Mal vorkommt in gleicher Qualität. Da sehen Sie nur" – und wieder strichen zärtlich seine Finger über eine imaginäre Darstellung hin – „diese Frische, dieser körnige, warme Ton. Da würde Berlin kopfstehen mit allen seinen Herren Händlern und Museumsdoktoren." [...]

Albrecht Dürer: Junger Feldhase, 1502

Herwarth führt dem Kunsthändler weiter seine Sammlung mit leeren Seiten vor.

Als er sich endlich nach verzweifeltem Widerstand gefügt hatte und es an den Abschied ging, wurde seine Stimme ganz weich. Er nahm meine beiden Hände, und seine Finger strichen liebkosend mit der ganzen Ausdrucksfähigkeit eines Blinden an ihnen entlang bis zu den Gelenken, als wollten sie mehr von mir wissen und mir mehr Liebe

1 Dürer: Albrecht Dürer, ein berühmter Maler (1471–1528)
2 „Das große Pferd": Kupferstich Albrecht Dürers
3 ekstatisch: sich in einem rauschhaften Zustand befindend
4 „Die Melancholia": Kupferstich von Albrecht Dürer
5 „Die Passion": Gemälde von Hieronymus Bosch

sagen, als es Worte vermochten. „Sie haben mir eine große, große Freude gemacht mit Ihrem Besuch“, begann er mit einer von innen her aufgewühlten Erschütterung, die ich nie vergessen werde. […]
Was ich aber mitnahm, war mehr: Ich hatte wieder einmal reine Begeisterung lebendig spüren dürfen in dumpfer, freudloser Zeit, eine Art geistig durchleuchteter, ganz auf die Kunst gewandter Ekstase[6], wie sie unsere Menschen längst verlernt zu haben scheinen. Und mir war – ich kann es nicht anders sagen – ehrfürchtig zumute, obgleich ich mich noch immer schämte, ohne eigentlich zu wissen, warum.

6 die Ekstase: rauschhafter Zustand

8 Dem Kunsthändler läuft „es kalt über den Rücken“ (S. 110, Z. 27), als er den blinden Sammler die leeren Seiten in den Händen halten sieht. Beschreibt die Gefühle, die der Anblick in ihm auslöst.

9 „Ich hatte wieder einmal reine Begeisterung lebendig spüren dürfen“ (S. 111, Z. 66 ff.), meint der Kunsthändler. Untersucht, wie sich die Begeisterung Herwarths zeigt.

S. 271 **10** Deutet die leeren Blätter, also die „unsichtbare Sammlung“. Nutzt dazu einen oder mehrere der folgenden Begriffe. Begründet.

Täuschung Wunschbild Einbildung Fantasie

Erinnerung Trost Lebensinhalt

11 Prüft, welche der folgenden Novellenmerkmale auf „Die unsichtbare Sammlung“ zutreffen.

Die Novelle
A beinhaltet eine „unerhörte Begebenheit“, eine außergewöhnliche Situation.
B beinhaltet einen Gegenstand, der eine große Rolle spielt, ein Dingsymbol.
C verläuft linear und steuert auf einen Wende- bzw. Höhepunkt zu.
D hat eine Rahmenhandlung.

12 **EXTRA** Produziert zu dem letzten Ausschnitt der Novelle (S. 110 f.) eine Hörspielszene. Nutzt die Dialoge in der Novelle, setzt einen Erzähler ein und spielt Geräusche und Musik ein.
MK

Novelle S. 312 **KOMPETENZBOX**

Merkmale einer Novelle erkennen

Die Novelle ist eine längere Erzählung, ihr Name kommt aus dem Italienischen „novella“, die Neuigkeit.

Die folgenden Merkmale treffen auf viele Novellen zu:
- beinhaltet eine „unerhörte Begebenheit“ (J.W. Goethe), eine außergewöhnliche Situation
- enthält einen zentralen Konflikt
- häufig spielt ein Gegenstand oder Lebewesen eine zentrale Rolle; dieser oder dieses taucht an verschiedenen Stellen immer wieder auf (Leitmotiv, Dingsymbol)
- verläuft meist linear und steuert auf einen Wende-/Höhepunkt zu
- hat mitunter eine Rahmenhandlung (eine Geschichte in einer Geschichte)

Das könnt ihr jetzt!

Erzählende Texte untersuchen und interpretieren

Beispiellösung zur Klassenarbeit b6vr7h

Beispiel für eine Klassenarbeit (erweiterte Inhaltsangabe)

1 Verfasst eine Inhaltsangabe zu der Kurzgeschichte „Verrat“.

2 a) Begründet, weshalb das Geschenk des Onkels einen Wendepunkt in der Kurzgeschichte darstellt.

b) Untersucht, mit welchen sprachlichen Mitteln die Reaktion der Hauptfigur auf das Geschenk ihres Onkels dargestellt wird. Belegt eure Aussagen am Text.

Root Leeb: Verrat (2019)

Sie hatte immer diese Geduldsspiele geliebt. Knobelspiele, bei denen etwa eine Schlange von kleinen, aneinanderhängenden, abwechselnd hellen und dunklen Würfeln durch ein ausgetüfteltes System zu einem großen Würfel zusammengebaut wird. Oder Schlösser, die nur zu öffnen waren, wenn man den beigefügten Schlüssel außer Acht ließ und stattdessen einen runden Bügel vorsichtig erst in die eine Richtung schob und dann – sehr sorgfältig – in die andere, bis man unter den Fingern ein kaum merkbares Einrasten spürte – und das Schloss sich öffnete. Oder zwei Metallhaken, ineinander verschlungen, scheinbar für immer und ewig untrennbar, die sich dann aber nach langem Drehen und Winden doch lösen ließen.

Pauline hatte eine schier unendliche Geduld und mindestens genauso viel Fantasie. Das Schönste an diesen Rateabenden war jedoch, dass sie als Familie, bisweilen auch mit Freunden, immer zusammensaßen und Ratschläge gegeben und Vorschläge gemacht wurden, wie und was man noch probieren könnte. Nur die Mutter hielt sich zurück, sie hatte irgendwann einmal angefangen, Pauline eines dieser Spiele zu schenken, und da alle dann so großen Spaß daran hatten, hatte sie eine kleine Tradition daraus gemacht. Sicherheitshalber ließ sie sich beim Kauf von dem jungen Mann, den sie mittlerweile schon gut kannte, jedes Mal die Lösung zeigen, nur für alle Fälle.

Bis jetzt hatte Pauline ihre Hilfe aber noch nie gebraucht. Es gab jeweils eines dieser Spiele zum Geburtstag und eines zu Weihnachten. Da hatten sich die Geschenke im Lauf der Zeit immer mehr reduziert, aber das kleine Ratespiel blieb und wurde von allen sehnsüchtig erwartet. Kaum war die Bescherung beendet, alles geöffnet, schon saßen sie zusammen und versuchten, das jeweilige Geheimnis zu lüften.

Pauline war die Königin, sie bestimmte, wie und in welcher Geschwindigkeit vorgegangen wurde, und jedes Objekt behielt ausschließlich sie in der Hand und führte, nach diversen eigenen erfolglosen Versuchen, auf Zurufe die Vorschläge der anderen aus. Vor allem, nachdem einmal ihrer jüngeren Schwester Svenja fast zufällig der Triumph der Lösung in die Hand gefallen war. Nachdem Pauline stundenlang versucht hatte, ein Kästchen zu öffnen, das kein Schloss und keinen Deckel hatte, und auch dem Vater nichts mehr eingefallen war, das man noch hätte probieren können, gab sie es an Svenja weiter. Die kleine Truhe war aus Holz, verschiedenfarbige Riemchen waren sehr fein verleimt, und hätte man nicht im Inneren etwas hin- und herrollen hören, so hätte man annehmen können, das Ganze sei tatsächlich noch nie geöffnet worden.

Svenja nahm also das Kästchen in ihre noch ziemlich kleinen Hände – und mehr aus Zufall, denn aus Kalkül zog sie an den diagonal auseinanderliegenden Ecken genau an der richtigen Stelle und öffnete so zu aller Erstaunen die geheimnisvolle Truhe. Heraus fiel eine blaue Glasmurmel, die die Mutter zuvor hineingelegt hatte und die Pauline, ihre Enttäuschung souverän verbergend, der kleinen Schwester schenkte.

Seitdem gab Pauline kein Spiel mehr aus der Hand, bevor sie nicht die Lösung gefunden hatte. Erst dann durften auch die anderen der Reihe nach versuchen, die einzig richtige Anordnung zu finden, um mit Puzzleteilen aus Holz eine Pyramide zu bauen, aus einem verdeckten Labyrinth eine Murmel zu befreien oder aus einer Glasflasche eine kleine Medaille herauszubekommen, deren

Durchmesser größer als der des Flaschenhalses war. Es waren sehr unterhaltsame Abende, und alle hatten ihren Spaß dabei.
Und dann bekam Pauline zu ihrem sechzehnten Geburtstag ein Geschenk, das alles veränderte. Ein wohlmeinender, aber sicher sehr dummer oder sogar bösartiger Onkel schenkte ihr ein *Anleitungsheft mit Lösungen für alle Geduldsspiele aus Holz, Metall und anderen Materialien.* Sofort schlug sie es begierig auf, begann darin zu lesen, erkannte einiges wieder und versuchte fiebrig, möglichst viele Lösungen neuer, ihr unbekannter Spiele zu erfahren. Irgendwann erwachte sie wie aus einer Trance, schlug sich an den Kopf – und begann hemmungslos zu weinen.
Niemand konnte sie trösten.
„Jetzt gibt es keine Wunder mehr", schluchzte sie verzweifelt.
Es dauerte ein paar Tage, ihre Welt war grau und fahl geworden. Doch dann hatten sie die Idee, das Heft einfach wegzuwerfen. Es war ja noch nicht zu spät.

Beispiel für eine Klassenarbeit (Interpretation)

1 Formuliert eine Einleitung, in der ihr das Thema der Kurzgeschichte benennt. Gebt dann den Inhalt kurz wieder.

2 Untersucht und interpretiert die Kurzgeschichte.
a) Bestimmt die Erzählform und die Erzählperspektive. Erläutert, welche Wirkung sie auf die Darstellung der Hauptfigur haben.
b) Beschreibt den Aufbau der Kurzgeschichte. Benennt dabei den Höhe-/Wendepunkt.
c) Erläutert die Krise der Hauptfigur. Geht auf die Ursache für die Krise, die Reaktion der Hauptfigur und die Lösung der Krise ein.

Schritt für Schritt zur Klassenarbeit

Lösungen
→ S. 289

1. So könnt ihr vorgehen:
- Gliedert den Text in Handlungsschritte und fasst diese in Stichpunkten zusammen.
- Ergänzt Notizen zu den wichtigen Gedanken und Gefühlen der Hauptfigur.
- Beantwortet zur Bestimmung des Themas folgende Fragen:
  In welcher schwierigen Lage befindet sich die Hauptfigur? Was sind die Ursachen für die schwierige Lage? Wie wird das Problem gelöst? Warum wird es so gelöst?

2. Fertigt Notizen an. Sucht Textstellen heraus, die die Reaktion der Hauptfigur auf das Geschenk darstellen. Ihr könnt folgende Hinweise nutzen:
a) Ich- oder Er-/Sie-Form? Vorwiegend Innen- oder Außensicht?
b) Aufbau: *unmittelbarer Einstieg, Handlung bewegt sich auf einen Höhe- und Wendepunkt zu, offenes Ende*
c) Ursache für die Krise: *sehr großer Einschnitt: „Und dann bekam Pauline zu ihrem sechzehnten Geburtstag ein Geschenk, das alles veränderte." (S. 113, Z. 76 f.); Wertung des Erzählers: Onkel sei „wohlmeinend[...], aber sicher [...] dumm[...] oder sogar bösartig[...]" (S. 113, Z. 78 f.)*
Reaktion der Hauptfigur: *zunächst „begierig[es]" (S. 113, Z. 82) Studieren der Anleitungen und Lösungen zu den Rätseln, Eindruck wird verstärkt durch das Adjektiv „fiebrig" (S. 113, Z. 83); doch dann große Verzweiflung, Beschreibung des Gefühlsausbruchs: sie „begann hemmungslos zu weinen" (S. 113, Z. 86 f.), ...*
Lösung der Krise: ...

6

Unzertrennlich

Jugendbücher und Filme untersuchen und gestalten

1

Zehn Jahre „Tschick“: Schon heute ein Klassiker

2010 erschien der Roman „Tschick“ von Wolfgang Herrndorf. Er wurde schnell zum Literaturklassiker. Heute kann er es auf den deutschen Bühnen mit Goethe und Schiller aufnehmen.

Berlin. Der 14-jährige Maik zieht irgendwann eine simple, aber auch lebenskluge Bilanz: „Die Welt ist schlecht, und der Mensch ist auch schlecht. Trau keinem, geh nicht mit Fremden und so weiter. Das hatten mir meine Eltern erzählt, das hatten mir meine Lehrer erzählt und das Fernsehen erzählte es auch“, lässt Wolfgang Herrndorf den Ich-Erzähler im Erfolgsroman „Tschick“ sagen. „Und vielleicht stimmte das ja auch, und der Mensch war zu 99 Prozent schlecht. Aber das Seltsame war, dass Tschick und ich auf unserer Reise fast ausschließlich dem einen Prozent begegneten, das nicht schlecht war.“

Vor zehn Jahren – am 17. September 2010 – erschien „Tschick“. Das Buch über zwei junge Außenseiter und Ausreißer hat inzwischen einen festen Platz im Literaturkanon. Millionen haben den Jugendroman gelesen und waren gerührt von der abenteuerlichen Autofahrt der beiden Schulfreunde Maik und Andrej quer durch Ostdeutschland.

Der wohlstandsverwahrloste Teenager Maik, der heimlich in ein Mädchen aus seiner Klasse verliebt ist, verbringt die Sommerferien am Pool der elterlichen Villa. Seine Mutter ist mal wieder in der Entzugsklinik und der Vater mit seiner Assistentin auf sogenannter Geschäftsreise. Plötzlich taucht der als asozial verschriene Klassenkamerad Andrej Tschichatschow auf, den alle nur Tschick nennen. Er stammt aus Russland, wohnt in einem der Hochhäuser von Berlin-Marzahn und hat einen geklauten Lada dabei.

Ohne Plan brechen die beiden Jungs auf in Richtung „Walachei“. Sie geraten in absurde

1 Tauscht euch darüber aus, was eine gute Freundschaft ausmacht.

2 Benennt mithilfe der Rezension (Text 1) und des Leserbriefes (Text 2, S. 115), was Leserinnen und Leser an dem Roman „Tschick“ begeistert.

3 Besprecht anhand der Rezension (Text 1), ob euch das Buchcover passend erscheint.

Das lernt ihr jetzt!

6.1 die Handlung, die Figuren, die Zeitgestaltung, den Handlungsaufbau und deren Wirkung untersuchen

6.2 die Mise en Scène im Film untersuchen

Situationen und an abwegige Orte. So werden sie zum Beispiel bei einer sonderbaren Risi-Pisi[1]-Familie zum Mittagessen eingeladen, wo es Nachtisch nur bei Beantwortung einer Quizfrage gibt. Sie treffen zudem die obdachlose Isa an einer Müllkippe. Am Ende passiert ein Unfall und es gibt allerhand Ärger. Die Kritiker von „F.A.Z.[2]" bis Deutschlandradio überschlugen sich 2010 vor Lob. Gustav Seibt schrieb in der „Süddeutschen": „Ein Buch wie ein Roadmovie – nur besser." „Tschick" stand monatelang auf den Bestsellerlisten und erhielt den Deutschen Jugendliteraturpreis 2011.

(Gregor Tholl, 2020, Ausschnitt aus einer Rezension, Volksstimme)

1 Risi-Pisi: Reisgericht 2 F.A.Z.: Frankfurter Allgemeine Zeitung

2

Ausschnitt aus einem Leserbrief (2020)

Sehr geehrter Herr Herrndorf,

ich lese generell sehr gerne. [...] Es ist irgendwie schade, je mehr ich lese, umso weniger Bücher gibt es, wo ich sage: Wow, das ist ein Mega-Buch. Generell haben „Schulbücher" in meiner Top-100-Liste nicht die geringste Chance. Ich war also nicht besonders begeistert, als unser Deutschlehrer mal wieder in die Klasse geschneit kam und verkündete: „Wir lesen mal wieder ein ganz tolles Buch zusammen." [...] Doch ich wusste nicht, dass es dieses Mal etwas anders sein würde. Ich setzte mich mal wieder voll motiviert auf die Couch und fing an zu lesen. Als ich nach fünf Minuten das erste Mal laut auflachte, liebte ich dieses Buch. [...]

Mit den allerherzlichsten Grüßen

Schülerin, 9. Klasse, Frankfurt

Filmbild aus „Ziemlich beste Freunde", Regie: Olivier Nakache, 2011; der querschnittsgelähmte Philippe und sein Pfleger Driss

4 Beschreibt das Filmbild aus dem Film „Ziemlich beste Freunde". Besprecht, wie ihr die Beziehung zwischen Philippe und Driss wahrnehmt.

5 Nennt mögliche Gründe für den Erfolg von „Tschick" und einen Film wie „Ziemlich beste Freunde".

6.1 Einfach Tschick!? · Jugendbuchausschnitte untersuchen und gestalten

Die Handlung und die Figuren untersuchen

Wolfgang Herrndorf, 1965–2013

○ **1** Mit 14 Jahren allein im Auto unterwegs? Sprecht über den Reiz und die Gefahren eines solchen „Abenteuers".

Wolfgang Herrndorf: Tschick (2010, Anfang)

Der 14-jährige Ich-Erzähler Maik Klingenberg verursacht in einem gestohlenen Wagen mit seinem neuen Freund Tschick einen Unfall und muss der Polizei Fragen beantworten.

Kapitel 1

Als Erstes ist da der Geruch von Blut und Kaffee. Die Kaffeemaschine steht drüben auf dem Tisch, und das Blut ist in meinen Schuhen. Um ehrlich zu sein, es ist nicht nur Blut. Als der Ältere „vierzehn" gesagt hat, hab ich mir in die Hose gepisst. Ich hab die ganze Zeit schräg auf dem Hocker gehangen und mich nicht gerührt. Mir war schwindlig. Ich hab versucht auszusehen, wie ich gedacht hab, dass Tschick wahrscheinlich aussieht, wenn einer „vierzehn" zu ihm sagt, und dann hab ich mir vor Angst in die Hose gepisst. Maik Klingenberg, der Held. Dabei weiß ich gar nicht, warum jetzt die Aufregung. War doch die ganze Zeit klar, dass es so endet. Tschick hat sich mit Sicherheit nicht in die Hose gepisst.

Wo ist Tschick überhaupt? Auf der Autobahn hab ich ihn noch gesehen, wie er auf einem Bein ins Gebüsch gehüpft ist, aber ich schätze mal, sie haben ihn auch gekriegt. Mit einem Bein kommt man nicht weit. Fragen kann ich die Polizisten natürlich nicht. Weil, wenn sie ihn nicht gesehen haben, ist es logisch besser, gar nicht damit anzufangen. Vielleicht haben sie ihn ja nicht gesehen. Und von mir erfahren sie's mit Sicherheit nicht. [...]

Das Beste ist Klappe halten, hat Tschick gesagt. Und das seh ich genauso. Jetzt, wo eh alles egal ist. Und mir ist alles egal. Na ja, fast alles. Tatjana Cosic zum Beispiel ist mir natürlich nicht egal. Obwohl ich jetzt schon ziemlich lange nicht mehr an sie gedacht habe. Aber wo ich auf diesem Hocker hier sitze und draußen die Autobahn vorbeirauscht und der ältere Polizist steht seit fünf Minuten an der Kaffeemaschine dahinten und füllt Wasser ein und kippt es wieder aus, drückt auf den Schalter und schaut das Gerät von unten an, während jeder Depp sehen kann, dass der Stecker vom Verlängerungskabel nicht drin ist, da muss ich wieder an Tatjana denken. Denn genau genommen wäre ich nicht hier, wenn es Tatjana nicht gäbe. Obwohl sie mit der ganzen Sache nichts zu tun hat. Ist das unklar, was ich da rede? Ja, tut mir leid. Ich versuch's später nochmal. Tatjana kommt in der ganzen Geschichte überhaupt nicht vor. Das schönste Mädchen der Welt kommt nicht vor. Auf der ganzen Reise hab ich mir immer vorgestellt, dass sie uns sehen kann. Wie wir oben aus dem Kornfeld rausgucken. Wie wir mit dem Bündel Schläuche auf dem Müllberg stehen wie die letzten Trottel ... Ich hab mir immer vorgestellt, Tatjana steht hinter uns und sieht, was wir sehen, und freut sich, wie wir uns freuen. Aber jetzt bin ich froh, dass ich mir das nur vorgestellt hab.

Der Polizist zieht ein grünes Papiertaschentuch aus einem Handtuchspender und gibt es mir. Was soll ich damit? Den Boden aufwischen? Er fasst mit zwei Fingern an seine Nase und sieht mich an. Ach so. Nase schnäuzen. Ich schnäuze mir die Nase, er lächelt freundlich. [...]

„Ich dachte, fünfzehn?", sage ich, und der Polizist schüttelt den Kopf.

„Nee, vierzehn. Vierzehn. Was ist mit dem Kaffee, Horst?"

„Kaffee ist kaputt", sagt Horst.

Ich möchte meinen Anwalt sprechen.

Das wäre der Satz, den ich jetzt wahrscheinlich sagen müsste. Das ist der richtige Satz in der richtigen Situation, wie jeder aus dem Fernsehen weiß. Aber das sagt sich so leicht: Ich möchte meinen Anwalt sprechen. Würden die sich wahrscheinlich totlachen. Das Problem ist: Ich habe keine Ahnung, was dieser Satz bedeutet. [...]

Der Jüngere, der eigentlich ganz nett aussieht, schüttelt den Kopf und wiederholt: „Fünfzehn ist Quatsch. Vierzehn. Mit vierzehn bist du strafmündig."

2 Sprecht über euren Eindruck von Maik (S.116). Wodurch wird dieser hervorgerufen?

3 Was erfahrt ihr in dem Ausschnitt (S.116) über Maiks Situation in der Polizeistation und was über vorangegangene Ereignisse?

4 Tragt Andeutungen aus dem Anfang des Romans (S.116) zusammen, die euch neugierig auf die Handlung machen.

Wolfgang Herrndorf: Tschick (2010, Ausschnitte)

Maik wird während des Gesprächs mit den Polizisten ohnmächtig, weil er verletzt ist. Nach seiner Entlassung aus dem Krankenhaus erzählt er von seiner Kindheit und Jugend bis zu seinem „Abenteuer" mit Tschick. Den neuen Mitschüler Tschick lernt er in der 8. Klasse kennen.

Kapitel 5

Ich hatte nie einen Spitznamen. Ich meine, an der Schule. Aber auch sonst nicht. Mein Name ist Maik Klingenberg. Maik. Nicht Maiki, nicht Klinge und der ganze andere Quatsch auch nicht, immer nur Maik. Außer in der Sechsten, da hieß ich mal kurz Psycho. Das ist auch nicht der große Bringer, wenn man Psycho heißt. Aber das dauerte auch nicht lang, und dann hieß ich wieder Maik.

Wenn man keinen Spitznamen hat, kann das zwei Gründe haben. Entweder man ist wahnsinnig langweilig und kriegt deshalb keinen, oder man hat keine Freunde. Wenn ich mich für eins von beiden entscheiden müsste, wär's mir, ehrlich gesagt, lieber, keine Freunde zu haben, als wahnsinnig langweilig zu sein. Weil, wenn man langweilig ist, hat man automatisch keine Freunde, oder nur Freunde, die noch langweiliger sind als man selbst.

Es gibt aber auch noch eine dritte Möglichkeit. Es kann sein, dass man langweilig ist *und* keine Freunde hat. Und ich fürchte, das ist mein Problem. Jedenfalls seit Paul weggezogen ist. Paul war mein Freund seit dem Kindergarten, und wir haben uns fast jeden Tag getroffen, bis seine endbescheuerte Mutter beschlossen hat, dass sie lieber im Grünen wohnen will. [...]

Auf dem Gymnasium hab ich dann erst mal niemanden kennengelernt. Ich bin nicht wahnsinnig gut im Kennenlernen. Und das war auch nie das ganz große Problem für mich. Bis Tatjana Cosic kam. Oder bis ich sie bemerkte. Denn natürlich war Tatjana schon immer in meiner Klasse. Aber bemerkt hab ich sie erst in der Siebten. Warum, weiß ich nicht. Aber in der Siebten hatte ich sie auf einmal voll auf dem Schirm, da fing das ganze Elend an.

Kapitel 8

Ich glaube, wenn ich mir mal selber einen Spitznamen gegeben hätte, wäre es Aeroflot gewesen oder so. Oder Air Klingenberg. Der Kondor von Marzahn. Aber leider darf man sich ja selbst keine Spitznamen geben. Als mein Rücken in die weiche Matte sank, hörte ich, wie auf der Jungsseite verhalten geklatscht wurde. Auf der Mädchenseite hörte ich nichts. Als die Matte mich wieder hochdrückte, war mein erster Blick zu Tatjana, und Tatjana guckte Frau Beilcke an. Natalie[1] guckte auch Frau Beilcke an. Sie hatten meinen Sprung überhaupt nicht gesehen, die blöden Kühe. Keins von den Mädchen hatte meinen Sprung gesehen. Es *interessierte* sie nicht, was die psychotische Schlaftablette sich da zusammensprang. Aeroflot mein Arsch. [...]

Ich interessierte niemanden. Wenn *mich* irgendetwas interessierte, dann auch nur die Frage: Warum guckt keiner hin, wenn Air Klingenberg Schulrekord fliegt, und warum gucken sie hin, wenn ein Mehlsack unter der Latte durchrutscht? Aber so war das eben. Das war die Scheißschule, und das war das Scheißmädchenthema, und da gab es keinen Ausweg. Dachte ich jedenfalls immer, bis ich Tschick kennenlernte. Und dann änderte sich einiges. Und das erzähle ich jetzt.

Kapitel 9

Ich konnte Tschick von Anfang an nicht leiden. Keiner konnte ihn leiden. Tschick war ein Asi, und genau so sah er auch aus. Wagenbach schleppte ihn nach Ostern in die Klasse, und wenn ich sage, er *schleppte* ihn in die Klasse, dann meine ich das auch so. [...]

Wagenbach kam also rein in dem schlechten Anzug und mit der braunen Kacktasche unterm Arm wie im-

1 Natalie: Tatjanas beste Freundin

mer, und hinter ihm her schleppte sich dieser Junge, der wirkte, als wäre er kurz vorm Koma oder so. Wagenbach knallte seine Tasche aufs Pult und drehte sich um. Er wartete mit zusammengezogenen Augenbrauen, bis der Junge langsam herangeschlurrt war, und sagte dann: „Wir haben hier einen neuen Mitschüler. Sein Name ist Andrej –“
Und dann schaute er auf seinen Notizzettel, und dann schaute er wieder den Jungen an. Offenbar sollte der seinen Nachnamen selber sagen. Aber der Junge guckte mit seinen zwei Schlitzaugen durch den Mittelgang ins Nichts und sagte auch nichts.
Und vielleicht ist es nicht wichtig zu erwähnen, was ich dachte in diesem Moment, als ich Tschick zum ersten Mal sah, aber ich will es trotzdem mal dazusagen. Ich hatte nämlich einen extrem unguten Eindruck, wie der da neben Wagenbach auftauchte. Zwei Arschlöcher auf einem Haufen, dachte ich, obwohl ich ihn ja gar nicht kannte und nicht wusste, ob er ein Arschloch war. Er war ein Russe, wie sich dann rausstellte. Er war so mittelgroß, trug ein schmuddeliges weißes Hemd, an dem ein Knopf fehlte, 10-Euro-Jeans von KiK und braune, unförmige Schuhe, die aussahen wie tote Ratten. Außerdem hatte er extrem hohe Wangenknochen und statt Augen Schlitze. Diese Schlitze waren das Erste, was einem auffiel. Sah aus wie ein Mongole, und man wusste nie, wo er damit hinguckte. Den Mund hatte er auf einer Seite leicht geöffnet, es sah aus, als würde in dieser Öffnung eine unsichtbare Zigarette stecken. Seine Unterarme waren kräftig, auf dem einen hatte er eine große Narbe. Die Beine relativ dünn, der Schädel kantig.
Niemand kicherte. Bei Wagenbach kicherte sowieso niemand. Aber ich hatte den Eindruck, dass auch ohne Wagenbach keiner gekichert hätte. Der Russe stand einfach da und sah aus seinen Mongolenaugen irgendwohin. Und er ignorierte Wagenbach komplett.

Filmbild aus „Tschick“, Regie: Fatih Akin, 2016

Das war auch schon eine Leistung, Wagenbach zu ignorieren. Das war praktisch unmöglich.
„Andrej“, sagte Wagenbach, starrte auf seinen Zettel und bewegte lautlos die Lippen. „Andrej Tsch... Tschicha... tschoroff.“
Der Russe nuschelte irgendwas.
„Bitte?“
„Tschichatschow“, sagte der Russe, ohne Wagenbach anzusehen. [...]
Sonst wusste man nicht viel über ihn. Dass da einer von der Förderschule ins Gymnasium kam, war ja absurd genug. Und dann noch diese Klamotten. Aber es gab auch Leute, die ihn verteidigten, die meinten, dass er in Wirklichkeit gar nicht dumm war. „Jedenfalls garantiert nicht so dumm wie Kallenbach“, behauptete ich irgendwann, denn ich war einer von diesen Leuten. Aber ich verteidigte ihn, ehrlich gesagt, auch nur, weil Kallenbach gerade dabeistand, der mir auf die Nerven ging. Aus Tschicks Redebeiträgen konnte man wirklich nicht schließen, ob er dumm oder klug war oder irgendwas dazwischen.

S. 271 ○ ← ◒ **5** Untersucht arbeitsteilig, wie Maik sich selbst und Tschick (S. 117 f.) charakterisiert.
a) Notiert Angaben zu ihrem Aussehen, zu ihren Lebensumständen, Verhaltensweisen und typischen Eigenschaften.
b) Erläutert, wie die Erzählweise zur Figurencharakterisierung beiträgt.
c) Vergleicht die Figurencharakterisierung im Text mit der Darstellung im Filmbild.

◒ **6** Schreibt einen inneren Monolog, in dem ihr darstellt, wie Tschick sich fühlt, als er neu in die Klasse kommt.

◒ **7** **a)** „Maik und Tschick sind typische Außenseiter.“ Diskutiert diese Aussage.
b) Besprecht, wie sich das Verhältnis der beiden entwickeln könnte.

Die Zeitgestaltung untersuchen

Wolfgang Herrndorf: Tschick (2010, Ausschnitte)

Am Ende der 8. Klasse wird Maik nicht zu Tatjanas Geburtstagsparty eingeladen und muss die Ferien allein verbringen. Sein Vater ist mit seiner Freundin unterwegs, die Mutter in einer Entzugsklinik. Da taucht Tschick auf.

Kapitel 15

Ein klappriges Auto kam die Straße runtergefahren. Es fuhr langsam auf unser Haus zu und bog in die Auffahrt ein. Eine Minute stand der hellblaue Lada Niva mit laufendem Motor vor unserer Garage, dann wurde der Motor abgestellt. Die Fahrertür ging auf, Tschick stieg aus. Er legte beide Ellenbogen aufs Autodach und sah zu, wie ich den Rasen sprengte.

Kapitel 16

Die ganze Zeit wartete ich krampfhaft, dass auch sein Vater oder Bruder oder wer auch immer hinter ihm aussteigen würde, aber da stieg niemand mehr aus. Und das lag daran, dass niemand mehr drin war in dem Auto. Man konnte es durch die dreckigen Scheiben nur schlecht erkennen.

„Du siehst aus wie'n Schwuler, dem sie über Nacht den Garten vollgekackt haben. Soll ich dich wo hinfahren, oder willst du lieber noch ein bisschen mit dem Wasser spritzen?" Er grinste sein breitestes Russengrinsen. „Steig ein, Mann."

Aber natürlich stieg ich nicht ein. Ich war ja nicht völlig verrückt. Ich ging nur kurz hin und setzte mich halb auf den Beifahrersitz, weil ich nicht so auffällig in der Einfahrt rumstehen wollte. [...]

„Los wir fahren mal 'ne Runde." „Ohne mich." [...]

Tschick löste die Handbremse, und ich weiß, ehrlich gesagt, nicht, warum ich nicht ausstieg. Ich bin ja sonst eher feige. Aber gerade deshalb wollte ich wahrscheinlich mal nicht feige sein. Er trat mit dem linken Fuß auf das Pedal ganz links, und der Lada rollte lautlos rückwärts die Schräge hinunter. Tschick trat das mittlere Pedal, und der Wagen blieb stehen. Ein Griff in den Kabelsalat, der Motor startete, und ich schloss meine Augen. Als ich sie wieder öffnete, glitten wir den Ketschendorfer Weg runter und rechts in die Rotraudstraße.

„Du hast nicht geblinkt", sagte ich kläglich, die Arme immer noch an die Brust gepresst. Ich war vor Aufregung fast tot. Dann suchte ich nach dem Sicherheitsgurt.

„Du musst keine Angst haben. Ich fahr wie'n Weltmeister."

„Blink doch mal wie'n Weltmeister." „Ich hab noch nie geblinkt." „Bitte."

„Wozu? Die Leute sehen doch, wo ich hinfahr. Und es ist sowieso keiner da."

Das stimmte, die ganze Straße war leer. Und es stimmte noch ungefähr eine Minute lang. Dann war Tschick zweimal abgebogen, und plötzlich waren wir wieder auf der Allee der Kosmonauten. Die Allee der Kosmonauten ist vierspurig. Ich kriegte endgültig Panik. [...]

Tschick parkte diesmal nicht direkt vor unserm Haus, sondern in einer kleinen Seitenstraße, einer Sackgasse, wo uns keiner beim Aussteigen sah, und als wir endlich oben bei mir waren und Tschick mich immer noch anguckte, als hätte er wer weiß was über mich rausgefunden, sagte ich: „Mach mich nicht verantwortlich für das, was du jetzt zu sehen kriegst. Und lach nicht. Wenn du lachst –" „Ich lach ja nicht."

„Tatjana geht kaputt auf Beyoncé, das weißt du?"

„Ja, klar. Ich hätt ihr eine CD geklaut, wenn sie mich eingeladen hätte." „Ja. Jedenfalls ... das da."

Ich holte die Zeichnung aus der Schublade. Tschick nahm sie, hielt sie mit ausgestreckten Armen vor sich hin und starrte sie an. Er schenkte der Zeichnung aber erst mal nicht so viel Beachtung wie der Rückseite, wo ich den Riss säuberlich mit Tesafilm geklebt hatte, sodass er von vorne kaum noch zu sehen war. Er guckte sich diesen Riss ganz genau an und dann nochmal die Zeichnung, und dann sagte er: „Du hast ja Gefühle." [...]

„Du musst doch was machen damit."

„Was soll ich denn machen? Soll ich zu Tatjana gehen und sagen, herzlichen Glückwunsch, ich hab hier ein kleines Geschenk für dich zum Geburtstag – und es stört mich auch überhaupt nicht, dass ich nicht eingeladen bin und jeder andere Spacken schon, ja wirklich, kein Problem. Und ich komm hier auch nur zufällig vorbei und geh auch gleich wieder – viel Spaß mit dieser Zeichnung, an der ich mir drei Monate lang den Arsch abgearbeitet hab?"

Tschick kratzte sich am Hals. Er legte die Zeichnung auf den Schreibtisch, betrachtete sie kopfschüttelnd und sah mich dann wieder an und sagte: „Genau so würd ich's machen."

S.271 ○ ← ◒ **1** Diskutiert, ob sich bei der ersten Autofahrt (S.119) eine Freundschaft zwischen den beiden anbahnt. Belegt eure Meinung am Text.

S.272 ◒ ← ● **2** Maik erzählt in ca. zwei Minuten von diesem Tag, die Handlung selbst dauert aber länger.

a) Sucht mithilfe der Kompetenzbox heraus, an welchen Stellen (S.119) zeitraffend und zeitdeckend erzählt wird.

b) Prüft, inwieweit man die markierten Textstellen (S.119) als zeitdehnend bezeichnen kann.

c) Nennt mögliche Gründe für die unterschiedliche Zeitgestaltung.

S.272 ◒ ← ● **3** **a)** Schreibt die Textstelle (Zeile 57–65) so um, dass zeitdehnend erzählt wird.

b) Besprecht die Wirkung dieser Art des Erzählens.

Zeitgestaltung S.311 **KOMPETENZBOX**

Die Zeitgestaltung untersuchen

Erzählzeit: Zeit, die die Erzählerin/der Erzähler zum Erzählen braucht *(ca. 7 Stunden)*

Erzählte Zeit: Zeitspanne der Handlung *(Maik im Alter von 6–15 Jahren)*

Erzähltempo:

Zeitraffung

- Erzählzeit < erzählte Zeit
- schnelleres Erzählen
- Überblicksdarstellung, z.B. durch Auslassungen, Straffungen

Paul war mein Freund seit dem Kindergarten, und wir haben und fast jeden Tag getroffen, bis seine endbescheuert Mutter beschlossen hat, dass sie lieber im Grünen wohnen will. […]
Auf dem Gymnasium hab ich dann erst mal niemanden kennengelernt. Ich bin nicht wahnsinnig gut im Kennenlernen. Und das war auch nie das Problem für mich. Bis Tatjana Cosic kam. Oder bis ich sie bemerkte. Denn natürlich war Tatjana schon immer in meiner Klasse. Aber bemerkt hab ich sie in der Siebten.
(S.117, Z.22–32)

Zeitdehnung

- Erzählzeit > erzählte Zeit
- langsameres Erzählen
- Darstellen von Gedanken und Gefühlen, Erzeugen von Spannung, z.B. durch Vertiefung und Ausschmückung

Und dann schaute er auf seinen Notizzettel, und dann schaute er wieder den Jungen an. Offenbar sollte der seinen Nachnamen selber sagen. Aber der Junge guckte mit seinen zwei Schlitzaugen durch den Mittelgang ins Nichts und sagte auch nichts. Und vielleicht ist es nicht wichtig zu erwähnen, was ich dachte in diesem Moment, als ich Tschick zum ersten Mal sah, aber ich will es trotzdem mal dazusagen. Ich hatte nämlich einen extrem unguten Eindruck, wie der da neben Wagenbach auftauchte.
(S.118, Z.75–84)

Zeitdeckung

- Erzählzeit = erzählte Zeit
- zeitgleiches Erzählen
- Erzeugen von Unmittelbarkeit, z.B. durch Figurenrede, Dialoge

„Andrej", sagte Wagenbach, starrte auf seinen Zettel und bewegte lautlos die Lippen. „Andrej Tsch… Tschicha… tschoroff."
Der Russe nuschelte irgendwas.
„Bitte?"
„Tschichatschow", sagte der Russe, ohne Wagenbach anzusehen.
(S.118, Z.107–113)

Den Handlungsaufbau untersuchen

Wolfgang Herrndorf: Tschick (2010, Ausschnitt)

Maik und Tschick überbringen Tatjana die Zeichnung und beschließen, mit dem Auto zu Tschicks Oma in die Walachei zu fahren. Auf ihrer Reise begegnen sie unterschiedlichsten Menschen und werden Freunde. Dann verliert Maik auf der Autobahn die Kontrolle über das Auto.

Kapitel 44

Einen Moment lang spürte ich nichts. Das Erste, was ich wieder spürte, war, dass ich keine Luft bekam. Der Sicherheitsgurt schnitt mich in der Mitte entzwei, und mein Kopf lag fast auf dem Gaspedal. Dort lag auch Tschicks Gipsbein irgendwo. Ich richtete mich auf. Oder ich drehte jedenfalls den Kopf. Über der gesprungenen Windschutzscheibe hing ein Lkw-Rad und verdunkelte den Himmel. Das Rad drehte sich geräuschlos. Auf der Radnabe war ein schmutziger, blitzförmiger Aufkleber, ein roter Blitz auf gelbem Grund. Ein faustgroßer Klumpen Dreck pendelte von der Achse, löste sich ganz langsam und flatschte auf die Windschutzscheibe.

„So viel dazu", sagte Tschick. Er hatte es also auch überlebt. Tosender Applaus brandete auf. Es hörte sich an, als ob eine riesige Menge schrie, pfiff, johlte und mit den Füßen trampelte, und das kam mir nicht ganz unberechtigt vor, denn für einen Amateur-Autofahrer war meine Bremsleistung eine Bremsleistung der Extraklasse gewesen. Das war jedenfalls meine Meinung zum Thema, und es wunderte mich nicht, dass auch andere dieser Meinung waren. Nur war ja gar kein Publikum da.

„Bist du okay?", fragte Tschick und rüttelte an meinem Arm.

„Ja. Und du?"

Die Beifahrerseite neben Tschick war zwanzig Zentimeter weit ins Auto gedrückt worden, aber sehr gleichmäßig. Alles lag voller Scherben.

„Ich glaub, ich hab mich geschnitten." Er hielt eine blutige Hand hoch. [...] Ich befreite mich vom Sicherheitsgurt und kippte zur Seite. Das Auto lag offensichtlich schief, ich musste durch das Seitenfenster aussteigen. Dann fiel ich sofort über irgendwas auf der Straße. Ich richtete mich wieder auf, fiel wieder hin und landete in einem blutigen Matsch. Ein totes Schwein. Ein paar Meter hinter uns hatte ein roter Opel Astra gebremst. In ihm saßen eine Frau und ein Mann und hielten mit den Zeigefingern die Knöpfe an den Türen runtergedrückt. Ich setzte mich auf ihre Kühlerhaube und fasste mit einer Hand die Antenne an. Ich konnte nicht mehr stehen, und diese Antenne fühlte sich wirklich sehr gut an. Niemals im Leben wollte ich diese Antenne wieder loslassen. „Bist du okay?", rief Tschick noch einmal, der hinter mir aus dem Auto geklettert war.

Filmbild aus „Tschick", Regie: Fatih Akin, 2016

In diesem Moment kam ein Schwein schreiend um den umgekippten Laster gerannt. Hinter ihm eine Menge anderer Schweine. Das vorderste rannte blutend über die Autobahn auf eine Böschung zu. Einige galoppierten hinterher. Aber die meisten blieben stehen, und sie standen zwischen toten Schweinen und zerschossenen Käfigen und schrien vor Verzweiflung. Und dann sah ich am Horizont die Polizei auftauchen. Ich wollte erst wegrennen, aber ich wusste, es hat keinen Sinn, und die letzten beiden Bilder, an die ich mich erinnere, sind: Tschick, der mit seinem Gipsfuß die Böschung runterhumpelt. Und der Autobahnpolizist, der mit freundlichem Gesichtsausdruck neben mir steht und meine Hand von der Antenne löst und sagt: „Die kommt auch ohne dich klar." Und den Rest habe ich ja schon erzählt.

S.272 ○←◒ **1** Erläutert, wie Maik das Chaos nach dem Unfall (S. 121) erlebt.
a) Beschreibt anhand von Textstellen, wie er seine Umgebung wahrnimmt.
b) Benennt die sprachlichen Mittel und ihre Wirkung.

◒ **2** Schreibt aus der Perspektive des Polizisten, was dieser am Abend zu Hause von dem Unfall erzählt.

S.272 ○←◒ MK **3** Untersucht, in welcher Reihenfolge die Handlung im Roman „Tschick" erzählt wird.
a) Übernehmt den folgenden Zeitstrahl und ordnet den Ausschnitt (S. 121) in Form einer Überschrift ein. Ihr könnt den Zeitstrahl auch digital erstellen.
b) Tragt für die anderen Ausschnitte (S. 116, 117 f., 119) ebenfalls Überschriften auf dem Zeitstrahl ein. Orientiert euch an dem Beispiel.
Schulzeit ohne Spitznamen (Kap. 5)
c) Erklärt die Aussage „Und den Rest habe ich ja schon erzählt." (S. 121, Z. 74).
d) Erläutert, in welcher Reihenfolge Maik die Erlebnisse erzählt? Welche Funktion kann eine solche Reihenfolge haben?

Kindheit und Jugend bis 8. Klasse und Unfall	Unfall und Krankenhausaufenthalt in den Sommerferien	Ende der Ferien bis Beginn 9. Klasse

Wolfgang Herrndorf: Tschick (2010, Ausschnitte)

Nach dem Unfall versucht Maiks Vater, Tschick die Schuld an allem zu geben. Maik widerspricht ihm und lügt vor Gericht nicht.

Kapitel 46

Und dann erklärte der Typ von der Jugendgerichtshilfe, der mich und meine Eltern zu Hause besucht hatte, aus was für einem stinkreichen Elternhaus ich kommen würde und dass ich dort vernachlässigt würde und verwahrlost sei und meine Familie letztlich auch so eine Art asozialer Scheiße, und als das Urteil verkündet wurde, war ich überrascht, dass sie mich nicht lebenslänglich einsperrten. Im Gegenteil, milder konnte ein Urteil gar nicht ausfallen. Tschick musste im Heim bleiben, wo er eh schon war, und an mich erging die *Weisung, Arbeitsleistungen zu erbringen*. Im Ernst, das hat der Richter gesagt. Er hat dann zum Glück auch gleich erklärt, was er damit meinte, und in meinem Fall meinte er, dass ich dreißig Stunden lang Mongos[1] den Arsch abwischen soll. Zum Schluss kamen noch stundenlange moralische Ermahnungen, aber es waren eigentlich sehr okaye Ermahnungen. Nicht wie bei meinem Vater oder an der Schule immer, sondern schon eher so Sachen, wo man dachte, es geht am Ende um Leben und Tod, und ich hörte mir das sehr genau an, weil mir schien, dass dieser Richter nicht gerade endbescheuert war. Im Gegenteil. Der schien ziemlich vernünftig. Und der hieß Burgmüller, falls es jemanden interessiert.

Kapitel 47

Und das war dann dieser Sommer. Die Schule fing wieder an. Statt 8c stand jetzt 9c an der Tür von unserem Klassenraum. Sonst hatte sich nicht viel verändert. Es war noch die gleiche Sitzordnung wie in der Achten. Jeder saß da, wo er vorher gesessen hatte, außer dass am Tisch ganz hinten keiner mehr saß. Kein Tschick.
Erste Stunde am ersten Tag nach den Sommerferien: Wagenbach. Ich war eine Minute zu spät, kriegte aber ausnahmsweise keinen Anschiss. Ich humpelte noch ein bisschen und hatte Schrammen im Gesicht und überall. Wagenbach hob nur eine Augenbraue und schrieb das Wort „Bismarck" an die Tafel.
Schüler Tschichatschow würde heute nicht zum Unterricht erscheinen, erklärte er ganz nebenbei, und warum das so war, wusste er nicht, oder er sagte es nicht. Ich glaube, er wusste es nicht.

1 Mongos: Schimpfwort, von Mongolismus abgeleitet, Beleidigung für am Down-Syndrom erkrankte Menschen

Am Ende des Romans springt Maik mit seiner Mutter zusammen in den Pool und urteilt über das Erlebte:

Kapitel 49

„[...] ich weiß noch genau, was ich dachte, als ich da unten die Luft anhielt und hochschaute. Ich dachte nämlich, dass sie mich jetzt wahrscheinlich wieder Psycho nennen würden. Und dass es mir egal war. Ich dachte, dass es Schlimmeres gab als eine Alkoholikerin als Mutter. Ich dachte daran, dass es jetzt nicht mehr lange dauern würde, bis ich Tschick in seinem Heim besuchen konnte, und ich dachte an Isas Brief. [...] Ich dachte, dass ich das alles ohne Tschick nie erlebt hätte in diesem Sommer und dass es ein toller Sommer gewesen war, der beste Sommer von allen [...].

◒ **4** Erklärt anhand der Ausschnitte, wie Maik den Ausgang seines Abenteuers mit Tschick bewertet.

◒ **5** Ergänzt euren Zeitstrahl (S. 122, Aufgabe 3), indem ihr die Überschriften zu den Kapiteln 46, 47 und 49 eintragt.

6 **EXTRA** Gestaltet eine Szene, in der sich Maik und Tschick wiedersehen und spielt sie vor.

S. 272 ○←◒ **7** **a)** Ersetzt in dem Ausschnitt aus Kapitel 46 (S. 122) die jugend- und alltagssprachlichen Ausdrücke durch standardsprachliche. Vergleicht beide Versionen und benennt Unterschiede in der Wirkung.
b) Erstellt drei Wörterbucheinträge zur Jugendsprache in „Tschick".

Jugendsprache, Alltagssprache, Standardsprache → S. 200

◒ **8** Formuliert aus eurer Sicht, weshalb das Urteil über Maik so milde ausfällt.

Handlungsaufbau S. 311 **KOMPETENZBOX**

Den Handlungsaufbau untersuchen

Beim Handlungsaufbau untersucht ihr die zeitliche Reihenfolge der erzählten Geschehnisse.

chronologisch

in der Reihenfolge, in der die Geschehnisse passieren

Geburt → Kindheit → Jugend → Alter

nicht chronologisch

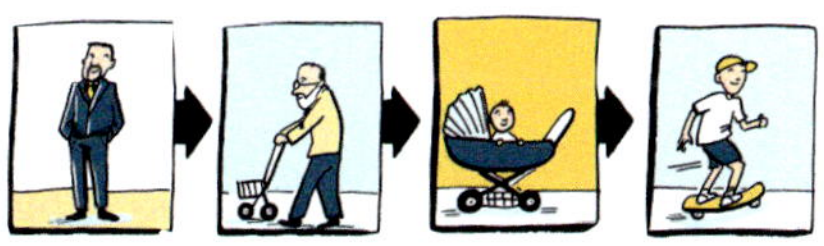

in der Reihenfolge, in der sie der Erzählerin/dem Erzähler wichtig sind

Jugend → Alter → Geburt → Kindheit

Rückblende: es wird aus der Gegenwart von Vergangenem erzählt

Maik erzählt zuerst (Kapitel 1–4) von seinem Unfall und dem Aufenthalt im Krankenhaus, bevor er auf seine Kindheit zurückblickt und von seiner Schulzeit berichtet (ab Kapitel 5).

Vorausdeutung: es wird aus der Gegenwart von Zukünftigem erzählt

Jugendbuchausschnitte untersuchen und gestalten

Wolfgang Herrndorf: Tschick (2010, Ausschnitte)

Maik und Tschick lernen auf ihrer Tour Isa kennen, eine junge, etwas verwahrloste Tramperin, die sich ihnen für kurze Zeit anschließt, auch wenn beide das zuerst nicht möchten. Sie wandern gemeinsam auf einen Berg und denken über ihr Leben nach.

Kapitel 34

Ich kratzte mich hinterm Ohr und wusste nicht, was ich sagen wollte. „Ich wollte sagen", sagte ich, „ich finde es toll, dass wir jetzt hier sind, und ich bin froh, dass ich mit euch hier bin. Und dass wir befreundet sind. Aber man weiß ja nie, wie lange – ich meine, ich weiß nicht, wie lange es Facebook noch gibt – und eigentlich würde ich gern wissen, was aus euch mal wird, in fünfzig Jahren."

„Dann googelst du einfach", sagte Isa.

„Und Isa Schmidt kann man googeln?", sagte Tschick. „Gibt's da nicht hunderttausend?"

„Ich wollte eigentlich auch was anderes vorschlagen", sagte ich. „Wie wär's, wenn wir uns einfach in fünfzig Jahren wiedertreffen? Genau hier, in fünfzig Jahren. Am 17. Juli, um fünf Uhr nachmittags, 2060. Auch wenn wir vorher dreißig Jahre nichts mehr voneinander gehört haben. Dass wir alle wieder hierherkommen, egal, wo wir dann gerade sind, ob wir Siemens-Manager sind oder in Australien. Wir schwören uns das, und dann reden wir nie wieder drüber. Oder ist das blöd?"

Nein, fanden sie gar nicht blöd. Wir standen um diese Schnitzerei[1] rum und schworen, und ich glaube, wir dachten alle drüber nach, ob das sein könnte, dass wir in fünfzig Jahren noch immer am Leben wären und wieder hier. Und dass wir dann alles mickrige Greise wären, was ich unvorstellbar fand. Dass wir wahrscheinlich nur mit Mühe den Berg raufkommen würden, dass wir alle eigene blöde Autos hätten, dass wir im Innern wahrscheinlich noch genau dieselben geblieben wären und dass der Gedanke an Anselm Wail[2] mich noch immer genauso fertigmachen würde wie heute.

„Machen wir", sagte Isa, und Tschick wollte dann noch, dass wir alle unsere Finger ritzen und einen Tropfen Blut auf die Buchstaben gießen, aber Isa meinte, wir wären doch nicht Winnetou und dieser andere Indianer, und da haben wir's dann nicht gemacht.

Als wir abstiegen, sahen wir weit unter uns zwei Soldaten. Auf dem Pass, wo der Lada[3] parkte, standen

Filmbild aus „Tschick", Regie: Fatih Akin, 2016

jetzt ein paar Reisebusse. Isa lief sofort zu einem hin, auf dem in unlesbarer Schrift irgendwelche Dinge standen, und redete auf den Fahrer ein. Tschick und ich sahen uns das vom Lada aus an, und dann kam Isa plötzlich zurückgesprintet und rief: „Habt ihr mal dreißig Euro? Ich kann euch das nicht wiedergeben jetzt, aber später, ich schwör! Meine Halbschwester hat Geld, die schuldet mir noch – und ich muss jetzt da lang."

Ich war sprachlos. Isa holte ihr Holzkästchen aus dem Lada, sah mich und Tschick schief an und sagte: „Mit euch schaff ich's nie. Tut mir leid." Sie umarmte Tschick, dann sah sie mich einen Moment lang an und umarmte mich auch und küsste mich auf den Mund. Sie sah sich nach dem Reisebus um. Der Fahrer winkte. Ich riss dreißig Euro aus der Tasche und hielt sie ihr wortlos hin. Isa umarmte mich nochmal und rannte davon. „Ich meld mich!", rief sie. „Kriegst du wieder!" Und ich wusste, dass ich sie nie wiedersehen würde. Oder frühestens in fünfzig Jahren.

„Du hast dich nicht schon wieder verliebt?", fragte Tschick, als er mich vom Asphalt aufsammelte. „Im Ernst, du hast ja echt ein glückliches Händchen mit Frauen, oder wie sagt man so?"

1 die Schnitzerei: Holzfigur 2 Anselm Wail: Bergwanderer 3 der Lada: Markenname von einem Auto eines russischen Automobilherstellers

Kapitel 49

Irgendwann musste ich ins Sekretariat und einen Brief abholen. Einen richtigen Brief. [...] Die Sekretärin hielt den Brief in der Hand, und ich sah, dass vorne drauf eine komische kleine Kugelschreiberzeichnung von einem Auto war, in dem ein paar Strichmännchen saßen, und rund um das Auto ein paar Strahlen, als wäre das Auto die Sonne, und darunter stand:

Maik Klingenburg
Schüler am Hagecius Gymnasium
Neunte Klasse ungefähr
Berlin

Dass das angekommen war, war schon ein Wunder. Aber weil ich nicht Klingenburg hieß und sie in der fünften Klasse auch noch einen Maik Klinger hatten, wollte die Sekretärin erst einmal wissen, ob ich den Absender kennen würde.

„Andrej Tschichatschow", sagte ich, denn der Brief konnte logisch nur von Tschick sein, der es irgendwie geschafft hatte, an der Kontaktsperre vorbei zu schreiben, und ich freute mich wahnsinnig.

„Anselm", sagte die Sekretärin.

„Anselm", sagte ich. Ich kannte keinen Anselm. Die Sekretärin hielt den Kopf schief, und nach einer Weile sagte ich: „Anselm Wail?", und die Sekretärin gab mir den Brief. Wahnsinn. Anselm Wail, Auf dem hohen Berg. Ich riss ihn sofort auf, um zu gucken, wer der wahre Absender war, und dann war ich viel zu aufgeregt zum Lesen und packte ihn wieder ein und las ihn erst eine Stunde später, als ich zu Hause war und auf dem Bett lag.

Weil, er war natürlich von Isa. Und ich freute mich riesig.

Ich freute mich fast genauso, wie wenn der Brief von Tschick gewesen wäre. Ich lag den ganzen Nachmittag damit auf dem Bett und dachte darüber nach, ob ich jetzt eigentlich mehr in Tatjana verliebt war oder mehr in Isa, und ich wusste es nicht. Im Ernst, ich wusste es nicht.

Hallo du Schwachkopf. Habt ihrs noch in die Walachei geschafft? Ich wette nicht. Ich hab meine Halbschwester besucht und kann dir jetzt das Geld wiedergeben. Ich hab einen Lasterfahrer verprügelt und meinen Holzkasten verloren. Ich fand es gut mit euch. Ich fands schade, dass wir nicht geküsst haben. Ich fand am besten die Brombeeren. Nächste Woche komm ich nach Berlin. Sonntag den 29. um 17 Uhr unter der Weltzeituhr, wenn du nicht noch fünfzig Jahre warten willst. Kuss – Isa.

S.272 ○ ← ◒ **1** Erklärt, weshalb sich die drei in 50 Jahren gerade auf dem Berg treffen wollen.

◒ **2** Ordnet die beiden Kapitel (S.124 f.) in euren Zeitstrahl (S.122, Aufgabe 3) ein und benennt ihre Bedeutung für die gesamte Handlung.

S.272 ○ ← ◒ **3** Erläutert für den Ausschnitt aus Kapitel 34 (S.124) den Handlungsaufbau und nennt die Textstelle, an der von der Zeitdeckung zur Zeitraffung übergegangen wird.

S.272 ◒ ← ● **4** Fügt hinter dem markierten Satz eigene Sätze von Maik mit Vorausdeutungen ein.

S.273 ○ ← ◒ **5** Sucht im Kapitel 49 Textstellen heraus, an denen die Handlung zeitdeckend und zeitraffend gestaltet wird. Erläutert an einem Beispiel deren Funktion.

S.273 ○ ← ◒ **6** **a)** Schreibt die beiden Ereignisse (Kapitel 34 und 49) aus Isas Perspektive.
b) Begründet eure inhaltliche und sprachliche Gestaltung an drei Passagen eures Textes.

◒ **7** „Maiks Verhältnis zu Mädchen wandelt sich grundlegend." Nehmt Stellung zu dieser Aussage.

MK **8** **EXTRA** Sucht nach Songtexten, die Maiks Gefühle ausdrücken. Erstellt eine Playlist.

6.2 Ein ungleiches Paar · Die Mise en Scène untersuchen

Ziemlich beste Freunde (2011, Inhaltsangabe)

Der Kleinkriminelle Driss benötigt für das Arbeitsamt lediglich eine Unterschrift, weshalb er an einem Vorstellungsgespräch bei einem querschnittsgelähmten reichen Mann, Philippe, teilnimmt. Doch obwohl er kein Interesse an der Pflege zeigt, den Job gar nicht will, wird er eingestellt. Philippe gefällt die unkomplizierte, freche Art, mit der ihm Driss begegnet. Die Probezeit bringt für beide Überraschungen mit sich, Driss vermittelt Philippe wieder die Freude am Leben und findet selbst einen Freund.

Der vermutlich lustigste Film des neuen Jahres!

Der erfolgreichste französische Film aller Zeiten!

Eine wunderbar unverschämte Lust am Leben!

1 [MK] Entwickelt Ideen für Situationen, die sich zwischen Philippe und Driss abgespielt haben könnten. Nutzt die Inhaltsangabe, die Pressestimmen und die Filmbilder. Besprecht, mit welchen filmischen Mitteln ihr Spannung, Komik oder Dramatik erreichen könnt.

1

2

2 [MK] Betrachtet die Bilder 1 – 3 und besprecht, inwieweit hier eine Freundschaft dargestellt wird. Begründet, woran ihr das jeweils im Bild erkennt.

3

3 Ordnet die folgenden Adjektive den Bildern 1 – 3 auf Seite 126 zu.
MK
- Geht von eurem Gesamteindruck aus und begründet die Zuordnungen.
- Sucht weitere Adjektive und besprecht eure Auswahl.

nachdenklich   lebenslustig   ruhig   erwartungsvoll   stimmungsvoll

angespannt   entspannt   freundlich

S.273 **4** Untersucht, wie in den Bildern 2 und 3 (S.126) die Personen im Raum angeordnet und wie sie dargestellt sind. Achtet auf die Körperhaltung, die Mimik und die Kleidung.
MK

4

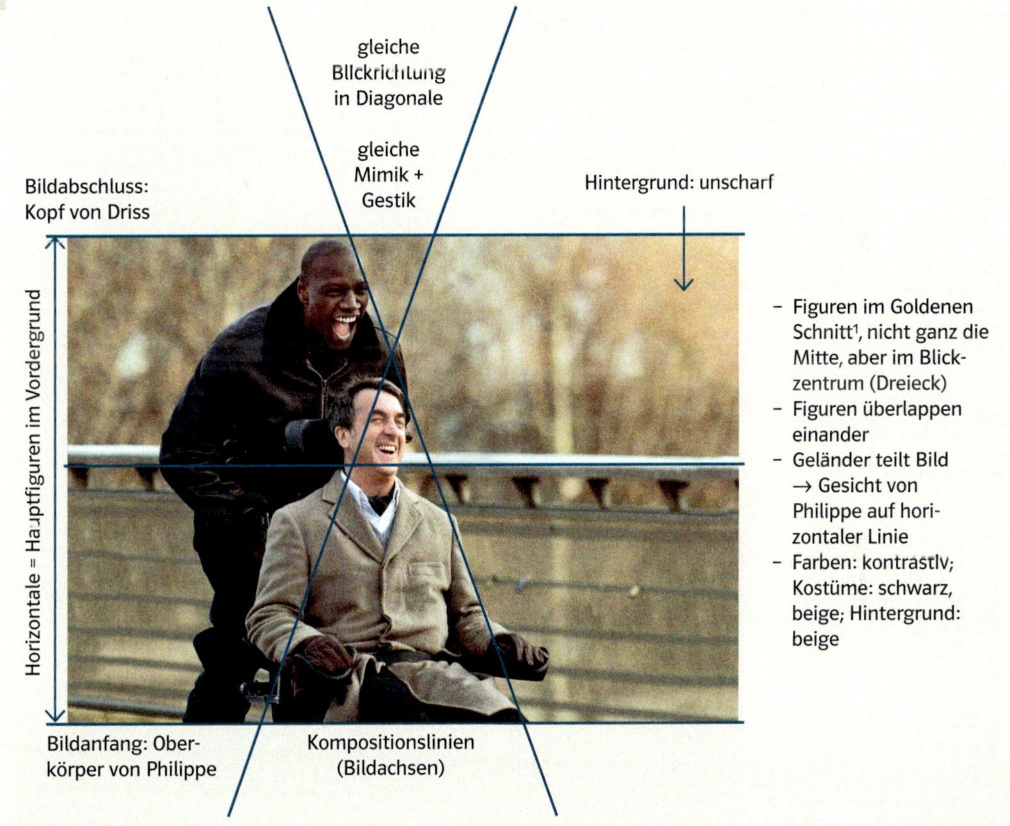

1 der Goldene Schnitt: spezielles Teilungsverhältnis zweier Größen; Gestaltungsregel, wird als besonders harmonisch empfunden

S.273 **5** a) Besprecht die Markierungen und Beschriftungen zum Bild 4.
MK
b) Benennt die Wirkung, die durch die Mise en Scène erzielt wird.

S.273 **6** Untersucht die Bilder 1 und 2 auf Seite 126 genauer.
MK
a) Geht wie bei Bild 4 auf Seite 127 vor. Ihr könnt Transparentpapier über das Bild legen und die Linien einzeichnen. Achtet besonders auf die Farbgestaltung, die Lichtverhältnisse und die dadurch ausgedrückte Atmosphäre.
b) Vergleicht die Bilder, indem ihr Gemeinsamkeiten und Unterschiede benennt.

5

7 Übernehmt die Tabelle und beschreibt Bild 5 genau. Ihr könnt Transparentpapier über das Bild legen und die Linien einzeichnen.

MK

Beobachtungsaspekte	Beschreibung	Atmosphäre/Wirkung
Personen, Gegenstände	...	...
Kostüme, Kulissen	*einfarbig, grau, dunkel*	...
Farbgebung, Licht	...	...
Linien (horizontal, vertikal, ...)	*diagonal nach hinten*	*Weite des Wegs, Personen kommen auf Betrachterin/Betrachter zu*
Kameraeinstellung	...	...

8 Besprecht zu zweit die Wirkung von Bild 5, wenn ihr einen der folgenden Punkte verändert. Ihr könnt die mögliche Veränderung auch skizzieren.

MK

Perspektive, Kameraeinstellung → S. 324 f.

- Perspektive und Kameraeinstellung
- Anordnung der Personen
- Linienführung
- Farbgebung
- Ausstattung (Kostüme, Kulissen)

9 Entwickelt arbeitsteilig für die folgende Situation Vorschläge für die Mise en Scène. Skizziert diese Vorschläge und notiert wichtige Hinweise als Randbemerkung.

Philippe und Driss diskutieren vor einem Kleiderschrank, welche Kleidung Philippe für ein Date auswählen sollte.

● **10** Erläutert die folgende Aussage von Fernando Pessoa (portugiesischer Schriftsteller, 1888–1953).
„In der Kunst müssen unsere Empfindungen so ausgedrückt werden, dass sie einen Gegenstand schaffen, der für andere zur Empfindung wird."

MK **11** **EXTRA** Seht euch den deutschen Filmtrailer und das Bonusmaterial der DVD an. Haltet mithilfe des Materials ein Kurzreferat über den Film und seine Entstehung. Stellt weitere Filme, Kurzfilme oder Animationsfilme zum Thema „Freundschaft" in Referaten vor und erklärt, wie das Thema in ihnen dargestellt wird.

Mise en Scène S. 325 **KOMPETENZBOX**

Die Mise en Scène untersuchen

Die Erzählung eines Films nimmt das Publikum über einzelne Bilder wahr. Der Bildinhalt wird ganz bewusst gestaltet. Die einzelnen Bildelemente werden so angeordnet, dass ein räumlicher Eindruck entsteht, die Aufmerksamkeit der Zuschauerin/des Zuschauers gelenkt und eine bestimmte Atmosphäre erzielt wird. Das so „in Szene Gesetzte" nennt man Mise en Scène.

Bei der Untersuchung eines Filmbilds könnt ihr so vorgehen:

1. Klärt, welcher Gesamteindruck vermittelt wird und welche inhaltliche Bedeutung das Bild für den Film hat.
2. Beschreibt das Filmbild genau. Achtet auf die:
   - **Anordnung der Personen und Gegenstände sowie ihre Ausstattung**
     - vorn, Mitte, hinten
     - Kostüme, Kulissen, Make-up
   - **Beziehung zwischen den Personen**
     - Blickachsen
     - Position und Stellung zueinander
     - Mimik, Gestik, Körperhaltung
   - **Licht- und Farbgestaltung**
     - hell
     - düster
     - Kontraste
   - **Kameraeinstellungen**
     - Totale
     - Halbtotale
     - Halbnah
     - Nah
     - Großaufnahme
     - Detail
   - **Linienführung**
     - horizontal
     - vertikal
     - diagonal
3. Erläutert die Wirkung der einzelnen Darstellungsmittel.

Die Mise en Scène untersuchen

6
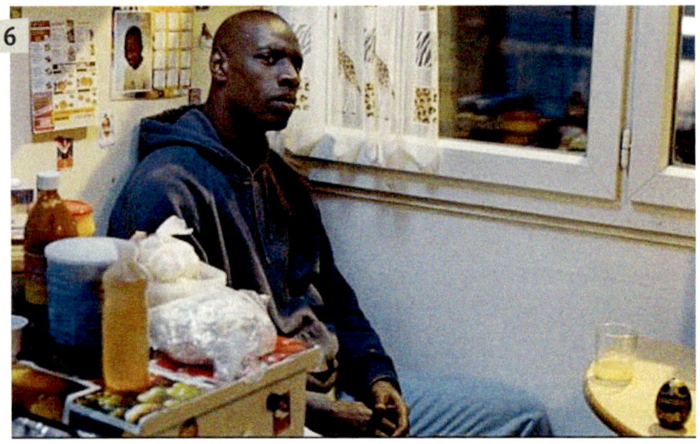

7

8
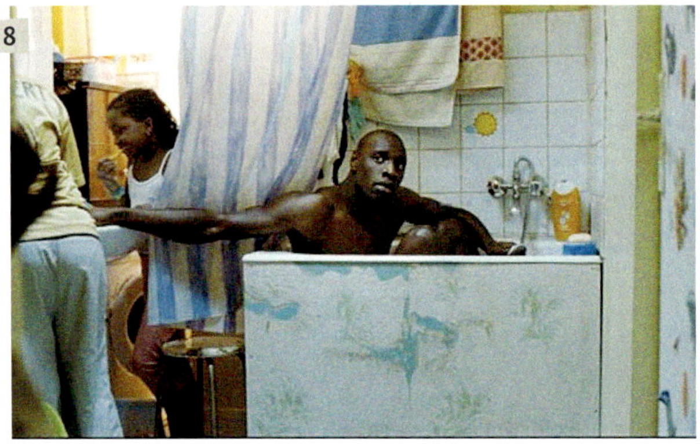

9

1 Vergleicht arbeitsteilig die Bilder 6 und 7 sowie 8 und 9.

MK **a)** Beschreibt, welche Eindrücke die Bilder jeweils transportieren.

b) Untersucht die Mise en Scène und erklärt ihre Wirkung.

2 a) Erläutert, weshalb es nicht nötig ist, dass auf den Bildern Philippe dargestellt wird.

b) Beschreibt, wie hier der soziale Gegensatz nur durch die Figur von Driss ausgedrückt wird.

3 Beschreibt eines der beiden Bildpaare (6 und 7 oder 8 und 9) so, dass die Beschreibung für eine Hörfassung des Filmes für Menschen mit einer Sehbeeinträchtigung genutzt werden könnte.

MK

- Erklärt auch die Wirkung einzelner Elemente.
- Orientiert euch an dem folgenden Beispiel zu Bild 6.
- Nehmt eure Beschreibungen auf.

Das Bild zeigt Driss in legerer Kleidung in der kleinen Küche seiner Familie am Fenster sitzend. Dabei ist nur ein Ausschnitt der Küche zu sehen, in der oberen Bildhälfte erkennt man das untere Drittel des Fensters. Es reicht über die Bildbreite. Die Wand unter dem Fenster ist hellblau gestrichen, sie wird in der linken Ecke durch Driss' Oberkörper verdeckt, der fast die Hälfte der linken Seite einnimmt. Dadurch wirkt die Küche sehr beengt. ...

10

11

12

13

4 Vergleicht die Bilder 10 und 11.

a) Beschreibt, was die Kameraeinstellung und die Position der Personen über ihre Beziehung aussagt.

b) Diskutiert den Vorschlag, die Personen in bunter Kleidung darzustellen. Wie würde sich die Mise en Scène verändern?

S. 273 **5** a) Besprecht in Gruppen, wie man die Mise en Scène der Bilder 12 – 13 verändern könnte.

MK b) Skizziert ein Bild und stellt eure Ergebnisse vor. Erläutert eure Wirkungsabsichten.

6 Ihr sollt den Film „Ziemlich beste Freunde" bewerben.

MK a) Entwerft in Gruppen ein Werbeplakat. Ihr könnt auch ein Bild aus dem Kapitel verwenden. Nutzt entsprechende Apps für die Plakatgestaltung.

b) Stellt eure Plakate vor und beschreibt die Mise en Scène.

c) Wählt das beste Plakat aus und begründet eure Wahl.

MK **7 EXTRA** Erstellt in Gruppen einen Ratgeber für junge Regisseurinnen und Regisseure, in dem ihr Tipps zusammenfasst, was bei der Mise en Scène beachtet werden sollte. Illustriert eure Ratgeber.

8 EXTRA Driss und Tschick stehen immer wieder Vorurteilen gegenüber. Untersucht, welche auf Charakter und Handlungen und welche auf äußeren Faktoren beruhen.

Das könnt ihr jetzt!

Einen Jugendbuchausschnitt untersuchen und gestalten

Beispiellösung zur Klassenarbeit
ze8t2a

Beispiel für eine Klassenarbeit

1 a) Fasst den Inhalt des folgenden Ausschnitts kurz zusammen. Beachtet dabei, was der Ich-Erzähler fühlt.
b) Ordnet den Ausschnitt in die Handlung des Romans ein.

2 Untersucht die Zeitgestaltung in dem folgenden Ausschnitt. Führt jeweils ein Beispiel für Zeitdeckung, Zeitdehnung und Zeitraffung an.

3 Erläutert, wie sich Maik in dieser Situation verhält. Stellt Gründe für sein Verhalten dar.

Wolfgang Herrndorf: Tschick (2010, Ausschnitt)

Kapitel 26

Der Dorfsheriff hatte uns nicht gesehen. Er kurbelte nur an den Pedalen seines Fahrrads, zog ein Schlüsselbund aus der Tasche und versuchte, die abgegangene Kette wieder aufs Ritzel[1] zu drücken. Das funktionierte nicht, und er musste erst die Finger zu Hilfe nehmen. Dann betrachtete er seine schmutzigen Hände und rieb sie gegeneinander. Und dann sah er mich. Fünfzig Meter entfernt und leicht bergauf: ein Junge mit einem riesigen Kürbis. Was sollte ich machen? Er hatte gesehen, dass ich in seine Richtung kam, also ging ich erst mal weiter. Ich hatte ja nur einen Kürbis, und der Kürbis gehörte mir. Meine Beine zitterten, aber es schien die richtige Entscheidung zu sein: Der Dorfsheriff wandte sich wieder seinem Fahrrad zu. Doch dann guckte er nochmal hoch und entdeckte Tschick. Tschick war in diesem Moment beim Lada angekommen, hatte seine Einkaufstaschen auf die Rückbank gehievt und war im Begriff, sich auf den Fahrersitz zu setzen. Die Hände des Polizisten hörten auf gegeneinanderzureiben. Er schaute starr in die Richtung, machte einen Schritt vorwärts und blieb wieder stehen. Ein Junge, der in ein Auto einsteigt, ist noch nicht unbedingt verdächtig. Auch wenn es die Fahrertür ist. Aber sobald Tschick den Motor starten würde, war klar, was als Nächstes passierte. Ich musste was tun. Ich umklammerte mit beiden Händen den Kürbis, hob ihn hoch über meinen Kopf und brüllte die Straße runter: „Und vergiss nicht, den Schlafsack mitzubringen!"

Was Besseres fiel mir nicht ein. Der Polizist drehte sich zu mir um. Tschick hatte sich ebenfalls umgedreht. „Vater sagt, du sollst den Schlafsack mitbringen! Den Schlafsack!", brüllte ich noch einmal, und als der Polizist wieder zu Tschick hinguckte und Tschick zu mir, fasste ich mir schnell an Schädeldecke und Hüfte (Mütze, Pistole), um zu erklären, was dieser Mann von Beruf war. Weil, ohne Mütze und nur mit dieser grünlichen[2] Hose war das nicht leicht zu erkennen. Ich muss ziemlich bescheuert ausgesehen haben, aber ich wusste auch nicht, wie man einen Polizisten sonst darstellt. Und Tschick begriff auch so, was los war. Er verschwand sofort im Auto und kam mit einem Schlafsack in der Hand wieder raus. Dann machte er die Fahrertür hinter sich zu und tat, als würde er abschließen (Vater hat mir den Schlüssel gegeben, ich musste nur was holen), und ging mit dem Schlafsack beladen auf mich und den Polizisten zu. Doch nur etwa zehn Schritte. Ich war mir nicht hundertprozentig sicher, warum er stehen blieb. Aber etwas im Gesicht des Polizisten musste ihm wohl klargemacht haben, dass unser Täuschungsmanöver nicht die Theatersensation des Jahrhunderts werden würde.

1 das Ritzel: hinteres Kettenrad beim Kettengetriebe am Fahrrad 2 Uniformhose der Polizei, heute blau

Denn mit einem Mal ging Tschick wieder rückwärts. Er fing an zu rennen, der Polizist rannte hinterher, aber Tschick saß schon am Steuer. Rasend schnell parkte er rückwärts aus, und der Polizist, immer noch vierzig Meter entfernt, beschleunigte wie ein Weltmeister. Nicht, um den Wagen einzuholen vermutlich, das konnte er auf keinen Fall schaffen, aber um das Kennzeichen zu lesen. Heilige Scheiße. Ein Sprintweltmeister als Dorfsheriff. Und ich stand die ganze Zeit wie gelähmt mit diesem Kürbis auf der Straße, als der Lada schon auf den Horizont zuhielt und der Polizist sich endlich zu mir umdrehte. Und was ich dann gemacht hab – frag mich nicht. Normal und mit Nachdenken hätte ich das garantiert nicht gemacht. Aber es war ja schon nichts mehr normal, und so dumm war es dann vielleicht auch wieder nicht. Ich rannte nämlich zum Fahrrad hin. Ich warf den Kürbis weg und rannte zum Fahrrad vom Polizisten. Ich war jetzt deutlich näher dran als der Polizist, schleuderte das Rad am Rahmen herum und sprang in den Sattel. Der Polizist brüllte, aber glücklicherweise brüllte er noch in einiger Entfernung, und ich trat in die Pedale. Bis zu diesem Moment war ich nur wahnsinnig aufgeregt gewesen, aber dann wurde es der reinste Albtraum. Ich trat mit aller Kraft und kam nicht von der Stelle. Die Gangschaltung war im hundertsten Gang oder so, und ich konnte den Hebel nicht finden. Das Geschrei kam immer näher. Ich hatte Tränen in den Augen, und meine Oberschenkel fühlten sich an, als würden sie vor Anstrengung gleich platzen. Der Polizist brauchte im Grunde nur noch die Hand nach mir auszustrecken, und dann kam ich langsam in Fahrt und fuhr ihm davon.

Schritt für Schritt zur Klassenarbeit

Lösungen
→ S. 289

1. Achtet auf die wichtigsten Handlungsschritte und die innere Handlung. Fasst diese in der richtigen Reihenfolge zusammen.
   ↓
2. Prüft das Verhältnis zwischen Erzählzeit und erzählter Zeit. Klärt, welche Funktion das zeitdeckende, zeitdehnende oder zeitraffende Erzählen in dem Textausschnitt haben könnte.
   ↓
3. Prüft die Textstellen, in denen Maik sein Verhalten erklärt. Welche Motive hat er für sein Handeln?

Beispiellösung zur Klassenarbeit
ze8t2a

Beispiel für eine Klassenarbeit

1 Wechselt die Perspektive und schreibt den Ausschnitt (S. 132 f.) aus der Perspektive eines unbeteiligten Beobachters. Beginnt in Zeile 9 und endet mit dem Davonfahren Maiks.

2 Begründet eure inhaltliche und sprachlich Gestaltung an drei Passagen eures Textes.

7 Gemeinsam statt einsam

Gedichte untersuchen, interpretieren und gestalten

Erich Fried: Was es ist (1979)

Es ist Unsinn
sagt die Vernunft
Es ist was es ist
sagt die Liebe

Es ist Unglück
sagt die Berechnung
Es ist nichts als Schmerz
sagt die Angst
Es ist aussichtslos
sagt die Einsicht
Es ist was es ist
sagt die Liebe

Es ist lächerlich
sagt der Stolz
Es ist leichtsinnig
sagt die Vorsicht
Es ist unmöglich
sagt die Erfahrung
Es ist was es ist
sagt die Liebe

Franz Hohler: Vom richtigen Gebrauch der Zeit (2006)

Ich habe dich
heute Morgen
nicht zum Bahnhof begleitet
ich hatte so viel zu tun
und brauchte sie dringend
die halbe Stunde.

Doch kaum warst du weg
saß ich da
und war
eine ganze Stunde lang traurig.

1

Jürgen Spohn: Ein Schauder (1980)

Ein Schauder stieg am Bahnhof aus
lief übern Damm ins nächste Haus
und legt' sich auf die Lauer
an einer dunklen Mauer

Dort um die Ecke bog ein Mann
den sprang er dann von hinten an
mit Wonne & Entzücken
lief er ihm übern Rücken

1 Lest die Gedichte und entscheidet, welches euch am besten gefällt. Tragt dieses Gedicht vor und begründet eure Wahl.

MK **2** a) Diskutiert, welches Gedicht ihr in Beziehung zu einem der Bilder 1 und 2 (S. 135) setzen könnt.
b) Sucht weitere Bilder. Stellt sie vor und begründet, zu welchem Gedicht sie passen.

3 Erklärt, warum auch der Songtext der „Fantastischen Vier" (S. 135) als ein Gedicht bezeichnet werden kann.

Das lernt ihr jetzt!

- 7.1 das lyrische Ich und sprachliche Bilder untersuchen
- 7.2 mit Gedichten produktiv umgehen
- 7.3 den Zusammenhang von Inhalt, Form und Sprache untersuchen, historische Aspekte zur Deutung nutzen
- 7.4 Gedichte interpretieren

Die Fantastischen Vier feat. Clueso: Zusammen (2018, Ausschnitt)

[...]
Wenn ich sag', so wie Topf und Deckel
Wenn ich sag', so wie Rotz und Löffel
Wenn ich sage, wie Blitz und Donner
Sozusagen ohne Punkt und Komma
Wenn ich sag', so wie Pech und Schwefel
Wenn ich sag', so wie Herz und Seele
Wenn ich sag', für den Rest des Lebens
Ist jedem klar über was wir reden

Ja, Mann, denn allein sein ist out
Vorbei ist die Zeit in der man keinem mehr traut
Falls sie dich fragen „Bist du allein hier?“
Sag ihnen: „Nein, denn ich bin mit allen hier“

Wir, wir sind unzertrennbar
Wir, wir sind unverkennbar
Wir setzen uns 'n Denkmal

Wir sind zusammen groß
Wir sind zusammen alt
Komm lass 'n bisschen noch zusammen bleiben
Nehmt die Flossen hoch
Und die Tassen auch
Wir feiern heute bis zum Morgengrauen
Denn nur zusammen ist man nicht allein
Komm lass uns alles miteinander teilen
Denn nur zusammen ist man nicht allein
Komm lass 'n bisschen noch zusammen bleiben
Wenn ich sag', so wie Mann und Frau
Zusammen, so wie „ja genau“
Zusammen, so wie alt und grau
So wie ups and downs, wie nicht abgehauen
Zusammen, so wie Arsch auf Eimer
Zusammen, so wie Fahrgemeinschaft
Sozusagen maßgeschneidert
So zusammen war noch keiner
[...]

2

4 a) Fasst die Aussagen über die Liebe in dem Gedicht von Fried (S. 134) zusammen.
b) Diskutiert, ob das Gedicht ein positives oder negatives Bild von der Liebe vermittelt.

5 Erklärt den Titel des Gedichts von Hohler (S. 134).

6 Schreibt ein Parallelgedicht zum Gedicht von Spohn (S. 134), in dem eine große Freude oder Angst einen Menschen überkommt.

7.1 Los geht's · Das lyrische Ich und sprachliche Bilder untersuchen

Christian Morgenstern: An den Andern (1914)

Ich hatte mich im Hochgebirg verstiegen.
Die Felsenwelt um mich, sie war wohl schön;
doch konnt ich keinen Ausgang mir ersiegen[1],
noch einen Aufgang nach den lichten Höhn.

Da traf ich Dich, in ärgster Not: den Andern!
Mit Dir vereint, gewann ich frischen Mut.
Von neuem hob ich an, mit Dir, zu wandern,
und siehe da: Das Schicksal war uns gut.

Wir fanden einen Pfad, der klar und einsam
empor sich zog, bis, wo ein Tempel stand.
Der Steig war steil, doch wagten wir's gemeinsam ...
Und heut noch helfen wir uns, Hand in Hand.

Mag sein, wir stehn an unsres Lebens Ende
noch unterm Ziel, – genug, der Weg ist klar!
Dass wir uns trafen, war die große Wende.
Aus zwei Verirrten ward ein wissend Paar.

1 ersiegen: hier: finden

1 Diskutiert, welche Aussage **A** – **D** den Inhalt des Gedichts am besten wiedergibt. Ihr könnt auch eine eigene Aussage formulieren.

A Ein verirrter Wanderer wird im Gebirge von einem anderen Wanderer gerettet.
B Durch die Begegnung mit einer bisher unbekannten Person ändert sich das Leben eines Menschen.
C Gemeinsam ist es möglich, alle Schwierigkeiten des Lebens zu meistern.
D Ein Mann und eine Frau verlieben sich und verbringen dann ihr Leben zusammen.

S. 273 **2** Untersucht die einzelnen Strophen des Gedichts.
a) Beschreibt die Gefühlslage des lyrischen Ichs in der ersten Strophe. Begründet mit Textstellen.
b) Besprecht, wie sich die Gefühlslage und die Stimmung des lyrischen Ichs ändert.
c) Untersucht die Veränderung der Personalpronomen und erklärt sie.

S. 273 **3** Deutet die Darstellung des Gebirges im Gedicht.
a) Sammelt die sprachlichen Bilder, die mit dem Gebirge im Zusammenhang stehen, und erschließt deren Bedeutung.
Felsenwelt (V. 2) → schwierige Lebenssituation
b) Erklärt in diesem Zusammenhang die Metapher des Tempels (V. 10).

4 Das Gedicht trägt den Titel „An den Andern". Diskutiert, wer der „Andere" sein könnte.

5 Sucht ein Bild oder macht ein Foto, das zu dem Gedicht passt.
MK

7.2 Du und ich · Mit Gedichten produktiv umgehen

Václav Havel (1967)

Worte
Worte
Worte
Worte
Worte
Worte
Worte
Worte
Worte
Worte
Worte
Worte
Worte
ich Worte du
ich ich Worte du du
ich ich Worte du du
ich ich Worte du du
ich ich Worte du du
ich ich Worte du du
ich ich Worte du du
ich ich Worte du du
ich ich Worte du du

Piere Aziz: Liebe

es gibt keinen platz für dich in meinem traum
es gibt keinen platz für dich in meinem raum
es gibt keinen platz für dich
es gibt kaum platz für dich
es gibt einen platz für dich
es gibt nur platz für dich
es gibt nur dich
es gibt dich
gib dich

Mira Lobe, Renate Welsh, Gerri Zotter:
Die Brücke (1975)

Worte Worte Worte
Worte Worte Worte Worte
Worte Worte
Worte Worte
Worte Worte
ICH Worte Worte DU

◒ **1** Erklärt die Gemeinsamkeiten der drei Gedichte. Stellt auch einen Bezug zum Thema „Du und ich" her.

S.273 ○ ← ◒ **2** Untersucht in den drei Gedichten jeweils den Zusammenhang zwischen Inhalt und Form.

◒ **3** Gestaltet selbst ein ähnliches Gedicht zum Thema „Du und ich". Ihr könnt mit einem Programm auf dem Computer oder Tablet arbeiten.
MK

Rose Ausländer: Gemeinsam (1977)

Vergesst nicht, Freunde: Wir reisen gemeinsam. Besteigen Berge, pflücken Himbeeren, lassen uns tragen von den vier Winden. Vergesset nicht: Es ist unsere gemeinsame Welt, die ungeteilte, ach die geteilte, die uns aufblühen lässt, die uns vernichtet. Diese zerrissene ungeteilte Erde, auf der wir gemeinsam reisen.

4 Ordnet den Text des Gedichts in Versen und Strophen an.

5 Stellt eure Fassungen vor. Wählt zwei unterschiedliche Versionen aus und vergleicht diese.
- a) Untersucht die Anzahl und die Länge der Strophen.
- b) Erklärt, was durch die Anordnung der Verse hervorgehoben wird.
- c) Erläutert, welche Rolle es spielt, wenn Verse besonders kurz oder lang gestaltet sind.

6 MK Recherchiert, wie das Original angeordnet ist, und vergleicht es mit euren Versionen.

Der Künstler Tom Kristen erstellte für den Neubau des jüdischen Gemeindezentrums und der Synagoge in Regensburg ein Kunstwerk. Die vier Strophen des Gedichts „Gemeinsam" von Rose Ausländer sind auf einer Metallspirale mit einem Durchmesser von 5,7 m in der Handschrift der Autorin angebracht. Die 53 m lange Spirale hängt unmittelbar am Eingang, der zur Innenstadt grenzt.

7
- a) Wie gefällt euch diese Gestaltung des Gedichts? Begründet eure Meinung.
- b) Warum hat der Künstler die Form einer Spirale für die Darstellung des Gedichts gewählt?
- c) Besprecht, welche Bedeutung es hat, dass das Kunstwerk am Eingang/Ausgang des jüdischen Gemeindezentrums angebracht worden ist.

8 EXTRA Wählt zu zweit ein Gedicht von Seite 134 oder 135 aus und verändert einzeln die Anordnung der Strophen und Verse. Vergleicht im Anschluss eure Ergebnisse miteinander.

Ilma Rakusa: Gedicht gegen die Angst (2012)

Streichle das Blatt
küsse den Hund
tröste das Holz
hüte den Mund
zähme den Kamm
reime die Lust
schmücke den Schlaf
plätte den Frust
neige das Glas
wiege das Buch
liebe die Luft
rette das Tuch
schaue das Meer
rieche das Gras
kränke kein Kind
iss keinen Frass
lerne im Traum
schreibe was ist
nähre den Tag
forme die Frist
lenke die Hand
eile und steh
zögere nicht
weile wie Schnee
öffne die Tür
lade wen ein
schenke dich hin
mache dich fein
prüfe dein Herz
geh übers Feld
ruhe dich aus
rühr an die Welt

◒ **9** Besprecht, welche Verse für euch leicht verständlich sind und welche rätselhaft wirken.

○ **10** **a)** Ordnet die Illustrationen den entsprechenden Versen zu.
b) Erstellt selbst kleine Skizzen zu einzelnen Versen.

S. 274 ○ ← ◒ **11** Beschreibt die Besonderheiten des Gedichts.

S. 274 ◒ ← ● **12** Das Gedicht enthält viele sprachliche Bilder. Wählt einzelne aus und erschließt deren Bedeutung vor dem Hintergrund des Titels „Gedicht gegen die Angst“.

◒ **13** Verfasst ein Parallelgedicht mit dem Titel „Gedicht gegen den Ernst“ und tragt es vor.

7.3 Gefühlsmeere · Gedichte untersuchen

Den Zusammenhang von Inhalt, Form und Sprache untersuchen

Hörtext
yj466h

Reiner Kunze: Rudern zwei (1984)

Rudern zwei
ein boot,
der eine
kundig der sterne,
der andre
kundig der stürme,
wird der eine
führn durch die sterne,
wird der andre
führn durch die stürme,
und am ende ganz am ende
wird das meer in der erinnerung
blau sein

1 Übt die Rezitation des Gedichts. Tragt es vor und vergleicht eure Vortragsweisen.

S. 274 **2** Benennt das Thema und die Grundstimmung des Gedichts.

3 Untersucht die Bedeutung der gemeinsamen Bootsfahrt. Diskutiert dazu die folgenden Schüleräußerungen A – D. Begründet eure Ansichten mit Textstellen.

A Bei den alten Ägyptern ist das Boot ein Sinnbild für eine Reise und damit für das Leben.

B Es heißt doch: „Wir sitzen alle in einem Boot." Das bedeutet, wir sind im Leben alle aufeinander angewiesen.

C Das Boot ist ein Zeichen für Aufbruch und Bewegung. Treibt es in ruhigem Wasser, bedeutet das übersetzt eine ruhige Fahrt des Lebens; bewegt es sich im Sturm oder im trüben Wasser, kommt es zu Pannen.

D Um ein Schiff sicher zu steuern, muss die gesamte Mannschaft – auch wenn es nur zwei Personen sind – miteinander harmonieren. Sie müssen zusammenarbeiten und der eine muss sich auf den anderen verlassen können.

S. 274 **4** Erschließt die Bedeutung weiterer bildlicher Elemente der gemeinsamen Bootsfahrt. Übernehmt die Tabelle auf Seite 141 oben und ergänzt sie.

bildliche Elemente	Bedeutung im ursprünglichen Zusammenhang	metaphorische Bedeutung im Zusammenhang des Gedichts
„kundig der sterne“ (V.4) „führn durch die sterne“ (V.8)	*Sterne dienten auf hoher See der Orientierung. Ein Steuermann orientierte sich beim Kurs am Stand der Sterne.* …	*Eine Freundin/ein Freund bietet der/dem anderen Orientierung und weist die Richtung.*
„kundig der stürme“ (V.6) „führn durch die stürme“ (V.10)	…	…
…	…	…

◒ **5** Überlegt, warum Kunze sein Gedicht (S.140) nicht in Strophen unterteilt hat. Bezieht euch auch auf den Inhalt des Gedichts.

S.274 ○ ← ◒ **6** Untersucht in den folgenden Versen des Gedichts „Rudern zwei“ (S.140) den Satzbau. Erklärt, wie diese Sprachgestaltung auf euch wirkt.

A der eine
kundig der sterne,
der andre
kundig der stürme,

B wird der eine
führn durch die sterne,
wird der andre
führn durch die stürme,

Elisabeth Steinkellner: am Ziel (2016)

in meinem
Nussschalenboot
schaukle ich hinaus
aufs weite Meer
überquere den Ozean
bezwinge Stürme
trotze Unwettern

und endlich
komme ich an

bei dir

irgendwann

S.274 ○ ← ◒ **7** Untersucht den Zusammenhang von Inhalt, Form und Sprache in dem Gedicht.
a) Beschreibt die Stimmung und die Situation des lyrischen Ichs.
b) Besprecht die Wirkung der Enjambements (Zeilensprünge).
c) Erklärt und deutet die Bildlichkeit in der ersten Strophe.

Enjambement → S.306

S.274 ◒ ← ● **8** Vergleicht die Aussage und die sprachliche Gestaltung des Gedichts „am Ziel“ mit dem Gedicht „Rudern zwei“ (S.140).

Hörtext
yj466h

Johann Wolfgang Goethe: Rastlose Liebe (1776)

Dem Schnee, dem Regen,
Dem Wind entgegen,
Im Dampf der Klüfte,
Durch Nebeldüfte,
Immer zu! Immer zu!
Ohne Rast und Ruh!

Lieber durch Leiden
Möcht' ich mich schlagen,
Als so viel Freuden
Des Lebens ertragen.
Alle das Neigen
Von Herzen zu Herzen,
Ach, wie so eigen
Schaffet das Schmerzen!

Wie – soll ich fliehen?
Wälderwärts ziehen?
Alles vergebens!
Krone des Lebens,
Glück ohne Ruh,
Liebe, bist du!

Johann Wolfgang Goethe, Gemälde von Joseph Stieler, 1828

9 Bereitet eine Rezitation des Gedichts vor, in dem die Stimmung des lyrischen Ichs deutlich wird.

Metrum S. 307 RBEITSTECHNIK

Das Metrum bestimmen

Bei der Rezitation soll die Stimmung des Gedichts deutlich werden. Dabei ist das Zusammenspiel der Betonung, des Tempos, der Pausen und des Metrums wichtig.
Das Metrum wird auch Versmaß genannt. Es beschreibt die Reihenfolge betonter und unbetonter Silben. Um das Metrum zu bestimmen, geht ihr so vor:
- Schreibt die Verse auf und setzt auf jede Silbe ein x.
- Bestimmt die betonten Silben und verseht sie mit einem Akzent (x́).
- Bestimmt aus dem Muster von betonten und unbetonten Silben das Metrum.

S. 274 **10** a) Untersucht das Metrum der ersten vier Verse des Gedichts. Prüft, ob sich die Abfolge der betonten und unbetonten Silben des ersten Verses wiederholt. Benennt das Metrum mithilfe der Kompetenzbox (S. 144).

x x́ x x́ x
Dem Schnee, dem Regen,
Dem Wind entgegen,
Im Dampf der Klüfte,
Durch Nebeldüfte,

b) Prüft, wie sich das Metrum in den Versen 5 und 6 verändert. Stellt einen Bezug zum Inhalt der beiden Verse her.

11 Untersucht die Reimordnung im Gedicht „Rastlose Liebe" (S. 142).
a) Bestimmt die Reimordnung und benennt Besonderheiten.
b) Deutet die Wechsel der Reimordnung zwischen den Strophen.

12 Untersucht weitere Besonderheiten des Gedichts von Goethe (S. 142).
a) Erläutert den Wechsel zwischen Ausrufen und Fragen.
b) Erklärt das Symbol des Herzens (V. 12).
c) Deutet die letzten beiden Verse des Gedichts.

13 MK a) Stellt mit einem Textverarbeitungsprogramm dar, wie ihr das Gedicht (S. 142) versteht.
- Nutzt verschiedene Schriftarten und Schriftgrößen.
- Setzt bestimmte Wörter oder Verse fett, kursiv oder unterstreicht sie.
- Arbeitet mit verschiedenen Farben und Designs.

b) Stellt eure Versionen vor und diskutiert sie.

14 **EXTRA** Würfelt ein Metrum aus (1 = Jambus, 2 = Trochäus, 3 = Daktylus, 4 = Anapäst, 5 = jemand anderes sucht ein Metrum aus, 6 = ihr wählt ein Metrum). Formuliert zwei Verse im entsprechenden Metrum.

Heinz Kahlau: Radfahren (1981)

Lieben ist wie Radfahren.
Man sieht dabei gut aus,
wenn es so mühelos geht.
Viele machen den Eindruck,
als ob es ganz leicht sei.
Von einem gewissen Alter an
kann man das einfach –
sonst grinsen die andern
und spotten.

Aber die Angst,
auf die Nase zu fallen,
schlecht auszusehen und ungeschickt,
ausgelacht zu werden und abgewiesen,
sich schämen zu müssen
und traurig dazustehn.

Lieben ist viel schwerer als Radfahren.
Radfahren kann man allein,
Lieben niemals.
Da ist man immer Tandem.
Aber gelernt muss es doch werden
wie Radfahren.

15 Das Gedicht beginnt und endet mit einem Vergleich.
a) Diskutiert, ob ihr den Vergleich passend findet. Sucht andere geeignete Vergleiche.
b) Überlegt, was in diesem Bedeutungszusammenhang Stützräder, eine Fahrradpanne und eine Fahrradtour sein können.

S.275 ○ ← ◒**16** Benennt das Thema des Gedichts von Kahlau (S.143) und untersucht die Sprechsituation.

●**17** **a)** Warum verändert die Sprecherin/der Sprecher ihre/seine Aussage vom Anfang des Gedichts (S.143, V.1ff.) zu Beginn der dritten Strophe (V.16ff.)?
b) Wie spiegelt sich diese Erkenntnis im Aufbau des gesamten Gedichts wider?

Gedichte S.305–308 **KOMPETENZBOX**

Gedichte untersuchen

Bei der Untersuchung eines Gedichts ist es wichtig, den Zusammenhang zwischen Inhalt, Form und Sprache herzustellen.

Inhalt
- Titel
- Stimmung
- Thema
- lyrische Sprecherin/ lyrischer Sprecher
- Inhalt der einzelnen Strophen

Sprache
- auffällige Wortwahl
- sprachliche Bilder und Wortfiguren, z.B. Personifikation, Vergleich, Metapher, Neologismus, Hyperbel, Symbol: in einem Kulturkreis festgelegtes bildliches Zeichen *Herz ⟶ Liebe*

Form
- Strophenanzahl und -länge
- Versanzahl und -länge
- Enjambement (Zeilensprung): eine Sinneinheit endet nicht mit dem Versende, sondern wird in den nächsten Vers übertragen
  in meinem
  Nussschalenboot
  schaukle ich hinaus
  aufs weite Meer
- Reim und Reimordnung
- Metrum:

Jambus	***Trochäus***
x x́	*x́ x*
Gedicht	*Dichter*
Daktylus	***Anapäst***
x́ x x	*x x x́*
Daktylus	*Anapäst*

- Klangfiguren, z.B. Alliteration, Anapher
- Satzfiguren, z.B. Inversion, Parallelismus: Wiederholung von Wortfolgen in aufeinanderfolgenden Versen
  der eine
  kundig der sterne,
  der andre
  kundig der stürme,

Historische Aspekte zur Deutung nutzen

Hörtext
yj466h

Christa Kožik: Jahrhundertelang (1988)

wählten Männer
sich Frauen aus.
Die warteten demütig,
sanft senkten sie
scheu den Kopf,
die Lider, den Blick
nach innen gekehrt.

Ich habe meinen
Nacken erhoben,
die Augen weit geöffnet.
Nicht ohne Staunen
sehe ich mich um.

Und wenn
mir einer so gefällt
dass mir der Atem
stockt in seiner Nähe,
dann sag ich's ihm
vor allen
– oder nie.

Der Weg zur Gleichberechtigung?

1791	Olympe de Gouges, französische Schriftstellerin, fordert für Frauen dieselben Rechte und Pflichten wie für Männer, denn Menschen- und Bürgerrechte gelten zu dieser Zeit nur für Männer.
1893	Frauen werden erstmals in Deutschland zum Abitur zugelassen.
ab 1900	Frauen wird in Deutschland nach und nach das Studium an Universitäten erlaubt.
1918	Frauen erhalten das aktive und passive Wahlrecht in Deutschland.
1949	Die Gleichberechtigung von Männern und Frauen wird im Grundgesetz verankert.
1957	Lehrerinnen erhalten das Recht zum Heiraten. Vorher mussten sie unverheiratet sein, um ihren Beruf auszuüben.
1970	Das Fußballverbot für Frauen wird aufgehoben, eine Frauenbundesliga wird aber erst 1990 gegründet.
1977	Frauen dürfen ohne Erlaubnis ihres Mannes arbeiten gehen und sind nicht mehr allein zur Haushaltsführung verpflichtet.
2005	Mit Angela Merkel wird erstmals eine Frau deutsche Bundeskanzlerin.

1

Mädchenschule für Hauswirtschaft, 19. Jahrhundert

2

Seit mehr als 100 Jahren wird weltweit am Internationalen Frauentag (8.3.) auf Frauenrechte und die Gleichstellung der Geschlechter aufmerksam gemacht.

1 Rezitiert das Gedicht so, dass die Gefühlslage des lyrischen Ichs deutlich wird.

2 Beschreibt die Entwicklung des lyrischen Ichs im Gedicht.

3 Setzt die Stichpunkte zur Geschichte der Frauenrechte und die beiden Bilder in Bezug zum Inhalt des Gedichts. Berücksichtigt auch den Titel des Gedichts.

4 Diskutiert, inwieweit historische Informationen bei der Deutung eines Gedichts notwendig sind.

Gedichte untersuchen

Enno Bunger: Euphorie[1] (2012)

Das ist ein neuer Anfang, in dem ein Zauber wohnt
Mein Kopf ist voller Flausen und voller Ambitionen
An den alten Gräbern hab ich mich satt gesehen
Ich will dem Feuer folgen, nicht in der Asche stehen
Schau wie die Funken fliegen, in aller Leichtigkeit
Ich stell neue Weichen und ich bin startbereit

Mein Bauch steht Kopf, mein Herz springt Trampolin

Ich geh durch alle offenen Türen
Will wissen, was dahinter liegt
Auf zu neuen Höhenflügen
Euphorie! Euphorie!

Vergieße keine Träne für die Vergangenheit
Ich schmiede neue Pläne, ich sehe klar und weit
Ich kratze an den Fugen und reiße Wände ein
Bis auch die letzten Mauern all meiner Ängste fallen

In mir ein Fieber, ein Rausch, ein Feuer
Mein Bauch steht Kopf, mein Herz springt Trampolin

Und wenn du wieder zögerst und nur der Zweifel bleibt
Du zerrst an alten Fetzen deiner Vergangenheit
Das alles soll kein Sofa, sondern ein Sprungbrett sein.

---

1 die Euphorie: Hochgefühl, Hochstimmung, überschwängliche Begeisterung

○ **1** Nennt Situationen, in denen ihr euphorisch wart, und beschreibt, wie es sich angefühlt hat.

◒ **2** Lest den Songtext und überlegt, in welcher Situation das lyrische Ich sich möglicherweise befinden könnte.

◒ **3** Wählt eine Aussage **A** oder **B** aus, die zum Song passt. Begründet eure Auswahl.

A Nur wer sich echt begeistern kann
Ein Riesenwerk bemeistern kann.
(Jüdisches Sprichwort)

B Ohne Begeisterung schlafen die besten Kräfte unseres Gemütes. Es ist ein Zunder in uns, der Funken will.
(Johann Gottfried Herder, deutscher Autor und Philosoph, 1744–1803)

● **4** Man kann die letzte Strophe des Songtextes als Selbstgespräch oder Appell verstehen. Diskutiert diese Aussage.

S. 275 ○ ← ◒ **5** „Mein Bauch steht Kopf, mein Herz springt Trampolin" (S. 146, V. 7).
a) Erklärt die Aussage dieses Verses.
b) Schreibt die ersten sieben Verse so um, dass sie sachlich-nüchtern sind und keine sprachlichen Bilder enthalten.
c) Diskutiert die Wirkung eurer Texte im Vergleich zum Songtext.

◒ **6** Sucht euch ein anderes starkes Gefühl aus und schreibt ein kurzes Gedicht dazu.

Hörtext
yj466h

Erich Kästner: Sachliche Romanze (1929)

Als sie einander acht Jahre kannten
(und man darf sagen: sie kannten sich gut)
kam ihre Liebe plötzlich abhanden.
Wie andern Leuten ein Stock oder Hut.

Sie waren traurig, betrugen sich heiter,
versuchten Küsse, als ob nichts sei,
und sahen sich an und wussten nicht weiter.
Da weinte sie schließlich. Und er stand dabei.

Vom Fenster aus konnte man Schiffen winken.
Er sagte, es wäre schon Viertel nach vier
und Zeit, irgendwo Kaffee zu trinken.
Nebenan übte ein Mensch Klavier.

Sie gingen ins kleinste Café am Ort
und rührten in ihren Tassen.
Am Abend saßen sie immer noch dort.
Sie saßen allein, und sie sprachen kein Wort
und konnten es einfach nicht fassen.

Gemälde von Heinrich Hoerle „F. W. Seiwert und ich", 1931

◒ **7** Diskutiert, ob das Gemälde von Heinrich Hoerle zu dem Gedicht passt.

◒ **8** Übt die Rezitation dieses Gedichts. Tragt es vor und vergleicht eure Rezitationen.

◒ **9** Untersucht die Reimordnung im Gedicht und deutet die Abweichung in der vierten Strophe.

◒ **10** Wie versteht ihr den Titel des Gedichts? Beantwortet dazu kurz, was die beiden nicht fassen konnten.

◒ **11** Schreibt das Gedicht in eine kurze Erzählung um. Vergleicht anschließend, was im Gedicht stand und was ihr erfunden habt.

MK **12** **EXTRA** Hört euch die Vertonung des Gedichts von der Band „Savoy Truffle" an und diskutiert, ob sich die Stimmung des Gedichts in der Musik wiederfindet.

7.4 Seite an Seite · Gedichte interpretieren

Eine Interpretation planen

Christine von dem Knesebeck: Ob ich ihr sag, dass ich sie mag? (2000)

Ich mag wie sie lacht
und wie sie schaut.
Was sie auch macht,
was sie auch tut,
ich seh sie an
und mir geht es gut.
Ob ich ihr sag,
dass ich sie mag?

Ich möchte laut singen,
ich möchte laut pfeifen,
möchte hoch oben
nach Sternen greifen.
Wäre es nicht schön,
zusammen zu sein?
Wäre es nicht schön,
mit ihr zu gehn?
Ob ich ihr sag,
dass ich sie mag?

Ich möchte laut singen,
möchte vor Freude
am liebsten zerspringen.
Wohin ich schau:
Die Welt steht Kopf –
alles ist neu.
Ob ich ihr sag,
dass ich sie mag?

Ich mag wie sie lacht
und wie sie schaut,
was sie auch macht,
was sie auch tut.
Sie sieht mich an
und ich fühl mich gut.
Wäre es nicht schön,
mit ihr zu gehn?

Sie sieht mich an
und ich fühl mich gut.

Ob ich ihr sag,
dass ich sie mag?

○ **1** Wie gefällt euch das Gedicht? Begründet eure Meinung.

◒ **2** Beschreibt die Sprechsituation und fasst den Inhalt zusammen.

◒ **3** Begründet, welche der beiden folgenden Schüleräußerungen **A** und **B** das Thema des Gedichts besser trifft.

A In dem Gedicht „Ob ich ihr sag, dass ich sie mag?“ werden die Gedanken eines lyrischen Ichs geschildert, das sich unsicher ist, ob es ein Mädchen ansprechen soll.

B In dem Gedicht „Ob ich ihr sag, dass ich sie mag?“ wird das Gefühlschaos des Verliebtseins geschildert. Sowohl positive Gedanken als auch die Angst vor einer Abweisung erfüllen das lyrische Ich.

4 Teilt das Gedicht (S.148) in Sinnabschnitte und setzt die Zusammenfassung fort.

V. 1–8: Das lyrische Ich merkt, dass es alles, was das Gegenüber macht, gerne mag. Dennoch ist es sich unsicher, ob es seinen Schwarm ansprechen soll.
V. 9–26: ...
...

S.275 **5** Untersucht die Form des Gedichts „Ob ich ihr sag, dass ich sie mag?“ (S.148).
a) Beschreibt die Reimordnung.
b) Untersucht die Vers- und Strophengestaltung mithilfe der Markierungen.
c) Erläutert, wie der Aufbau den Inhalt unterstützt.

6 Untersucht die Auffälligkeiten des Gedichts (S.148) genauer. Übernehmt und vervollständigt dazu die folgende Tabelle.

Zitate	sprachliche Mittel	Deutung
„Ich mag wie sie lacht“ (V.1) „[...] wie sie schaut.“ (V.2) „Was sie [...] macht,“ (V.3) „was sie [...] tut,“ (V.4)	*Parallelismus*	*Alle Tätigkeiten der Person, die das lyrische Ich mag, werden positiv wahrgenommen.*
„Ob ich ihr sag, dass ich sie mag?“ (V.7f., V.17f., V.25f., V.37f.)	*sich wiederholende rhetorische Frage*	...
„Ich möchte laut singen,“ (V.9) „Ich möchte laut pfeifen,“ (V.10)	... ...	...
„nach Sternen greifen.“ (V.12)	...	...
„Wäre es nicht schön,/ zusammen zu sein?“ (V.13f.) „Wäre es nicht schön,/ mit ihr zu gehn?“ (V.15f., V.33f.)	*Konjunktiv*	*Obwohl das lyrische Ich sich die Fragen stellt, ist ihm die Antwort schon klar. Die Fragen drücken somit eher die Wünsche aus, die das lyrische Ich verspürt.*
„Die Welt steht Kopf –“ (V.23)	...	...

Interpretation S.308–309 **KOMPETENZBOX**

Eine schriftliche Interpretation planen

- erste Eindrücke formulieren
- Sprechsituation, lyrische Sprecherin/lyrischen Sprecher und Stimmung untersuchen
- Inhalt strophenweise zusammenfassen
- Thema formulieren, auch auf Titel achten
- Notizen anfertigen, Zusammenhang von Inhalt, Form (z.B. Strophen, Reimordnung, Metrum) und Sprache (z.B. sprachliche Bilder, Wortschatz) verdeutlichen
- ggf. historische Informationen berücksichtigen
- auf die Aufgabenstellung achten, mögliche Untersuchungsaspekte können sein:
  - Situation der lyrischen Sprecherin/des lyrischen Sprechers
  - Zusammenhang zwischen Inhalt und Form
  - besondere sprachliche Gestaltung

Eine Interpretation schreiben und überarbeiten

Beispiel für eine Klassenarbeit zu Christine von dem Knesebeck: Ob ich ihr sag, dass ich sie mag? (S.148)

1 Formuliert eine Einleitung, in der ihr die Stimmung und das Thema des Gedichts benennt. Erläutert die Sprechsituation und gebt den Inhalt des Gedichts kurz wieder.

2 Untersucht und interpretiert das Gedicht.
a) Untersucht die Form (Strophen- und Versaufbau, Reimordnung).
b) Bestimmt und deutet auffällige sprachliche Mittel.
c) Erläutert, wie Form und Sprache die Situation und die Gefühlslage des lyrischen Ichs unterstützen.

◒ **1** Vervollständigt die folgende Einleitung und setzt den zusammenhängenden Text so fort, dass ihr Aufgabe 1 der Klassenarbeit erfüllt. Nutzt den Sprachtipp.

Christine von dem Knesebecks ... „Ob ich ihr sag, dass ich sie mag", das ... veröffentlicht wurde, schildert ... eines lyrischen Ichs. In seinen Gedanken malt es sich immer wieder aus, ...

◒ **2** Vervollständigt die folgenden Sätze, die den Zusammenhang zwischen Inhalt, Form und Sprache verdeutlichen. Nutzt den Sprachtipp.

1 *Das lyrische Ich ist unsicher und nervös, was sich auch am Strophen- und Versaufbau erkennen lässt, denn ...*

2 *Die Reimordnungen spiegeln wider, dass ...*

SPRACHTIPP

Gedankengänge nachvollziehbar darstellen und verknüpfen

Einleitungen formulieren

Das Gedicht ... von ... aus dem Jahr ... thematisiert ...
... schildert in ihrem/seinem ... veröffentlichten Gedicht ...

Eindrücke wiedergeben

Die Autorin/der Autor schildert/vermittelt/stellt dar ...
Auf die Leserin/den Leser wirkt ...
Die Leserin/der Leser erfährt ...
Dabei zeigt sich, ...

Auffälligkeiten hervorheben

unvermittelt, sticht heraus, fällt auf, verstärkt wird dies durch, besonders auffällig ist ...

Zusammenhänge und Folgerungen verdeutlichen

Daraus ergibt sich ..., durch ... merkt die Leserin/der Leser, ... erkennt man daran ..., Daraus lässt sich ableiten ..., folglich ..., einerseits ..., andererseits ...; zusammenfassend, denn, weil, da, ...

Textbelege einfügen

der/die/das ... verdeutlicht/veranschaulicht/belegt, durch ... entsteht der Eindruck/wird der Eindruck verstärkt, ... macht offensichtlich, ...

S.275 ○←◒ **3** Untersucht den Schülertext aus einer Interpretation (S.151) mithilfe folgender Fragen:
- Wie werden formale und sprachliche Aspekte mit dem Inhalt in Bezug gesetzt?
- Wie werden Gedankengänge und Deutungen nachvollziehbar dargestellt?

Das Gedicht besteht aus sechs Strophen, wobei die letzten beiden Strophen nur jeweils zwei Verse umfassen. Die übrigen vier Strophen haben jeweils 8–10 Verse und beginnen im ersten Vers immer mit einer Aussage über das lyrische Ich. Auffällig am gesamten Gedicht ist, dass einzelne Verse in verschiedenen Strophen immer nur leicht verändert wiederholt werden. Dabei ändert sich meist nur die Perspektive des lyrischen Ichs. „[I]ch seh sie an/und mir geht es gut." (V. 5f.) heißt es in der ersten Strophe, „[s]ie sieht mich an/und ich fühl mich gut." (V. 31f. und V. 35f.) am Ende des Gedichts. Die Gegenwart der Person, die das lyrische Ich mag, sorgt in jeder Situation für ein gutes Gefühl. Dies wird auch deutlich am parallelen Aufbau der ersten Verse der ersten Strophe (vgl. V. 1–4). Auch wenn die andere Person nur „lacht" (V. 1) oder „schaut" (V. 2) geht es dem lyrischen Ich gut. Dennoch ist es sich unsicher, ob es seinem Gegenüber seine Gefühle gestehen soll. Das zeigt sich daran, dass der Titel des Gedichts „Ob ich ihr sag, dass ich sie mag?" immer wieder auftaucht (V. 7f., V. 17f., V. 25f., V. 37f.). Daraus lässt sich ableiten, dass das lyrische Ich fortwährend dieser Gedanke plagt und es Angst hat, abgewiesen zu werden. Selbst als auch die andere Person auf das lyrische Ich aufmerksam wird, bleibt es unsicher, und man erfährt am Ende des Gedichts nicht, ob es sich überwunden hat, sein Gegenüber anzusprechen. Dies zeigt sich in den letzten vier Versen: „Sie sieht mich an/und ich fühl mich gut//Ob ich ihr sag,/dass ich sie mag?" (V. 35–38)" […]

Das lyrische Ich nimmt eine andere Person äußerst positiv wahr. Besonders durch die Parallelismen in den ersten vier Versen wird deutlich, dass selbst alltägliche, völlig belanglose Gesten und Aktionen der anderen Person aufmerksam verfolgt und positiv bewertet werden. So mag das lyrische Ich „wie sie lacht/und wie sie schaut" (V. 1f.), aber auch die Tätigkeiten der Angebeteten werden wertschätzend beschrieben (vgl. V. 3f.).

4 Untersucht, wie in dem Ausschnitt zitiert wird.
- **a)** Erklärt, was beim Zitieren beachtet werden muss. Nehmt die Arbeitstechnik „Richtig zitieren" auf Seite 100 zu Hilfe.
- **b)** Benennt die Besonderheiten beim Zitieren lyrischer Texte. Achtet darauf, wie mit Vers- und Strophenende umgegangen wird.

S. 276 **5** Überprüft mithilfe der Aufgabe 2 der Klassenarbeit (S. 150), welche Aspekte in dem Schülertext noch fehlen. Notiert euch Stichpunkte.

6 Formuliert zu Aufgabe 2 der Klassenarbeit (S. 150) einen zusammenhängenden Text. Nutzt die Arbeitstechnik (S. 100) und den Sprachtipp (S. 150).

Interpretation S. 308–309 **KOMPETENZBOX**

Eine Interpretation schreiben und überarbeiten

Schreiben

Meist sind in der Aufgabenstellung Untersuchungsaspekte vorgegeben, die ihr berücksichtigen müsst. Orientiert euch beim Schreiben an folgendem Aufbau:
- Einleitung (TATT, Erscheinungs- oder Veröffentlichungsjahr)
- Sprechsituation, lyrische Sprecherin/lyrischer Sprecher, Stimmung
- kurze Inhaltsangabe der einzelnen Strophen
- untersuchen und interpretieren nach vorgegebenen Aspekten, dabei Zusammenhang von Inhalt, Form und Sprache verdeutlichen
- zentrale Aussagen durch Textbelege stützen

Überarbeiten
- Arbeitstechniken verwenden: Checkliste (S. 309), Textlupe (S. 343), Schreibkonferenz (S. 342)
- Rechtschreibung, Satzbau und Satzzeichen überprüfen

Gedichte interpretieren

Friedrich von Bodenstedt: Freundschaft (1867)

Wenn jemand schlecht von deinem Freund spricht,
Und scheint er noch so ehrlich: glaub' ihm nicht!
Spricht alle Welt von deinem Freunde schlecht:
Misstrau' der Welt und gib dem Freunde Recht!
Nur wer so standhaft seine Freunde liebt,
Ist wert, dass ihm der Himmel Freunde gibt.
Ein Freundesherz ist ein so selt'ner Schatz,
Die ganze Welt beut[1] nicht dafür Ersatz;
Ein Kleinod[2] ist's voll heil'ger Wunderkraft,
Das nur bei festem Glauben Wunder schafft –
Doch jedes Zweifels Hauch trübt seinen Glanz,
Einmal zerbrochen wird's nie wieder ganz.
Drum: wird ein solches Kleinod dir beschert,
O trübe seinen Glanz nicht, halt es wert!
Zerbrich es nicht! Betrachte alle Welt
Als einen Ring nur, der dies Kleinod hält,
Dem dieses Kleinod selbst erst Wert verleiht,
Denn wo es fehlt, da ist die Welt entweiht.
Doch würdest du dem ärmsten Bettler gleich,
Bleibt dir ein Freundesherz, so bist du reich;
Und wer den höchsten Königsthron gewann
Und keinen Freund hat, ist ein armer Mann.

1 beut: veraltete Form von bietet 2 das Kleinod: kostbares Schmuckstück, Edelstein, übertragene Bedeutung: Kostbarkeit

1 a) Beschreibt die Sprechsituation im Gedicht. Wer könnte es wem in welcher Situation sagen?
b) Diskutiert die Aussage aus den Versen 3 und 4. Gebt ihr dem lyrischen Sprecher Recht?
c) Passt das Bild zum Gedicht? Begründet eure Meinung.

2 Entscheidet, welche der Aussagen A – E zutreffen und belegt sie mit Textstellen.

- A Das Gedicht warnt davor, Freunden blind zu vertrauen.
- B Im Gedicht wird angemahnt, eine Freundschaft zu pflegen, damit sie nicht zerbricht.
- C Die Freundschaft wird mit der Metapher eines Rings beschrieben.
- D Die Freundschaft wird im Gedicht so dargestellt, dass sie wichtiger als jeder materielle Reichtum ist.
- E Eine wahre Freundschaft findet man laut Gedicht nicht oft im Leben.

3 a) Teilt das Gedicht in Sinnabschnitte und begründet eure Einteilung.
b) Fasst den Inhalt des gesamten Gedichts zusammen.

4 Formuliert eine Einleitung für eine Interpretation des Gedichts.

S. 276 ○ ← ◒ **5** Untersucht den Zusammenhang zwischen Inhalt, Form und Sprache des Gedichts (S. 152).

a) Beschreibt die formalen Besonderheiten (Strophe, Versanzahl, Versanordnung, Reimordnung). Stellt einen Zusammenhang zwischen der Form und dem Inhalt her.

b) Erschließt, mit welchen sprachlichen Bildern die Freundschaft beschrieben wird, und deutet diese.

c) Schreibt auf der Grundlage eurer Untersuchungsergebnisse einen zusammenhängenden Text mit Textbelegen.

◒ **6** Bildet Vierergruppen und tauscht eure Interpretationen (Aufgabe 5) aus.

a) Jede/jeder achtet auf einen Aspekt und kommentiert die Interpretationen der anderen:
- Werden die Schwerpunkte der Aufgabe 5 beachtet?
- Sind die Zusammenhänge und Deutungen nachvollziehbar?
- Werden formale und sprachliche Aspekte mit dem Inhalt verknüpft?
- Werden die Zitate sinnvoll eingebunden?

b) Überarbeitet auf Basis der Rückmeldungen eure eigene Interpretation.

Kristiane Allert-Wybranietz: Scheinfreundschaft (1980)

Du bist gekommen
und wir legten unsere
Freundschaften zusammen.

Du stecktest meine ein
wie einen Geldschein.

Unsere Freundschaft –
ein Gutschein,
den du hervorholst,

wenn du etwas willst?
Sonst nichts?

Ab heute
bleibt mein Schalter
geschlossen!

S. 276 ○ ← ◒ **7** Das Gedicht enthält das sprachliche Bild des Geldes.

a) Deutet die verschiedenen Vergleiche und Variationen des sprachlichen Bildes.

b) Formuliert das Gedicht so um, dass es keine sprachlichen Bilder enthält und der Inhalt sachlich-nüchtern wiedergegeben wird. Vergleicht die Wirkung mit dem Originaltext.

● **8** Vergleicht die beiden Gedichte „Freundschaft“ (S. 152) und „Scheinfreundschaft“. Achtet auf die unterschiedliche Vorstellung von Freundschaft und die sprachliche Gestaltung. Stellt eure Ergebnisse in einem zusammenhängenden Text dar.

9 **EXTRA** Sucht nach weiteren Gedichten, Versen oder Songs zum Thema „Freundschaft“. Stellt diese in der Klasse vor und deutet die sprachlichen Bilder, die verwendet werden.

Das könnt ihr jetzt!

Gedichte untersuchen, interpretieren und gestalten

Beispiellösung zur Klassenarbeit yj466h

Beispiel für eine Klassenarbeit

1 Formuliert eine Einleitung, in der ihr die Stimmung und das Thema des Gedichts benennt. Erläutert die Sprechsituation und gebt den Inhalt des Gedichts kurz wieder.

2 Untersucht und interpretiert das Gedicht.

a) Beschreibt, wie die Liebe in dem Gedicht dargestellt wird.
b) Erläutert die Form des Gedichts (Strophen- und Versaufbau, Reimordnung).
c) Benennt und deutet die sprachlichen Mittel in den Versen 5 ff., 17 und 21.
d) Erläutert, wie Form und Sprache die Situation und die Gefühlslage des lyrischen Ichs unterstützen.

Johann Wolfgang Goethe: Neue Liebe, neues Leben (1775)

Herz, mein Herz, was soll das geben?
Was bedränget dich so sehr?
Welch ein fremdes, neues Leben –
Ich erkenne dich nicht mehr.
Weg ist alles, was du liebtest,
Weg, worum du dich betrübtest,
Weg dein Fleiß und deine Ruh –
Ach, wie kamst du nur dazu?

Fesselt dich die Jugendblüte,
Diese liebliche Gestalt,
Dieser Blick voll Treu und Güte
Mit unendlicher Gewalt?
Will ich rasch mich ihr entziehen,
Mich ermannen[1], ihr entfliehen,
Führet mich im Augenblick,
– Ach – mein Weg zu ihr zurück.

Und an diesem Zauberfädchen,
Das sich nicht zerreißen lässt,
Hält das liebe lose Mädchen[2]
Mich so wider Willen fest.
Muss in ihrem Zauberkreise
Leben nun auf ihre Weise;
Die Verändrung, ach, wie groß!
Liebe! Liebe! Lass mich los!

1 ermannen: alle Kräfte zusammennehmen
2 loses Mädchen: ungebundene Frau

Gemälde von Edvard Munch, 1908

Schritt für Schritt zur Klassenarbeit

Lösungen
→ S. 289

1. Benennt alle wichtigen Informationen zum Gedicht und bestimmt das Thema (TATT). Überlegt, in welcher Situation sich der lyrische Sprecher befindet. Untersucht in jeder Strophe, welche Auswirkungen die Liebe auf den lyrischen Sprecher hat.

2. a) Sucht Verse heraus, die beschreiben, wie die Liebe vom lyrischen Sprecher wahrgenommen wird. Geht strophenweise vor und untersucht die Wortwahl in jeder Strophe. Überlegt, ob die Liebe positiv oder negativ dargestellt wird.
   b) Entscheidet, welche Reimordnung (Kreuzreim, umarmender Reim, Paarreim) vorliegt.
   c) Untersucht in den Versen den Satzbau, achtet auf Wiederholungen einzelner Wörter und auf eine bildliche Sprache. Könnt ihr Parallelismen, Anaphern, Metaphern, Symbole feststellen?
   d) Beantwortet die Fragen: Wie wird der Inhalt durch formale Mittel unterstützt und welche Aussage wird dadurch verstärkt? Welche sprachlichen Besonderheiten verdeutlichen die Situation und die Gefühlslage des lyrischen Ichs?

Beispiellösung zur Klassenarbeit
yj466h

Beispiel für eine Klassenarbeit

1 a) Beschreibt die Stimmung des Gedichts.
b) Benennt und erläutert die Personifikation. Belegt mit Textstellen.

2 Verfasst ein Parallelgedicht mit dem Titel „helle Tage".

3 Begründet eure sprachliche Gestaltung an einem Beispiel eures Gedichts.

Elisabeth Steinkellner: dunkle Tage (2016)

das Grau
das schon
beim Erwachen
neben mir im Bett
gelegen hat
begleitet mich heute
auf Schritt und Tritt

was sonst
kann ich tun
als auf Sonne
zu hoffen
und dass mir
ein wärmender Arm
entgegenwächst.

8 Fremde, Feinde, Freunde?

Ein Theaterstück untersuchen und Szenen spielen

1 *(Jojo starrt Leo an.)*
Jojo: Klar doch Schlaganfall, du sprichst doch ganz normal, verarschen kann ich mich alleine.
(Leo lächelt.)
Leo: Ein Wunder, mein Kind, Gott hat ein Wunder geschickt.

2 **Jojo:** Du warst ein richtiger Held, Mann.
Leo: Ich hab nur mein Leben lang versucht, durchzukommen. Weißt du, ich schlag mich nicht gerne. Der schönste Job, den ich hatte, war Lose verkaufen, als ich zu alt zum Boxen war.
Jojo: Und das soll ich dir glauben?

3 *(Leo dreht sich um, sieht Jojo an.)*
Jojo: Was glotzt du denn so? Der erste Besuch seit dem Krieg, was?
Glaub bloß nicht, dass ich das hier aus Menschenfreude mache. Seh ich aus wie jemand, der ein Herz für Senioren hat?

4 **Leo:** Ich habe mal zwei Tage und Nächte unter dem Fenster einer Frau gewartet, die mein Herz gebrochen hat.
Jojo: Das könnte ich nicht.
Leo: Das ist keine Schande.
Jojo: Sie wohnt im fünfzehnten Stock.
Leo: Dann bring ihr Rosen.

5 **Leo:** Jojo, mein Junge, was ist denn los?
Jojo: Sag nicht Junge zu mir.
Leo: Gut, gut, ich hab's nicht böse gemeint.

6 **Leo:** Denk an die Rose.
Jojo: Gestern hätte sie mich fast erwischt. Ich leg das Ding vor die Tür, da hör ich Schritte drinnen. Ich hatte Glück, dass der Aufzug offen war, die wollte mich abpassen. Ich hab das Gefühl, ich bin da ganz übel auf dem Holzweg.
Leo: Leg heute einen Brief dazu, wann du sie treffen möchtest. Und wenn sie kommt, hab keine so große Schnauze, ja?
Jojo: Ich werd's versuchen.

7 **Jojo:** Du bist doch vollkommen verrückt.
Leo: Du sagst immer, ich wäre verrückt, wenn du etwas nicht verstehst. Du hast bis jetzt noch alles verstanden, du wirst auch das noch verstehen.

1 Was könnte passieren, wenn sich ein jugendlicher Straftäter und ein alter Boxer begegnen? Sammelt Ideen.

2 Die kurzen Dialoge stammen aus dem Theaterstück „Das Herz eines Boxers" von Lutz Hübner.

a) Stellt zusammen, was ihr über Jojo und Leo erfahrt.

b) Erklärt, inwiefern eine Veränderung der Figurenbeziehung deutlich wird.

Das lernt ihr jetzt!

8.1 die Funktion der Exposition erkennen

8.2 die Entwicklung von Figurenbeziehungen untersuchen

A Junges Ensemble, Stuttgart 2007

B Junges Theater, Lörrach 2013

C Salzburger Landestheater, 2014

3 a) Sucht euch in Gruppen einen Ausschnitt 1 – 7 (S. 156) aus und stellt dazu die Beziehung zwischen Jojo und Leo als Standbild dar.

b) Präsentiert die Standbilder. Die anderen versuchen, den gewählten Ausschnitt zu bestimmen.

4 a) Sucht für Jojo und Leo jeweils zwei bis drei Sätze (1 – 7, S. 156) heraus, die euch wichtig erscheinen. Übt eine passende Mimik, Gestik und Sprechweise.

b) Präsentiert und vergleicht eure Ergebnisse.

5 Besprecht, welches Inszenierungsfoto A – C am besten zu eurer Vorstellung der Figuren passt. Begründet.

8.1 Überraschende Begegnung · Die Funktion der Exposition erkennen

Lutz Hübner: Das Herz eines Boxers (1996, Szene 1, Ausschnitt)

Leo kommt herein, auf einem Tisch liegen ein frisches Handtuch und eine kleine Schale mit Tabletten. Leo hängt sich das Handtuch um, schüttet sich die Tabletten in die Hand, geht zum Fenster, öffnet es, sieht sich um, dann schmeißt er die Tabletten in hohem Bogen nach draußen, er schließt das Fenster. Er markiert ein paar Boxschläge, ein Geräusch ist von draußen zu hören. Leo setzt sich schnell in den Sessel, zieht sich eine Decke über die Füße, rückt den Sessel Richtung Fenster, sieht nach draußen. Die Tür geht auf, Jojo kommt herein, er hat Folie, einen Eimer weiße Wandfarbe und Pinsel dabei.

Jojo: Schönen Tag, die Knackibrigade Schöner Wohnen soll aus der Butze[1] hier wieder eine menschliche Behausung machen. Glückwunsch, dass es ausgerechnet dich erwischt hat, lass die Korken knallen, die nächste Kolonne kommt frühestens in hundert Jahren, und wer weiß, ob wir das noch erleben, was?

(Er stellt die Sachen ab.)

Also, die nächsten Tage geht hier die Post ab. Da hilft nur eins, Ruhe bewahren, keine Panik. Die Pantoffeln und die Strickweste bleiben sauber, du wirst gleich hübsch in Folie verpackt, ich hab sogar durchsichtige mitgebracht, damit du mir schwer beeindruckt beim Streichen zusehen kannst. [...] Wo fang ich denn an? *(Er sieht sich um.)*

Die Wand hier ist ganz gut.

(Leo dreht sich um, sieht Jojo an.)

Was glotzt du denn so?

Der erste Besuch seit dem Krieg, was?

Glaub bloß nicht, dass ich das hier aus Menschenfreude mache. Seh ich aus wie jemand, der ein Herz für Senioren hat? [...]

(Jojo setzt sich, zündet sich eine Zigarette an.)

[...] Zigaretten heißen die Dinger.

Gab's das zu deiner Zeit in Freiheit noch nicht?

Oder findest du, dass ich faul und unverschämt bin.

Also dass das mal klar ist.

Wenn da irgendwelche Rentnersprüche kommen, werde ich ungemütlich.

Ich will das hier in Frieden hinter mich bringen, und es ist mir scheißegal, ob die Arbeitsmoral früher besser war.

Ich krieg keinen Pfennig[2] für den Job, also seh ich auch nicht ein, dass ich mir hier den Buckel krumm schufte, das sind Strafstunden, höchstrichterliche Anordnung.

(Leo sieht ihn an. Stille.)

Ich hab keinen umgebracht, ich hab auch keinem Rentner das Hundefutter aus dem Kühlschrank gestohlen, keine Panik. [...]

Ja, hast du alles meinem Jugendrichter zu verdanken.

Ein geklautes Mofa, und schon geht für einen Rentner die Sonne auf. [...]

So, Halbzeit, große Pause.

Ich will ja schließlich nicht zu früh fertig werden, nachher schaff ich's in der halben Zeit und die kommandieren mich in eine andere Zelle und da sitzt einer rum und starrt mich nur an.

Salzburger Landestheater, 2014

1 die Butze: Verschlag, enge Kammer 2 krieg keinen Pfennig: kein Geld erhalten

So Typen soll's ja geben.
Nee nee, hier ist's gemutlich, das teil ich mir gut ein. [...]
Na ja, genug gelabert, der Berg ruft[3].
(Jojo nimmt den Pinsel, steigt auf die Leiter.)
Oh Scheiße, die Farbe.
Sag mal, Kumpel, kannst du mir mal eben den Eimer hochgeben?
So ein Mann in meinem Alter geht nicht gern zweimal 'ne Leiter hoch.
(Leo erhebt sich langsam, Jojo streckt die Hand aus, Leo gibt Jojo den Farbeimer hoch, schrägt ihn dabei immer mehr an.)
Hey pass auf, der kippt gleich.
(Die Farbe läuft Jojo über die Füße.)
Sag mal, bist du bescheuert?

---

3 der Berg ruft: hier: die Arbeit ruft

○ **1** Erklärt anhand der ersten Regieanweisung (S. 158), was man über die Ausgangssituation erfährt, bevor ein Wort gesprochen wird.

◒ **2** **a)** Fasst zusammen, aus welchem Anlass Jojo und Leo zusammentreffen.
b) Was erfahrt ihr über Ort und Zeit der Handlung? Belegt am Text.

S. 276 ○ ← ◒ **3** Untersucht die Figuren genauer.
a) Stellt Vermutungen darüber an, warum sich Jojo so herablassend gegenüber Leo verhält.
b) Erklärt, was Leos Reaktion am Ende der Szene über die Figur aussagt.
c) Schreibt zum Anfang und Ende dieser Szene die Gedanken der beiden Figuren in jeweils ein bis zwei Sätzen auf.

S. 276 ◒ ← ● **4** Gestaltet den Text (S. 158 f.) als szenische Lesung. Bringt durch Mimik, Gestik, Körperhaltung und Sprechweise typische Charaktereigenschaften der Figuren zum Ausdruck.

Exposition S. 318 **KOMPETENZBOX**

Die Funktion der Exposition erkennen

Den Beginn eines dramatischen Textes nennt man Exposition. In den Dialogen und Regieanweisungen erfahrt ihr Grundlegendes über die Figuren, die Handlung sowie Ort und Zeit.

Exposition

Figuren
- Wer sind die Hauptfiguren?
- Was erfahrt ihr über die Eigenschaften der Figuren?
- Welche soziale Rolle haben die Figuren? *(Beruf, soziales Umfeld)*
- Welche Figurenkonstellation liegt vor? *(familiäre Beziehungen, Freundschaften, unterschiedliche Gruppen)*

Handlung
- Gibt es Hinweise auf einen zentralen Handlungsstrang?
- Werden mögliche Konflikte angedeutet?
- Welche Eigenschaften oder Interessen der Figuren können zu Konflikten führen?

Ort und Zeit
- An welchem Ort spielt die Handlung? Welchen Bezug hat dieser Ort zu den Figuren und zu der Handlung?
- Was erfahrt ihr über die Zeit, in der die Handlung spielt?

8.2 Was für eine Freundschaft! · Die Entwicklung von Figurenbeziehungen untersuchen

Die Figuren und ihre Beziehung zueinander untersuchen

Lutz Hübner: Das Herz eines Boxers (1996, Szene 2, Ausschnitt)

Der nächste Tag. Jojo kommt völlig durchnässt herein, Leo sitzt wieder im Sessel, sieht nach draußen, Jojo flucht.

Jojo: Verdammtes Scheißwetter. Hast du mal ein Handtuch oder so was?

(Leo reagiert nicht.)

Jojo: Geben sie euch nicht, haben wohl Angst, ihr könntet euch damit abseilen, was.

Na ja, egal, kommt's nun auch nicht mehr drauf an.

(Er zieht seine Jacke aus.)

Also das mit der Farbe gestern wollen wir mal vergessen.

Sie haben mir unten gesagt, dass du nicht mehr ganz richtig tickst, also Gnade vor Recht.

Aber eins muss klar sein: Wenn heute irgendein krummes Ding läuft, werd ich ungemütlich, verdammt ungemütlich. Ich hab nämlich eine Scheißlaune, und da kann ich's überhaupt nicht haben, wenn man mir quer kommt.

(Jojo geht die Leiter hoch, beginnt verbissen zu arbeiten.)

(Leise.) So ein Arschloch, so ein verdammtes Arschloch. *(Laut.)* Ich mein nicht dich.

(Er streicht.) [...] Du hältst mich halt für 'nen Gangster.

So ein Typ, der nachts in seiner Lederkutte loszieht, Joe Cool, der Rentnerschreck.

Also, dann halt jetzt mal dein Gebiss fest, ich hab das Mofa gar nicht geklaut.

Da staunst du, was?

Ich bin genauso ein Trottel wie du, ich hab's für 'nen anderen auf mich genommen, weil der mit seinen Vorstrafen sonst direkt in den Bau gegangen wär[1]. Echt edel von mir, was? So richtig Robin Hood.

(Er streicht.)

Und jetzt gibt er überall an, dass er einen Idioten gefunden hat, der für ihn die Strafe reißt; [...].

(Er streicht, Leo dreht sich um, sieht Jojo an.)

Leo: Du hast ja richtig Charakter.

(Jojo lässt den Pinsel sinken, sieht Leo an.)

Jojo: Hast du grade was gesagt, oder bilde ich mir das ein?

Leo: Du hast ja richtig Charakter.

Jojo: Sag mal, kriegst du etwa alles mit, was ich da labere?

(Leo steht auf, gibt dem völlig verdatterten Jojo ein Handtuch, der beginnt sich die Haare trocken zu reiben. Leo lässt eine Tasse Tee aus dem Samowar[2], Jojo steigt die Leiter herunter, Leo gibt ihm die Tasse.)

Jojo: Ich glaub, mein Schwein pfeift[3].

(Jojo trinkt einen Schluck.)

Jojo: Sag mal, was ist denn das für 'ne Sorte?

(Leo lächelt.)

Leo: Russischer Tee mit Wodka.

Jojo: Besonders viel Tee ist da aber nicht drin.

Leo: Tee macht den Kopf klar und Wodka das Herz.

Jojo: Warum hast du denn die Schnauze gehalten?

Leo: Ich hatte vor zwei Wochen einen Schlaganfall, seitdem kann ich nicht mehr sprechen.

Ich bin völlig hilflos, keiner weiß, wie viel ich überhaupt noch mitkriege, der arme alte Mann.

(Jojo starrt Leo an.)

Jojo: Klar doch Schlaganfall, du sprichst doch ganz normal, verarschen kann ich mich alleine.

(Leo lächelt.)

Leo: Ein Wunder, mein Kind, Gott hat ein Wunder geschickt.

(Leo setzt sich wieder in den Sessel, sieht nach draußen.)

Tim Oberließen als Jojo, Werner Friedel als Leo, Salzburger Landestheater, 2014

1 in den Bau gegangen wär: ins Gefängnis gekommen wäre 2 der Samowar: russische Teemaschine 3 Ich glaub, mein Schwein pfeift: Redewendung, die ungläubiges Staunen ausdrückt

Jojo: Mann, du bist ja wirklich bekloppt, du hast ja original einen Sprung in der Schüssel.

(Jojo geht die Leiter wieder hoch, streicht, wirft zuweilen beunruhigte Blicke auf Leo.)

Jojo: Was soll das heißen, ich hab Charakter, soll das 'ne Beleidigung sein?

Leo: Du hast für einen anderen eine Strafe auf dich genommen, das ist Charakter. Das ist, was man tut für einen Freund.

Jetzt hat dich der Freund verraten, die Welt ist schlecht.

Jojo: Der war nie mein Freund, der hat nur 'ne große Schnauze und spielt den Chef, also das ist es nicht.

Leo: Ist sie ein schönes Mädchen? [...] Du wolltest ein Held sein, damit dein Mädchen dich liebt, und hast eine gute Tat begangen. Es bleibt eine gute Tat, auch wenn dich jetzt alle für einen Trottel halten. Du musst stolz darauf sein und wenn dein Mädchen nicht blöd ist, ist sie auch stolz auf dich.

Jojo: Hör mal, das ist hier nicht Hollywood, so denkt die nicht.

Leo: Wie denkt sie denn?

Jojo *(kleinlaut):* Das wüsst ich auch gerne. Sie ist 'ne Freundin von einer aus unserer Clique, ich kenn sie kaum.

Leo: Na, und da wolltest du ein bisschen Eindruck schinden als großer Zampano[4], ist eigentlich nicht verkehrt gedacht.

Jojo: Mir wird das hier langsam ein bisschen zu privat.

Leo: Streich deine Wand, sonst musst du noch ein Mofa klauen, um fertig zu werden.

(Jojo streicht.)

Jojo: Das ist doch vollkommen bescheuert, oder?

Leo: Ich hab mal bei einem Rodeo[5] mitgemacht, weil ich verliebt war.

Jojo: Und?

Leo: Ich hab zwei Wochen nicht sitzen können.

Jojo: Hat's sich denn wenigstens gelohnt?

Leo: Nun wird's mir ein bisschen zu privat.

---

4 großer Zampano: jemand, der den Eindruck erwecken möchte, Unmögliches möglich zu machen 5 der/das Rodeo: Veranstaltung mit Wettkämpfen für Cowboys mit Pferden oder Stieren

○ **1** Besprecht, ob das Inszenierungsfoto (S.160) zu eurer Vorstellung von der Szene passt.
- Achtet auf die Gestik und die Körperhaltung der Figuren.
- Sucht eine Textstelle heraus, der sich das Foto zuordnen lässt.

◒ **2** Erläutert, was die folgenden Sätze **A** – **C** über den Charakter und das Verhalten der beiden Figuren aussagen.

A Jojo verzeiht Leo, dass er ihm die Farbe über die Füße gegossen hat.
B Jojo hat für einen anderen die Strafe auf sich genommen.
C Leo bricht sein Schweigen und bietet Jojo einen Tee an.

S.276 ○ ← ◒ **3** Sucht Textstellen heraus, an denen sich Jojo oder Leo über den Charakter des anderen äußern, und beurteilt, ob diese Aussagen zutreffen.

◒ **4** Beschreibt, was an Jojos Sprache auffällig ist. Erläutert, wie Jojo dadurch charakterisiert wird.

◒ **5** Besprecht, was Leo dazu bringt, sein Schweigen zu brechen. Erklärt, inwiefern Leos Entschluss einen Wendepunkt darstellt. Beachtet, welches Risiko er eingeht.

◒ **6** **a)** Sucht eine Textstelle, in der das Verhältnis der beiden Figuren zueinander besonders deutlich wird.
b) Probt die ausgewählte Stelle in Gruppen und präsentiert sie vor der Klasse. Gebt Rückmeldungen dazu, wie gut die Figuren und ihre Beziehung zueinander zum Ausdruck gebracht wurden.

7 Beurteilt, ob man am Ende der Szene (S.161) vom Beginn einer Freundschaft sprechen kann.

Figuren, Beziehung der Figuren S.318 f. **KOMPETENZBOX**

Die Figuren und ihre Beziehung zueinander untersuchen

In dramatischen Texten finden sich Informationen zu den Figuren und ihren Beziehungen zueinander im gesprochenen Text (Aussagen der Figuren über sich und andere, Aussagen anderer Figuren über sie) und in den Regieanweisungen. Auf der Bühne erfährt man auch über die Mimik, Gestik, Körperhaltung und Sprechweise der Schauspielerinnen und Schauspieler viel über die Figuren und ihre Beziehung zueinander.

Figur
- äußeres Erscheinungsbild
- Lebensumstände
- Verhalten, Einstellungen
- Eigenschaften
- Sprache
- ...

Beziehung der Figuren
- Aussagen der Figuren übereinander
- Verhältnis der Figuren zueinander, z. B. Vater/Sohn
- Beziehung zu weiteren Figuren
- sprachlicher Umgang miteinander
- ...

Veränderungen in der Figurenbeziehung untersuchen

Lutz Hübner: Das Herz eines Boxers (1996, Szene 3, Ausschnitt)

Leo bittet Jojo, einige seiner Erinnerungsstücke zu verkaufen, da er Geld braucht.

(Jojo wühlt in den Kartons, fördert einen Stapel alter Zeitungsausschnitte zutage. Liest.)

Jojo: Gestern Abend hat Leo, der rote Löwe, im Sportpalast durch einen klaren Knockout in der dritten Runde den Kampf gegen Kid Sanchez für sich entscheiden können.
(Er nimmt einen anderen Ausschnitt.)
Großer Empfang für die Boxer aus Barcelona, der morgige Kampf von Baltasar Sangchili gegen den roten Leo wird mit Spannung erwartet.
(Er nimmt einen anderen Ausschnitt.)
Kultur trifft Sport. Gestern Abend besuchte der rote Leo die Galavorstellung im Wintergarten. Danach gab es noch ein Gespräch mit Größen des Showbusiness über die Gemeinsamkeiten von Boxen und Theater ...
(Jojo sieht Leo an.)
Sag mal, bist du das?

Leo: Kann man dafür etwas bekommen? Zweihundertachtzig Mark?

Jojo: Ich hab dich was gefragt. Bist du der rote Leo, der Boxer?

Leo: Ja, warum?
(Jojo wühlt in den Zeitungsausschnitten.)

Jojo: Oh Mann, du warst ja ein richtiger Star, du warst ein Boxer.

Leo: Das ist ein Beruf wie jeder andere auch. Man versucht, so schnell wie möglich Feierabend zu haben und ohne ein blaues Auge nach Hause zu kommen.

Jojo: Wieso denn der rote Leo?

Leo: Nun, weil ich immer in Rot geboxt habe, ich hab mir extra knallrote Boxhandschuhe machen lassen. Ich war sehr jung und ich war ein bisschen verrückt.

Jojo: Der rote Leo! Du warst 'ne richtig große Nummer.

Leo: Was sollte ich denn tun?
Ich hatte keinen Job, kein Geld, was hätte ich denn machen sollen, von irgendwas musste ich ja leben.
Damals haben alle geboxt, die ganze Stadt war verrückt danach, die Boxer waren richtige Stars, na, und ich hab Glück gehabt.
Dann musste ich weg, weil ich auch sonst der rote Leo[1] war.
Ich war Soldat, Matrose, Leibwächter ...

1 der rote Leo: Anspielung auf Leos sozialdemokratische oder sozialistische Haltung (rot als Farbe des Sozialismus); während der Zeit des Nationalsozialismus wurden politische Gegener wie z. B. Sozialdemokraten, Sozialisten und Kommunisten oft verfolgt, inhaftiert oder ermordet

Die Zeiten waren ein bisschen unruhig, weißt du. Dann war der Krieg vorbei und ich bin zum Zirkus, hab wieder geboxt. Das ist kein leichtes Leben, wenn man ein friedlicher Mensch ist.

Jojo: Du warst ein richtiger Held, Mann. [...]

(Jojo wühlt in den Kartons, findet ein Paar zerschlissene rote Boxhandschuhe, er betrachtet sie ehrfürchtig.)

Jojo: Du stehst da im Ring, alle sehen dich an, und da ist so ein Kerl, der will dir ans Leder, der will dich vernichten, er tänzelt um dich rum, und du schlägst zu, du machst ihn fertig, du bist der Sieger, das muss doch ein irres Gefühl sein.

Leo: Ich hab immer Angst gehabt.

Jojo: Angst?

Leo: Dass ich mal an so einen gerate, so einen Killer, der kämpft, um sich zu beweisen, dass er der Größte ist, dass er ein Kerl ist, so einer, der es genießt, wenn Blut fließt. Ich hab solche Typen immer gehasst. Ein richtiger Boxer ist ein Gentleman, ein Künstler. Ein richtiger Boxer hat ein so großes Herz, dass er niemanden hassen kann. Er schlägt zu, aber nicht aus Hass, und wenn er einsteckt, nun, davon geht die Welt nicht unter, so ist das Leben, ganz k.o. ist man nie. Na gut, man liegt am Boden, dann steht man wieder auf. [...]

Jojo: Aber wenn man so richtig zuschlagen kann, ist man doch der King. Wenn einen so ein Arsch blöd anlabert, rums, eins in die Fresse.

Leo: Ich bin immer weggelaufen.

Jojo: Aber du bist ein Boxer.

Leo: Aber ich sag dir doch, ich schlag mich nicht gern, nur im Ring.

Jojo: Nie?

Salzburger Landestheater, 2014

(Leo räuspert sich.)

Leo: Doch, einmal, und das ist mir heute noch unangenehm. Ich war vorher in einem Heim, in dem ich mich richtig wohlgefühlt habe. Na ja, und da ist es mir passiert, wie soll ich sagen, da hab ich mir einmal in die Hose gemacht, und das war mir sehr peinlich. [...] Und da war dieser Pfleger, ich hab ihn nie leiden können, so einer wie du, als du vorgestern hier reingekommen bist, so einer, der mit dir umgeht, als wäre man ein Meerschweinchen. Er holt die Wäsche ab und bemerkt mein Missgeschick. Da brüllt er, so dass alle es hören können: He, Leo, wird wohl langsam Zeit für die Windeln. [...] Aber als er dann am nächsten Tag kommt und mich mit so einem gemeinen Lächeln fragt, ob ich denn noch trocken sei, ist mir doch die Wut gekommen. [...] Er ging sofort zu Boden, die anderen haben ihn noch lachend ausgezählt, aber ich wusste, jetzt kriege ich Ärger. Also kam ich hierher, in die Geschlossene, weil sie dachten, ich bin gemeingefährlich. [...]

○ **1** Stellt euch vor, ihr würdet herausfinden, dass eure Großeltern früher erfolgreiche Sportler waren. Wie würdet ihr reagieren?

◒ **2** Jojo bewundert Leo dafür, dass er ein Boxer war. Beschreibt, wie Leo darauf reagiert.

◒ **3** Erklärt mit eigenen Worten, was laut Leo das „Herz eines Boxers“ ausmacht.

◒ **4** Leo erzählt Jojo von einer peinlichen Begebenheit.

a) Zwei Dinge sind Leo peinlich. Benennt sie und erklärt jeweils, warum ihm dies unangenehm ist.

b) Erläutert, was es über sein Verhältnis zu Jojo aussagt, dass Leo von diesen Erfahrungen erzählt.

Erweitertes Standbild S. 320 **ARBEITSTECHNIK**

Ein erweitertes Standbild bauen

Ein erweitertes Standbild hilft euch dabei, die Beziehung zwischen den Figuren zu verdeutlichen. Zum einfachen Standbild kommen noch einzelne gesprochene Sätze hinzu. Wichtig ist, dass die Einstellungen und Interessen der Figuren zum Ausdruck kommen.
Geht so vor:
- Entscheidet euch für eine Anordnung der Figuren.
- Legt Mimik, Blickrichtung, Gestik und Körperhaltung fest.
- Wählt für jede Figur ein bis zwei besonders wichtige Sätze aus.
- Entscheidet über die Reihenfolge der Äußerungen. Sie muss nicht mit der Reihenfolge im Originaltext übereinstimmen.
- Achtet auf eine passende Sprechweise der einzelnen Figuren.

5 Stellt die Entwicklung der Beziehung zwischen Jojo und Leo mithilfe erweiterter Standbilder dar. Erstellt in Gruppen je ein Standbild zum Anfang des Stücks (S. 158 f.) und zur 3. Szene (S. 162 f.).

Lutz Hübner: Das Herz eines Boxers (1996, Szene 4, Ausschnitt)

Jojo kommt am nächsten Tag mit einem blauen Auge ins Seniorenheim. Er hat ein Messer dabei und erzählt Leo, dass er sich an jemandem rächen will.

Jojo: [...] Mir ging's so richtig gut. Da dachte ich mir, der Tag ist richtig, da bringst du alles ins Reine und bin zum Bauwagen. Waren auch alle ganz nett zu mir, dass ich das gemacht hab und so, kommt der Arsch an. Ich frage ihn, was für Scheiße er über mich erzählt, er stellt sich doof, hört mir gar nicht zu, was ich denn wolle, einen Heiligenschein oder was. Da hab ich ihn angeschrien, was für ein Arschloch er ist, er hört das und reicht mir voll eine rein.

Leo: Und die anderen?

Jojo: Von denen traut sich doch keiner das Maul aufzumachen. Die fanden das bestimmt alle nicht richtig, aber wenn der Meister spricht.

Leo: Aber wenn du ihn fertiggemacht hast, bist du der Meister, dann sagst du, wo es langgeht.

Jojo: Quatsch, ich will mit den feigen Schweinen nichts mehr zu tun haben.

Leo: Was willst du denn?

Jojo: Ich will mich rächen. Scheiße, jetzt kommt's mir irgendwie auch blöde vor.

Leo: Und was ist mit deiner Ehre?

Jojo: Jetzt komm mir doch nicht so. Ich will mit denen sowieso nichts mehr zu tun haben.

Leo: Dann ist es vielleicht ein bisschen aufwendig, zum Abschied noch einen abzuschlachten.

(Jojo lacht.)

Jojo: Ja, irgendwie lohnt sich das nicht, obwohl man's ja eigentlich machen müsste.

Leo: Ich musste mal im Krieg alleine auf Patrouille[1]. Ich [...] sehe plötzlich vor mir einen feindlichen Soldaten sitzen, das Gewehr liegt neben ihm und er isst eine große, saftige Wassermelone. Da bemerkt er mich, sieht mich starr an. Ich hab mein Gewehr im Anschlag und ich hab Hunger.

Jojo: Und?

Leo: Ich hab mein Gewehr auch weggelegt und er gab mir die halbe Melone. Wir haben gegessen, zusammen eine Zigarette geraucht und dann bin ich wieder zurückgekrochen. Bin ich ein Held?

Jojo: Du bist'n Schnorrer.

Leo: Morgen zeig ich dir, wie ein Boxer sich vor Schlägen schützt. Jetzt geh, ich streich heute für dich.

1 die Patrouille: von Soldaten durchgeführte Erkundung, ein Kontrollgang

6 a) Beschreibt mit eigenen Worten, in welchem Konflikt sich Jojo befindet.
b) Wie hilft Leo ihm dabei, diesen Konflikt zu bewältigen?

● **7** Jojo bezeichnet Leo als „Schnorrer" (S. 164, Z. 42). Legt als Regieanweisung fest, in welcher Art und Weise Jojo dies sagt. Probt die passende Sprechweise zu zweit und stellt sie der Klasse vor.

S. 277 ○ ← ◒ **8** Zu Beginn des Stücks besteht ein Konflikt zwischen Jojo und Leo. Erläutert, welche anderen Konflikte im Verlauf des Stücks in den Vordergrund treten.

Einen Rollenwechsel untersuchen

Lutz Hübner: Das Herz eines Boxers (1996, Szene 5, Ausschnitt)

Leo bringt Jojo ein paar Boxschritte und Schläge bei, wobei sie aufpassen, dass niemand mitbekommt, wie fit Leo in Wirklichkeit ist.

Jojo: Machen wir weiter?
Leo: Wie spät ist es?
Jojo: Zwanzig vor zwölf.
Leo: Nein, dann muss ich jetzt gehen.
Jojo: Wo willst du denn hin?
Leo: Nach Südfrankreich.
Jojo: Können vor Lachen, warum nicht gleich 'ne Weltreise. [...] Du willst wirklich abhauen?
Leo: Es ist das Normalste von der Welt. Ich fühle mich hier nicht wohl, also gehe ich weg. Die Fahrkarte kostet zweihundertachtzig Mark, die habe ich.
Jojo: Und was willst du da unten machen?
Leo: Ein Freund von mir hat da unten eine Kneipe, auch ein alter Boxer, [...].
Wir haben uns immer gemocht. Er ist blind, weißt du.
Viele Boxer werden blind, das ist Berufsrisiko.
Er hat mich eingeladen, mit ihm die Kneipe zu führen.
Das wird mir mehr Spaß machen, als hier zu sein.
Jojo: Aber das geht doch nicht.
Leo: Warum denn nicht? Hier gefällt's mir nicht, also gehe ich woanders hin, das habe ich mein Leben lang so gemacht.
Jojo: Einfach so? Ohne was?
Leo: Ich werde meine Zahnbürste mitnehmen und meinen Hut.
Jojo: Das ist doch völliger Blödsinn. Du kannst doch nicht einfach da rausmarschieren, du glaubst doch nicht, dass der Pförtner dich durchlässt.
Nee, nee, so was muss genau geplant sein.
Leo: Von zwölf Uhr fünf bis zwölf Uhr zwanzig machen die Stationsschwestern Kaffeepause, in der Zeit komme ich unten bis zur Tür.
Zwischen zehn nach und Viertel nach zwölf kommt der Wagen, der das Essen bringt. Ein junger Mann fährt mit einem Auto vor und geht mit drei Behältern in den hinteren Trakt. Dazu braucht er fünf Minuten, manchmal acht, je nachdem, welche Schwester er auf dem Flur trifft.
In dieser Zeit lässt er den Motor laufen.
Ich brauche mich also nur hinters Steuer zu setzen und loszufahren.
Die Schranke an der Pforte wird offen sein, weil der Pförtner sie für die kurze Zeit nicht schließt.
Ich fahre bis zur nächsten U-Bahn-Station, dort lasse ich den Wagen stehen, steige um und fahre zum Bahnhof.
Ein Zug fährt um zwölf nach eins. Ist dir das genau genug geplant?
(Jojo nickt.)
Jojo: Ich weiß wirklich nicht, ob du verrückt bist oder nicht.
Leo: Wenn ich's noch nicht bin, würde ich's hier werden, also gehe ich. [...]
(Man hört draußen ein Auto vorfahren.)
Leo: Der Wagen kommt, ich muss mich beeilen.
(Leo geht. Jojo geht zum Fenster, öffnet es, ein anfahrendes Auto ist zu hören, kurz danach ein lautes Klirren.)
Jojo: Scheiße!

Salzburger Landestheater, 2014

◒ **1** Stellt Vermutungen darüber an, was am Ende der Szene passiert sein könnte.

Lutz Hübner: Das Herz eines Boxers (1996, Szene 6, Ausschnitt)

Am nächsten Tag sitzt Leo wieder in seinem Sessel. Er ist am Vortag mit dem Auto gegen eine Wand gefahren, weil er mit der Automatik nicht zurechtgekommen ist. Jojo öffnet die Tür.

Jojo: Schläfst du, Leo?
(Leo reagiert nicht, Jojo kommt herein.)
Jojo: Stell dir vor, die wollten mich unten erst gar nicht reinlassen, die wollten mir sogar die Stunden erlassen. Da hab ich aber Krawall gemacht, das ginge gegen meine Malerehre, ich will das fertig machen.
Die waren richtig beeindruckt von meiner Arbeitsmoral. Keine schlechte Nummer, was?
(Leo reagiert nicht.)
Die haben sogar vorgeschlagen, dass sie dich rausbringen, solange ich arbeite.
Als wärst du King Kong oder so was.
Biste ja irgendwie auch.
(Leo reagiert nicht.) [...]
Jojo: [...] Mensch, nun lass dir die Laune doch nicht so versauen, Alter.
Ein Boxer ist nie ganz k.o., hast du selbst gesagt.
Okay, du hast einen Scheißplan gemacht.
Vielleicht war's auch kein Scheißplan.
Tatsache ist, er hat nicht funktioniert. Dafür aber der andere, aber total.
Leo: Was meinst du?
Jojo: Die Rosennummer. Gestern bin ich hin, mit einem Zettel [...]. Auf jeden Fall schleiche ich mich auf Zehenspitzen hin und lege das Grünzeug auf die Matte. Plötzlich geht die Tür auf und sie steht da, strahlt mich an wie 'ne Bogenlampe.
Ich wäre am liebsten im Erdboden versunken.
Erst dacht ich, ich lauf einfach weg, aber dann dacht ich, jetzt ist es auch egal und drücke ihr die Blumen in die Hand.
Sie fragt mich, warum ich nicht einen ganzen Strauß gebracht habe, dann hätte ich nicht so oft kommen müssen, sag ich: Gute Idee.
Mehr hab ich einfach nicht rausgebracht. Ich wusste nicht, was ich sagen sollte, ich hatte einen Kloß im Hals und eine heiße Birne.
Also glotze ich sie nur an.
Sie kichert und fragt, warum ich so rote Ohren habe, sag ich, das kommt von der Höhenluft[1], ich wohne im Erdgeschoss.
Der war doch nicht schlecht, oder?
Na ja, sie hat gelacht und gesagt, sie fände das total süß.
Ich treff sie morgen Abend, ist das nicht absolut geil?
Mensch, Leo, das hab ich dir zu verdanken.
(Leo schweigt.)
Wenn das irgendwie klappt, komme ich mal mit ihr vorbei.
Leo: Die werden mich irgendwo anders hinbringen.
Jojo: Warum sollten sie das?
Leo: Die sperren mich irgendwo ein. [...]
Jojo: Und wenn mir noch was einfällt, um dich hier rauszuholen?
Leo: Ich hab lange Wochen Zeit gehabt, mir etwas auszudenken, es hat nicht geklappt.
Ich bin müde, geh jetzt, ich will schlafen.
Es ist nicht mehr viel zu streichen, das schaffst du morgen.
(Leo setzt sich wieder in den Sessel. Jojo zögert, dann geht er.)

Tim Oberließen als Jojo, Werner-Friedel als Leo, Salzburger Landestheater, 2014

1 die Höhenluft: Das Mädchen wohnt im 15. Stock eines Hochhauses.

○ **2** Vergleicht den Handlungsverlauf mit euren Vermutungen (S.165, Aufgabe 1).

S.277 ◒ ← ● **3** „Das Verhältnis von Jojo und Leo hat sich im Vergleich zu den vorherigen Szenen des Theaterstücks umgekehrt."

a) Beurteilt, inwiefern diese These auf die 6. Szene (S.166) zutrifft.

b) Erklärt anhand des Inszenierungsfotos, wie die beiden Schauspieler durch Mimik und Körperhaltung die Gefühlslage der Figuren verdeutlichen.

◒ **4** Übt den Ausschnitt aus der 6. Szene mit verteilten Rollen in Gruppen ein. Präsentiert sie vor der Klasse und gebt euch Rückmeldungen dazu, wie gut der Rollenwechsel von Jojo und Leo zum Ausdruck gebracht wurde.

◒ **5** Diskutiert die Möglichkeiten **A** – **D**, wo sich der Höhepunkt der Dramenhandlung befindet.

A Der Höhepunkt ist die 2. Szene, in der die Freundschaft zwischen Jojo und Leo beginnt.
B Leos Ausbruchsversuch ist der Höhepunkt.
C Der Höhepunkt ist Jojos Gespräch mit dem Mädchen.
D Der Höhepunkt ist fast immer am Schluss eines Theaterstücks.

◒ **6** Überlegt, wie die Handlung des Theaterstücks weitergehen könnte.
- Notiert einen möglichen Handlungsverlauf in Stichpunkten.
- Vergleicht eure Ideen und diskutiert, welche Fortsetzungen am besten zum Originaltext passen. Begründet.

Beziehung der Figuren S.318 f. **KOMPETENZBOX**

Die Entwicklung von Figurenbeziehungen untersuchen

Die Veränderungen von Figurenbeziehungen und die Entwicklung der Konflikte sind in vielen Theaterstücken entscheidend. Bei der Untersuchung könnt ihr auf Folgendes achten:

Handlung und Einstellungen der Figuren
- Welche Erlebnisse haben Einfluss auf die Figurenbeziehung? Verändern sich diese; wenn ja, wie? *(positive oder negative Erlebnisse)*
- Welche Einstellungen haben die Figuren? *(ähnliche oder unterschiedliche Einstellungen)*
- Wie gehen die Figuren im Verlauf des Theaterstücks miteinander um? *(Inhalt und Sprache der Äußerungen)*

Einfluss anderer Figuren
- Wird die Beziehung gestärkt? *(Figuren haben einen gemeinsamen Freund oder Feind)*
- Wird die Beziehung geschwächt? *(jemand stiftet Streit)*

Konflikte
- Welche äußeren oder inneren Konflikte gibt es? *(Konflikte zwischen den Figuren, Konflikte mit weiteren Figuren)*
- Wie entwickeln sich die Konflikte? *(Zuspitzung, Lösung, Katastrophe, Entstehung neuer Konflikte)*
- Verändern sich die Machtverhältnisse? *(Sieger und Verlierer)*

Gesamtentwicklung von Figurenbeziehungen
- Wie ist der Ausgangspunkt zu Beginn des Stücks? *(harmonische Beziehung oder Konflikt)*
- Wird das Verhältnis insgesamt enger, distanzierter oder bleibt es gleich?
- Welche Höhe-, Tief- oder Wendepunkte gibt es in der Figurenbeziehung?

Die Entwicklung von Figurenbeziehungen untersuchen

Lutz Hübner: Das Herz eines Boxers (1996, Szene 7, Ausschnitt)

Leo sitzt im Sessel. Eine dicke, alte Frau kommt herein: Langer Mantel, Hut mit Schleier, Handschuhe.

Leo: Was wollen Sie hier?
(Die Frau schweigt.)
Sie haben sich bestimmt in der Tür geirrt.
(Die Frau schüttelt den Kopf, holt aus ihrer Handtasche drei Rollen Tabletten und wirft sie Leo auf den Schoß.)
Leo: [...] Das sind Multivitamintabletten.
(Die Frau gibt ihm eine Fahrkarte.)
Jojo?
(Jojo bekommt einen Lachanfall.)
Jojo: Die Vitamine wirst du brauchen, Alter. Schließlich hast du 'ne große Tour vor dir. Na? Was sagst du, ist das nicht perfekt? Du kannst echt froh sein, dass ich bei einem Trödler arbeite. Das ist doch 'ne erstklassige Montur[1], oder? [...] Das musst du unbedingt üben, bevor du rausgehst.
Leo: Ich?
Jojo: Ja klar, wer denn sonst? Kapierst du denn nicht? Du ziehst den ganzen Plunder hier an und marschierst zum Bahnhof, Fahrkarte hast du ja schon. [...]
Leo: Das kann ich doch nicht machen.
Jojo: Das ist doch jetzt nicht dein Ernst, oder?
Leo: Ich kann das nicht, da schäme ich mich.
Jojo: So, wer will denn jetzt den Helden spielen? Mit 'nem geklauten Auto vom Gelände rasen, aber nicht auf die Stöckelschuhe wollen. Wer macht denn jetzt auf Männerehre?
Leo: Ich weiß nicht.
(Jojo reißt sich wütend die Klamotten runter.)
Jojo: Ich hab die Schnauze voll. Weißt du, was mich das an Überwindung gekostet hat, hier so aufzutauchen? Glaub bloß nicht, dass ich jeden Tag wie Charleys Tante[2] durch Berlin fetze. Ich hab eine Schweineangst gehabt, [...], und bis ich raus hatte, wie man die Plörren[3] anzieht, sich schminkt, das Geeier auf den Schuhen [...]. In der U-Bahn haben sie mir einen Platz angeboten, [...] ich bin ständig angerempelt worden, weil ich so langsam auf den Hacken bin, es war absolut zum Kotzen!
Leo: Gar nicht so einfach, wenn man alt ist.
Jojo: Darum geht's doch gar nicht. Unten beim Pförtner hab ich extra ein bisschen getrödelt, damit er sich eine dicke Alte merkt, die hier zu Besuch ist. Es kann nichts schiefgehen. Das ist ein Plan der oberen Spitzenklasse und du stellst dich an.
Leo: Und wenn sie mich erkennen?
Jojo: Dann kommst du halt auf die geschlossene Frauenstation, ist doch auch mal was anderes. Ach, mach doch, was du willst, spring aus dem Fenster, lass mich in Ruhe.
(Stille. Jojo zündet sich eine Zigarette an.)
Leo: Aber ich mach es doch ...
Jojo: Na endlich, du bist aber auch ein sturer Bock.

Salzburger Landestheater, 2014

1 die Montur: hier: Kleidung 2 Charleys Tante: bekannter Film aus den 1960er-Jahren, in dem ein Mann in Frauenkleider schlüpft und die Tante seines Freundes Charley spielt 3 Plörren: abwertender Begriff für „Kleidung"

Leo: Ich hab's gleich machen wollen.

Jojo: Also, an die Arbeit, junge Frau.

(Leo krempelt seine Hose hoch, zieht sich Strümpfe an, den Mantel, staffiert sich aus[4].)

Leo: Wie seh ich aus?

Jojo: Ganz die Frau Mutter. Wenn das nicht klappt, graben wir nächste Woche einen Tunnel.

Leo: Grüß dein Mädchen von mir.

Jojo: Hast du noch irgendeinen Tipp für heute Abend?

Leo: Schmink dir die Lippen ab.

(Leo geht. Jojo stellt sich ans Fenster.)

Jojo: Bittebittebitte.

(Jojo stößt einen Jubelschrei aus. Dann zieht er sich die roten Boxhandschuhe an, macht ein paar Schläge in die Luft.)

Okay, Freunde, hier kommt der rote Jojo, was kostet die Welt.

(Ab.)

(Ende des Stücks)

4 ausstaffieren: sich mit etwas ausstatten, das schmückt

○ **1** Vergleicht die Lösung am Ende des Theaterstücks mit euren Erwartungen: Was überrascht euch? Was habt ihr so ähnlich erwartet?

S. 277 ◒ ← ● **2** Vergleicht das Ende mit der Exposition (S. 159). Achtet auf die
- Figurenbeziehung,
- Konflikte,
- äußere Situation.

S. 277 ○ ← ◒ **3** Untersucht den letzten Satz des Theaterstücks.
a) Erläutert, was Jojo damit aussagen will.
b) Gestaltet das Ende ab Zeile 77 als szenisches Spiel.

S. 277 ○ ← ◒ **4** Untersucht die Konfliktentwicklung in dem Theaterstück.
- In der Exposition steht der Konflikt zwischen Jojo und Leo im Vordergrund. Erläutert, zwischen wem am Ende des Stücks (6. und 7. Szene) ein Konflikt besteht.
- Ihr könnt den Konflikt als Schaubild darstellen.

● **5** „Am Ende des Theaterstücks ist auch Jojo ein Ausbruch gelungen." Nehmt Stellung zu dieser Aussage.

◒ **6** Diskutiert, ob man bei „Das Herz eines Boxers" das Ende auch als den Höhepunkt bezeichnen kann.

◒ **7** Probt die Szene in Gruppen und spielt sie vor der Klasse. Gebt euch Rückmeldungen zu Mimik, Gestik, Körperhaltung und Sprechweise.

8 **EXTRA** Probt arbeitsteilig alle Szenen des Stücks „Das Herz eines Boxers" aus diesem Kapitel. Arbeitet in Gruppen und nutzt unterschiedliche Besetzungen für Jojo und Leo.
- Überlegt, wie man die Aufführung so gestalten kann, dass der Wechsel der Schauspielerinnen und Schauspieler nicht stört.
- Führt das Theaterstück vor euren Eltern oder einer anderen Klasse auf.

Das könnt ihr jetzt!

Einen dramatischen Text untersuchen

Beispiellösung zur Klassenarbeit 2yc4dd

Beispiel für eine Klassenarbeit

1 Erklärt mithilfe eures Wissens über die Handlung des Theaterstücks, warum Jojo ein Messer bei sich trägt.

2 Untersucht Leos Gesprächsstrategie in dieser Szene.
a) Erklärt, warum Leo auf den Schwindel mit der Tür eingeht.
b) Erläutert, wie Leo Jojo davon überzeugen will, das Messer nicht zu benutzen. Welche Argumente gegen die Benutzung des Messers nennt Leo indirekt?

3 Beschreibt die Beziehung der beiden Figuren. Erläutert auch, wie sie sich vom Beginn des Theaterstücks bis zu diesem Punkt der Handlung verändert.

4 Erläutert, inwiefern das Inszenierungsfoto zum Inhalt des Ausschnitts passt.

Lutz Hübner: Das Herz eines Boxers (1996, Szene 4, Ausschnitt)

Der nächste Tag. Jojo kommt mit Sonnenbrille zu Leo. Als er sie kurz abnimmt, sieht man, dass er ein blaues Auge hat.

Jojo: Ich [...] bin gegen die Tür gelaufen, so was kommt vor, oder? So was kann einem ja mal passieren.
(Stille.)
Leo: Natürlich.
Warum soll man nicht einmal gegen eine Tür laufen.
Das ist keine Schande.
Die mutigsten und stärksten Kerle, die ich kannte, sind gegen Türen gelaufen, und manchmal waren das ganz kleine, unscheinbare Türen, wo kein Mensch draufkommt, dass man sich ein blaues Auge dran holen kann. [...]
(Jojo rutscht ein Klappmesser aus der Tasche, es fällt zu Boden. Leo hebt es auf.)
Leo: Das ist ein schönes Messer.
Jojo: Gib's her.
Leo: Warum hast du ein Messer dabei?
Jojo: Ich hab immer eins dabei.
Leo: Nein, hast du nicht, es ist ganz neu.
Jojo: Ich hab mein altes verloren.
Leo: Einem Mann, der immer ein Messer in der Tasche hat, fällt es nicht einfach so heraus.
Jojo: Gib es mir wieder.
Leo: Nein.
Jojo: Ich werd dich nicht ausrauben, [...].
(Leo gibt ihm das Messer.)
Leo: Also los, mach ihn fertig, er hat deine Ehre beleidigt, er hat dich vor allen zum Gespött gemacht, räch dich. Ehre kann man nur mit Blut reinwaschen.
(Jojo nimmt das Messer.)
Jojo: Verarsch mich nicht.

Salzburger Landestheater, 2014

Leo: Das würde ich nie tun, schließlich hast du jetzt ja begriffen, wo es lang geht, du hast dich lang genug zum Trottel gemacht.

(Jojo rammt das Messer in die Wand.)

Jojo: Halt die Schnauze!

Leo: Wieso, stimmt es nicht, was ich sage?

Jojo: Ich mach ihn fertig.

Leo: Du willst ihn am Boden sehen.

Jojo: Der soll kapieren, dass er mich nicht zum Arsch machen kann.

Leo: Er wird's kapieren, wenn er das Messer im Bauch hat, und wenn er durchkommt, kann er immer denken:
Durch dich, Jojo, hab ich was kapiert.
Der geht für acht Jahre ins Gefängnis, damit ich was kapiere.
Was hat Jojo nicht alles für mich getan, und dann wird er dir mit der Krücke zuwinken, wenn du gerade an deinem Zellenfenster stehst, um frische Luft zu schnappen.

Jojo: Schnauze.

Leo: Und wenn du rauskommst und eine Arbeit suchst und der Chef fragt dich, was du die letzten Jahre gemacht hast und du sagst, ich habe für meine männliche Ehre Tüten geklebt[1], dann wird er aufstehen, dir auf die Schulter klopfen und sagen: Sie sind ein ganzer Kerl.
Einer, der für ein blaues Auge einen absticht, ist viel zu schade für meinen Betrieb. Hier arbeiten nur Leute, die mit dem Kopf denken, das ist nichts für Sie.

(Stille.)

1 Tüten kleben: sprichwörtlich für „im Gefängnis sitzen", früher haben Gefangene tatsächlich Papiertüten gefaltet und geklebt

Schritt für Schritt zur Klassenarbeit

Lösungen
→ S. 290

1. Überlegt, auf wen Jojo wütend ist und welche Gründe er für diese Wut hat.

2. a) Wie würde Jojo wohl reagieren, wenn Leo ihn wegen des blauen Auges als Lügner bezeichnen würde? Beachtet, in welcher Stimmung Jojo ist.

b) Leo scheint Jojo in seiner Wut zu bestärken und malt ihm die angeblich positiven Folgen seiner Tat aus. Was bewirkt dies bei Jojo?
Beschreibt, wie das Opfer und ein späterer Arbeitgeber vermutlich wirklich reagieren würden, wenn Jojo das Messer benutzen würde.
Prüft, ob die Benutzung des Messers für Jojo irgendwelche positiven Folgen hätte.

3. Was sagt es über die Beziehung der Figuren aus, dass Leo beim Anblick des Messers Sorge hat, dass Jojo einen schweren Fehler machen könnte? Warum hat Leo keine Angst davor, dass Jojo ihn überfallen könnte?
Beachtet bei der Erläuterung der Veränderungen, dass Jojo in der 1. Szene des Stücks sehr überheblich ist und Leo kein Wort sagt.

4. Achtet auf die Gestik und Körperhaltung der Figuren.

9 Was die Welt bewegt

Zeitungen untersuchen und gestalten

1 Eisbrecher „Polarstern“ – Größte Arktis-Expedition aller Zeiten gestartet (20.09.19)

2 Kampf gegen Schrott im All – ESA[1] schickt die Müllabfuhr in den Weltraum (09.12.20)

3 *Mega-Expedition – Forscher frieren sich schon mal warm* (23.02.19)

4 **Astro-Alex erreicht ISS[3] – „Wow! Wow! Wow!“ – Kollegen überwältigt** (08.06.18)

5 *Ein Jahr im ewigen Eis – Eine Reise wie zu einem fremden Planeten* (12.10.20)

6 Nach Mondlandung: China greift nach den Sternen (03.01.19)

7 Bald Netz auf dem Mond? Ein großes **Tuuuut** für die Menschheit (19.10.20)

8 SpaceX[4] will Touristen so weit ins Weltall fliegen wie noch nie (19.02.20)

9 **NASA[2]-Stellenausschreibung – Mehr als 12.000 Männer und Frauen wollen Astronaut werden** (02.04.20)

1 ESA: European Space Agency (Europäische Weltraumorganisation) 2 NASA: National Aeronautics and Space Administration (US-Bundesbehörde für Raumfahrt und Flugwissenschaft) 3 ISS: International Space Station (Internationale Raumstation) 4 SpaceX: privates US-amerikanisches Raumfahrtunternehmen

MK **1** Tragt zusammen, wo ihr euch über aktuelle Themen informiert. Welche Möglichkeiten werden in eurer Klasse am häufigsten genutzt?

MK **2** Nennt Tages-, Wochenzeitungen oder Online-Zeitungen, die ihr kennt. Klärt, ob sie nur in einer bestimmten Region oder deutschlandweit verbreitet sind.

MK **3** Untersucht die Schlagzeilen 1 – 9 zur Raumfahrt und Arktis-Expedition.
- Welche sachlichen Informationen sind enthalten?
- Welche Assoziationen, Gedanken und Gefühle werden geweckt?
- Wie wird zum Lesen motiviert?

Das lernt ihr jetzt!

Eine solche Arktisexpedition hat es noch nie gegeben. Erstmals ist ein Forschungseisbrecher bis in die Nähe des Nordpols vorgedrungen. Über ein Jahr war das Schiff namens „Polarstern" unterwegs.

Der rund 1.000 kg schwere Roboter „Perseverance"

„Perseverance": Nächster NASA-Rover soll zum Mars starten

Cape Canaveral (dpa) – Rund acht Jahre nach „Curiosity" will die US-Raumfahrtbehörde NASA wieder einen Rover zum Mars schicken. Der rund 1.000 Kilogramm schwere unbemannte Roboter von der Größe eines Kleinwagens bekam den Namen „Perseverance" (auf Deutsch etwa: Durchhaltevermögen). Er soll am Donnerstag vom Weltraumbahnhof Cape Canaveral aus an Bord einer „Atlas V"-Rakete starten und dann im Februar in einem bislang noch nie vor Ort untersuchten ausgetrockneten See auf dem roten Planeten landen. [...] Derzeit stehen Erde und Mars günstig für Flüge zu unserem Nachbarplaneten. So hatten bereits am 20. Juli die Vereinigten Arabischen Emirate als erste arabische Nation eine Raumsonde[1] in Richtung Mars geschickt. Sie soll aber nicht darauf landen. Drei Tage später startete China ein Raumschiff Richtung Mars, das unter anderem ein Gefährt von der Größe eines Golfplatzfahrzeugs enthält.

(2020, Ausschnitt, dpa Deutsche Presse-Agentur GmbH)

1 die Raumsonde: unbemannter Flugkörper für wissenschaftliche Messungen im Weltraum

4 Welche der Schlagzeilen 1 – 9 (S. 172) würdet ihr in einer Boulevardzeitung (z. B. *Bild*, *Express*) erwarten? Begründet.

MK **5** Lest den Ausschnitt aus einem Zeitungsartikel.

a) Fasst die zentralen Informationen mit eigenen Worten zusammen.

b) Welche Absicht verfolgt der Text? Ordnet zu und begründet.

unterhalten | informieren | von einer Meinung überzeugen

c) Untersucht, mithilfe welcher Mittel diese Absicht erzielt wird. Achtet auf Inhalt und Sprache. Nutzt folgende Stichworte.

genaue Angaben, sachlicher Stil, Fachbegriffe

9.1 Die Welt auf einen B/Klick · Den Aufbau von Print- und Onlineausgaben untersuchen

FC Bayern siegt in Dortmund – und verliert Joshua Kimmich › Sport

Süddeutsche Zeitung

NEUESTE NACHRICHTEN AUS POLITIK, KULTUR, WIRTSCHAFT UND SPORT

WWW.SÜDDEUTSCHE.DE HF1 MÜNCHEN, MONTAG, 9. NOVEMBER 2020 76. JAHRGANG / 46. WOCHE / NR. 259 / 3,20 EURO

Das Streiflicht

Joe Biden – hier am Samstag mit Kamala Harris in Wilmington, Delaware – kündigte nach seinem Wahlsieg an, das Land „heilen" zu wollen. FOTO: ANDREW HARNIK/AFP

Biden will Amerikaner versöhnen

Der Demokrat verspricht, „düstere Ära der Dämonisierung" zu beenden. Er erringt in Pennsylvar[…] den entscheidenden Vorsprung vor Donald Trump. Die Republikaner erkennen den Sieg nicht a[…]

VON PAUL-ANTON KRÜGER UND HUBERT WETZEL

„Mit Ansage vorführen lassen"

Scharfe Kritik an Polizei und Justiz nach Corona-Protesten in Leipzig

Evangelische Kirche ruft zu Geduld mit Corona auf

Berlin – Der Ratsvorsitzende der Evangelischen Kirche in Deutschland (EKD), Heinrich Bedford-Strohm, hat in der Corona-Krise zu Geduld und Solidarität aufgerufen. „Wir sind in diesen Tagen eine verwundete Gesellschaft", sagte der Münchner Bischof am Sonntag bei einer zweitägigen EKD-Synode. Das Kirchenparlament, das erstmals digital tagt, diskutiert angesichts sinkender Mitgliederzahlen und Einnahmen über Reformen. DPA, EPD › *Seite 9*

Paketdienst Hermes rechnet mit Rekord

München – Deutschlands zweitgrößter Paketdienst, Hermes, rechnet im laufenden Jahr mit Rekord-Transportmengen. „Wir erwarten 120 Millionen Sendungen in den kommenden Wochen bis Weihnachten", sagte Olaf Schabirosky, Chef von Hermes Deutschland, der SZ. Um das zu bewältigen, werde man werde 3500 zusätzliche Zusteller ins Netzwerk aufnehmen und habe die Sortierkapazitäten um 30 Prozent erhöht. SZ › *Wirtschaft*

ALLES ZUR US-WAHL

We did it, Joe

Die designierte Vizepräsidentin Kamala Harris wird Kult

STEFAN KORNELIUS

DAS WETTER

17°/ – 1°

Die SZ gibt es als App für Tablet und Smartphone: sz.de/zeitungsapp

HEUTE

Meinung

Feuilleton

Wissen

Wirtschaft

Sport

S.277 ○ ← ◒ **1** Betrachtet die Titelseite der Zeitung (S.174).

a) Beschreibt den Aufbau mithilfe der folgenden Fachbegriffe.

Verweis auf Online-Angebote | Schlagzeile | Aufmacher (zentraler Artikel)

Kurzinformationen zum Wetter/zu den Gewinnzahlen | Nachrichten

Titelbild mit Bildunterschrift | Überblick über die Inhalte der Ausgabe

Zeitungskopf (Titel der Zeitung, Ort, Datum, Ausgabenummer, Preis)

b) Welche Bestandteile der Seite fallen euch als Erstes ins Auge? Erklärt, warum diese als Blickfang genutzt werden.

◒ **2** Lest die vergrößerten Ausschnitte (S.174) und erklärt, wie die Titelseite den Leserinnen und Lesern bei der Orientierung in der Zeitung hilft.

◒ **3** **a)** Ordnet einige Nachrichten der Titelseite (S.174) den fünf klassischen Zeitungsressorts (Politik, Wirtschaft, Sport, Feuilleton/Kultur, Lokales) zu.

b) Stellt Vermutungen darüber an, welche die drei größten Zeitungsressorts sind.

◒ MK **4** Untersucht unterschiedliche Tageszeitungen und beschreibt sie mithilfe der folgenden Fragen:
- Wie viele Seiten entfallen auf jedes der fünf klassischen Ressorts?
- Welche zusätzlichen Seiten findet ihr?

5 **EXTRA** Welche anderssprachigen Zeitungen werden in eurer Familie gelesen? Stellt sie vor.

◒ MK **6** **a)** Erklärt anhand des Screenshots der Onlineausgabe, welche Orientierungshilfen zur Navigation auf der Internetseite angeboten werden.

b) Welche Unterschiede sind im Vergleich zur Printausgabe festzustellen?

Süddeutsche Zeitung

Coronavirus Politik Wirtschaft Meinung Panorama Sport München Bayern Kultur Gesellschaft Wissen Reise Auto mehr...

• Live

Linke US-Demokratinnen fordern einen "Platz am Tisch"

+++ Nach dem Wahlsieg Bidens wollen die Progressiven der Partei mitreden +++ Biden wendet sich an die Nation: "Jetzt ist die Zeit für Amerika zu heilen" +++ Gratulationen aus dem Ausland +++ Der Druck auf Trump aufzugeben, wächst - zum Teil auch in seinem eigenen Lager +++

Alle wichtigen Entwicklungen im Live-Blog

Meinung

SZ Plus

Ein Sieger, der sich wie ein Präsident benimmt

Unter Joe Biden wird sich nach vier Trump-Jahren fast alles ändern. Oder auch nichts. Denn die USA sind ein zerrissenes Land. Vielleicht nehmen Hass und Verachtung sogar noch zu.

Kommentar von Hubert Wetzel, Washington

Schlagzeilen

vor 2 Min. Luftverkehr
Berliner Flughafen Tegel geschlossen

vor 11 Min. Tennis
ATP-Tennis: Zverev verpasst dritten Titel in Serie

vor 11 Min. Demonstrationen
Aufarbeitung nach "Querdenken"-Demo in Leipzig gefordert

vor 12 Min. Wahlen - Mainz
Landesregierung und CDU gratulieren Biden zum Wahlsieg

vor 20 Min. Verkehr - Frankfurt am Main
Wartungsarbeiten an Frankfurter S-Bahn-Tunnel abgeschlossen

vor 21 Min. Gesundheit - Berlin
Corona-Ampel zeigt weiter einmal Rot: 241 neue Fälle

Alle News ⟶

Leser lesen

1. Kamala Harris **We did it, Joe**
   1795 Leser
2. US-Wahl 2020 live **Linke US-Demokratinnen fordern einen "Platz am Tisch"**
   1130 Leser
3. Neue First Lady Jill Biden **Gekommen, um zu heilen**
   446 Leser

Alle Top-Artikel ⟶

Leser empfehlen

1. EIL **Joe Biden gewinnt Präsidentschaftswahl in den USA**
   28188-mal geteilt
2. TV-Kritik **In jedem Satz bimmelt es wie bekloppt**
   9381-mal geteilt
3. Restaurant in Unterschleißheim **Kakerlaken - lebendig und tot - am Büffet**

Süddeutsche Zeitung

Coronavirus Politik Wirtschaft Meinung Panorama Sport München Bayern Kultur Gesellschaft Wissen Reise Auto mehr...

Video 3 Artikel

Joe Biden im Videoporträt

Der Anti-Trump

Zu alt und zu wenig charismatisch nennen ihn die einen - ein Präsident, der das gespaltene Land wieder vereinen kann, die anderen. Joe Biden macht vielen Amerikanern Hoffnung auf einen Neuanfang.

Video von Lena Völk

70 Jahre Inlandsgeheimdienst

Passt der Verfassungsschutz zur Demokratie?

Der Inlandsgeheimdienst ist potentiellen Terroristen auf der Spur - ebenso wie die Kriminalpolizei. Allerdings muss er sich dabei an viel weniger Gesetze halten. Ist das noch zeitgemäß?

Videokommentar von Ronen Steinke

US-Wahl

Trump spricht von "illegalen Stimmen"

Der US-Präsident sprach am Donnerstagabend zu den Medien. Auch sein demokratischer Herausforderer Joe Biden ging vor die Kameras. Die Auftritte im Video.

S. 277 ○ ← ◒ MK **7** Betrachtet die Screenshots einer Onlineausgabe.

a) Nennt Besonderheiten der Onlineausgabe im Vergleich zur Printausgabe.

b) Erklärt, warum sich Online- und Printausgaben in manchen Aspekten unterscheiden.

Verkaufte Auflage der Tageszeitungen in Deutschland bis 2020

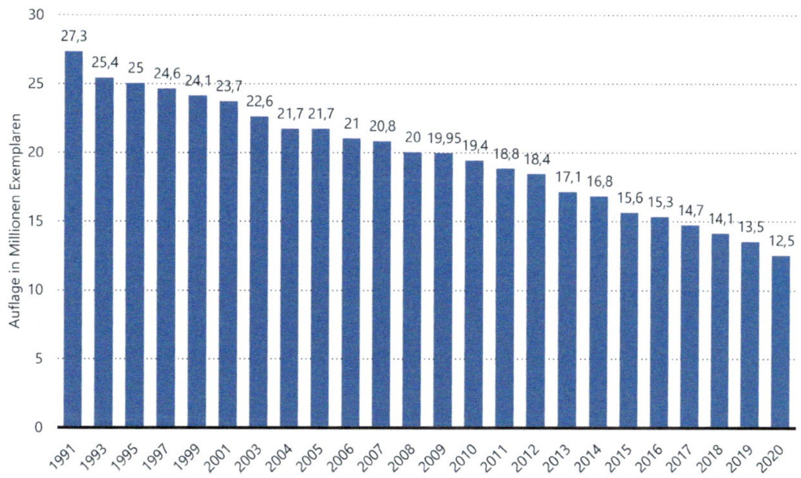

Quelle: Statista

◒ MK **8** Erklärt die Aussage des Diagramms und besprecht Gründe für die Entwicklung.

● MK **9** Laut wissenschaftlicher Studien ist die durchschnittliche Verweildauer pro Text bei Online-Usern deutlich kürzer als die von Print-Zeitungslesern. Sammelt mögliche Gründe dafür.

MK **10** **EXTRA** Viele Onlineausgaben nutzen digitale Bezahlschranken (Paywalls), welche einen kostenfreien Zugriff auf einige Inhalte verweigern. Prüft, wie häufig ihr bei Onlineausgaben unterschiedlicher Zeitungen auf Paywalls trefft und wie diese gestaltet sind.

Print- und Onlineausgaben S. 321 **KOMPETENZBOX**

Den Aufbau von Print- und Onlineausgaben untersuchen

Print- und Onlinezeitungen stellen viele Informationen bereit. Die Titel- oder Startseite bietet euch eine erste Orientierung über die Inhalte der Ausgabe. Die Aufteilung in Ressorts hilft euch dabei, schnell Artikel zu bestimmten Themengebieten zu finden:

fünf klassische Zeitungsressorts:
- Politik
- Wirtschaft
- Sport
- Feuilleton/Kultur
- Lokales

zusätzliche Ressorts:
- Medien
- Technik
- Wissenschaft
- Finanzmarkt
- ...

weitere Elemente:
- Rätsel
- Wetter
- Comics
- Horoskop
- ...

Onlineausgaben unterscheiden sich von Printausgaben durch einige Besonderheiten:

- schnelle Aktualisierung
- Archivfunktion
- Multimedia-Formate (Bildergalerie, Videobeiträge)
- Kommentarfunktion
- Suchfunktion
- Teilen von Inhalten

9.2 Neue Welten? · Textsorten in Zeitungen unterscheiden

Informierende Textsorten untersuchen

○ **1** Stellt euch vor, ihr hättet die Möglichkeit der Teilnahme an einer bemannten Raumfahrtmission. Würdet ihr sie nutzen? Welches Ziel würdet ihr ansteuern? Begründet eure Meinung.

Sensation! – Erste bemannte Marsmission schon 2033!

1 Meldung

Der Nachweis von flüssigem Wasser und Eis durch die jüngere Marsforschung lässt vermuten, dass unser Nachbarplanet erdähnlich und somit eine bewohnbare Zone ist, die laut Weltraumforschern zukünftig von den Menschen besiedelt werden könnte.

2 Meldung

Studien bestätigen, dass schon die etwa sechsmonatige Reise zum Mars hohe gesundheitliche Risiken (Muskel- und Knochenschwund, Erhöhung des Gehirndrucks) birgt. Eine Besiedlung unter den lebensfeindlichen Bedingungen des Planeten (niedriger Druck, fehlende Sauerstoff- und Nahrungsversorgung) erscheint Wissenschaftlern unrealistisch.

◒ **2** Lest die beiden Meldungen und stellt die widersprüchlichen Aussagen gegenüber.
MK

S.277 ○ ← ◒ **3** Untersucht die Meldungen 1 und 2. Welche Merkmale weist diese Textsorte auf?
MK

◒ **4** Bei allen bisherigen Planungen für Marsmissionen wird davon ausgegangen, dass für die Astronauten keine Möglichkeit der Rückkehr zur Erde besteht. Diskutiert, was ihr von bemannten Marsmissionen haltet.

„Perseverance“ auf dem Weg zum Mars – mit deutscher Technik an Bord

Hörverstehen
sc8en7

Hubschrauber fliegen auf dem Mars? Das soll ab nächstem Jahr möglich werden. Eine am Donnerstag gestartete NASA-Mission zum Roten Planeten macht sich zudem auf die Suche nach Leben und den Ursprüngen des Universums.

Cape Canaveral (dpa) – Mit deutscher Hightech an Bord ist der US-Mars-Rover „Perseverance“ zu seiner Reise zum Roten Planeten gestartet. Der mehr als eine Tonne schwere unbemannte Roboter von der Größe eines Kleinwagens hob am Donnerstagmorgen pünktlich in einer „Atlas-V“-Rakete vom Weltraumbahnhof Cape Canaveral ab. Im Februar soll der Rover nach Angaben der US-Raumfahrtagentur NASA in einem ausgetrockneten See, dem „Jezero Crater“, auf dem Mars landen.

„Perseverance“ (auf Deutsch etwa „Durchhaltevermögen“) ist eine Art verbesserte Version des 2012 auf dem Mars gelandeten „Curiosity“-Rovers und gilt als bislang technisch anspruchsvollster Mars-Roboter. An Bord hat er unter anderem sieben wissenschaftliche Instrumente, zwei Mikrofone, 23 Kameras, einen Laser und sogar einen kleinen Hubschrauber.

Unter den Geräten sind auch Thermosensoren des Leibniz-Instituts für Photonische Technologien in Jena. Sie können berührungslos die Oberflächentemperatur messen. Die deutsche Technik soll dazu beitragen, die klimatischen Bedingungen auf dem Nachbarplaneten vor einer ersten bemannten Mars-Mission zu erforschen.

Die USA planen, von 2024 an auf dem Mond einen Außenposten für eine Mars-Mission aufzubauen, die vielleicht schon zehn Jahre später starten könnte. NASA-Chef Jim Bridenstine zufolge zielt die „Perseverance“-Mission deshalb auch darauf ab, „dass eines Tages Menschen nicht nur auf dem Mond leben und arbeiten, sondern auch auf einem anderen Planeten“.

Der rund 2,5 Milliarden Dollar (2,1 Milliarden Euro) teure Rover, der acht Jahre lang entworfen und gebaut wurde, soll auf dem Mars nach Spuren früheren mikrobiellen[1] Lebens suchen, sowie das Klima und die Geologie[2] des Planeten erforschen und Proben von Steinen und Staub nehmen [...]. Wissenschaftler erhoffen sich auch neue Erkenntnisse über die Entstehung des Universums. [...]

„Perseverance“ ist bereits der fünfte Rover, den die NASA zum Mars bringen will [...].

Trotzdem ist diese Mission auch eine Premiere, denn „Perseverance“ kommt zusammen mit „Ingenuity“ (Einfallsreichtum): Ein Minihubschrauber, der im Vorfeld unter Weltraumfans für viel Aufregung sorgte – denn mit ihm soll zum ersten Mal ein Helikopter auf einem fremden Planeten starten. Die Herausforderungen für das nur 1,8 Kilogramm schwere Gerät sind riesig: Die dünne Marsatmosphäre entspricht etwa der 30 Kilometer über der Erde – herkömmliche Hubschrauber haben es nicht einmal halb so hoch geschafft.

Deshalb drehen sich die vier „Ingenuity“-Rotorblätter[3] aus Kohlefaser[4] viel schneller, als sie es in der Erdatmosphäre müssten. Zudem muss der Hubschrauber Temperaturen von bis zu minus 90 Grad aushalten können. [...]

Derzeit stehen Erde und Mars günstig für Flüge zu unserem Nachbarplaneten. Deshalb hatten bereits am 20. Juli die Vereinigen Arabischen Emirate als erste arabische Nation eine Raumsonde in Richtung Mars geschickt. Sie soll aber nicht landen. Drei Tage später startete China ein Raumschiff Richtung Mars [...]. Beide Raumsonden sollen wie „Perseverance“ im Februar an ihrem Ziel ankommen. [...] Nur rund 40 Prozent aller bisher weltweit gestarteten Mars-Missionen waren erfolgreich. 2016 war etwa die Sonde „Schiaparelli“ der europäischen Raumfahrtagentur ESA infolge eines Computerfehlers beim Landeanflug abgestürzt.

(Benno Schwinghammer, 2020, Ausschnitt)

1 mikrobiell: die Mikroben (Kleinstlebewesen) betreffend 2 die Geologie: die Wissenschaft von der Entstehung, Entwicklung und Veränderung der Erde und der sie bewohnenden Lebewesen in erdgeschichtlicher Zeit 3 das Rotorblatt: das Blatt eines Rotors (rotierender, aus mehreren einzeln angeordneten Blättern bestehender Flügel) 4 die Kohlefaser: industriell gefertigte Faser aus kohlenstoffhaltigen Ausgangsmaterialien

S.277 **5** Arbeitet mithilfe der W-Fragen wichtige Informationen des Artikels (S.179) heraus.

6 Untersucht den Aufbau des Artikels (S.179).

a) Beschreibt mithilfe der folgenden Begriffe den Aufbau und erklärt die Funktion der verschiedenen Bestandteile.

Schlagzeile | Untertitel | Haupttext

b) Für die Printausgabe muss der Artikel um die Hälfte gekürzt werden, da noch eine andere aktuelle Meldung abgedruckt werden soll. Nehmt die Kürzungen so vor, dass die zentralen Informationen erhalten bleiben.

c) Prüft mithilfe eurer Kürzungen, ob der Artikel dem Aufbauprinzip der umgekehrten Pyramide entspricht.

Aufbauprinzip: Umgekehrte Pyramide

Wichtigkeit der Informationen nimmt ab

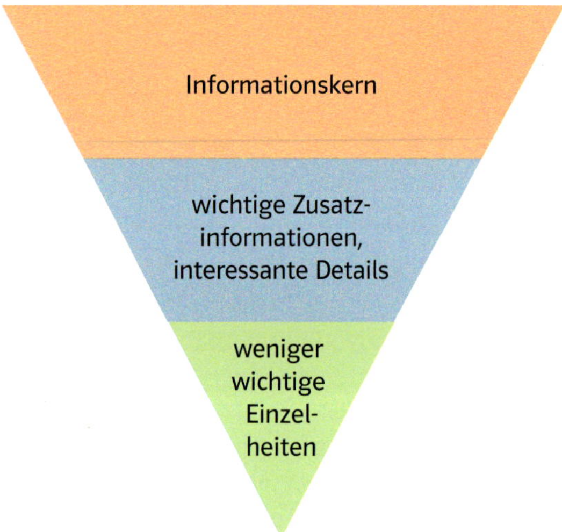

wichtige W-Fragen:

Was?

Wer?

Wann?

Wo?

Wie?

Warum?

Welche Folgen?

Welche Hintergründe?

S.278 **7** Untersucht, mit welchen Mitteln die Leserinnen und Leser im Artikel (S.179) sachlich informiert werden. Ergänzt dazu die folgende Tabelle mit Textbelegen.

sprachliche Mittel	Textbelege
Zitate, Angaben von Experten	*NASA-Chef Jim Bridenstine (vgl. S. 179, Z. 29)*
Erklärung von Fachbegriffen	*„Thermosensoren […] können berührungslos die Oberflächentemperatur messen." (S. 179, Z. 19 ff.)* *…*
genaue Angaben	*…*

8 Bestimmt mithilfe der Kompetenzbox (S.185), um welche Textsorte es sich bei dem Artikel (S.179) handelt. Woran habt ihr das erkannt?

Ein Stück Zürich fliegt zum Mars

Seit Samstag ist ein Seismograf[1] der ETH[2] Zürich unterwegs zum Mars. Die Wissenschaftler erhoffen sich von den Ergebnissen grundlegende Antworten zu dem roten Planeten – und Rückschlüsse auf die Entstehung der Erde.

Ein paar Dutzend Journalisten, mit Kameras und Mikrofonen in der Hand, stehen mitten in der Nacht auf einem Geröllfeld und starren mit halb zugekniffenen Augen in den Nebel vor der kalifornischen Pazifikküste. Im Hintergrund zählt eine Lautsprecherstimme den Countdown, „T minus 5 Minuten[3]", „T minus 3 Minuten". Und dann: „Go InSight!" Ein Mann jauchzt freudig auf und starrt noch angestrengter ins Dunkle. Soll man hier, ein paar Kilometer vom Startfeld entfernt, wirklich gar nichts sehen können von der InSight-Mars-Mission?

Plötzlich setzt ein Dröhnen ein, wird immer lauter, dann beginnt der Boden zu beben – ganz leicht, wie bei einem Konzert mit starkem Bass. Für einen Augenblick leuchtet der Nebel auf – dann ist der Start der Atlas-V-Rakete geglückt, gleich im ersten Zeitfenster um 4 Uhr 5 am Samstagmorgen. Gesehen hat man davon auf der Vandenberg Air Force Station nichts. Ein paar Journalisten fangen an zu lachen, vor allem die, die extra von der Ostküste oder aus dem Ausland angereist sind. „Zum Glück arbeite ich für das Radio und nicht fürs Fernsehen", scherzt ein Mann mit Aufnahmegerät in der Hand.

Wenn auch für die Zuschauer wenig zu sehen war, ist InSight für die Wissenschaft ein Meilenstein. Erstmals seit 40 Jahren startet wieder eine Mission auf den Mars, deren Primärziel[4] geowissenschaftlicher[5] Natur ist; die jüngeren Missionen hatten sich auf die Suche nach Leben konzentriert. Nun sollen verschiedene Messinstrumente dabei helfen, zu verstehen, wie das Innere des roten Planeten aufgebaut ist. [...] Die Wissenschaftler erhoffen sich dadurch auch grundlegende Erkenntnisse über die Erde. Denn obwohl die vier Planeten unseres inneren Sonnensystems alle vor 4,5 Milliarden Jahren aus der gleichen Ausgangsmasse entstanden sind, hat sich der Mars seit etwa 3 Milliarden Jahren kaum verändert. Da die tektonischen Bewegungen[6] viele Spuren der frühen Entwicklungen auf der Erde zerstört haben, hoffen die Wissenschaftler, auf dem Mars Hinweise darauf zu finden, wie die Erde in einem frühen Entwicklungsstadium aussah.

Der Mann, der ein wesentliches Stück zu dieser Mission beigetragen hat, ist wenige Stunden vor dem Start überraschend entspannt. „Es kann so viel schiefgehen, beim Start, beim Flug, bei der Landung – man kann nicht monatelang nervös sein", lacht Domenico Giardini, der ein graues Polo-Shirt trägt mit Aufdrucken von InSight und NASA. Giardini leitet das an der Mission beteiligte interdisziplinäre Forscherteam von der ETH Zürich und dem Schweizerischen Erdbebendienst. [...]

Die Schweizer Institute haben für das Mars-Seismometer[7] die Elektronik entwickelt, diese mit den Sensoren aus Toulouse, Paris und London zusammengebaut und alles mit einem Schutzschild versehen. Die ETH wird zudem dafür zuständig sein, die eingehenden Daten zu seismischen Ereignissen[8] auf dem Mars zu erfassen und zu katalogisieren. Schon bald werden in der gleichen Datenbank, in der Beben in der Schweiz oder in Kalifornien erfasst sind, auch die Mars-Beben auftauchen. Jeder Wissenschaftler könne die Daten künftig nutzen, sagt Giardini. [...]

1 der Seismograf: Gerät zur Registrierung und Messung von Erschütterungen des Erdbodens, besonders von Erdbeben 2 ETH: Eidgenössische Technische Hochschule 3 „T minus 5 Minuten": Runterzählen eines Countdowns, T (Test) steht für den Raketenstart 4 das Primärziel: vorrangiges Ziel 5 die Geowissenschaften: Erdwissenschaften 6 die tektonischen Bewegungen: Bewegungen der Erdkruste und des Erdmantels 7 das Seismometer: anderes Wort für Seismograf 8 die seismischen Ereignisse: Erschütterungen des Erdbodens

Der Druck auf die Wissenschaftler war diesmal besonders hoch, denn ein erster Versuch der Mars-Mission war 2016 gescheitert. Ausgerechnet der Schweizer Seismograf hatte wenige Monate vor dem Start einen Defekt aufgewiesen. Konkret hatte der Vakuumbehälter, in dem der hochempfindliche Seismograf sitzt, plötzlich an einer Stelle ein Leck, an der ein Datenkabel nach außen führt – und das ausgerechnet an dem Tag, an dem der Seismograf hätte verschifft werden sollen. „Wir hatten Angst, dass die NASA alles abbläst und wir die Mission so kurz vor dem Ziel verlieren", sagt Giardini. „Das wäre eine enorme Enttäuschung gewesen." Doch die NASA gewährte den Wissenschaftlern eine zweite Chance […].

Auch für die ETH hat die Mars-Mission einen besonderen Stellenwert. „Die Landung auf dem Mars ist für uns ein Meilenstein", sagt Giardini, dessen Lehrstuhl seit zehn Jahren einen Schwerpunkt auf planetarer Forschung hat. Technologie, die derart fortgeschritten und gleichzeitig so öffentlich sichtbar sei, helfe der ETH auch dabei, die besten Studenten und Wissenschaftler anzuwerben.

(Marie-Astrid Langer, 2018, Ausschnitt, Neue Zürcher Zeitung online)

◒ **9** Wie wirkt die Reportage „Ein Stück Zürich fliegt zum Mars" (S. 181 f.) auf euch? Wählt passende Adjektive aus und begründet anhand von Textstellen.

lehrreich | nüchtern | lebendig | sachlich | beängstigend

abenteuerlich | informativ | unterhaltend | spannend

◒ **10** Fasst zusammen, was ihr über Giardinis Arbeit an der InSight-Mars-Mission erfahrt.

S. 278 ◒ ← ● **11** Zu Beginn der Reportage (Z. 1–13) wird das Gefühl vermittelt, live am Ort des Geschehens zu sein. Untersucht, mit welchen Gestaltungsmitteln dies gelingt. Übernehmt die Tabelle und ergänzt sie.

Gestaltungsmittel	Beispiele aus dem Text
Darstellung von Sinneseindrücken	*„Plötzlich setzt ein Dröhnen ein" (S. 181, Z. 7)* *„leuchtet der Nebel auf" (S. 181, Z. 8)*
Verwendung anschaulicher Adjektive und Verben	…
direkte Redewiedergabe beteiligter Personen	…
…	…

S. 278 ○ ← ◒ **12** Erläutert anhand von Textstellen (S. 181 f.), inwiefern Reportagen auf unterhaltsame Weise informieren.

◒ **13** Formt die Reportage (S. 181 f.) in einen Zeitungsbericht um. Geht so vor:

a) Schreibt Informationen heraus, die für den Bericht notwendig sind.

b) Bringt die Informationen in eine Reihenfolge entsprechend des Aufbauprinzips der umgekehrten Pyramide (S. 180).

c) Schreibt den Bericht und achtet dabei auf einen sachlichen Stil.

Meinungsäußernde Textsorten untersuchen

Mars-Mission: Ein Triumph der Wissenschaft

Alle wollen zum Mars. Innerhalb von elf Tagen sind drei Missionen zum roten Planeten gestartet. Die Vereinigten Arabischen Emirate (VAE), China und gestern die Amerikaner haben ein Raumfahrzeug auf die 480 Millionen Kilometer lange Reise geschickt. So viel Verkehr auf dem Weg zum Mars war nie. [...] Geld spielt dabei nicht die entscheidende Rolle: Allein die NASA-Mission „Perseverance" kostet umgerechnet 2,6 Milliarden Euro – dafür sollen irgendwann in frühestens elf Jahren etwa 500 Gramm Mars-Bröckchen zur Erde gebracht werden.

Das Argument wird gerne gegen die Raumfahrt ins Feld geführt: Müssen wir angesichts der Probleme auf der Erde zig Milliarden für die Erforschung des Weltraums ausgeben? Wäre das Geld derzeit nicht viel besser investiert für die noch schnellere Entwicklung eines Impfstoffs gegen das Coronavirus? Friedliebende Wissenschaftler können entgegnen: Noch besser wäre es, einfach die weltweiten Militärausgaben zu streichen und mit dem gesparten Geld noch ganz andere irdische Probleme zu lösen, etwa den Hunger oder den Klimawandel.

Wirklich weiter führt die Debatte auf dem Niveau nicht. Die Mars-Mission dient der Grundlagenforschung. Es geht um die Frage, ob es noch Spuren von Leben auf dem Planeten geben könnte, der einst eine dicke Atmosphäre hatte, in der Leben auf jeden Fall möglich gewesen ist. Zugleich versprechen sich die Forscher Erkenntnisse über die Entwicklung des Planeten und die Entstehung des Universums. Die Reise zum Mars ist ebenso ein Triumph der Technik wie eine große Chance für die Wissenschaft – gerade in Zeiten, in denen wissenschaftliche Erkenntnisse häufig als „Fake News" diskreditiert[1] werden, ist das ein wichtiges Signal.

(Udo Harms, 2020, Ausschnitt, Landeszeitung online)

1 diskreditieren: etwas in Verruf bringen

S. 278 ○ ← ◒ **1** Untersucht den Onlineartikel.

a) Fasst mit eigenen Worten zusammen, welche Streitfrage diskutiert wird.

b) Bestimmt den Standpunkt des Autors und belegt mit Textstellen.

c) Erklärt den Aufbau der Argumentation, indem ihr den folgenden Aspekten Textabschnitte zuordnet.

Einführung in das Thema | Argumente der Gegenposition | Argumente der eigenen Position

d) Findet im Text Beispiele für folgende sprachliche Mittel und erläutert deren Wirkung.

rhetorische Frage | Hyperbel (Übertreibung) | wertende Wortwahl | Verniedlichung | Ironie | Antithese (Gegenthese)

◒ MK **2** Ordnet den Artikel mithilfe der Kompetenzbox (S. 185) einer Textsorte zu. Begründet.

S.279 ◒ ← ● **3** Diskutiert, inwiefern ihr die Argumentation des Autors in dem Artikel (S.183) überzeugend findet. Sammelt weitere Argumente und Argumentationsstützen, die für oder gegen die bemannte Raumfahrt sprechen.

◒ MK **4** Meinungsäußernde Texte werden manchmal durch das Layout vom Nachrichtenteil getrennt, indem sie zum Beispiel in einen Kasten gesetzt werden. Begründet, warum dies sinnvoll ist.

Leserkommentar

Na super! Da träumen manch' abgehobene Wissenschaftler und machtgierige Politiker davon, zum Mars zu fliegen und den auch noch zu besiedeln! Sollten die nicht erstmal üben, unsere Hitzesommer-geplagten Böden vor unseren Haustüren wieder fit zu machen? „Hut ab", wenn die wenigstens das hinbekommen würden. Dann sag ich gerne „Ciao" und viel Spaß auf dem Mars. Das wäre dann mal wieder ein Beispiel für Milliarden sinnfrei aus dem Fenster werfen!

S.279 ○ ← ◒ MK **5** Untersucht den Leserkommentar zu dem Onlineartikel (S.183).

a) Formuliert in einem Satz den Standpunkt des Verfassers.

b) Untersucht Besonderheiten der sprachlichen Gestaltung.

Leserbrief → S.59

c) Benennt Unterschiede zu Leserbriefen in Printzeitungen und stellt Vermutungen über die Gründe dafür an.

● MK **6** Diskutiert, wie ihr solche Meinungsäußerungen im Internet findet.

MK **7** **EXTRA** Onlineausgaben verfügen meist über eine Kommentarfunktion.

- Informiert euch im Internet über die Richtlinien für Lesermeinungen verschiedener Zeitungen.
- Stellt eure Ergebnisse vor und vergleicht Gemeinsamkeiten und Unterschiede.
- Diskutiert, welche Richtlinien ihr für sinnvoll oder wenig sinnvoll haltet.

Textsorten in Zeitungen S. 321 KOMPETENZBOX

Textsorten in Zeitungen unterscheiden

Ihr könnt verschiedene Textsorten in Zeitungen an ihren inhaltlichen und sprachlichen Merkmalen erkennen.
Informierende Textsorten sind vorwiegend sachlich und objektiv. Aber Achtung: Durch die Auswahl der Informationen und Zitate kann indirekt dennoch Stellung bezogen werden.
In meinungsäußernden Textsorten wird dagegen ganz bewusst die Meinung der jeweiligen Journalistin/des jeweiligen Journalisten veröffentlicht. Es kommen auch Mischformen vor.

Informierende Textsorten

Nachricht
Inhalt: allgemein interessierender aktueller Sachverhalt (= Neuigkeitswert), beantwortet die W-Fragen, Prinzip der umgekehrten Pyramide
Sprache: sachliche Darstellung, direkte oder indirekte Wiedergabe von Äußerungen bedeutender Personen, ...

Kurzform: Meldung
nur wenige Sätze, nur die wichtigsten Informationen, oft im Wortlaut von Presseagenturen übernommen

Langform: Bericht
Informationen einer Meldung, zusätzlich: Zitate von Augenzeugen, Hintergrundinformationen zu den Ursachen eines Geschehens, Details zu den Folgen, ...

Reportage
Inhalt: informiert über ein Ereignis in anschaulicher Weise, lebendig und konkret, Wahrnehmungen vor Ort, verschiedene Sinneseindrücke, oft einzelne Personen im Mittelpunkt, Hintergrundinformationen an verschiedenen Stellen eingestreut
Sprache: beschreibende Adjektive, anschauliche Formulierungen, zum Teil perspektivische Darstellung, ...

Interview
Abdruck eines Gesprächs

Meinungsäußernde Textsorten

Kommentar
Inhalt: Meinung der Journalistin/des Journalisten zu einem Ereignis
Sprache: wertend, rhetorische Fragen, Ironie, Appelle, Irreales im Konjunktiv, ...

Rezension/Kritik
Inhalt: Besprechung eines kulturellen Gegenstandes (Buch, Computerspiel, Film, Theaterinszenierung, Kunstausstellung, ...), inhaltliche Informationen werden mit Wertung verknüpft
Sprache: wertend, rhetorische Fragen, Ironie, Appelle, ...

Leserbrief/Online-Leserkommentar
Inhalt: schriftliche Reaktion einer Leserin/eines Lesers zu einem veröffentlichten Beitrag in einer Print- oder Onlineausgabe
Sprache: wertend, rhetorische Fragen, Appelle, ...

Textsorten in Zeitungen unterscheiden

Eisbrecher „Polarstern"

Eisbären erkunden neugierig das Forschungscamp.

Extrem-Expedition in die Arktis mit vielen Herausforderungen

Das Forschungsschiff „Polarstern" legt ab, um ein Jahr in der zentralen Arktis zu verbringen. Die Experten erhoffen sich Erkenntnisse zum Klimawandel. Es ist eine Expedition der Superlative mit logistischen Herausforderungen und nicht unerheblichen Risiken.

1 Die genaue Route über die Polkappe ist nicht festgelegt. „Sie ist, so wie vieles während der Reise, nicht zu hundert Prozent planbar", betont Rex. Die Strecke wird von der Naturgewalt bestimmt: Die „Polarstern" wird den Motor abstellen und mit dem Meereis driften, angedockt an eine riesige Eisscholle. Auf dieser soll ein kilometerweites Netz aus Stationen aufgebaut werden, um Proben aus dem Wasser, aus dem Eis und der Atmosphäre zu nehmen. In 35.000 Meter Höhe wird die höchste, in 4.000 Metern Tiefe die tiefste Messung vorgenommen.

2 [...] „Eine Arktis-Expedition in dieser Größenordnung hat es noch nie gegeben", so Rex. Über 70 wissenschaftliche Institute aus fast 20 Ländern und Hunderte Forscher sind an dem 140 Millionen-Euro-Projekt „Mosaic" beteiligt. Versorgt wird die „Polarstern" von vier weiteren Eisbrechern sowie drei Flugzeugen. Bis zu tausend Kilometer werden zwischen der „Polarstern" und dem Festland liegen. Zwei bis drei Monate lang wird sie wohl deutlich dichter als 200 Kilometer am geografischen Nordpol vorbeidriften.

3 Die Arktis spielt eine wichtige Rolle im globalen Klimawandel. Schon während der Expedition – ab Anfang 2020 – soll damit begonnen werden, die ersten Daten auszuwerten. Wenn alles gut geht, kommt die „Polarstern" im Herbst 2020 zwischen Spitzbergen und Grönland wieder aus dem Eis heraus.

4 [...] Die Expeditionsteilnehmer [...] wollen mit ihren Messungen den Klimawandel besser verstehen. „Ich bin sicher, damit werden wir einen Durchbruch in der Klimaforschung erreichen", betont Rex. Zwar lieferten in der Vergangenheit bereits automatische Messbojen Daten aus der winterlichen Arktis. Aber solch komplexe Experimente, wie sie jetzt gemacht werden können, waren bisher noch nie möglich.

5 Bremerhaven. Seit Tagen wird gepackt, verstaut und geprüft, ob auch wirklich nichts fehlt. Denn dort, wohin Atmosphärenphysiker Markus Rex und seine Kollegen am Freitag (20. September) vom norwegischen Tromsø aus aufbrechen, können sie sich nicht so einfach etwas hinschicken lassen: Mit dem Forschungseisbrecher „Polarstern" des Bremerhavener Alfred-Wegener-Instituts geht es für ein ganzes Jahr in die zentrale Arktis, die im Winter eigentlich unzugänglich ist.

(Janet Binder, 2020, Ausschnitt, dpa Deutsche Presse-Agentur GmbH)

1 Welche Funktionen erfüllen die Schlagzeile und der Untertitel des Berichts (S.186)?

Hintergrundinformationen liefern | zum Nachdenken anregen | unterhalten | zum Weiterlesen anregen | Neugier wecken | Fragen aufwerfen | Neuigkeitswert betonen | zentrale W-Fragen beantworten | eine Meinung äußern

S.279 **2** Bringt den Text (S.186) in eine sinnvolle Reihenfolge. Bestimmt den Abschnitt, der wichtige W-Fragen beantwortet. Auf welche W-Fragen gibt er Antworten? Begründet eure Reihenfolge.

3 Erklärt, inwiefern der Bericht (S.186) dem Aufbauprinzip der umgekehrten Pyramide folgt.

A

Das wilde Treiben am Nordpol

Ein Telefonat mit der *Polarstern*, deutscher Forschungseisbrecher, Montag dieser Woche. Standort des Schiffes: eingeschlossen im arktischen Eis irgendwo oberhalb von Grönland und Spitzbergen. Die Leitung geht über Satellit, die Worte kommen mit Verzögerung an, mehrfach bricht das Gespräch ab. Am anderen Ende ist Torsten Kanzow, physikalischer Ozeanograf[1] […]

„Nun ist es vollbracht", hatten sie am Sonntag in den Expeditionsblog geschrieben: die Eisscholle sauber aufgeräumt, der letzte Mann an Bord. „Wir nehmen Abschied und brechen uns nun unseren Weg gen Süden."

(Kai Strittmatter, 2020, Ausschnitt, Süddeutsche Zeitung online)

1 der Ozeanograf: erforscht physikalische Abläufe im Meer

B

„Mosaic"-Expedition: Eisscholle zerbricht in viele Teile

Bremerhaven (dpa). Unter lautem Knallen ist die „Mosaic"-Eisscholle am 30. Juli in viele Teile zerbrochen. Einen Tag zuvor hatte das internationale Forscherteam nach exakt 300 Tagen mit dem Abbau des Camps auf der Scholle begonnen. „Es ist uns gelungen, den Lebenszyklus der Mosaic-Scholle seit Anfang Oktober letzten Jahres bis zu ihrem Ende zu begleiten", sagte Expeditionsleiter Markus Rex am Freitag und bezeichnete das Timing als „perfekt". Ganze 1700 Kilometer habe die Scholle die Wissenschaftler von der Laptewsee[1] vorbei am Nordpol bis in die Framstraße[2] getragen.

Am 4. Oktober 2019 hatte sich das internationale Team an der Eisscholle, auf der sie ihr Camp aufschlugen, einfrieren lassen. Das Forschungsschiff Polarstern dockte an der Scholle an. Seitdem drifteten die Wissenschaftler durch das Nordpolarmeer, um das Klimasystem der Zentralarktis zu erforschen.

(2020, Ausschnitt, dpa Deutsche Presse-Agentur GmbH)

1 Laptewsee: nördlich von Russland liegendes Randmeer des Nordpolarmeers
2 Framstraße: nach norwegischem Expeditionsschiff Fram benannt, Seeweg zwischen der Grönlandsee im Nordatlantik und der Wandelsee im Arktischen Ozean, etwa 500 km breit

4 Vergleicht die Ausschnitte **A** und **B**, die aus zwei Zeitungstexten stammen.

a) Welche der Textsortenmerkmale aus dem blauen Kasten treffen besonders zu? Begründet anhand von Textbeispielen.

b) Um welche Textsorten handelt es sich jeweils? Begründet eure Zuordnung.

anschauliche Formulierungen, informierend, Live-vor-Ort-Gefühl, Beschreibung von subjektiven Sinneswahrnehmungen/Gefühlen, genaue Angaben, sachliche Darstellung, Beschränkung auf wesentliche Informationen, Zitate von Experten

9.3 Zwischen den Welten · Eine Reportage schreiben

Eine Reportage planen

Landung auf der Erde nach drei Stunden Flug – ISS Horizons-Mission erfolgreich beendet

Die Sojus-Raumkapsel mit Alexander Gerst landet in der Steppe Kasachstans.

Durch die Reibungshitze beim Eintritt in die Erdatmosphäre wurde die Außenhülle der Kapsel beschädigt.

1 Lest die Schlagzeile und beschreibt die beiden Bilder.

Verhalten im Internet sc8en7

2 MK Informiert euch unter dem Stichwort „ISS Horizons" im Internet über die Raumfahrtmission.

3 MK Stellt euch vor, ihr seid als Journalisten bei der Landung der Astronauten in Kasachstan vor Ort und sollt darüber eine Reportage schreiben. Wie müsstet ihr vorgehen?
a) Bringt die folgenden Arbeitsschritte in eine nachvollziehbare Reihenfolge.
b) Diskutiert eure Ergebnisse in Kleingruppen.

A eigene Gedanken und Gefühle notieren

B den Ort des Ereignisses beschreiben

C beteiligte Personen interviewen

D Fotografieren

E Geschichte der ISS Raumfahrtmissionen recherchieren

F Hintergrundinformationen recherchieren

G unterschiedliche Informationen ordnen

H Recherche über die Astronauten

I Fakten zum Ereignis zusammenstellen

4 a) Sichtet und notiert wichtige Informationen aus den Materialien 1 – 5 (S. 189), die ihr in eure Reportage einbringen wollt.
b) Ergänzt sie mithilfe der Ergebnisse eurer Internetrecherche (Aufgabe 2).

5 Erstellt einen Schreibplan, indem ihr eine sinnvolle Reihenfolge der Informationen festlegt.

Material 1 :

Landevorgang einer Raumkapsel

- Abkopplung des bemannten Sojus-Raumschiffs von ISS-Station
- Teilung des Raumschiffs in 3 Teile im Flug: mittlere Kapsel fliegt zur Erde
- Sojus-Kapsel wird glühend heiß; Schutz durch Hitzeschild an der Unterseite
- Fallschirme öffnen sich an Kapsel
- Aufprall auf Erde

Material 2 :

Alexander Gerst (deutscher Astronaut) nach der Landung: „Zum ersten Mal wieder den Geruch vom Schnee und von der Erde, das ist ein unglaubliches Gefühl, wenn man das ein halbes Jahr nicht gehabt hat."

Material 3 :

Daten zur Mission

Mission	horizons – Wissen für morgen (Expeditionen 56/57 zur ISS)
Anzahl der dt. Experimente:	41
Astronaut:	Dr. Alexander Gerst (*3. Mai 1976 in Künzelsau)
Start zur ISS:	6. Juni 2018 vom russischen Kosmodrom Baikonur, 13:12 Uhr MESZ
Missionsdauer:	197 Tage
Docking:	8. Juni 2018, 15:07 Uhr MESZ
Öffnen der Luke:	8. Juni 2018, 17.05 Uhr MESZ
Crew Expedition 56:	Andrew Feustel, Kommandant (NASA), Oleg Artemjew (Roscosmos), Richard Arnold (NASA), Alexander Gerst (ESA), Serena Auñón (NASA, Sergei Prokopjew (Roscosmos)
Crew Expedition 57:	Alexander Gerst, Kommandant (ESA), Serena Auňón (NASA), Sergei Prokopjew (Roscosmos), Alexei Owtschinin (Roscosmos), Nikolai Tikhonov (Roscosmos), Nicklaus Hague (NASA)
Rückkehr zur Erde:	20. Dezember 2018

Material 4 :

Verspätete Rückkehr

(2018, Ausschnitt aus einem Zeitungsbericht)

Gerst sollte eigentlich schon Anfang Dezember 2018 zur Erde zurückkehren. Wegen des Fehlstarts einer Sojus-Rakete mussten Gerst, Auñón-Chancellor und Prokopjew auf der ISS aber mehrere Wochen auf Verstärkung warten. Die nächste Crew-Hälfte für die ISS kam nicht wie geplant schon im Oktober zur Raumstation, sondern erst am 3. Dezember 2018.

Material 5 :

Interview mit Alexander Gerst zur Vorbereitung auf die Mission

[D]ie Astronautenausbildung ist vergleichbar mit einem kompletten Studium: Es gibt Dutzende von Kursen, viel Sport, zahlreiche Notfallübungen. Vor allem mussten wir lernen, die Technik der „Sojus"-Kapsel und der Systeme der ISS, der Internationalen Raumstation, zu beherrschen, den Roboterarm, die Andockmanöver der Raumtransporter, den Raumanzug für den Außenbordeinsatz. Hinzu kamen die wissenschaftlichen Experimente, davon hatten wir auf unserer Mission mehr als 100 dabei, die ich durchführen wollte. Und schließlich lernt man zum Beispiel auch, wie man Wunden näht, eine Zahnfüllung setzt, Spritzen verabreicht, auf der Raumstation Brände und giftige Gase bekämpft. Im russischen Winter haben wir geprobt, im Falle einer Notlandung bei 20 Grad unter null in der Wildnis zu überleben und aus dem Rettungsfallschirm einer „Sojus"-Kapsel ein Zelt zu bauen. Und in der weltgrößten Zentrifuge, im „Sternenstädtchen" bei Moskau, wurde für den Wiedereintritt in die Erdatmosphäre trainiert, Fliehkräfte auszuhalten, die einen mit dem Neunfachen des eigenen Körpergewichts in den Sitz drücken.

Eine Reportage schreiben und überarbeiten

S.279 ○ ← ◒ **1** Untersucht die folgende Einleitung einer Reportage. Stellt Stärken und Schwächen heraus und macht Verbesserungsvorschläge.

Alexander Gerst, Sergei Prokopjew und Serena Auñón nach ihrer Landung in Katachstan

Es ist kalt, als die Sojus-Rakete nach drei Stunden Flug in Kasachstan landet. Doch das schreckt die Journalisten nicht ab, die drei Astronauten, darunter der Deutsche Alexander Gerst, gleich über deren Erfahrungen auf der 197 Tage langen ISS-Raumfahrt-Mission zu interviewen. Die Astronauten sind erleichtert, dass die Landung ohne große Komplikationen geglückt ist, und freuen sich darüber, wieder den bekannten Erdboden unter den Füßen zu spüren.

S.279 ◒ ← ● **2** Schreibt die Einleitung eurer Reportage. Geht so vor:

a) Betrachtet die Bilder (S.188 und 190) und entscheidet euch für eine Situation, mit welcher ihr eure Reportage beginnen wollt.
b) Versetzt euch in die Situation und notiert mögliche Sinneseindrücke.
c) Formuliert die Einleitung und achtet darauf, bildhafte Ausdrücke zu verwenden.

S.279 ◒ ← ● **3** Verfasst den Hauptteil der Reportage.

- Informiert die Leserinnen und Leser über zentrale Aspekte der Landung, indem ihr die W-Fragen in einer sinnvollen Reihenfolge beantwortet.
- Ergänzt interessante Hintergrundinformationen zur Horizons-Mission und zu den Astronauten. Wählt Zitate aus, die ihr integrieren wollt.

◒ **4** Vergleicht die folgenden drei Varianten des Schlussteils.

a) Ordnet die drei Gestaltungsmöglichkeiten den Varianten **A** – **C** des Schlussteils (S.190 f.) zu.
b) Welche Variante gefällt euch am besten? Begründet.

Aufgreifen des Live-vor-Ort-Gefühls | Zusammenfassung | persönliche Meinung

A *Ein ereignisreicher Tag voller Spannung geht zu Ende. Er wird nicht nur den heimgekehrten Astronauten, sondern auch allen Beteiligten vor Ort noch lange im Gedächtnis bleiben.*

B *Es ist nichts zu hören, nur der eisige Wind pfeift in unseren Ohren. Die Kapsel wird geöffnet, die Spannung ist kaum auszuhalten – ist die Mission geglückt? Momente wie diese bleiben.*

C *Aber eins ist sicher – es wird nicht das letzte Mal sein, dass solch spektakuläre Raumfahrt-Missionen Millionen Menschen weltweit zum Staunen bringen. Ein weiterer großer Schritt für die Wissenschaft und die Menschheit ist geglückt.*

5 Wählt einen Schlussteil aus, der zu eurer Reportage passt, oder schreibt einen eigenen.

6 Verfasst eine Schlagzeile für eure Reportage, die das Interesse der Leserinnen und Leser weckt.

7 Lest eure Reportagen in Partnerarbeit. Gebt euch Rückmeldungen und überarbeitet eure Texte anschließend.

8 **EXTRA** Verfasst zu einem eigenen Erlebnis eine Reportage. Stellt eure Reportagen vor und wählt die gelungensten aus. Begründet.

KOMPETENZBOX

Eine Reportage schreiben

Die Reportage ist ein Erlebnisbericht, der sachliche Berichterstattung mit der Vermittlung von Eindrücken, Gefühlen, Stimmungen und Gedanken verbindet.

1. Planen
- zuverlässige Informationen zu dem Geschehen recherchieren
- Eindrücke, Gedanken, Gefühle und Stimmungen sammeln
- gegebenenfalls Interviews mit beteiligten Personen führen
- einen Schreibplan erstellen: zentrale Informationen auswählen und eine sinnvolle Reihenfolge festlegen

2. Schreiben

Inhalt und Aufbau
- **Einleitung:** Neugier wecken durch Schilderung der Situation und von Sinneseindrücken, Vermittlung eines „Live-vor-Ort"-Gefühls
- **Hauptteil:** detailreiche Darstellung des Geschehens
  - logische Gedankenführung („roter Faden")
  - Beantwortung wichtiger W-Fragen
  - Hinzufügen interessanter Hintergrundinformationen
  - direkte und indirekte Redewiedergabe von Beteiligten
  - Schilderung von Eindrücken, Gedanken, Gefühlen und Stimmungen
- **Schluss:** Zusammenfassen des Geschehens, Darstellung der persönlichen Meinung zum Geschehen oder Aufnehmen des „Live-vor-Ort"-Gefühls

Sprachliche Gestaltung
- abwechslungsreiche Adjektive, Verben und bildhafte Ausdrücke zur anschaulichen Darstellung des Geschehens und von Sinneseindrücken
- in der Regel im Präsens, Tempuswechsel möglich

3. Überarbeiten
- Arbeitstechniken verwenden: *Textlupe* (S. 343), *Schreibkonferenz* (S. 342)
- Rechtschreibung, Satzbau und Zeichensetzung überprüfen

9.4 Eine Welt – viele Darstellungen · Mit Zeitungstexten kritisch umgehen

A

Erste bemannte SpaceX-Rakete erfolgreich gestartet

Zum ersten Mal seit fast einem Jahrzehnt sind am Samstag wieder Astronauten vom Cape Canaveral in Florida aus in den Weltraum gestartet. Um 21.22 Uhr (MESZ[1]) hob eine Falcon-9-Rakete von der historischen Startrampe 39-A zu einem Flug zur Internationalen Raumstation (ISS) ab. An deren Spitze befand sich eine Dragon-Crew-Kapsel mit den beiden NASA-Astronauten Robert Behnken und Douglas Hurley.
Die Astronauten sollen nach einem 19 Stunden dauernden Flug am Sonntag an der ISS anlegen und sich mindestens einen Monat lang dort aufhalten. Der erfolgreiche Start der zweistufigen Rakete bedeutet eine grundsätzliche Abkehr von der Art und Weise, mit der weltweit bisher Astronauten in den Orbit befördert werden. Sowohl die Entwicklung und der Bau von Rakete und Kapsel als auch der gesamte Flug zur ISS lag in den Händen des privaten kalifornischen Unternehmens SpaceX.

Start einer bemannten SpaceX-Rakete

(Horst Rademacher, 2020, Ausschnitt, Frankfurter Allgemeine Zeitung online)

1 MESZ: Mitteleuropäische Sommerzeit

B

Geschichte geschrieben: Raumfahrer aus USA an ISS angekommen

Cape Canaveral. Erstmals seit neun Jahren sind wieder Astronauten von den USA aus zur Raumstation ISS geflogen – und erstmals mithilfe eines privaten Raumfahrtunternehmens. Die US-Raumfahrer Robert Behnken und Douglas Hurley dockten am Sonntag nach rund 20 Stunden Flug mit der „Crew Dragon"-Raumkapsel an der ISS an, wie die US-Raumfahrtbehörde NASA und das private Raumfahrtunternehmen SpaceX mitteilten. Sie sollen rund einen Monat an Bord der ISS bleiben.
Am Samstag hatte die Raumkapsel mit einer „Falcon 9"-Rakete vom Weltraumbahnhof Cape Canaveral abgehoben. „Geschichte ist geschrieben worden", kommentierte die NASA per Kurznachrichtendienst Twitter. NASA-Chef Jim Bridenstine sprach von einem „wundervollen Tag". US-Präsident Donald Trump[1] feierte den Start als „heldenhafte Tat". Die kommerzielle Raumfahrt sei die Zukunft. „Ein neues Zeitalter amerikanischen Ehrgeizes hat jetzt begonnen."
SpaceX-Gründer Elon Musk zeigte sich tief bewegt. „Ich bin wirklich emotional sehr überwältigt, es ist schwer für mich zu sprechen", sagte Musk bei einer Pressekonferenz nach dem Start. 18 Jahre lang habe er auf dieses Ziel hingearbeitet. „Ich glaube, es ist etwas, worüber die Menschheit sich freuen kann, und worauf sie stolz sein kann."
Der deutsche Astronaut Alexander Gerst hieß seine beiden Raumfahrer-Kollegen via Twitter „willkommen zurück im Weltraum" und gratulierte SpaceX für die „solide Leistung".
(2020, Ausschnitt, Express online, basierend auf einer Meldung der dpa)

1 Donald Trumps Amtszeit begann am 20. Januar 2017 und endete am 20. Januar 2021 mit der Amtseinführung seines Nachfolgers Joe Biden.

MK **1** Lest die Onlineartikel A und B (S. 192) und erstellt für beide Texte ein Profil mithilfe des Schemas.
- Übernehmt das Schema und tragt für jede Kategorie ein A und B für die beiden Texte ein, das angibt, wie stark die Texte jeweils in eine Richtung tendieren.
- Belegt eure Einschätzungen mit Textstellen.

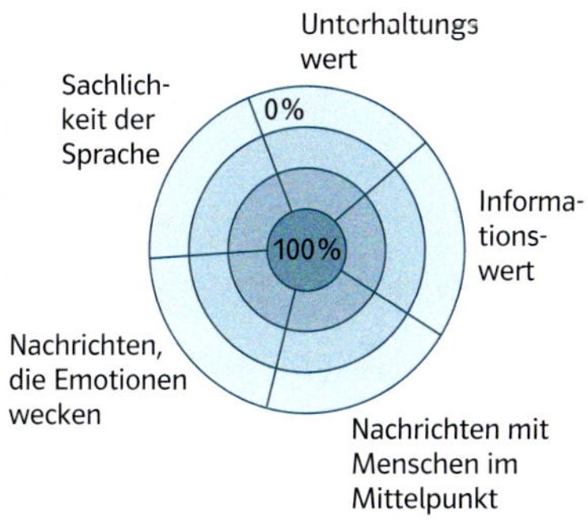

MK **2** Tageszeitung/Wochenzeitung oder Boulevardzeitung?
a) Ordnet die beiden Onlineartikel A und B (S. 192) begründet einem der beiden Zeitungstypen zu.
b) Fasst die Merkmale von Boulevardzeitungen zusammen.

Mond-Fake-News

Neil Armstrongs „gewaltiger Sprung für die Menschheit" am 20. Juli 1969 und vier weitere bemannte Apollo-Missionen bis 1972 – alles Fake News! Im Studio auf der Erde nachgestellt!

MK **3** Betrachtet die Schlagzeile.
a) Erklärt den Begriff Fake-News.
b) Die Schlagzeile behauptet, Fake-News aufzudecken, ist aber selbst eine Falschmeldung. Erklärt dies.
c) Besprecht, welche Gefahren sich ergeben, wenn Politiker wie der ehemalige US-Präsident Donald Trump Tatsachen als Fake-News bezeichnen.
d) Sammelt weitere Beispiele für Fake-News.

MK **4** Der deutsche Presserat legt seit 1973 eine Sammlung journalistisch-ethischer Grundsätze vor, den sogenannten Pressekodex. Er ist eine freiwillige Selbstverpflichtung für journalistisches Arbeiten. Stellt heraus, welche Bedeutung die drei Zitate aus dem Pressekodex in Hinblick auf die Verbreitung von Fake-News haben.

Ziffer 1 – WAHRHAFTIGKEIT UND ACHTUNG DER MENSCHENWÜRDE
Die Achtung vor der Wahrheit, die Wahrung der Menschenwürde und die wahrhaftige Unterrichtung der Öffentlichkeit sind oberste Gebote der Presse.

Ziffer 3 – RICHTIGSTELLUNG
Veröffentlichte Nachrichten oder Behauptungen [...], die sich nachträglich als falsch erweisen, hat das Publikationsorgan[1], das sie gebracht hat, unverzüglich von sich aus in angemessener Weise richtigzustellen.

Ziffer 2 – SORGFALT
Zur Veröffentlichung bestimmte Informationen in Wort, Bild und Grafik sind mit der nach den Umständen gebotenen Sorgfalt auf ihren Wahrheitsgehalt zu prüfen und wahrheitsgetreu wiederzugeben. Ihr Sinn darf durch Bearbeitung, Überschrift oder Bildbeschriftung weder entstellt noch verfälscht werden. Unbestätigte Meldungen, Gerüchte und Vermutungen sind als solche erkennbar zu machen.

1 das Publikationsorgan: hier: Zeitung oder Zeitschrift

Das könnt ihr jetzt!

Textsorten in Zeitungen unterscheiden

Beispiellösung zur Klassenarbeit sc8en7

Beispiel für eine Klassenarbeit

1 Bestimmt, um welche Textsorte es sich bei dem Onlineartikel handelt. Belegt anhand von mindestens drei Textstellen.

2 Erklärt das Aufbauprinzip der umgekehrten Pyramide.

3 Leistet die Vorarbeit zum Umschreiben des Artikels in einen Zeitungsbericht über die anstehende Expedition der Polarstern.
  a) Schreibt die Informationen heraus, die auch in einem Zeitungsbericht stehen müssten.
  b) Bringt die Informationen in eine sinnvolle Reihenfolge.

Mosaik aus Eis und Fragen

Warum die größte Forschungsexpedition des Jahres in die Finsternis der Polarnacht führt.

Diese Region entzieht sich jedes Jahr monatelang dem Blick der Menschen. Dunkelheit, Kälte und garstiges Wetter herrschen. Das macht Flüge und Fahrten für regelmäßige Messungen in der zentralen Arktis unmöglich. Und doch führt die größte Forschungsexpedition des Jahres 2019 genau dorthin, ins Eis.

Der deutsche Forschungseisbrecher *Polarstern* begibt sich auf diese Reise, nördlich von Sibirien in die Dunkelheit der Polarnacht. Das Versprechen: grundlegende Erkenntnisse über die Natur rund um den Nordpol zu gewinnen und jene Veränderungen besser zu verstehen, die dort in Zeiten des Klimawandels schneller und drastischer ablaufen als anderswo auf der Erde. Wenn sich nun 300 Polarforscher aus 17 Nationen mit einem enormen Aufwand auf den Weg machen, so folgen sie dabei einer historisch-heroischen Vorlage. „Heute nahmen wir feierlich Abschied von der Sonne. Um Mittag zeigte sich ihre halbe Scheibe zum letzten Mal über dem Rand des Eises im Süden, ein abgeplatteter Körper mit mattem, rotem Schein, aber ohne Wärme. Jetzt beginnt die Winternacht! Was wird sie uns bringen? Wo werden wir sein, wenn die Sonne wiederkehrt? Niemand weiß es zu sagen", schrieb ein Mann an einem der letzten Oktobertage des Jahres 1893 in sein Tagebuch. Seit einem Monat saß sein Schiff da schon fest. *Fram* war der Name des Schiffes, Fridtjof Nansen hieß der Mann, und so eine Reise hatte nie zuvor ein Mensch gemacht: über den arktischen Ozean durch die Polarnacht.

Im Rückblick mutet die Pioniertat des Norwegers an wie ein gewaltiges Abenteuer, gewürzt mit einer Prise Forschungsabsichten. Wenn sich in diesem Herbst, 125 Jahre nach der *Fram*, die Wissenschaftler an Bord des Eisbrechers aus Bremerhaven auf die Spuren Nansens begeben, ist das Mischungsverhältnis umgekehrt. Nie gab es in der zentralen Arktis ein Vorhaben mit einem vergleichbaren Einsatz von Material und Personal.

Zu Jahresbeginn ist die Hauptfigur der bevorstehenden Reise, der Eisbrecher *Polarstern*, noch in der Antarktis unterwegs. Monate bevor das Schiff sich aufmacht zur langen Reise in den Norden, bringt es im tiefsten Süden erst noch Nachschub zur deutschen Forschungsstation Neumayer III. Der Blick durch das Fenster eines kleinen Propellerflugzeugs zeigt das Meer als tiefdunkle Masse, helle, geometrische Eisschollen heben sich davon ab. Man sieht, wie die *Polarstern*, gestrichen in Weiß, Rot und Blau, vor einer weißen Wüste schwimmt, dem Ekström-Eisschelf: einer unfassbar großen Platte, der gefallene Schnee aus Jahrhunderten, komprimiert zu hartem Eis. Sie ankert direkt vor einer 17 Meter hohen gefrorenen Wand. An Bord ist Markus Rex. Der Atmosphärenforscher wird die Expedition im Herbst leiten. Seit 2011 ist er mit der Planung beschäftigt, an diesem Tag in der Antarktis führt er über das Schiff. „Wir haben auf dem Weg hierher einen Teil der Ausrüstung ausprobiert", erzählt Rex, während er von der Brücke herunter ins Innere des Schiffes steigt […]. „Vorsicht, Kopf einziehen."

Rex bleibt vor einer schweren Stahltür stehen, einem Schott. Dahinter liegt ein direkter Zugang zum Ozean, der „Moonpool“, ein Schacht, durch den man Wasserproben ansaugen oder Instrumente ins Meer lassen kann. „Das brauchen wir, wenn wir Messungen machen wollen“, sagt Rex. „Denn alles andere um uns herum wird gefroren sein.“ […]

Die Scholle. Das Stück Meereis, an dem die *Polarstern* den Winter verbringen wird, wollen sie nördlich von Sibirien finden. Im September macht das Schiff ein letztes Mal Station, im Hafen von Tromsø im Norden Norwegens. Von dort aus geht es vorbei an der nördlichsten sibirischen Inselgruppe Sewernaja Semlja bis etwa zur Position 85° Nord/125° Ost. Findet sich ein Stück Eis von mindestens eineinhalb Meter Dicke und zwei Kilometer Durchmesser, so wird der Eisbrecher dort anlegen und der Steuermann die Maschinen auf Leerlauf stellen. Von diesem Moment an werden Mannschaft und Forscher, Schiff und Gerätschaften allesamt zu Passagieren der Naturgewalten. Und ihnen ausgeliefert sein.

(Stefan Schmitt, Fritz Habekuß, Dirk Asendorpf, 2019, Ausschnitt, Zeit online)

Schritt für Schritt zur Klassenarbeit

Lösungen
→ S. 290

1. Ordnet den Textstellen Merkmale einer Reportage zu. Manche Merkmale passen zu mehreren Textstellen.

Z. 1 f. | Z. 4–8 | Z. 19 ff. | Z. 21–25 | Z. 27 f. | Z. 38 f.

- direkte Redewiedergabe von Beteiligten
- Hintergrundinformationen
- Schilderung von Eindrücken, Stimmungen, Gedanken
- Beantwortung zentraler W-Fragen
- „Live-vor-Ort“-Gefühl
- ausdrucksstarke Wortwahl, bildhafte Ausdrücke

2. Skizziert eine umgekehrte Pyramide und beschriftet sie mit folgenden Stichpunkten.
- wichtige Zusatzinformationen, interessante Details
- Wichtigkeit der Informationen nimmt ab
- wichtige W-Fragen: Was? Wer? Wann? Wo?
- Informationskern
- Welche Folgen? Welche Hintergründe?
- weniger wichtige Einzelheiten, Hintergrundinformationen

3. **a)** Beantwortet die folgenden W-Fragen zur anstehenden Expedition in Stichpunkten.
- Wann findet sie statt?
- Wer ist daran beteiligt?
- Von wo aus startet sie?
- Wie sollen die Ziele erreicht werden?
- Wo findet sie statt?
- Welche Ziele verfolgt sie?

b) Ordnet die Informationen entsprechend dem Aufbauprinzip der umgekehrten Pyramide an. Nutzt eure Antworten aus Aufgabe 2.

10 In vielen Sprachen zu Hause

Sprache betrachten

1 Vergleicht die Gesprächssituationen 1 – 6. Inwiefern unterscheiden sich die Äußerungen sprachlich, zum Beispiel in der Wortwahl?

2 **a)** Wann und wo sprecht ihr im Laufe eines Tages verschiedene Sprachen bzw. Varianten einer Sprache (Sprachvarietäten)?

b) Nennt Formulierungen, die ihr nur in bestimmten Gesprächssituationen nutzen würdet. Begründet.

Das lernt ihr jetzt!

10.1 äußere und innere Mehrsprachigkeit unterscheiden
10.2 Dialekte untersuchen
10.3 Jugendsprache untersuchen
10.4 Fach- und Bildungssprache untersuchen

Jugendwörter des Jahres

2020: lost
2019: – (keine Wahl)
2018: Ehrenmann/Ehrenfrau
2017: i bims
2016: fly sein
2015: Smombie
2014: läuft bei dir
2013: Babo
2012: yolo
2011: Swag
2010: Niveaulimbo

3 Tauscht euch über die Karikatur aus. Welche Besonderheiten von Dialekten werden hier deutlich?

4 **a)** Besprecht, welche der Jugendwörter ihr kennt oder verwendet.
b) Welche Wörter würdet ihr zur nächsten Wahl des Jugendworts einreichen? Begründet.

10.1 Jeder Mensch ist mehrsprachig · Äußere und innere Mehrsprachigkeit unterscheiden

Äußere Mehrsprachigkeit untersuchen

1 Alex hat einen Sommerurlaub geplant.
Amelie trinkt gerne Orangensaft.
Die Frau wäscht ein Auto.

2 Alex has planned a summer holiday.
Alex hat geplant einen Sommerurlaub.
Amelie likes to drink orange juice.
Amelie trinkt gerne Orangensaft.
The woman washes a car.
Die Frau wäscht ein Auto.

3 Алекс запланировал летний отдых.
Alex hat geplant Sommerurlaub.
Амели любит пить апельсиновый сок.
Amelie gerne trinkt Orangensaft.
женщина моет машину.
Frau wäscht Auto.

4 Alex ha planificado las vacaciones de verano.
Alex hat geplant den Urlaub des Sommers.
A Amelie le gusta beber zumo de naranja.
Amelie trinkt gerne Saft der Orange.
La mujer lava un coche.
Die Frau wäscht ein Auto.

5 Alex yaz tatili planladı.
Alex Sommerurlaub geplant.
Amelie portakal suyu içmeyi seviyor.
Amelie Orangensaft trinkt gerne.
Kadın araba yıkar.
Frau wäscht Auto.

6 Alex a prévu des vacances d'été.
Alex hat geplant den Urlaub im Sommer.
Amelie aime boire du jus d'orange.
Amelie trinkt gerne Saft der Orange.
La femme lave une voiture.
Die Frau wäscht ein Auto.

○ **1** **a)** Tragt in der Klasse zusammen, in welchen Sprachen ihr mit euren Familien zu Hause sprecht.
b) Erklärt, wie man sich in den verschiedenen Sprachen begrüßt, und macht es vor.

S. 280 ○ ← ◒ **2** In den Kästen 1 – 8 sind einige Merkmale der Sprachen (S. 198) aufgeführt.

a) Ordnet den sechs Sprachen (S. 198) die passenden Merkmale zu.

b) Stellt eure Zuordnung vor und begründet jeweils mit einem Beispielsatz.

1 kyrillisches Alphabet (б, и, й, л)

2 lateinisches Alphabet (e, i, n, t)

3 Großschreibung von Satzanfängen, sonst überwiegend Kleinschreibung

4 Großschreibung von Substantiven (Nomen), Satzanfängen, Eigennamen, Höflichkeitsanreden

5 Unterscheidung von bestimmten und unbestimmten Artikeln, aber nicht nach grammatischem Geschlecht

6 Unterscheidung von bestimmten und unbestimmten Artikeln, zwei grammatische Geschlechter

7 Unterscheidung von bestimmten und unbestimmten Artikeln, drei grammatische Geschlechter

8 keine Verwendung von Artikeln

◒ **3** Übersetzt die drei Beispielsätze (S. 198, 1) in eure Familiensprache und vergleicht sie mit den Sätzen in den Kästen 2 – 6 (S. 198).

Innere Mehrsprachigkeit untersuchen

1 *Hast du gesehen, was Mia gestern gepostet hat? Voll heftig, das gibt safe einen Shitstorm!*

2 *So, jetzt geht's nach Hause. Macht's gut, bis morgen!*

3 *Yo, adde mich mal pls. Oder bist du gerade afk? Oder wurdest du gebanned, du Cheater?! Lol!*

4 *Durch die Metapher des gebrochenen Herzens wird verdeutlicht, dass …*

5 *Kreiht de Haan up'n Mess, ennert sick dat Weer oder dat blift wiet iss!*

S. 280 ○ ← ◒ **1** Erklärt, warum es für ein gelingendes Miteinander wichtig ist, das eigene Gesprächsverhalten je nach Gesprächspartnerin/Gesprächspartner anzupassen.

2 Lest die Sprechblasen (S. 199) und ordnet sie begründet folgenden Sprachvarietäten zu.

Gruppensprache (z. B. Jugendsprache, Gamersprache)

Alltagssprache | Dialekt | Bildungssprache

3 **a)** „Auch wenn man sich nur in seiner Familiensprache verständigt, spricht man täglich mehrere Sprachen." Erläutert anhand der Sprechblasen (S. 199), was mit dieser Aussage gemeint ist.

b) Das Phänomen der Sprachen in der Sprache nennt man innere Mehrsprachigkeit. Erklärt diesen Begriff und grenzt ihn von der äußeren Mehrsprachigkeit ab. Bezieht euch dabei auch auf den Tagesablauf auf Seite 196 f.

KOMPETENZBOX

Äußere und innere Mehrsprachigkeit unterscheiden

Äußere Mehrsprachigkeit
- Beherrschen einer oder mehrerer Sprachen neben der Familiensprache
- einzelne Sprachen unterscheiden sich durch Wortschatz, Aussprache und Grammatik
- Deutsch weist viele Gemeinsamkeiten mit anderen germanischen Sprachen auf (z. B. *Englisch, Niederländisch*)
- mit anderen Sprachfamilien weniger sprachliche Gemeinsamkeiten, z. B.:
  romanische Sprachen *(Französisch, Italienisch)*
  slawische Sprachen *(Russisch, Polnisch)*

Innere Mehrsprachigkeit
- Beherrschen mehrerer Varietäten einer Sprache (z. B. *Fachsprache, Dialekt*)
- Standardsprache:
  allgemein verbindliche Form der Sprache
  wird am ehesten in der Schriftsprache realisiert

Alltagssprache (Umgangssprache)
wird in der alltäglichen, vor allem mündlichen Kommunikation genutzt

Bildungssprache
wird im Unterricht verwendet, unterscheidet sich von der Alltagssprache durch den Fachwortschatz und die Orientierung am schriftlichen Ausdruck

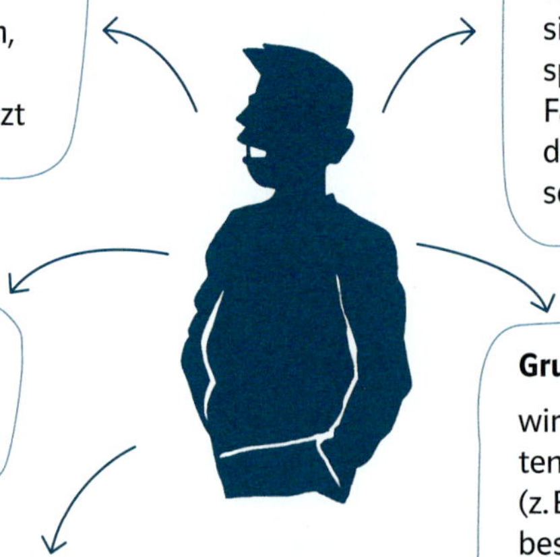

Fachsprache
wird in bestimmten Fachkreisen gesprochen

Gruppensprache
wird von einer bestimmten Gruppe gesprochen (z. B. *Gamersprache*), besondere Form der Gruppensprache: Jugendsprache, verschiedene Sprechstile von Jugendlichen untereinander

Dialekt
regionale Variante einer Sprache, z. B. *Kölsch, Bayerisch, Sächsisch*

10.2 Wat häste dä jesat? · Dialekte untersuchen

Woaßt du überhaupts wia gern dass i di mog?

Isch räje misch nit op. Die andern räjen misch op.

HÖMMA! ODER HASSE WAT AN NE OHRN?

Feddisch! Mosche is aach nochn Daach!

Ichbinsowat vonfroh datickdirhab

WAT MUTT, DAT MUTT

VON NIX KOMMT NIX

◒ **1** Übersetzt die verschiedenen Postkartensprüche.

S. 280 ◒ ← ● **2** **a)** Benennt, um welche Dialekte es sich handelt.
b) Untersucht die Dialekte genauer und nennt Auffälligkeiten.

◒ **3** Entwerft selbst eine Postkarte mit einem solchen Spruch und stellt sie in der Klasse vor.

◒ **4** Nennt Kommunikationssituationen, in denen ihr lieber euren Dialekt verwendet. Begründet.

5 a) Ordnet den drei großen Dialektlandschaften auf der Karte die entsprechenden Bundesländer zu. Ihr könnt einen Atlas verwenden.

b) Nennt die Bundesländer, in denen zwei Dialektlandschaften vertreten sind.

6 Vergleicht, wie die Wörter *machen, ich, das, Dorf, Pfund und Apfel* in den drei Dialektlandschaften ausgesprochen werden. Nennt die Laute, die sich jeweils unterscheiden.

7 Klingt *Schwaadschnüss* (Ausdruck aus dem Rheinland) netter als *Schwätzer*? Diskutiert die Wirkung von Dialektwörtern.

S. 280 ○ ← ◒ **8** Besprecht, welche Vorteile es haben kann, auch als junger Mensch den Dialekt seiner Heimat zu sprechen.

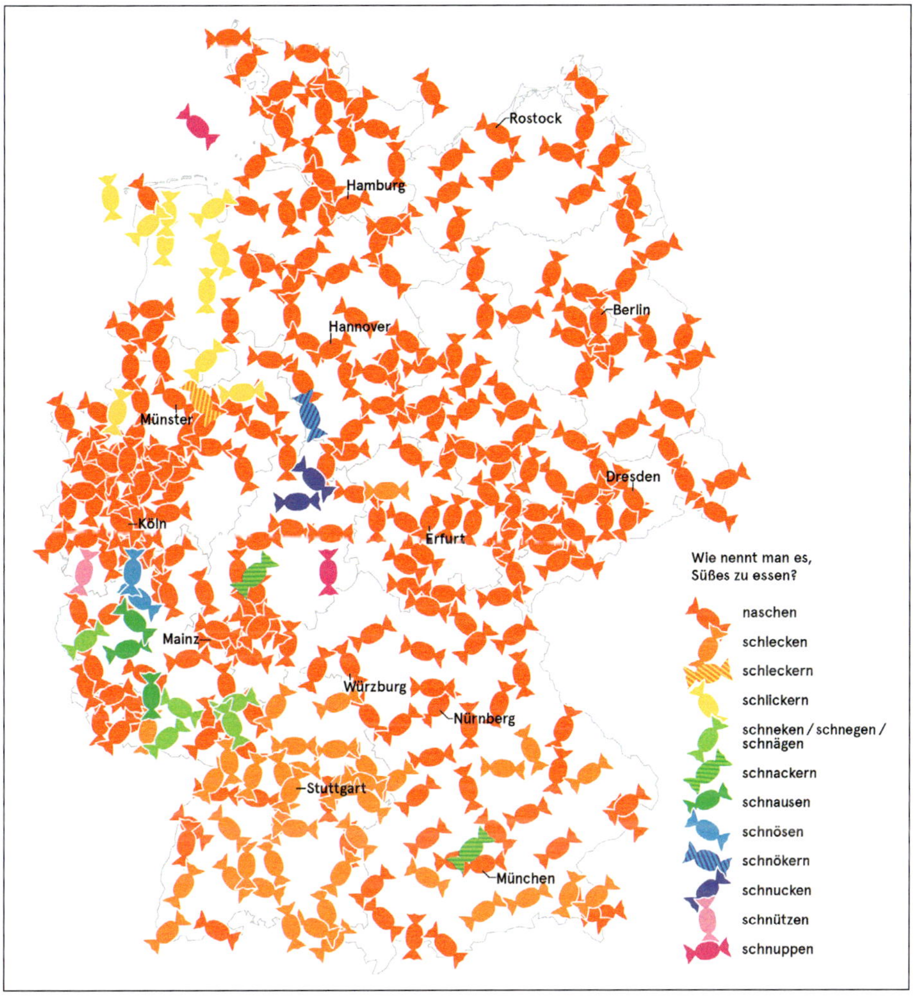

9 **a)** Prüft anhand der Dialektkarte, welche verschiedenen Begriffe für das Essen von Süßigkeiten genutzt werden.

b) Tragt weitere Begriffe zusammen, für die innerhalb des deutschen Sprachraums unterschiedliche Bezeichnungen existieren, z. B. für *Kartoffel, Schlagsahne, Pfannkuchen.*

c) Nennt Beispiele für unterschiedliche Bezeichnungen in Dialekten eurer Familiensprache.

10 **EXTRA** Kennt ihr Dialekte in anderen Sprachen? Nennt sie.

KOMPETENZBOX

Dialekte untersuchen

Es gibt in Deutschland drei große Dialektlandschaften: Niederdeutsch, Mitteldeutsch und Oberdeutsch.

Merkmale	***Beispiele***
besondere Lautgestalt	*maken (machen), Appel (Apfel), tohuus (zu Hause)*
unterschiedlicher Wortschatz	*Brötchen, Rundstück, Schrippe, Semmel, Weck*

10.3 Nur wir verstehen uns!? · Jugendsprache untersuchen

○ **1** Betrachtet den Comic und erklärt seine Aussage.

◒ **2** Erläutert an Beispielen, worin sich Jugendsprache von der Standardsprache unterscheidet.

◒ **3** Erstellt ein Glossar (Wörterverzeichnis mit Erklärungen) zu eurer Jugendsprache. Tragt jugendsprachliche Formulierungen zusammen, die ihr häufig verwendet, und erklärt sie.

◒ **4** Tauscht euch über eure Erfahrungen mit Jugendsprache aus.
- In welchen Situationen verwendet ihr Jugendsprache und in welchen nicht?
- Wie reagieren andere, zum Beispiel Eltern, Großeltern, Lehrerinnen/Lehrer, darauf, wenn ihr Jugendsprache verwendet?

◒ **5** Diskutiert, warum Jugendliche ihre „eigene" Sprache haben.

S. 280 ○ ← ◒ **6** Untersucht die Beispiele **A** und **B** im Hinblick auf Merkmale von Jugendsprache. Übernehmt folgende Tabelle und notiert eure Ergebnisse.

Merkmale von Jugendsprache	Beispiele
– …	– …

A

B

MK

7 **a)** Gestaltet einen kurzen Dialog in Jugendsprache. Ihr könnt ihn auch aufnehmen.
b) Stellt eure Dialoge vor und prüft, welche Merkmale von Jugendsprache häufig vorkommen.

Leserkommentar: Chillt doch mal!

Jetzt muss ich meinem Ärger aber mal Luft machen, Dampf rauslassen oder – no front – einen Shitstorm starten. Denn wegen solcher oder anderer Ausdrücke werden wir Jugendlichen ständig kritisiert.

Jugendliche würden sich nicht richtig, verständlich und angemessen ausdrücken, nur noch Fantasiewörter, Beleidigungen oder Anglizismen verwenden und die deutsche Sprache verhunzen.

Diese Kritik ist nicht neu, die Jugend wird seit Jahrhunderten immer mal wieder für alles Mögliche kritisiert, sei es die Arbeitsmoral, die Politikverdrossenheit – oder eben der Sprachgebrauch.

Aber nicht nur, dass die Kritik also wenig originell daherkommt, sie verfehlt auch noch ihr Ziel. Denn dass Sprache sich wandelt, und zwar immer, ist normal. Äußere Faktoren wie Sprachkontakte verschiedener Kulturen, der Prozess der Globalisierung, der Digitalisierung, politische Entscheidungen und vieles mehr sorgen dafür, dass Sprache sich ständig verändert. Und das ist okay – denn wichtig ist doch nur, dass wir einander verstehen.

8 **a)** Arbeitet aus dem Leserkommentar die Kritikpunkt an der Jugendsprache heraus.
b) Diskutiert, inwiefern ihr die Kritik für nachvollziehbar haltet.

9 „… denn wichtig ist doch nur, dass wir einander verstehen." (Z. 26ff.)
Erläutert diese Aussage und nehmt Stellung dazu.

KOMPETENZBOX

Jugendsprache untersuchen

- keine einheitliche Sprachvarietät, sondern viele Sprechstile
- dynamisch, verändert sich schnell
- schafft ein Zusammengehörigkeitsgefühl unter Jugendlichen
- dient der Vereinfachung, Direktheit, Kreativität

Merkmale	*Beispiele*
Neologismen und Wortspiele	*okidoki, fetzen*
Verkürzungen von Satzkonstruktionen	*ich geh Kino*
Abkürzungen und Vereinfachungen	*Brudi, aso, kompli*
Übernahmen aus anderen Sprachen	*bashen, Lan, Babo, Deal*
Verwendung von Füllwörtern	*so, halt, irgendwie*

10.4 ... und das heißt?! · Fach- und Bildungssprache untersuchen

1

Die besten Funkkopfhörer für TV und Stereoanlage im Nutzer-Test: Es geht auch ohne Bluetooth

Funkkopfhörer mit Sender und Empfänger sind immer noch eine Alternative zu Bluetooth-Geräten. Gerade beim Anschluss an den Fernseher oder die Stereoanlage bietet die herkömmliche Funktechnik Vorteile, weil die Hersteller die Übertragung des Audiosignals optimieren können. [...]
Kabellose Kopfhörer sind praktisch und bequem, beim Funkstandard gibt es jedoch Unterschiede: Zwar ist Bluetooth inzwischen weit verbreitet, doch der Standard setzt vor allem auf größtmögliche Kompatibilität. Bluetooth-Geräte müssen sich an genaue Vorgaben halten, vor allem, was den verwendeten Frequenzbereich der Radiowellen betrifft. Dadurch gibt es Einschränkungen bei der Übertragungsflexibilität. Funkkopfhörer sind davon teils nicht betroffen. Da sie ihren eigenen Funk-Sender mitbringen, können die Hersteller die Übertragung der Radiowellen besser optimieren.
Funkkopfhörer haben daher immer noch viele Vorteile, vor allem bei TV-Geräten und HiFi-Stereo-Anlagen. Alles, was Sie für das Anschließen eines Funkkopfhörers brauchen, ist ein analoger Audio-Ausgang, für gewöhnlich 3,5-mm-Klinke. Dort wird der Funk-Sender eingesteckt, der meist auch als Ladestation für die kabellosen Kopfhörer dient.

(Daniel Nusser, 2020, Ausschnitt, Chip Verbraucherportal)

2

Fremdsprache Amtsdeutsch

Kurios und kaum verständlich sind die seltsamen Stilblüten der deutschen Verwaltung. Ein Ausflug in den Sprachdschungel.

Raumübergreifendes Großgrün überspannt die Wege, freundlich grüßt der für Forstwesen zuständige Waldbeamte mit Schussberechtigung, der mir entgegenkommt. Doch der Wonnemonat Mai ruft auch nach Arbeit. Im Garten muss mit dem einachsigen Dreiseitenkipper ein großer Haufen Blumenerde in den Beeten verteilt werden, an der nicht lebenden Einfriedung wuchert Spontanvegetation, die gerupft werden will.
So oder ähnlich könnte die Beschreibung eines Frühlingsidylls lauten, wenn sie in einer deutschen Behörde verfasst werden müsste. Dass hier schlicht ein Förster unter Bäumen hergeht, eine Schubkarre zum Einsatz kommt und Unkraut am Zaun gejätet werden soll, ist für den in Beamtendeutsch ungeübten Bürger sicher nicht sofort ersichtlich.
[...] Viel sperriges Deutsch findet auch seinen Weg in die Drucksachen der Verwaltung, wenn es um Verkehr geht. Da heißen Ampeln „Lichtsignalanlagen“, Blinker werden mit „Fahrtrichtungsanzeiger“ bezeichnet, Straßenlaternen werden „Beleuchtungseinrichtungen“ genannt.

(Christian Bohnenkamp, 2012, Ausschnitt, Neue Presse)

○ **1** Tauscht euch darüber aus, warum die beiden Texte schwer verständlich sind.

S. 280 ○ ← ◒ **2** Untersucht im Text 1 den Wortschatz und den Satzbau.

3 Erklärt mithilfe des Textes **2** (S. 206), welche Schwierigkeiten im Zusammenhang mit Fachsprache auftreten können. Überlegt, wie man diesen im Alltag begegnen kann.

Sulaiman Masomi: Der Rat der Sprache

Der hohe Rat der Sprache trifft sich zu einer Tagung. Eingeladen sind neben Satzzeichen auch viele grammatikalische Formen, zum Beispiel die vier Kasus.

Sulaiman Masomi, 1979 geboren, Autor und Rapper

„Die meisten von euch haben schon mitbekommen, dass der Genitiv im Sterben liegt, und ich weiß, die Angst geht in euren Reihen um. Keiner weiß, wer der Nächste sein könnte und inwiefern sich unsere Welt verändern wird. Wir, der hohe Rat der Sprache, haben euch alle aus diesem Grund zusammengerufen. So können wir am besten unsere Lage besprechen und die weitere Vorgehensweise bestimmen. Ich bitte um Wortmeldungen."

„Wer oder was ist daran schuld?", schrie der Nominativ.

„Ja, genau, wessen Schuld ist meine Krankheit?", hüstelte der Genitiv aus seinem Rollstuhl.

„Wem kann man denn noch vertrauen?", rief der Dativ mit einem verlogenen Lächeln …

„Wen kann man dafür zur Rechenschaft ziehen?", wollte der Akkusativ wissen.

Ein Tohuwabohu[1] brach im Plenarsaal[2] aus und alle Vertreter riefen chaotisch hinein.

1 das Tohuwabohu: große Unordnung, Durcheinander 2 der Plenarsaal: Sitzungssaal

4 **a)** Tauscht euch über die Besonderheiten des Textes aus. Wie wird hier mit Sprache gespielt?
b) Weist mithilfe der Kompetenzbox nach, dass im Text Bildungssprache genutzt wird.

KOMPETENZBOX

Fach- und Bildungssprache untersuchen

Fachsprache wird in bestimmten Fachkreisen gesprochen, um Sachverhalte besonders präzise auszudrücken. Auch die Bildungssprache verfügt über einen Fachwortschatz und wird unter anderem im Unterricht verwendet.

Merkmale von Fach- und Bildungssprache

- unpersönliche Ausdrucksweise (Passiv, man)
- zahlreiche Nominalisierungen
- komplexer Satzbau
- Fachwortschatz (Fachtermini)

Das könnt ihr jetzt!

Sprache betrachten

Rotkäppchen

1 Es war einmal ein kleines süßes Mädchen, das hatte jedermann lieb, der sie nur ansah, am allerliebsten aber ihre Großmutter, die wusste gar nicht, was sie alles dem Kinde geben sollte. Einmal schenkte sie ihm ein Käppchen von rotem Samt, und weil ihm das so wohl stand, und es nichts anders mehr tragen wollte, hieß es nur das Rotkäppchen. Eines Tages sprach seine Mutter zu ihm: „Komm, Rotkäppchen, da hast du ein Stück Kuchen und eine Flasche Wein, bring das der Großmutter hinaus; sie ist krank und schwach und wird sich daran laben. Mach dich auf, bevor es heiß wird, und wenn du hinauskommst, so geh hübsch sittsam und lauf nicht vom Wege ab, sonst fällst du und zerbrichst das Glas, und die Großmutter hat nichts. Und wenn du in ihre Stube kommst, so vergiss nicht guten Morgen zu sagen und guck nicht erst in allen Ecken herum!“

2 Vor seiner Inmarschsetzung wurde das Rotkäppchen seitens seiner Mutter über das Verbot betreffs Verlassens der Waldwege auf Kreisebene belehrt. Dasselbe machte sich infolge der Nichtbeachtung dieser Vorschrift straffällig und begegnete beim Übertreten des bezüglichen Blumenpflückverbotes einem polizeilich nicht angemeldeten Wolf ohne festen Wohnsitz.
Dieser verlangte in unberechtigter Amtsanmaßung Einsichtnahme in das zu Transportzwecken von Konsumgütern dienende Korbbehältnis und traf in Tötungsabsicht die Feststellung, dass das Rotkäppchen zu seiner Verwandten, im Baumbestand angemieteten, Großmutter eilends war.
Da wolfseits Verknappungen auf dem Ernährungssektor vorherrschend waren, fasste er den Beschluss, bei der Großmutter des Rotkäppchens unter Vorlage falscher Papiere vorsprachig zu werden. Weil dieselbe wegen Augenleidens krankgeschrieben war, gelang dem in Fressvorbereitung befindlichen Untier die diesfälligste Täuschungsabsicht, worauf es unter Verschlingung der Bettlägerigen einen strafbaren Mundraub zur Durchführung brachte.

3 Als nun die Kleene beim Haus von ihre Jrossmutta ankam, sabbelte der Wolf mit 'ner hellen Stimme und machte der Kleenen vor, er wäre ihre Jrossmutta. Uff die Frajen, weshalb 'se denn so jrosse Ojen haette und so'n jrossen Mund, antwortete der Wolf immer clever und so kam die Kleene zur „Jrossmutta" und wurde von ihr jefressen. Nachdem er so ville jefressen hatte, schlief der Wolf ein und bejann wie blöd zu schnarchen.

Det hoerte'n Förster, der an die Hütte vorbeilief und jing rin, um nachzusehen, watt los is. Da er die Jrossmutta nich sah, sondern den Wolf mit fetter, volljefressener Plautze, verpasste er ihm'n Fangschuss und befreite die Jrossmutta und die Kleene, indem er den Wolf ausweidete.

„Find' ick Diah hiea, Du alta Sünder", sprach er, „ick hab' Dir lange jesucht!" Als erfahr'na Jeejer wusste er sofort, dass die Jrossmutta nur in Bauch von' Wolf sein konnte. So nahm er sein Messer, schlitzte den Bauch von' Wolf uff und fand die Jrossmutta und det Rotkäppchen noch lebend in Wanst von det Untier.

Jrossmutta und die Kleene freuten sich wie blöde und die Kleene versprach ihre Jrossmutta nie, nie wieder von Weech abzuweichen und imma uff direktem Wege zu ihr zu jehen.

Wenn'se nich jestorben sind, leben'se noch heute ...

Lösungen
→ S. 290

1 Diskutiert, welche Fassung euch am besten gefällt.

2 Benennt, um welche Sprachvarietäten es sich bei Abschnitt 2 (S. 208) und 3 handelt. Begründet kurz.

3 Untersucht Abschnitt 2 (S. 208) im Hinblick auf typische Merkmale dieser Sprachvarietät. Übernehmt die folgende Tabelle und notiert eure Ergebnisse.

typische Merkmale	Beispiele aus dem Text
– ...	– ...

4 Besprecht, inwiefern sich die Wirkung des Märchens in Abschnitt 3 verändert.

5 a) Verfasst Abschnitt 1 in Jugendsprache.
b) Vergleicht eure Texte und sprecht darüber, warum manches in euren Fassungen ähnlich und manches unterschiedlich formuliert ist.

6 „Jeder Mensch ist mehrsprachig."
a) Erläutert diese Aussage.
b) Erklärt auch den Unterschied zwischen innerer und äußerer Mehrsprachigkeit.

11 Wasserwelten

Wortarten unterscheiden, Modus verwenden

1

1.452 Likes

Heute ging mein Tauchlehrgang in die nächste Runde. Treffpunkt war ein See, der insgesamt 70 m tief ist. Gerade mal 4 Grad Celsius beträgt die Wassertemperatur in den von uns angepeilten 20 Metern Tiefe. Verdammt kalt! Beim sogenannten Sporttauchen nutzt man eine Druckluftflasche und viele andere Geräte. Das finde ich echt beruhigend. Aber stellt euch das mal vor: Einige Apnoe-Taucher sind sogar schon bis zum Grund getaucht. Wie aufregend! Ihr fragt euch bestimmt, welcher Unterschied zwischen diesen beiden Taucharten besteht. Der ist enorm: Apnoe-Taucher verzichten auf jegliche Ausrüstung, auch auf die Druckluftflasche. Wahnsinn, oder? Für mich wäre das auf jeden Fall nichts.
#sporttaucher #hobby #tiefseetauchen

2

Tipps für Taucherinnen und Taucher

1. Tauch niemals allein!
2. Lass die Fische und Pflanzen in Ruhe!
3. Atme ruhig und gleichmäßig!

MK **1** Besprecht, an wen sich die Blogbeiträge 1 und 3 richten und welche Ziele sie verfolgen könnten.

2 **a)** Bestimmt, ob es sich bei den markierten Wörtern in Text 1 um starke oder um schwache Verben handelt. Begründet eure Zuordnung.
b) Notiert in einer Minute so viele Verben wie möglich zum Thema „Tiefseetauchen". Klärt, ob es sich um starke oder um schwache Verben handelt.

Das lernt ihr jetzt!

- 11.1 Tempus- und Passivformen bilden und verwenden
- 11.2 Möglichkeiten und Wünsche mit dem Konjunktiv II ausdrücken
- 11.3 Äußerungen anderer mit dem Konjunktiv I wiedergeben
- 11.4 Bitten und Aufforderungen mit dem Imperativ ausdrücken
- 11.5 Zusammenhänge mit Präpositionen und Konjunktionen verdeutlichen

3

1.237 Likes

Pech gehabt! Gestern bin ich beim Verladen der Druckluftflaschen gestürzt und kann nur noch humpeln. Deshalb muss der für heute geplante Tauchgang ausfallen. Dabei hätte ich sogar einen Hai sehen können. Ein Hai im Süßwassersee? Das ist nicht möglich, oder? Da habt ihr ganz recht! Ich weiß ja auch, dass es sich um eine Attrappe handelt. Ich hätte aber trotzdem gern gewusst, ob ich unter Wasser cool geblieben wäre oder ob ich mich erschrocken hätte. Schließlich muss man doch beim Tauchen immer alle Sinne beisammen haben und sich gut konzentrieren.
#pech #hai #fake

3 Sucht im Blogbeitrag 3 Sätze heraus, die eine Wunschvorstellung ausdrücken. Erklärt, woran ihr diese Sätze erkannt habt.

4 Was würdet ihr von einem Tiefseetauchgang erwarten? Stellt Vermutungen an.

Wenn ich an einem Tiefseetauchgang teilnehmen würde, …

5 Formuliert drei weitere Tipps für Taucherinnen und Taucher (Text 2).

11.1 Los geht's · Tempus- und Passivformen bilden und verwenden

Geheimnisvolle Knollen

Schatzsucher finden in der Tiefsee Manganknollen.

1 In der Tiefsee sind Schatzsucher unterwegs. Doch sie suchen am Meeresboden keine Kisten voller Gold. Die heutigen Schätze der Tiefsee sind kartoffel- bis salatkopfgroße schwarze Knollen – Manganknollen. Riesige Mengen davon bedecken die Meeresböden in 4.000 bis 6.000 Metern Tiefe. Manganknollen gehören zu den merkwürdigsten Phänomenen, die man bis heute in den Weiten der Ozeane entdeckt hat. Vielleicht werden sie Deutschlands Rohstoffquelle der Zukunft darstellen.

2 Manganknollen enthalten die Metalle Mangan und Eisen, aber auch die wirtschaftlich interessanten Elemente Kupfer, Nickel und Kobalt. Diese Metalle werden vor allem in der Stahlverarbeitung und Elektroindustrie gebraucht. [...] Manganknollen wachsen langsam, fünf Millimeter bis einen Zentimeter in einer Million Jahren! [...]

3 Im März 1978 hat man Manganknollen erstmals über einen langen Schlauch erfolgreich an die Meeresoberfläche gepumpt. Der Abbau ist technisch kein unlösbares Problem, aber die Auswirkungen auf das Ökosystem Meer lassen sich bis heute nicht abschätzen. Noch heute sind die Spuren der Abbaugeräte von damals deutlich am Meeresboden zu erkennen, als sei dort erst gestern ein Bagger durchgefahren. [...] Da die Bedenken und Einwände groß waren, wurde die großflächige Förderung der Manganknollen erst einmal in die Zukunft verschoben.

1 Entscheidet, ob es sich bei den markierten Verben um Vollverben oder Hilfsverben handelt.

S. 280 **2** a) Bestimmt in Textabschnitt 1 das Tempus.
b) Begründet die Tempuswechsel. Nutzt die Begriffe Vergangenheit, Gegenwart und Zukunft.

S. 281 **3** a) Sucht in Textabschnitt 2 den Satz im Passiv heraus und erklärt, warum diese Form hier sinnvoll ist.
b) Beschreibt, wie das Passiv gebildet wird. Bezieht ein Beispiel aus dem Text ein.

4 Ermittelt in Textabschnitt 3 die finiten Verben. Beschreibt, wie ihr vorgegangen seid.

S. 281 **5** Formuliert den folgenden Satz in allen Tempora und markiert die Hilfsverben.

Schatzsucher finden in der Tiefsee Manganknollen.

Unter Wasser nach Amerika · Möglichkeiten und Wünsche mit dem Konjunktiv II ausdrücken

Zwischen Indikativ und Konjunktiv II unterscheiden

Der Plan

1 Wie überquert man am schnellsten den Atlantik? Mit dem Flugzeug natürlich. Du steigst in Frankfurt ein und landest schon nach acht Stunden in New York. Schneller geht es nicht. Oder vielleicht doch? Amerikanische Forscher haben darüber nachgedacht und sind auf eine erstaunliche Idee gekommen: 2 Nach ihrem Plan verliefe die Fahrtstrecke durch eine Tunnelröhre, die in einer Wassertiefe von 50 Metern auf riesigen Stelzen aus Stahl läge. Die Kosten wären allerdings riesig. Der Zug führe nicht auf Schienen, sondern schwebte auf einem starken Magnetfeld. Die Luft müsste aus der Tunnelröhre herausgepumpt werden, da sie hohe Geschwindigkeiten verhindern würde. Dann käme der Zug mühelos auf die Geschwindigkeit von 3.700 Kilometer pro Stunde. Zum Einkaufsbummel nach New York? Mit dem Atlantiktunnel wäre das kein Problem!

Tunnelstrecke von Großbritannien nach New York

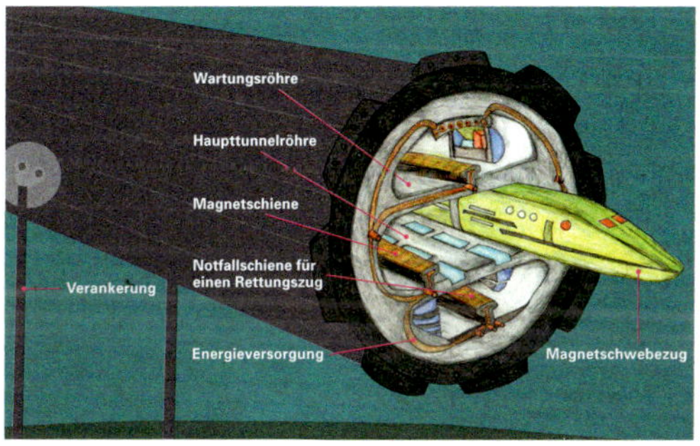

Atlantiktunnel im Querschnitt

1 Stellt euch vor, die Magnetbahn würde zwischen Großbritannien und New York gebaut werden. Berechnet die voraussichtliche Fahrtzeit, wenn die Entfernung etwa 6.000 km beträgt.

2 Woran erkennt ihr, dass in Textabschnitt 2 etwas beschrieben wird, das es in Wirklichkeit noch gar nicht gibt? Sucht einige der grammatischen Formen heraus.

In einer solchen Tiefe kann man keine ausreichende Sicherheit gewährleisten.

Seebeben, Vulkanausbrüche und technische Pannen können einen Unterwasser-Tunnel leicht zerstören.

Rettung und Reparaturen sind unter Wasser problematisch.

Viele Menschen haben in einer dunklen Röhre Angst.

Ein Unterwasser-Tunnel ist sehr teuer.

3 Vergleicht die Diskussionsbeiträge über den geplanten Tunnel in den Sprechblasen mit dem Text „Der Plan".

a) Erklärt, warum nicht mehr deutlich wird, dass es sich um Bedenken gegen das Tunnelprojekt handelt.

b) Formt die Sätze so um, dass die Aussageweise (der Modus) deutlich wird.

In einer solchen Tiefe könnte man keine ausreichende Sicherheit gewährleisten.

S. 281 ○ ← ◒ **4** **a)** Erklärt mithilfe der Verben *haben* und *lassen*, wie die Konjunktiv-II-Formen gebildet werden.
b) Übernehmt die Tabelle für die Verben *sein* und *zeigen* und vervollständigt sie.

Indikativ	**Infinitiv**	haben	lassen	sein	zeigen
	1. P. Singular Präteritum	(ich) hatte ↓	(ich) ließ ↓	(ich) war ↓	(ich) zeigte ↓
Konjunktiv II	ich	hätt-e	ließ-e	wär-e	zeigt-e
	du	hätt-est	ließ-est	wär-...	zeigt-...
	er/sie/es	hätt-e	ließ-e	wär-...	zeigt-...
	wir	hätt-en	ließ-en	wär-...	zeigt-...
	ihr	hätt-et	ließ-et	wär-...	zeigt-...
	sie	hätt-en	ließ-en	wär-...	zeigt-...

S. 281 ○ ← ◒ **5** Setzt die Verbformen in den folgenden Sätzen in den Konjunktiv II. Überprüft mithilfe eines (digitalen) Wörterbuchs.

Wenn ich mit der Magnetbahn nach New York reisen kann, gehe ich als Erstes zum Times Square. Dann nehme ich die U-Bahn und fahre bis zum Central Park.

◒ **6** Manche Konjunktiv-II-Formen unterscheiden sich nicht vom Indikativ Präteritum. Untersucht, auf welche Formen in der Tabelle (Aufgabe 4) das zutrifft.

Erklärvideo 6e5y6p

Indikativ und Konjunktiv II S. 328 **KOMPETENZBOX**

Zwischen Indikativ und Konjunktiv II unterscheiden

Durch den Modus (Aussageweise) kann man seine Einstellung zu einer Aussage verdeutlichen. Neben dem Indikativ (Wirklichkeitsform) gibt es den Konjunktiv II.

Indikativ	***Beispiele***
– etwas als wirklich oder tatsächlich darstellen	*Dieser Tunnel ist eine Sensation.*
Konjunktiv II	
– etwas als wünschenswert oder nur vorgestellt darstellen	*Dieser Tunnel wäre eine Sensation.*
– etwas vermuten	*Die Planung müsste bald fertig sein.*
– höflich auffordern oder fragen	*Könntest du mir bitte helfen?*

Der Konjunktiv II wird durch den Wortstamm des Präteritums und durch die Personalendung des Konjunktivs (*-e, -est, -e, -en, -et, -en*) gebildet.

Starke Verben

gehen Präteritum: *(er) ging*
Konjunktiv II: *(er) ginge*
tragen Präteritum: *(du) trugst*
Konjunktiv II: *(du) trügest*

Enthält der Präteritumstamm den Stammvokal *a, o, u* wird dieser häufig zu *ä, ö, ü*.

Schwache Verben

lachen Präteritum: *(er) lachte*
Konjunktiv II: *(er) lachte*
atmen Präteritum: *(du) atmetest*
Konjunktiv II: *(du) atmetest*

Die Formen des Konjunktivs II und des Indikativs Präteritum sind gleich.

Mit dem Konjunktiv II Vergangenheit, Gegenwart und Zukunft ausdrücken

Die längste Meeresbrücke der Welt

Die Qingdao-Haiwan-Brücke ist die längste Meeresbrücke der Welt. Für die 42 Kilometer ... (laufen) ein Fußgänger acht Stunden – ohne Pause. Ein trainierter Marathonläufer ... (kommen) in weniger als drei Stunden zum anderen Ende der Brücke.
Wenn ich morgen nach China reisen würde, würde ich die Qingdao-Haiwan-Brücke als Erstes besuchen.

Die Qingdao-Haiwan-Brücke

○ **1** Setzt die Verbformen in den Klammern so ein, dass der Inhalt des Textes als nur vorgestelltes Geschehen in der Gegenwart verstanden werden kann.

◒ **2** **a)** Bestimmt, ob in dem blau markierten Satz Vergangenheit, Gegenwart oder Zukunft ausgedrückt wird. Erklärt, woran ihr das erkannt habt.
b) Was würdet ihr in China unternehmen? Formuliert weitere Sätze.

◒ **3** Untersucht im folgenden Satz die Bildung des Konjunktivs II in der Vergangenheit.

Wenn man nicht von zwei Seiten gleichzeitig an der Brücke gebaut hätte, wären die Kosten höher ausgefallen.

S. 281 ○ ← ◒ **4** Bildet aus dem folgenden Wortmaterial Sätze, in denen die Konjunktiv-II-Formen auf Vergangenes verweisen.

A Wenn / die Ingenieure / nicht millimetergenau / arbeiten / die Verbindung der Brücke / scheitern.
B Wenn / Familie Müller / mehr Zeit / haben / sie / zur Brücke / fahren.

S. 281 ○ ← ◒ **5** Beschreibt eure Vorstellungen über das Reisen in der Zukunft. Verwendet Konjunktiv-II-Formen, die Vergangenes, Gegenwärtiges und Zukünftiges ausdrücken.

Konjunktiv II S. 328 **KOMPETENZBOX**

Erklärvideo 6e5y6p

Mit dem Konjunktiv II Vergangenheit, Gegenwart und Zukunft ausdrücken

	Indikativ	**Konjunktiv II**
Gegenwart	*Jeder gibt sein Bestes.*	*Jeder gäbe sein Bestes.*
Vergangenheit	*Jeder gab sein Bestes.* *Jeder hat sein Bestes gegeben.* *Jeder hatte sein Bestes gegeben.*	*Jeder hätte sein Bestes gegeben.*
Zukunft	*Jeder wird sein Bestes geben.*	*Jeder würde sein Bestes geben.*

Für die Vergangenheit gibt es nur eine Form im Konjunktiv II.

Die Umschreibung mit *würde* und Infinitiv verwenden

Einen Unterwassertunnel an Land bauen

Wenn man den Unterwasser-Tunnel zwischen Amerika und Europa zunächst an Land bauen würde, müssten die Tunnelbauer 54.000 Tunnelstücke vorfertigen und dann mit Schiffen an die Baustelle im Atlantik bringen. Die Außenwände des Tunnels wären sehr stabil, denn auf ihnen würde ein hoher Wasserdruck lasten. Es würde natürlich viele Jahre dauern, bevor sich die etwa 6.000 Kilometer lange Tunnelröhre fertigstellen ließe.

Hyperloop, ein vorgeschlagenes Hochgeschwindigkeitsverkehrssystem im Vakuumtunnel

S.281 ○ ← ◒ **1** Sucht im Text alle Prädikate heraus. Erklärt mithilfe der Arbeitstechnik, warum an mehreren Stellen der Konjunktiv II durch eine Umschreibung mit *würde* und Infinitiv gebildet wird.

ARBEITSTECHNIK

Die Umschreibung mit *würde* und Infinitiv verwenden

Die Umschreibung mit *würde* und Infinitiv kann als Ersatz verwendet werden, wenn

Konjunktiv-II-Form und Indikativ Präteritum gleich sind.	die Konjunktiv-II-Form veraltet klingt.
Sie beobachteten den Tunnelbau. *Sie würden den Tunnelbau beobachten.*	*Der Zug führe nicht auf Schienen.* *Der Zug würde nicht auf Schienen fahren.*
Die *würde*-Umschreibung sorgt für Eindeutigkeit.	Die *würde*-Umschreibung ist leichter zu bilden.

◒ **2** Setzt in dem folgenden Text die passenden Formen des Konjunktivs II oder der Umschreibung mit *würde* ein. Begründet eure Wahl.

Der Bau eines Tunnels zwischen Amerika und Europa (gleichen) einer Sensation. Der Zug (rollen) nicht auf Schienen; er (schweben) auf einem Magnetfeld. Die im Boden eingebauten Elektromagnete (sorgen) für den Antrieb. Trotz des starken Motors (können) der Zug nicht sehr schnell fahren, da die Luft in der engen Tunnelröhre ihn daran (hindern). Daher (müssen) die Luft aus der Tunnelröhre herausgepumpt werden. Etwa nach der Hälfte der Fahrt (beginnen) der Zug wieder zu bremsen. Im Zug (geben) es keine Fenster, aus denen man einen Blick nach draußen (haben). Die Kosten für Bau und Erhaltung des Tunnels (sein) immens hoch. Es ist fraglich, ob diese Kosten in einem guten Verhältnis zu seinem Nutzen (stehen).

S.281 ○ ← ◒ **3** Beurteilt den Ausdruck der beiden Sätze **A** und **B** und begründet eure Meinung.

A Wenn ich in den Zug steigen würde, würde ich blitzschnell in New York ankommen.
B Wenn ich in den Zug steigen würde, käme ich blitzschnell in New York an.

Möglichkeiten und Wünsche mit dem Konjunktiv II ausdrücken

○ **1** Ordnet die folgenden Sätze **A** – **C** den drei Aussagemöglichkeiten des Konjunktivs II zu: höfliche Bitte, Wunsch, Vermutung.

A Eine Fahrt über die Qingdao-Haiwan-Brücke wäre mein Urlaubshighlight.
B Eine Meeresbrücke zwischen Schweden und Deutschland würde noch mehr Touristen anlocken.
C Würdest du mir deinen Koffer leihen?

◒ **2** Überarbeitet den folgenden Text.
a) Berichtigt falsche Konjunktiv-II-Formen, ohne die *würde*-Umschreibung zu nutzen. Seht im (digitalen) Wörterbuch nach, wenn ihr unsicher seid.
b) Überlegt, an welchen Stellen die *würde*-Umschreibung besser wäre. Begründet.

Achtung: Fehlertext

Stellt euch das mal vor: Mein Surfbrett besäß magische Kräfte und gemeinsam täuchten wir zum tiefsten Ort des Meeres. Elf Kilometer unter dem Meeresspiegel landeten wir auf sandigem Boden, der einer Wüste gliche. Direkt neben mir sähe ich Fische mit großen Glubschaugen. In weiter Entfernung schiente ein schwaches Licht. Auf meinem Surfbrett paddelte ich zu einer Höhle aus leuchtenden Algen. Die Helligkeit blendete mich so sehr, dass ich kurz die Augen schlosse. Bevor wir wieder aufstiegen, suchte ich nach einem Andenken. Ganz am Ende der Höhle lägte eine Perle, die ich in meine Hosentasche steckte. Sobald ich wieder zu Hause wäre, überlegte ich mir sofort ein neues Reiseziel.

◒ **3** Bildet zu den folgenden Verben die Konjunktiv-II-Formen. Sucht mithilfe eines (digitalen) Wörterbuchs die Verben heraus, bei denen es zwei Konjunktiv-II-Formen gibt.

wir helfen ihr nehmt du verlierst er beginnt ich denke

sie befehlen es fließt ich will er braucht ihr springt sie schwimmt

◒ **4** Lest den folgenden Text und erklärt, warum der Konjunktiv II traurig ist.

Bastian Sick: Der traurige Konjunktiv

Am Sonntag gehen Vater und Sohn regelmäßig in den Sprachzoo. Dort schauen sie sich vom Aussterben bedrohte grammatische Phänomene an. Am liebsten mögen sie den Konjunktiv II. Gerne hülfen sie ihm, denn sie haben Angst, er stürbe aus. Vergnügt schlendern Vater und Sohn durch den Sprachzoo […] und kommen schließlich vor dem Käfig mit dem Konjunktiv II an.
„Der sieht immer so traurig drein", sagt der Sohn voller Mitgefühl, „der kann einem richtig leidtun!" – „Er würde sich bestimmt wohler fühlen, wenn es jemanden geben würde, der sich mit ihm unterhalten würde", sagt der Vater. Daraufhin stößt der Konjunktiv II einen herzerweichenden Klagelaut aus. Der Sohn nickt und sagt: „Vielleicht fühlte er sich tatsächlich wohler, wenn es jemanden gäbe, der sich mit ihm unterhielte." Da hebt der traurige Konjunktiv II den Kopf, schaut den Jungen an und lächelt dankbar.

S. 281 ◒ ← ● **5** Schreibt dem Konjunktiv II einen aufmunternden Brief, in dem ihr ihn beruhigt und die Nützlichkeit der *würde*-Formen erklärt.

11.3 Für Schiffsreisen gewappnet · Äußerungen anderer mit dem Konjunktiv I wiedergeben

Rette sich, wer kann!

Maren, Reporterin für eine Jugendzeitschrift, nimmt zu Recherchezwecken in Rostock an einem mehrtägigen Sicherheitstraining für Servicepersonal auf Kreuzfahrtschiffen teil. Abends hält sie ihre Erlebnisse schriftlich fest.

Sicherheitstraining für Personal auf Kreuzfahrtschiffen

Das kalte Meerwasser unter mir ist metertief. Ich liege auf dem Rücken und stecke in einem unförmigen orangefarbenen Überlebensanzug. Unser Trainer Dirk erklärt, dass uns der Anzug nicht nur wärme, sondern auch Auftrieb gebe. Er verkündet, nun sei die Rettungskette an der Reihe. Sofort versuchen wir uns zu formieren und den Kopf auf die Brust des jeweils nächsten „Schiffbrüchigen" zu legen. Dirk ruft: „Die Kette ist noch viel zu instabil!"
Breitbeinig und mit hochgerissenen Armen versucht unser Trainer uns Anweisungen zu geben, wie wir paddeln sollen, allerdings mit mäßigem Erfolg. Unsere orangefarbene Schlange bewege sich nur wenige Zentimeter vorwärts, stellt Dirk ein wenig frustriert fest. Was von außen wahrscheinlich urkomisch aussieht, ist im Ernstfall jedoch die beste Möglichkeit, sich gemeinsam von einer Unglücksstelle zu entfernen.

○ **1** Besprecht, ob ihr gerne an Marens Stelle wärt. Begründet.

S. 281 ○ ← ◒ **2** Vergleicht die beiden markierten Sätze und beschreibt die Unterschiede.

S. 281 ○ ← ◒ **3** Erklärt mithilfe der folgenden Beispiele die Bildung der Konjunktiv-I-Formen.

A Dirk berichtet, die Wassertemperatur liege zwischen 0 und 4 Grad Celsius.
B Er erklärt, man zittere bei solchen Temperaturen schnell.

◒ **4** Sucht aus dem Text weitere Sätze heraus, die Dirks Äußerungen in indirekter Rede wiedergeben.

S. 282 ○ ← ◒ **5** Schreibt den folgenden Ausschnitt aus Marens Bericht um. Es soll deutlich werden, dass die Aussagen nicht von ihr, sondern von Dirk stammen.

Im Ernstfall gibt es für große Brände Fachleute an Bord. Kleine Brände soll aber auch zum Beispiel der Reiseleiter mit einem Feuerlöscher in den Griff kriegen. Die Übungen sind dazu da, die Angst vor dem Feuer zu verlieren.

S. 282 ○ ← ◒ **6** Vergleicht die folgenden Sätze **A** und **B**, die beide grammatisch korrekt sind. Formuliert eine Regel zur Besonderheit der indirekten Rede in *dass*-Sätzen.

A Maren versichert, dass sie eine sichere Schwimmerin ist.
B Maren versichert, dass sie eine sichere Schwimmerin sei.

S. 282 ○ ← ◒ **7** **a)** Bestimmt in Textabschnitt **1** des Interviews, in welchem Tempus die Prädikate stehen.
b) Untersucht, wie in Textabschnitt **1** des Zeitungsberichts die Tempusformen in der indirekten Rede wiedergegeben werden. Nutzt die Kompetenzbox (S. 220).
c) Ergänzt die fehlenden Verbformen in Textabschnitt **2** des Zeitungsberichts.

Interview

Nach dem Training bittet Maren Dirk um ein Interview.

1 „Es ist sehr unwahrscheinlich, dass ein Kreuzfahrtschiff sinken wird. Dennoch absolviert jedes Crewmitglied ein Sicherheitstraining. Denn im Notfall hängt das Leben unter anderem davon ab, wie gut sich das Personal vorbereitet hat. Die Titanic-Besatzung zum Beispiel hatte den Ernstfall nie geprobt.
2 Nur 18 Rettungsboote hat man rechtzeitig zu Wasser gelassen, obwohl es insgesamt 20 gab. Einige von ihnen waren nicht einmal voll besetzt. Man wird auch in Zukunft Unglücke nicht ganz vermeiden können. Allerdings wird man alle Beteiligten so gut wie möglich auf den Ernstfall vorbereiten."

Zeitungsbericht

In ihrem Zeitungsbericht gibt Maren wieder, was Dirk ihr erzählt hat.

1 Dirk berichtete mir, es sei sehr unwahrscheinlich, dass ein Kreuzfahrtschiff sinken werde. Dennoch absolviere jedes Crewmitglied ein Sicherheitstraining. Denn im Notfall hänge das Leben unter anderem davon ab, wie gut sich das Personal vorbereitet habe. Die Titanic-Besatzung zum Beispiel habe den Ernstfall nie geprobt.
2 Dirk erklärte, dass man nur 18 Rettungsboote rechtzeitig zu Wasser … …, obwohl es insgesamt 20 … … . Einige von ihnen … nicht einmal voll besetzt … . Man … auch in Zukunft Unglücke nicht ganz … … . Allerdings … man alle Beteiligten so gut wie möglich auf den Ernstfall … .

◒ **8** Begründet, welche der folgenden Satzvarianten **A** – **C** Maren in ihrem Zeitungsbericht verwenden sollte. Nutzt die Arbeitstechnik.

A Dirk erklärte uns, die Crewmitglieder besuchen regelmäßig Lehrgänge.
B Dirk erklärte uns, die Crewmitglieder besuchten regelmäßig Lehrgänge.
C Dirk erklärte uns, die Crewmitglieder würden regelmäßig Lehrgänge besuchen.

ARBEITSTECHNIK

Eindeutige Konjunktivformen in der indirekten Rede wählen

Damit keine Missverständnisse entstehen, ist es wichtig, in der indirekten Rede eindeutige Konjunktivformen zu verwenden.

indirekte Rede	*Beispiele*
Konjunktiv I = Indikativ Präsens → Konjunktiv II verwenden	*Alle Crewmitglieder springen ins Wasser.* *Alle Crewmitglieder sprängen ins Wasser.*
Konjunktiv II = Indikativ Präteritum → *würde*-Umschreibung verwenden	*Alle Crewmitglieder benötigten eine Rettungsweste.* *Alle Crewmitglieder würden eine Rettungsweste benötigen.*

9 Formuliert die wörtliche Rede in indirekte Rede um. Entscheidet, ob der Konjunktiv I, der Konjunktiv II oder die *würde*-Umschreibung verwendet werden muss.

Dirk berichtete: „In vielen Ländern steht es im Gesetz, dass der Kapitän das Schiff erst verlassen darf, wenn alle Passagiere in Sicherheit sind. In Italien besagt der *Codice della navigazione*[1], dass der Kapitän nach Möglichkeit alle Logbücher, Karten und ihm anvertrauten Wertgegenstände retten soll. Sonst drohen ihm hohe Strafen. Kapitäne, die dieses Gesetz missachten, kommen bis zu 12 Jahre hinter Gitter. Das deutsche Seerecht beinhaltet allerdings keinen derartigen Paragrafen. Allerdings ist in Paragraf 28, Absatz 1 verankert, dass ohne Erlaubnis des Kapitäns kein Besatzungsmitglied das Schiff verlassen soll."

1 Codice della navigazione: Schifffahrtsgesetzgebung

Wann verlässt der Kapitän das sinkende Schiff?

10 Pronomen sowie Zeit- und Ortsangaben müssen der Perspektive der Sprecherin/des Sprechers angepasst werden. Setzt die fehlenden Angaben in der indirekten Rede ein.

dort | sie | ihr | ihn | am nächsten Tag | sie

A Maren schreibt: „Mir gefällt es hier richtig gut."
→ Maren schreibt, ... gefalle es ... richtig gut.

B Dirk sagt zu Maren: „Du darfst erst morgen ins Tauchbecken."
→ Dirk sagt zu Maren, ... dürfe erst ... ins Tauchbecken.

C Maren fragt Dirk: „Darf ich dich interviewen?"
→ Maren fragt Dirk, ob ... ... interviewen dürfe.

Erklärvideo 6e5y6p

Konjunktiv I S. 328 **KOMPETENZBOX**

Äußerungen anderer mit dem Konjunktiv I wiedergeben

Bei der indirekten Rede gibt man wieder, was jemand anderes gesagt hat.
Hierbei steht das Verb oft im Konjunktiv I.

Gegenwart
Präsenswortstamm des Verbs + Personalendung des Konjunktivs — *(er) werde, (du) gehest, (ihr) gehet*
ABER: (er) sei

	Indikativ	**Konjunktiv I**
Zukunft	*Jeder wird sein Bestes geben.*	*Jeder werde sein Bestes geben.*
Vergangenheit	*Jeder gab sein Bestes.* *Jeder hat sein Bestes gegeben.* *Jeder hatte sein Bestes gegeben.*	*Jeder habe sein Bestes gegeben.*

Für die Vergangenheit gibt es nur eine Form im Konjunktiv I.

Äußerungen anderer mit dem Konjunktiv I wiedergeben

Die neuen Pläne der jüngsten Solo-Weltumseglerin

Noch immer unerschrocken: Als Teenagerin segelte Laura Dekker allein um den Globus und wurde weltberühmt. Nun hat die Niederländerin neue Pläne mit einer neuen Yacht. [...]

Laura Dekker startete mit 14 Jahren ihre Weltumsegelung.

In spätestens drei Jahren will Dekker mit einem neuen Boot abermals die Weltmeere durchqueren, mit Jugendlichen an Bord. „Ich will ihnen nicht beibringen, wie man segelt, sondern wie man ein Abenteuer erlebt. Gemeinsam lernen wir, worauf es im Leben ankommt."
Ähnlich wie sie damals sollen die Schüler weiter Unterricht erhalten – diesmal allerdings hauptsächlich über das Internet – und in der übrigen Zeit sich selbst kennenlernen. „Es geht mir um Teamwork, Respekt, Selbstvertrauen, Konfliktfähigkeit und um ein Bewusstsein für die Folgen von Umweltverschmutzung und Klimawandel." [...]
Mit den Zwischenstopps sollen die Touren bis zu einem halben Jahr dauern, die Teilnehmer können aber selbst entscheiden, wie lange sie an Bord bleiben wollen. „Eltern wollen ihre Kinder in jeder Lebenslage und am liebsten für immer beschützen. Aber jeder Mensch will und muss irgendwann sein eigenes Leben leben. Und wer bis dahin noch keine eigenen Erfahrungen gemacht hat, ist aufgeschmissen", sagt Dekker.

◒ **1** Die markierten Sätze sollen in indirekter Rede formuliert werden. Entscheidet, welche Variante richtig ist. Begründet.

Dekker erklärt, ...

A ich wolle ihnen nicht beibringen, wie man segle, sondern wie man ein Abenteuer erlebe. Gemeinsam würden wir lernen, worauf es im Leben ankomme.

B sie wolle ihnen nicht beibringen, wie man segle, sondern wie man ein Abenteuer erlebe. Gemeinsam würden sie lernen, worauf es im Leben ankomme.

C sie wollte ihnen nicht beibringen, wie man segelte, sondern wie man ein Abenteuer erlebte. Gemeinsam lernten sie, worauf es im Leben ankäme.

◒ **2** Sucht aus dem Text alle weiteren Aussagen in wörtlicher Rede heraus und formuliert sie in indirekte Rede um. Prüft, ob der Konjunktiv I, der Konjunktiv II oder die *würde*-Umschreibung verwendet werden muss.

S. 282 ○ ← ◒ **3** Laura Dekker wurde gefragt, ob sie ihren eigenen Kindern eine Weltumsegelung erlauben würde. Wandelt Dekkers folgende Antwort in wörtliche Rede um. Achtet darauf, dass die Pronomen angepasst werden müssen.

Sie antwortet, das könne sie jetzt noch nicht sagen, sie kenne ihre künftigen Kinder ja noch gar nicht. Aber wenn es so weit sei, wolle sie unbedingt gemeinsame Abenteuer erleben.

11.4 Rettet die Meere! · Bitten und Aufforderungen mit dem Imperativ ausdrücken

1 Erklärt die Aussageabsicht des Plakates.

2 Vergleicht die beiden folgenden Sätze **A** und **B**.
a) Untersucht den Aufbau der Prädikate.
b) Erklärt die Wirkung der Sätze.

A Ihr solltet Plastikverpackungen vermeiden.
B Vermeidet Plastikverpackungen!

S. 282 **3** Untersucht die folgenden Sätze und formuliert eine Regel zur Bildung des Imperativs Singular.

Er wirft seinen Müll in den Mülleimer. Wirf deinen Müll in den Mülleimer! Er kauft nachhaltige Produkte. Kauf nachhaltige Produkte!

4 Bildet den Imperativ Singular und Plural zu den Verben und formuliert Aufforderungssätze.

sprechen helfen antworten lesen vergessen rennen

S. 282 **5** MK Formuliert mindestens fünf Regeln zur Rettung der Weltmeere. Verwendet den Imperativ, Modalverben sowie Futur-I-Formen. Ihr könnt auch Plakate gestalten.

Imperativ S. 328 **KOMPETENZBOX**

Bitten und Aufforderungen ausdrücken

Der Imperativ (die Befehlsform) drückt eine direkte Aufforderung aus, zum Beispiel eine Bitte oder ein Verbot. Die Imperativform gibt es nur im Präsens.

Imperativ Singular	***Beispiele***
– die meisten Verben: Präsensstamm + Endung *-e*	*Geh(e) weg! Bleib(e) hier!* *Die Endung kann weggelassen werden.*
– bei Wechsel von *e* zu *i* in der 3. Person Singular: Präsensstamm mit *i* + endungslos	*geben: er gibt → Gib mir die Tasche!* *essen: er isst → Iss mehr Gemüse!*
Imperativ Plural	
Präsensstamm + Endung *-t*	*Geht weg! Gebt mir die Tasche!*
andere Formulierungen	
– Modalverben	*Du darfst hier nicht schwimmen! Du musst hier warten!*
– Futur I	*Du wirst jetzt sofort aus dem Wasser kommen!*

11.5 Eintauchen in die Unterwasserwelt · Zusammenhänge mit Präpositionen und Konjunktionen verdeutlichen

Zerbröselt und zerfallen – Forscher untersuchen das Wrack der „Titanic"

Ein Mini-U-Boot sinkt bis zum Meeresgrund, pathetische Musik erklingt und plötzlich taucht es auf: das imposante Wrack der RMS „Titanic". ... dem Blockbuster von Regisseur James Cameron kennt vermutlich jeder das traurige Schicksal des Kreuzfahrtschiffes, das von Southampton in England ... New York reisen sollte, dort nach einer Kollision mit einem Eisberg jedoch nie ankam.

Mittlerweile ist es 14 Jahre her, dass Forscherinnen und Forscher das ... dem Grund des Nordatlantiks liegende Wrack inspiziert haben. Doch nun sind ... Spezialkameras neue Bilder und sogar Videoaufnahmen entstanden, die einen besorgniserregenden Zustand der Titanic zeigen. ... des Tauchgangs konnte das internationale Taucherteam die berühmte Badewanne des Kapitäns nicht mehr finden; außerdem wies die Steuerboardseite ... den Offiziersquartieren starke Beschädigungen auf.

Traurig, aber leider ... der Bedingungen in den Tiefen des Meeres unvermeidbar: Der Ozeanriese zerfällt langsam ... seine Einzelteile.

Das Wrack der Titanic ist mittlerweile sehr beschädigt.

○ **1** Setzt die folgenden Präpositionen in den Text oben ein.

in   auf   seit   mit   nach   mittels   während   aufgrund

○ **2** Tauscht euch darüber aus, was ihr über die Titanic wisst.

◒ **3** Ergänzt die Wortgruppen im folgenden Text im richtigen Kasus. Überprüft eure Lösung, indem ihr die Präpositionen im (digitalen) Wörterbuch nachschaut.

Dank (eine Kamera) konnten die Forscher die Schäden an der Titanic aufzeichnen und mittels (moderne Technik) auswerten. So werden sämtliche Decks mitsamt (die Prunkräume) irgendwann zusammenbrechen. Als Nächstes verschwinden vermutlich Teile des berühmten Bugs. All das geschieht infolge (die starke Meeresströmung und die Salzkorrosion[1]), aber auch metallfressende Bakterien spielen eine Rolle. Angesichts (die Beobachtungen) ist festzuhalten, dass die Titanic ein zweites Mal den Gewalten des Meeres zum Opfer fällt.

1 die Salzkorrosion: hier: allmähliche Zerstörung eines Stoffes durch das salzhaltige Wasser

◒ **4** Beschreibt, wie ihr euch das Wrack der Titanic vorstellt. Verwendet verschiedene Präpositionen. Ihr könnt eure Beschreibung durch eine Skizze ergänzen.

Tauchgang zur Titanic

1 Das Unternehmen OceanGate plant für den Sommer 2021 sechs bemannte Expeditionen zur Titanic, an denen auch Nicht-Forscherinnen und -Forscher teilnehmen dürfen. **2** Die Expedition wird in Neufundland starten und insgesamt werden die Interessierten zehn Tage unterwegs sein. Ursprünglich sollte das Taucherlebnis bereits im Sommer 2019 stattfinden, aber schlechte Witterungsverhältnisse machten es unmöglich. **3** Vor dem Tauchgang werden notwendige Trainings absolviert. Die Teilnehmerinnen und Teilnehmer sind auf die Bedingungen über und unter Wasser vorbereitet. Der Tauchgang selbst dauert zwischen sechs und acht Stunden. Das Schiffswrack liegt in 3,8 Kilometern Tiefe. Das Mini-U-Boot besitzt verglaste Wände und einige Außenkameras. Den Insassen werden atemberaubende Blicke auf das versunkene Schiff geboten. Das Innere wird ausgeleuchtet. Die Taucherinnen und Taucher können sogar die Überreste der großen Treppe sehen. Der Tauchgang soll pro Person ca. 92.500 Euro kosten. Man muss bestimmte Voraussetzungen erfüllen. Die Teilnehmerinnen und Teilnehmer müssen zum Beispiel ihr Gleichgewicht demonstrieren. Sie klettern an einer Leiter hoch.

Das Wrack der Titanic wurde erst 1985 entdeckt.

○ **5** Diskutiert, ob ihr an so einem Tauchgang teilnehmen würdet.

S. 282 ○ ← ◒ **6** Vergleicht die Satzkonstruktionen in Textabschnitt **1** und **2**.

S. 282 ○ ← ◒ **7** Überarbeitet Textabschnitt **3** so, dass sinnvolle Satzgefüge und Satzreihen entstehen. Verwendet passende Konjunktionen.

Präpositionen und Konjunktionen S. 329 **KOMPETENZBOX**

Zusammenhänge mit Präpositionen und Konjunktionen verdeutlichen

Präpositionen und Konjunktionen sind unveränderbare Wörter.

Präpositionen	***Beispiele***
– machen die Beziehung zwischen Dingen, Personen und Sachverhalten deutlich	*unter Wasser, auf dem Wasser*
– vergeben einen bestimmten Kasus an ein Substantiv (Nomen) oder Pronomen	*anlässlich des Tauchgangs (Genitiv)* *nach dem Auftauchen (Dativ)* *ohne einen Taucheranzug (Akkusativ)*
Konjunktionen	
– stellen Zusammenhänge zwischen Wörtern, Wortgruppen und Sätzen her	*Das U-Boot taucht auf,* *denn die Kamera ist kaputt.* (nebenordnende Konjunktion) *weil die Kamera kaputt ist.* (unterordnende Konjunktion)

Zusammenhänge mit Präpositionen und Konjunktionen verdeutlichen

Das erste Unterwasser-Postamt der Welt

Unterwasser-Postamt in Efate (Vanuatu)

1 Efate, eine kleine Insel im Südpazifik, ist ein echtes Paradies für Schnorchler und Taucher, aber die eigentliche Sehenswürdigkeit und echter Publikumsmagnet ist seit dem Jahr 2003 das „Underwater Post Office“. Tatsächlich handelt es sich dabei um ein echtes Postamt inklusive Postangestellten, nur eben drei Meter unter Wasser zwischen Meerespflanzen und Fischen. Entweder schwimmt oder schnorchelt der Besucher zum Post Office, das nur wenige Meter vom Strand entfernt ist, und taucht dann kurz ab. Unten erwartet ihn ein Mitarbeiter, der die Post sowohl abstempelt als auch weiterleitet. Seit es dieses Postamt gibt, erkunden noch mehr Touristen die Unterwasserwelt.

2 ... jemand nicht tauchen möchte, kommt der Postangestellte auch kurz hoch und nimmt die Karte über Wasser in Empfang. ... sich Karten und Stempelfarbe im Wasser nicht auflösen, gibt es an Land extra wasserfeste Exemplare zu kaufen. Für die Stempel wurde ein spezielles Verfahren entwickelt, ... die Farbe nicht verwischt. ... man selbst wieder zu Hause ist, ist die Post vielleicht sogar schon angekommen.

S. 282 ○ ← ◒ **1** Bestimmt in Textabschnitt **1** die Wortart der markierten Wörter. Begründet eure Entscheidung.

◒ **2** Setzt in Textabschnitt **2** die folgenden unterordnenden Konjunktionen ein, um den Zusammenhang zu verdeutlichen.

damit   sodass   ehe   sofern

S. 282 ◒ ← ● **3** Denkt euch eine weitere Unterwasserattraktion aus. Verfasst einen informierenden Text, in dem ihre Besonderheiten vorgestellt werden. Überprüft in Partnerarbeit den korrekten und sinnvollen Einsatz von Präpositionen und Konjunktionen.

◒ **4** Überarbeitet den folgenden Text, indem ihr zwei oder drei Sätze mithilfe von Konjunktionen miteinander verbindet.

Der südpazifische Inselstaat Vanuatu bietet eine atemberaubende Kulisse. Man kann 83 meist vulkanische Inseln und Inselgruppen erkunden. Einige der Inseln waren schon 2.000 vor Christus bevölkert. Das zeigen älteste Funde.
Zwischen dem 14. und 15. März 2015 wütete in Vanuatu der Zyklon[1] Pam. Der Inselstaat rief am 15. März 2015 den nationalen Notstand aus. Der Zyklon hatte weite Teile des Inselstaates zerstört. Er fegte mit einer Windgeschwindigkeit von mehr als 300 km/h über die Insel. Er war einer der stärksten je gemessenen Zyklone. In der Hauptstadt Port Vila wurden 90 % aller Gebäude beschädigt. Manche wurden sogar zerstört.

1 der Zyklon: tropischer Wirbelsturm

Das könnt ihr jetzt!

Wortarten unterscheiden, Modus verwenden

Beispiel für eine Klassenarbeit

Wir müssen sofort die Reißleine ziehen

Die Meeresbiologin Frauke Bagusche kennt die vermüllten Korallenriffe der Malediven und hat den Nordatlantischen Müllteppich durchquert. In einem Interview berichtet sie von ihren Erfahrungen.

A Frau Bagusche, auf einer Skala von einer Eins bis Zehn – wie schlimm steht es um den Patienten Meer?
Der Patient Meer hat die Stufe sieben erreicht. Es sind Kettenreaktionen in Gang gekommen, die sich verselbstständigen. Was die Vermüllung der Meere mit Plastik betrifft, bin ich der Meinung, dass die Menschheit das noch in den Griff bekommen wird.

B Wie sieht es auf hoher See aus?
In den Weltmeeren treiben 86 Millionen Tonnen Kunststoff. Wenn man Tausende von Kilometern vom Festland entfernt ist, gibt es dort keine Geräusche und keinen Geruch mehr – aber man findet Plastik. Derzeit existieren fünf große Müllteppiche in den Ozeanen. Der große pazifische Müllteppich hat allein 4,5-mal die Fläche von Deutschland. Doch das sind nur die deutlich sichtbaren Erscheinungen. Der größte Teil der Belastung wird durch Mikroplastik verursacht. Diese Partikel finden Forscher mittlerweile überall in den Meeren – auch im Packeis.

C Das klingt dramatisch, trotzdem haben Sie mit Ihrem Buch „Das blaue Wunder“ nun ein Werk herausgebracht, das einen positiven Grundton hat und die Schönheit der Ozeane beschreibt. Wie passt das zusammen?
Alle haben es in der Hand, die Welt für die nachfolgenden Generationen zu erhalten. Daran arbeite ich. Ich bin davon überzeugt, dass Menschen nur jene Dinge wirklich schützen, die sie kennen und lieben. Deshalb habe ich es mir zur Aufgabe gemacht, mit dem Meer-Mobil zur Bildung beizutragen, über die Vielfalt des Lebens im Meer zu berichten und die Bedeutung der Ozeane bewusst zu machen.

Lösungen
→ S. 290

1 a) Schreibt alle Prädikate aus Textabschnitt **A** heraus. Bestimmt das Tempus.
b) Ergänzt in der folgenden indirekten Rede die Verbformen.

Frau Bagusche erklärt, der Patient Meer ... die Stufe sieben .... Es ... Kettenreaktionen in Gang ..., die sich .... Was die Vermüllung der Meere mit Plastik ..., ... sie der Meinung, dass die Menschheit das noch in den Griff ... .

2 a) Formuliert die Antwort auf Frage **B** in indirekte Rede um. Nutzt verschiedene Redebegleitsätze.
b) Erklärt, warum ihr den Konjunktiv I, den Konjunktiv II oder die *würde*-Umschreibung verwendet habt.

3 Die Antwort auf Frage **C** ist auf Seite 227 oben in indirekte Rede umformuliert. Ergänzt die fehlenden Pronomen.

Alle hätten es in der Hand, die Welt für die nachfolgenden Generationen zu erhalten. Daran arbeite ... ... sei davon überzeugt, dass Menschen nur jene Dinge wirklich schützen würden, die ... kennen und lieben würden. Deshalb habe ... es ... zur Aufgabe gemacht, mit dem Meer-Mobil zur Bildung beizutragen, über die Vielfalt des Lebens im Meer zu berichten und die Bedeutung der Ozeane bewusst zu machen.

4 Ordnet die folgenden Sätze den drei Aussagemöglichkeiten des Konjunktivs II zu: höfliche Bitte, Wunsch, Vermutung.

A Wenn doch endlich weniger Plastikmüll produziert werden würde!
B Würdest du bitte die Forschungsergebnisse ausdrucken?
C Die Forschungsreise könnte wichtige Erkenntnisse über den Zustand der Tiefsee bringen.

5 Setzt die folgenden Wörter in den Text „Maritime Müllabfuhr" ein. Bestimmt, ob es sich um eine Präposition oder um eine Konjunktion handelt.

seit angesichts über aber zu

in pro sondern denn sodass mittels

Maritime Müllabfuhr

Günther Bonin hat eine Vision, wie man der Plastikflut ... den Weltmeeren Herr werden kann: 99 See-Elefanten mitsamt 500 Seekühen – pro See-Elefant. Das sind allerdings keine Meeressäugetiere, ... umgerüstete Schiffe. Die Seekühe sammeln das Plastik in den Meeren und bringen es ... einem See-Elefanten, der den Müll sortiert, presst und aufbereitet.
... 2016 fährt die erste Seekuh ... die Meere und sammelt Plastik – bis zu 200 Kilo ... Tag. ... der bis zu 20 Millionen Tonnen Plastikmüll pro Jahr ist das eher ein Tropfen auf den heißen Stein.
Der See-Elefant existiert bislang nur in der Theorie, ... schon 2021 oder 2022 will Bonin den ersten in Betrieb nehmen. Davor bekommt jedoch erst einmal die Seekuh Nachwuchs: mit der Seekuh 2. Diese Variante unterscheide sich stark von der bereits existierenden, ... sie solle in Flüssen eingesetzt werden, ... das Plastik gar nicht erst ins Meer komme, erklärt Bonin. ... einer Rampe wird das Plastik auf die Ladefläche geschwemmt und kann dann sortiert werden.

Zurzeit landet pro Minute etwa eine Lastwagenladung Plastikmüll in den Weltmeeren.

12 Außergewöhnliche Persönlichkeiten

Satzglieder verwenden und Satzzeichen setzen

1

Wer bin ich?

Ich, ein großer Gelehrter, wurde schon zu Lebzeiten wegen meiner bahnbrechenden physikalischen Theorien zu einer Legende. Obwohl ich zahlreiche Ehrungen erhielt, bin ich eigentlich ein recht bescheidener Mann geblieben, der sich bei allem Ruhm seinen fast kindlichen Humor bewahrt hat. Das Foto ging an meinem 72. Geburtstag um die ganze Welt, denn ich streckte einem wartenden sensationsgierigen Journalisten die Zunge heraus.

2

Wer bin ich?

Achtung: Fehlertext

Man kennt mich noch heute als berühmte französische Designerin Unternehmerin und Modeikone. Bereits im Jahr 1910 gründete ich mit 27 Jahren meine erste Boutique. Meinen internationalen Durchbruch erreichte ich 1923 als ich mein erstes Parfum auf den Markt brachte. Meine Mode führte zu einem ganz neuen Lebensgefühl für Frauen. Zum Beispiel nutzte ich den Stoff Jersey der bis dahin ausschließlich bei männlicher Unterwäsche zu finden war. Auch meine Arbeitsweise war neu und ungewöhnlich denn ich habe keine Entwürfe gezeichnet. Stattdessen habe ich den Stoff direkt an der Kundin zusammengeheftet damit ich die Körperbewegungen berücksichtigen konnte.

1 Nennt Persönlichkeiten, die ihr außergewöhnlich findet. Begründet eure Einschätzung.

2 **a)** Löst die zwei Rätsel „Wer bin ich?“.
b) Verfasst selbst ähnliche Texte und lasst die Persönlichkeiten von der Klasse erraten.

3 Begründet die Kommasetzung im Text 1.

Das lernt ihr jetzt!

12.1 Satzstrukturen erkennen
12.2 mit Kommas Satzstrukturen verdeutlichen
12.3 Adverbialbestimmungen und Attribute verwenden
12.4 Klammern, Gedankenstrich, Semikolon und Doppelpunkt verwenden

3

Marie Curie (1867–1934)

- Physikerin und Chemikerin polnischer Herkunft
- Abitur als Klassenbeste mit 15 Jahren
- Frauen in Polen an Hochschulen nicht zugelassen
- Studium in Frankreich (Mathematik, Physik)
- Ehe mit Physiker Pierre Curie, zwei gemeinsame Töchter (Irene: Physikerin; Eve: Musikerin, Schriftstellerin)
- wies zusammen mit Ehemann Radioaktivität nach
- entdeckte zwei chemische Stoffe (Polonium und Radium)
- lehrte als erste Frau an der Sorbonne-Universität
- gewann 1903 als erste Frau Nobelpreis für Physik, 1911 Nobelpreis für Chemie

4

A Der Physikprofessor ruft: „Der Laptop arbeitet, nicht ausschalten!"
Der Physikprofessor ruft: „Der Laptop arbeitet nicht, ausschalten!"

B Die Designerin sagt, dieser Mann hat ein Gespür für Mode.
Die Designerin, sagt dieser Mann, hat ein Gespür für Mode.

C Der Physiklehrer empfiehlt, dem Schüler genau zuzuhören.
Der Physiklehrer empfiehlt dem Schüler, genau zuzuhören.

4 a) Besprecht, wie die fehlenden Kommas im Text 2 (S. 228) das Lesen beeinflussen.
b) Setzt die fehlenden Kommas.

5 Stellt Marie Curie schriftlich vor. Nutzt die Stichpunkte (3) und das Bild. Verwendet Satzgefüge und Satzreihen, um Zusammenhänge deutlich zu machen. Achtet auf die Kommasetzung.

6 Vergleicht jeweils die beiden Sätze von A – C (4). Erklärt, wie sich die Bedeutung durch die Position des Kommas ändert.

12.1 Los geht's · Satzstrukturen erkennen

Bibiana Steinhaus – Die einzige Schiedsrichterin in der Bundesliga

Wie fühlt man sich, wenn endlich der Tag gekommen ist, auf den man sein ganzes Berufsleben hingefiebert hat? Bibiana Steinhaus, die erste und bislang einzige Schiedsrichterin der Bundesliga, erzählt von dem enormen Druck und der Magie dieses Moments.

Mehr als zehn Jahre lang hatte sie an ihrem Traum gearbeitet, zwei Teams der Bundesliga auf den Platz führen zu dürfen. An einem Sonntag im September 2017 war es so weit: **1** „Ich wusste, dass ich eine gute Leistung abliefern muss. Für alle Frauen, die diesen Weg auch gehen wollen. Das hat mich tatsächlich ziemlich nervös gemacht", sagt Steinhaus.

Sie pfiff in Berlin die Partie Hertha BSC gegen Werder Bremen. Millionen sahen sie im Fernseher, viele internationale Journalisten und hochrangige Fußballfunktionäre waren ins Stadion gekommen, „allein aufgrund der Tatsache, dass eine Frau dieses Spiel geleitet hat", sagt Steinhaus. **2** „All das hat mir gezeigt, wie viel auf dem Spiel steht. Nicht nur für mich, sondern auch für alle Menschen, die mich unterstützt haben." Geholfen hat ihr dann eine Atemübung in der Kabine, kurz vor dem Anpfiff: „Mit unserem Physiotherapeuten habe ich in den Katakomben gelegen und unter Anleitung geatmet." Dabei habe sie sich ganz bewusst auf das Spiel fokussiert. „Ich war so bei mir, dass ich beim Betreten des Platzes wusste: **3** Es kann nichts passieren, das wird gut. Und so war's."

Bibiana Steinhaus leitete als erste Frau Fußballspiele in der ersten Bundesliga der Männer.

Mittlerweile gibt es zwei weitere Schiedsrichterinnen im Team des Deutschen Fußballbunds, das die Spiele der ersten bis dritten Liga pfeift. Steinhaus ist nach wie vor die einzige Schiedrichterin, die in der höchsten Klasse Spiele leiten darf.

○ **1** Stellt Vermutungen an, warum Schiedsrichterinnen vor 2017 keine Bundesligaspiele geleitet haben.

◒ **2** Schreibt die folgenden Sätze **A** – **C** ab.

a) Unterstreicht die Prädikate.

b) Markiert jeweils das Subjekt und rahmt das finite Verb rot ein. Nutzt die Arbeitstechnik (S. 231 oben).

A Bibiana Steinhaus hat im September 2020 ihre Karriere als Schiedsrichterin beendet.

B Kurz nachdem ihr Karriereende verkündet wurde, leitete sie zum ersten und letzten Mal ein Spiel im DFL-Supercup.

C In ihren insgesamt 23 Bundesligaspielen wurden keine Platzverweise ausgesprochen.

ARBEITSTECHNIK

Das finite Verb erkennen und für die Kommasetzung nutzen

	Beispiele
Ersetzt das Subjekt des Satzes oder Satzteils durch verschiedene Personalpronomen. Das Verb, das sich ändert, ist das finite Verb.	***Die Spieler*** *haben den Rasen betreten.* ***Du*** *hast den Rasen betreten.* ***Er*** *hat den Rasen betreten.*
Wenn mehrere finite Verben im Satz auftreten, dann prüft die Kommasetzung.	*Nachdem* ***die Spieler*** *den Rasen betreten hatten, jubelten* ***die Fans*** *laut.*

S.283 ○ ← ◒ **3** Entscheidet, ob es sich bei den im Text grau markierten Sätzen **1** – **3** (S. 230) um ein Satzgefüge oder um eine Satzreihe handelt. Begründet.

S.283 ○ ← ◒ **4** Vergleicht die Stellung der finiten Verben in den folgenden Sätzen **A** – **C**. Formuliert eine Regel zur Unterscheidung von Haupt- und Nebensätzen.

A Die Vorfreude stieg von Minute zu Minute. Steinhaus betrat den Rasen.
B Die Vorfreude stieg von Minute zu Minute, als Steinhaus den Rasen betrat.
C Als Steinhaus den Rasen betrat, stieg die Vorfreude auf das Spiel.

◒ **5** Schreibt den im Text blau markierten Satz (S. 230) ab.
a) Unterstreicht die Prädikate und rahmt die finiten Verben rot ein.
b) Wählt das richtige Satzbild aus.

~~NS~~, ——HS——, ——HS——.
——HS——, ~~NS~~, ——HS——.
——HS——, ~~NS~~, ~~NS~~.

S.283 ○ ← ◒ **6** Verknüpft die folgenden Sätze zu Satzgefügen. Verwendet passende Konjunktionen und kennzeichnet die Nebensätze mit einer Wellenlinie.

A Am 8.3.2020 überraschte Steinhaus die Zuschauer vor dem Spiel zwischen dem FC Bayern München und dem FC Augsburg.	Sie zeigte sieben Finger in die Kamera.
B Die Erklärung folgte im Internet.	Das Spiel war zu Ende.
C Die Geste war ein Symbol für Mädchen und Frauen im DFB.	Mittlerweile ist jedes siebte Mitglied weiblich.
D Viele Frauen bedankten sich für diese Idee.	Sie posteten ähnliche Fotos.

S.283 ○ ← ◒ **7** Vergleicht die zwei unterstrichenen Satzteile. Erklärt die Unterschiede im Satzbau.

A Mehr als zehn Jahre lang arbeitete sie daran, zwei Teams der Bundesliga auf den Platz zu führen.
B Mehr als zehn Jahre lang arbeitete sie daran, dass sie zwei Teams der Bundesliga auf den Platz führt.

12.2 Einfach genial · Mit Kommas Satzstrukturen verdeutlichen

Wer war Vincent van Gogh?

Achtung: Fehlertext

1 Vincent van Gogh wird am 30. März 1853 in der niederländischen Gemeinde Groot-Zundert (heute Zundert) geboren. Obwohl er sich als Kind noch gar nicht für Kunst interessiert hat taucht sein Geburtsort Jahre später sehr häufig als Motiv seiner Werke auf. Van Gogh der sieben Geschwister hat besucht zunächst das Internat wo er Französisch, Englisch und Deutsch sowie Zeichnen lernt. Nachdem er die Schule früher als geplant verlässt beginnt er im Juli 1869 eine Ausbildung in der Kunsthandlung Goupil & Co im niederländischen Den Haag.

2 Den Plan, nach Paris zu ziehen, realisiert van Gogh nach einem Aufenthalt in London. Um seinen Lebensunterhalt zu verdienen, arbeitet er unter anderem als Hilfslehrer und Pfarrer. Erst im Alter von 27 Jahren entschließt er sich dazu, Maler zu werden.

3 Van Goghs Bruder Theo ... hilft ihm, seine Kunstwerke zu verkaufen. In Nuen ... malt er über 180 Gemälde, zum Beispiel eines seiner Hauptwerke „Die Kartoffelesser". Er macht vor allem die Welt der normalen Menschen, insbesondere Bauern und Handwerker, zu seinem Motiv. Mit 32 Jahren zieht er in das niederländische Antwerpen und experimentiert dort unter dem Eindruck des Impressionismus ... mit verschiedenen Farben und Techniken.

Vincent van Gogh: Die Sternennacht, 1889

4 In vielen Phasen seines Schaffens lebt van Gogh in Armut, denn er kann mit dem verdienten Geld nur schlecht umgehen. Um 1888 stellen Ärzte bei ihm Wahnvorstellungen, Ängste sowie Albträume fest und van Gogh wird daraufhin in eine Nervenheilanstalt eingewiesen. Dort malt er insbesondere Selbstporträts oder die später berühmte „Sternennacht". 1890 darf er die Anstalt verlassen, verbringt die letzten Jahre seines Lebens in Frankreichs Hauptstadt und stirbt unter ungeklärten Umständen mit 37 Jahren an einer Schussverletzung in einem kleinen Ort nördlich von Paris.

○ **1** Benennt, was ihr an van Goghs Leben und Werk ungewöhnlich findet.

◒ **2** **a)** Lest gründlich die Arbeitstechnik auf Seite 233.
b) Ordnet den folgenden Sätzen **A** – **D** die richtige Regel zu.
c) Besprecht, worin sich Satz **E** von den übrigen unterscheidet.

A Van Gogh arbeitete unter anderem als Hilfslehrer, erst mit 27 Jahren wurde er Maler.
B Nachdem van Gogh London verlassen hatte, zog er nach Paris.
C In der Nervenheilanstalt malte er zahlreiche Gemälde, insbesondere Selbstporträts.
D Im Alter von 27 Jahren entschließt er sich dazu, Maler zu werden.
E Van Gogh arbeitete unter anderem als Hilfslehrer und als Pfarrer.

Erklärvideo
vc5y2f

Kommasetzung S. 334 ARBEITSTECHNIK

Mit Kommas Satzstrukturen verdeutlichen

Kommas strukturieren komplexe Sätze und erleichtern so deren Verständlichkeit.

SEA =
Satzgefüge (Regel 1),
Erläuterung (Regel 2),
Aufzählung (Regel 3)

Regel 1 (Grundregel)	*Beispiele*
Kommas stehen in **Satzgefügen**. Sie trennen den Hauptsatz vom Nebensatz oder Nebensätze untereinander ab.	*Van Gogh wird in eine Klinik eingewiesen, da er Wahnvorstellungen hat.* *Van Gogh wird, da er Wahnvorstellungen hat, in eine Klinik eingewiesen.*
Regel 1 A (Ergänzungsregel) Wenn Infinitivgruppen mit *zu* einem Nebensatz ähnlich sind, werden sie durch Komma vom übrigen Satz getrennt.	*Um Geld zu verdienen, arbeitet er zum Beispiel als Hilfslehrer.* *Aber: Van Gogh scheint zu schlafen.*

Regel 2	
Nachträgliche **Erläuterungen** (z. B. Appositionen und Zusätze) trennt man durch Komma vom übrigen Satz ab.	*Van Gogh, ein berühmter Maler, lebte im 19. Jahrhundert.* *Ein Großteil seiner Werke kann man in Holland bewundern, insbesondere im Van-Gogh-Museum in Amsterdam.*

Regel 3 (Grundregel)	
Aufzählungen in Form von Wörtern oder Wortgruppen sowie Satzreihen trennt man durch Komma voneinander ab.	*Vincent van Gogh, Pablo Picasso, Albrecht Dürer sind berühmte Maler.* *Van Gogh wurde in den Niederlanden geboren, Picassos Geburtsort liegt in Spanien.*
Regel 3 A (Ergänzungsregel) Kein Komma steht bei Aufzählungen und Satzreihen, die mit den Konjunktionen *und, sowie, sowohl … als auch, weder … noch, oder, entweder … oder* verbunden sind.	*Vincent van Gogh, Pablo Picasso und Albrecht Dürer sind berühmte Maler.* *Sowohl Picasso als auch van Gogh starben in Frankreich.*

Regel 1 schlägt Regel 3 A.	*Zahlreiche Briefe, die van Gogh an andere Künstler schrieb, und seine Gemälde werden in Museen ausgestellt.*
Regel 2 schlägt Regel 3 A.	*Unsere Schule soll entweder nach van Gogh, einem berühmten Künstler, oder nach Wilhelm Grimm benannt werden.*
Wenn ihr Regel 1, 2 oder 3 nicht anwenden könnt, dann wird kein Komma gesetzt.	*Neben zahlreichen Originalbildern werden im Van-Gogh-Museum in Amsterdam Briefe sowie Pinsel und Farbtuben ausgestellt.*

S.283 ○←◒ **3** Setzt in Abschnitt **1** des Textes (S.232) alle fehlenden Kommas. Benennt die Regel aus der Arbeitstechnik (S.233), die ihr angewendet habt.

◒ **4** Abschnitt **2** des Textes (S.232) beinhaltet Infinitivgruppen mit *zu*. Sucht Signalwörter für Infinitivgruppen heraus.

Erklärvideo vc5y2f

◒ **5** Ob Infinitivgruppen einem Nebensatz ähnlich sind, könnt ihr so prüfen: Wandelt die Infinitivgruppen aus Abschnitt **2** des Textes (S.232) in einen Nebensatz mit unterordnender Konjunktion und Subjekt um. Orientiert euch an dem Beispiel.

Van Gogh hat die Chance, seine Bilder auszustellen.
→ Van Gogh hat die Chance, dass er seine Bilder ausstellt.

S.283 ○←◒ **6** Setzt in Abschnitt **3** des Textes (S.232) die folgenden Appositionen ein. Achtet auf den richtigen Kasus und die Kommasetzung unter Beachtung von Regel 2 aus der Arbeitstechnik (S.233).

eine Stadt in den Niederlanden | ein heute weltberühmter Kunststil

Leiter der Pariser Kunsthandlung Goupil & Co.

Die Kunsthandlung Goupil & Co.

Erklärvideo vc5y2f

◒ **7** Benennt die Regel aus der Arbeitstechnik (S.233), die in Abschnitt **3** des Textes (S.232) die blau markierten Kommas verlangt.

◒ **8** Entscheidet, ob der grau markierte Satz in Abschnitt **4** des Textes (S.232) eine Satzreihe oder ein Satzgefüge ist. Begründet.

S.283 ◒←● **9** Erklärt, warum zwischen manchen Bestandteilen der Aufzählungen in Abschnitt **4** des Textes (S.232) kein Komma steht.

S.283 ◒←● **10** Vergleicht die folgenden Sätze **A** und **B**. Erklärt mithilfe der Arbeitstechnik (S.233), warum in Satz **B** vor „und“ ein Komma stehen muss.

A Van Gogh und sein Bruder verkaufen gemeinsam die Kunstwerke.
B Van Gogh, der zu dieser Zeit noch wenig bekannt war, und sein Bruder verkaufen gemeinsam die Kunstwerke.

Mit Kommas Satzstrukturen verdeutlichen

Albert Einstein – Genie versagt in Prüfung

Achtung: Fehlertext

1 Als Albert Einstein 1879 geboren wurde (a), dachte noch niemand (b), dass er ein berühmter Wissenschaftler werden würde. Seine Mutter machte sich sogar Sorgen um ihn (c), denn seine Kopfform sah ungewöhnlich aus und er lernte nur zögerlich sprechen. Auch trieb Albert (d), ein kräftiger Junge (e), kaum Sport. Anstatt sich im Sportunterricht anzustrengen (f), beschwerte er sich (g), dass ihm davon schwindelig würde.

2 Seine erste Hauslehrerin die ihn bereits mit fünf Jahren unterrichtete wollte ihn nicht weiter betreuen nachdem er einen Stuhl nach ihr geworfen hatte. Albert gelang es zunehmend sein Temperament zu zügeln. Obwohl ihn seine Lehrer als intelligent selbstbewusst und naturwissenschaftlich interessiert beschrieben wurde aus ihm kein Musterschüler. Um in die Eidgenössisch Polytechnische Schule in Zürich die heutige Technische Universität aufgenommen zu werden musste er eine Aufnahmeprüfung ablegen. Allerdings bestand er diese nicht beim ersten Mal weshalb er sie wiederholen musste. Während er herausragende Leistungen sowohl in Physik als auch in Mathematik erbrachte konnten seine Leistungen in Biologie nicht überzeugen. Außerdem bereiteten ihm die Sprachen insbesondere Französisch große Schwierigkeiten. Alberts Bildungsweg zeigt dass auch ein Genie einmal durch eine Prüfung fallen kann.

3 Im Studium lernte er seine erste Frau Mileva Marić kennen. Sie studierte ebenfalls Mathematik und Physik. Beide diskutierten viel über wissenschaftliche Auffassungen. Biografen haben die Briefe der Eheleute genauer untersucht. Sie kamen zu unterschiedlichen Ergebnissen. Einige sind der Meinung, seine Ehefrau habe Einstein wertvolle Anregungen zu seinen Theorien gegeben. Andere bestreiten das. Der Nobelpreis wurde jedenfalls nur Albert Einstein verliehen.

Der freiheitsliebende Albert Einstein rebellierte gegen Drill und sinnloses Pauken.

S.283 ○←◒ **1** Begründet die Kommasetzung in Abschnitt **1**. Nutzt die Regeln aus der Arbeitstechnik (S.233).

◒ **2** Formuliert zusammenhängend, was das Außergewöhnliche an Albert Einstein war. Verwendet zusammengesetzte Sätze mit Konjunktionen. Achtet auf die Kommasetzung.

Obwohl er … Während er … Bevor er … Nachdem er …

S.283 ○←◒ **3** **a)** Setzt in Abschnitt **2** des Textes die fehlenden Kommas.
b) Benennt für jedes Komma die passende Regel aus der Arbeitstechnik (S.233).

S. 284 ◒ ← ● **4** Zeichnet für den folgenden Satz ein Satzbild und erklärt die Satzstruktur.

Auf dem Computer oder Smartphone kann jeder Texte in Einsteins Handschrift verfassen, denn sie wurde im Rahmen eines Kunstprojekts, das über 2.000 Unterstützer finanzierten, digitalisiert.

S. 284 ◒ ← ● **5** Untersucht, ob in den folgenden Sätzen **A** – **D** vor „und" ein Komma gesetzt werden muss. Begründet mithilfe der Arbeitstechnik (S. 233).

Achtung: Fehlertext

A Einstein, ein berühmter Naturwissenschaftler und Paul Klee, ein deutscher Maler und Grafiker, wurden im selben Jahr geboren.
B Einstein schaffte es, seine Gedankengänge nachvollziehbar darzustellen und einige Wissenschaftler verstanden ihn gut.
C Größte Berühmtheit erlangte Einstein durch eine Theorie, die als Relativitätstheorie bekannt ist und sogar Science-Fiction-Schriftsteller inspirierte.
D Diese Theorie befasst sich mit dem Wesen von Raum, Zeit und Erdanziehungskraft.

Albert Einstein schreibt eine Gleichung zur Dichte der „Milchstraße" an die Tafel, Princeton-University, USA, 1930.

◒ **6** **a)** Formuliert den Abschnitt **3** des Textes (S. 235) um, indem ihr Satzgefüge und Satzreihen bildet.
b) Beurteilt beide Textvarianten hinsichtlich Ausdruck und Verständlichkeit.

◒ **7** Recherchiert zu einer weiteren berühmten Persönlichkeit.
MK **a)** Erstellt ein Rätsel zu dieser Persönlichkeit. Achtet auf die Kommasetzung.
b) Arbeitet zu zweit. Tauscht das Rätsel aus und überprüft die Kommasetzung. Erratet die gesuchte Persönlichkeit.

8 **EXTRA** Vergleicht die Kommaregeln im Deutschen mit denen in eurer Familiensprache oder mit denen in einer Sprache, die ihr in der Schule erlernt. Stellt die Ähnlichkeiten und Unterschiede der Kommasetzung zwischen dem Deutschen und dieser Sprache in der Klasse vor.

MK **9** **EXTRA** Dreht zur Arbeitstechnik (S. 233) ein Erklärvideo mithilfe der Legetechnik. Arbeitet mit Beispielsätzen. Führt auch vor, warum beispielsweise vor „und" nicht immer die Kommas fehlen dürfen.

12.3 Denken ohne Grenzen · Adverbialbestimmungen und Attribute verwenden

Physiker und Fernsehstar

1 Der britische Astrophysiker Stephen Hawking (1942–2018) wurde schon zu Schulzeiten mit Einstein verglichen. In einem Interview verriet er ..., dass er nicht der beste Schüler war. ... entdeckte er dennoch die Liebe zur Mathematik, denn ... wurden für Hawking ... selbst die kompliziertesten Formeln aufregend. Nachdem er zunächst Mathematik und Physik in Oxford studierte, wechselte er dann für seine Promotion in Kosmologie[1] ans Trinity College in Cambridge.
... wurde bei ihm Amyotrophe Lateralsklerose (ALS) diagnostiziert.

2 Das ist eine unheilbare Erkrankung, die zum Verfall von Muskeln, Rückenmark und Nervenzellen führt. Die ALS-Diagnose wurde zu einem entscheidenden Wendepunkt im Leben Hawkings.

3 Die Krankheit nahm einen langsamen Verlauf. Hawking fasste neuen Lebensmut. 1965 beendete er seine Doktorarbeit. In den folgenden Jahren widmete er sich der Erforschung der Schwarzen Löcher[2]. 1988 erschien sein populärwissenschaftliches[3] Werk „Eine kurze Geschichte der Zeit". Das Buch wurde in über 40 Sprachen übersetzt und über 10 Millionen Mal verkauft. Es wurde zum Bestseller.

4 Mit seinem Schreibstil gelang es ihm, Menschen für Fragen zu begeistern. Der Erfolg machte Hawking zum Superstar. In den folgenden Jahren reiste er um die Welt, hielt Vorträge und schrieb Bücher. Er trat außerdem in TV-Serien wie „Raumschiff Enterprise", „The Big Bang Theory" und „The Simpsons" auf. Der Physiker meinte, dass ihn wahrscheinlich mehr Menschen durch seine Serienauftritte kannten als durch seine Forschung.

Stephen Hawking in seinem Hightech-Rollstuhl mit integriertem Sprachcomputer

1 die Kosmologie: Lehre von der Entstehung und Entwicklung des Weltalls 2 Schwarze Löcher: Sterne, deren Anziehungskraft so stark ist, dass nicht einmal Licht ihre Umgebung verlassen kann 3 populärwissenschaftlich: in allgemein verständlicher Form wissenschaftlich erklärt, auch für Laien verständlich

○ **1** Tragt zusammen, was ihr über Stephen Hawking wisst.

◒ **2** a) Setzt in Abschnitt **1** die folgenden Adverbialbestimmungen sinnvoll ein.
b) Vergleicht beide Textvarianten miteinander.

aufgrund dessen lebhaften Unterrichts | unerwartet | kurz nach seinem 21. Geburtstag | allmählich | wegen eines besonderen Mathelehrers

◒ **3** Bei den grauen Markierungen in Abschnitt **1** handelt es sich um Adverbialbestimmungen. Vergleicht deren Form miteinander.

◒ **4** a) Lest Abschnitt **2** des Textes (S. 237) zunächst ohne und dann mit den blauen Markierungen laut vor. Begründet, welche Variante informativer ist.
b) Weist anhand eines Beispiels nach, dass Attribute Satzgliedteile und keine Satzglieder sind.

S. 284 ○ ← ◒ **5** Überarbeitet Abschnitt **3** des Textes (S. 237), indem ihr Satzgefüge bildet. Nutzt dabei Adverbialsätze, um die Zusammenhänge deutlicher zu machen.

S. 284 ○ ← ◒ **6** Ergänzt in Abschnitt **4** des Textes (S. 237) Attribute, um den Text anschaulicher und informativer zu gestalten.

S. 284 ○ ← ◒ **7** Überarbeitet den folgenden Text.
a) Wandelt die unterstrichenen Attributsätze in Wörter oder Wortgruppen um.
b) Besprecht, wie die beiden Textvarianten auf euch wirken.
c) Entscheidet, ob es sinnvoll ist, den blau markierten Attributsatz in ein Wort oder eine Wortgruppe umzuwandeln.

Stephen Hawking erlebte die Schwerelosigkeit

Einer der größten Träume des Physik-Genies, das weltberühmt ist, war eine Reise ins Weltall. 2007 konnte Stephen Hawking zumindest einen Einblick, der klein ist, gewinnen. Durch einen Parabelflug erlebte der Physiker, der zu diesem Zeitpunkt schon vollständig gelähmt war, für einige Minuten einen Zustand, welcher durch Schwerelosigkeit gekennzeichnet ist. Bei einem Parabelflug steigt das Flugzeug, das einen gepolsterten Innenraum besitzt, auf 10.000 Meter Höhe; anschließend erfolgt ein Sturzflug auf etwa 2600 Meter. Als Passagier befindet man sich dabei etwa 25 Sekunden lang in der Schwerelosigkeit. Stephen Hawking konnte dieses Manöver, das einzigartig ist, insgesamt acht Mal genießen.

Adverbialbestimmung, Attribute S. 330, 331 **KOMPETENZBOX**

Adverbialbestimmungen und Attribute verwenden

Texte werden durch Adverbialbestimmungen und Attribute anschaulicher und informativer. Achtet auf einen sinnvollen und abwechslungsreichen Einsatz.

Adverbialbestimmungen	***Beispiele***
– informieren als Satzlieder über die näheren Umstände und Zusammenhänge.	*Während des Studiums erkrankte Stephen Hawking an ALS.*
– können auch die Form eines Nebensatzes haben (Adverbialsatz).	*Während Stephen Hawking studierte, erkrankte er an ALS.*

Attribute	***Beispiele***
– bestimmen als Satzgliedteile ein Bezugswort (meist Substantiv) näher.	*Der an ALS erkrankte Physiker promovierte 1965.*
– können auch die Form eines Nebensatzes haben (Attributsatz, Relativsatz).	*Der Physiker, der an ALS erkrankte, promovierte im Jahr 1965.*

Adverbialbestimmungen und Attribute verwenden

Lucy und Stephen Hawking: Der geheime Schlüssel zum Universum

„Der geheime Schlüssel zum Universum“ ist das erste Kinderbuch von Stephen Hawking und seiner einzigen Tochter Lucy. Auf altersgerechte und unterhaltsame Weise werden die spannendsten Meilensteine der Astrophysik vorgestellt. Zahlreiche Fotos, die die Tiefen des Weltalls zeigen, sowie übersichtliche Sachillustrationen veranschaulichen die atemberaubende Reise der Hauptfiguren. Für ein besseres Verständnis werden Fachbegriffe und astronomische Phänomene in kurzen Infokästen erklärt. Astrophysik wird so zum Kinderspiel!

○ **1** Untersucht, mit welchen Adverbialbestimmungen und Attributen der Werbetext zum Buch Interesse wecken möchte.

◒ **2** Vergleicht die beiden folgenden Texte **A** und **B** hinsichtlich ihrer sprachlichen Gestaltung und ihrer Wirkung auf die Leserin/den Leser.

A George lernt den Wissenschaftler Eric und dessen Tochter Annie kennen. Er kommt aus dem Staunen nicht mehr heraus: Die beiden besitzen einen Computer namens Cosmos. Er kann die Tür ins Universum öffnen. Eric, Annie und George bereisen das All, reiten auf Kometen, umkreisen den Saturn und beobachten ein Schwarzes Loch. Der Wissenschaftler Reeper bekommt Wind von ihrem Geheimnis und Cosmos' Fähigkeiten.

B Als George den Wissenschaftler Eric und dessen Tochter Annie kennenlernt, kommt er aus dem Staunen nicht mehr heraus: Die beiden besitzen einen superintelligenten Computer namens Cosmos, der es vermag, die Tür ins Universum zu öffnen. Mit Cosmos' Hilfe bereisen Eric, Annie und George das All, reiten auf Kometen, umkreisen den Saturn und beobachten ein Schwarzes Loch, bis der skrupellose Wissenschaftler Reeper Wind von ihrem Geheimnis und Cosmos' Fähigkeiten bekommt.

S. 284 ○ ← ◒ **3** MK Schreibt für die Schülerzeitung einen Artikel über Stephen Hawkings Auftritte in Serien.
- Nutzt die folgenden Stichpunkte und recherchiert zusätzliche Informationen im Internet.
- Verwendet Adverbialbestimmungen und Attribute, damit euer Artikel anschaulich und informativ wird.

- *zahlreiche Gastauftritte in Serien*
- *„Star Trek: Die nächste Generation“ (6. Staffel, 1993): Pokerspiel mit Albert Einstein und Isaac Newton an Bord des Raumschiffes*
- *„The Simpsons“ (erstes Mal 1999): synchronisierte sich selbst, tiefschwarzer Humor*
- *„The Big Bang Theory“ (2012): Stephen Hawking als großes Vorbild für Sheldon und Lennart, Sheldon trifft auf Hawking, Hawking macht ihn auf Rechenfehler aufmerksam, Sheldon fällt in Ohnmacht*

12.4 Eine Frau mit Format · Klammern, Gedankenstrich, Semikolon und Doppelpunkt verwenden

Oprah Winfrey

2018 wurde Oprah Winfrey als erste afroamerikanische Frau mit einem Golden Globe für ihr Lebenswerk ausgezeichnet.

A Persönlichkeiten aus Politik, Wirtschaft und Wissenschaft; Sängerinnen und Sänger, Schauspielerinnen und Schauspieler nahmen auf ihrem Sofa Platz. Tom Cruise – Hauptdarsteller in der „Mission-Impossible-Filmreihe“ – nutzte ihre Show als Plattform, um seine Liebe zu Katie Holmes (ebenfalls Schauspielerin) zu demonstrieren. Barack Obama und seine Frau Michelle sprachen über Politik, Kindererziehung und ihre Ehe. Es ist unbestreitbar: Oprah Winfrey (geboren 1954) hat mit ihrer Talkshow „The Oprah Winfrey Show“ Fernsehgeschichte geschrieben. Die Zuschauerinnen und Zuschauer schätzten ihre Ehrlichkeit und Emotionalität – besonders ihr Mitgefühl als Interviewerin. **B** Wöchentlich verfolgten im Durchschnitt 21 Millionen Menschen in 105 Ländern ihre Auftritte; 2011 zog Winfrey jedoch einen Schlussstrich.

Um ihre Talkshow baute Winfrey ein Medienimperium auf: Sie hat eine eigene Produktionsfirma, katapultiert Bücher mit Empfehlungen in „Oprah's Book Club“ regelmäßig auf die Bestseller-Listen und bringt das „O, The Oprah Magazine“ (eine Zeitschrift) heraus. Sie ist die erste Afroamerikanerin, die Milliardärin wurde. Das US-Magazin „Forbes“ schätzt ihr Vermögen auf ungefähr 2,7 Milliarden Dollar (1,9 Milliarden Euro): Das entspricht Platz 327 der wohlhabendsten US-Amerikanerinnen und -Amerikaner. Oprah Winfrey ist jedoch nicht nur Unternehmerin, sondern sie unterstützt auch zahlreiche gemeinnützige Organisationen und besitzt mehrere eigene Stiftungen (z. B. die „Oprah Winfrey Leadership Academy for Girls“ in Südafrika). 2011 wurde sie für ihr umfangreiches soziales Engagement ausgezeichnet: Ihr wurde der Ehrenoscar, der sogenannte „Jean-Hersholt-Preis“, verliehen. Für Oprah Winfrey bedeutet Erfolg vor allem, die innere Kraft und den Mut zu haben, um zu sagen: „Nein, so lasse ich nicht mit mir umgehen“. Der Weg zu dieser Souveränität war jedoch nicht leicht.

○ **1** Erklärt, warum Oprah Winfrey eine einflussreiche Person geworden ist.

◒ **2** Lest den Text laut vor.
- **a)** Erklärt, was die Klammern und Gedankenstriche im Text leisten.
- **b)** Überlegt, welche Satzzeichen an die Stelle der Klammern und Gedankenstriche treten könnten.

S. 284 ○ ← ◒ **3** Bestimmt die Funktion der Doppelpunkte im Text (Z. 11, 22, 31, 40, 44).

◒ **4** Vergleicht die Sätze **A** und **B** im Text und untersucht, welche Funktion das Semikolon jeweils übernimmt.

S.284 ○ ← ◒ **5** Setzt an den mit * gekennzeichneten Stellen des folgenden Textes passende Satzzeichen ein. Begründet eure Wahl mithilfe der Kompetenzbox.

Ein steiniger Weg

Oprah Winfrey * 1954 als uneheliches Kind geboren * wuchs im südlichen Bundesstaat Mississippi auf. Dort wurde sie immer wieder mit gesellschaftlichen Missständen konfrontiert * Rassentrennung und Rassenhass gegen Afroamerikanerinnen und -amerikanern. Die ersten Jahre ihres Lebens wohnte Winfrey nicht bei ihrer Mutter * ihre Großeltern nahmen sie auf. Winfrey durchlebte in ihrer Kindheit und Jugend viele Tiefen und Herausforderungen, von denen auch später ihre Talkshow-Gäste berichteten.

In Nashville * Hauptstadt des US-Bundesstaates Tennessee * gewann sie mit 17 Jahren einen Schönheitswettbewerb. Ihre kräftige Stimme und ihr smartes Auftreten überzeugten auch den lokalen Radiosender WLAC. Dort begann sie noch als High-School-Schülerin mit der Arbeit als Nachrichtensprecherin * die erste afroamerikanische in Nashville.

Während Winfrey noch an der Tennessee State University Schauspiel und Rhetorik studierte, wurde sie Reporterin und Co-Moderatorin bei einer lokalen Fernsehstation. Als Reporterin kam sie jedoch nicht weit * sie zeigte zu wenig emotionale Distanz in der Berichterstattung. In Baltimore wurde Winfrey schließlich versetzt * von den Nachrichten zu einer Morgen-Talkshow. Sie selbst fand in diesem Schritt ihre Erfüllung * „Für mich war Reden so einfach wie Atmen.“ 1984 übernahm sie die Talk-Show „AM Chicago“, aus der 1986 die „Oprah Winfrey Show“ wurde * der Beginn ihrer kometenhaften Karriere.

KOMPETENZBOX

Klammern, Gedankenstrich, Semikolon und Doppelpunkt verwenden

Gedankenstrich und Klammern	***Beispiele***
– zum Abtrennen von nachträglichen Erläuterungen	*Oprah Winfrey – die erste afroamerikanische Milliardärin – unterstützt viele wohltätige Projekte.*
– Oft könnten auch Kommas statt Gedankenstriche und Klammern stehen.	*Oprah Winfrey, die erste afroamerikanische Milliardärin, unterstützt viele wohltätige Projekte.*
– Achtung: Ausdrücke in Klammern und mit Gedankenstrichen nur sparsam verwenden	*Ihr Buchclub (in den 1990er Jahren gegründet) hieß „Oprah's Book Club“.*
Doppelpunkt	
– vor angekündigten Wörtern und Wortgruppen	*Ein Star wurde geboren: Oprah Winfrey.*
– bei Sätzen, die vorher Gesagtes zusammenfassen oder eine Schlussfolgerung ziehen	*Tom Cruise, Seal und Barack Obama: All diese berühmten Persönlichkeiten waren bei ihr zu Gast.*
– bei direkter Rede	*Das Publikum rief: „Zugabe!“*
Semikolon	
– bei gleichrangigen Sätzen, bei denen das Komma zu schwach, der Punkt aber zu stark trennen würde	*Winfrey ist Mitbegründerin des Fernsehsenders „Oxygen“; weiterhin bringt sie das Magazin „O and O at Home“ heraus.*
– bei Aufzählungen, in denen inhaltlich Zusammengehörendes deutlich getrennt werden soll	*Winfrey spricht in ihrer Talkshow über Politik und Wirtschaft; über Liebe, Streit und persönliche Schicksalsschläge.*

Das könnt ihr jetzt!

Kommas richtig setzen

Beispiel für eine Klassenarbeit

Lösungen
→ S. 291

1 Begründet die Kommasetzung in den drei blau markierten Sätzen in Abschnitt **A**.

2 Notiert die Stellen in Abschnitt **B**, an denen ein Komma gesetzt werden muss.

3 In Abschnitt **C** fehlen Kommas. Schreibt die entsprechenden Sätze richtig auf.

4 Berichtigt die Kommasetzung im folgenden Satz und formuliert eine Erklärung.

Van Gogh, der 1888 Paris verließ und Gaugin gründeten im Süden Frankreichs eine Künstler-WG.

5 Schreibt einen kurzen Text über Barack Obama. Verwendet mindestens einen Nebensatz, eine nachträgliche Erläuterung und eine Aufzählung.

- *1961 in Hawaii geboren, verheiratet, zwei Töchter*
- *Vater aus Kenia, Mutter aus Kansas (USA) stammend*
- *auf US-Verfassungsrecht spezialisierter Rechtsanwalt*
- *2009–2017: 44. Präsident der Vereinigten Staaten, Nachfolger: Donald Trump*
- *erster afroamerikanische Präsident*

Anna-Lena Abbott: Kunsthistoriker-Rätsel – Wie verlor van Gogh sein Ohr?

Achtung: Fehlertext

A Théophile Peyron, einer seiner Ärzte, schreibt: „Dieser Kranke kommt aus dem Spital in Arles, in das er infolge eines Anfalles von plötzlich eingetretenem akutem Wahnsinn nebst Gesichts- und Gehörhalluzinationen, die ihn erschreckten, eintrat. Während dieses Anfalls schnitt er sich das linke Ohr ab, er hat jedoch von all diesen Tatsachen nur eine sehr unklare Erinnerung behalten und kann sich nicht Rechenschaft darüber geben." Doch was geschah wirklich in der Nacht, in der van Gogh sein Ohr verlor? Es gibt unterschiedliche Theorien.

B Die Historiker am renommierten Van-Gogh-Museum in Amsterdam etwa 1 gehen davon aus 2 dass der Maler im Wahn erst Gauguin mit einem Rasiermesser bedrohte 3 und sich dann einen Teil seines linken Ohrs abschnitt. [...] Er selbst nannte sich in Briefen 4 „neurotisch" 5 „wüst" 6 und „zerstört". [...] Für Axel Rüger 7 Museumsleiter des Van-Gogh-Museums 8 ist die Sache mit dem Ohr deshalb eindeutig: „Ich zweifle nicht daran 9 dass van Gogh es selbst getan hat", sagte er 2008 dem SPIEGEL.

C Rita Wildegans und ihr Kollege Hans Kaufmann schon. 2001 sagte die Hamburger Kunsthistorikerin dem SPIEGEL: „Es war Gauguin der van Gogh das Ohr abgeschnitten hat." [...] Die deutschen Wissenschaftler kommen zu dem Schluss dass Paul Gauguin im Streit mit van Gogh zum Degen gegriffen [...] und damit das linke Ohr seines Kollegen abgetrennt hat. „Um sich vor Strafverfolgung zu schützen hat er anschließend die Legende von der Selbstverstümmelung des wahnsinnigen Malers verbreitet", heißt es im Buch. Mehrere Wissenschaftler widersprechen Wildegans und Kaufmann. Unbestritten ist jedoch das schwierige Verhältnis zwischen Gauguin und van Gogh.

Beispiellösung zur Klassenarbeit vc5y2f

Beispiel für eine Klassenarbeit

1 a) Beurteilt Stil und Satzbau in Abschnitt 1.
b) Überarbeitet ihn.

2 Setzt in Abschnitt 2 die fehlenden Kommas. Begründet.

3 Überarbeitet Abschnitt 3. Verwendet Satzgefüge, Satzreihen und nachträgliche Erläuterungen. Achtet auf die Zeichensetzung.

Mata Hari – die weibliche 007

Achtung: Fehlertext

1 Mata Hari – eigentlich Margaretha Geertruida Zelle, auch Marguerite Campbell oder Lady Gretha MacLeod (geboren 1876, gestorben 1917) – war eine bekannte niederländische Tänzerin, die wegen ihrer Agententätigkeit während des Ersten Weltkriegs – schon lange vor James Bond – als berühmteste Spionin der Welt in die Geschichte einging. 1917 – kurz vor Ende des Krieges – sprach sie ein französisches Gericht, ein Militärgericht, des Hochverrats und der Doppelspionage (sie soll gleichzeitig für Frankreich und für Deutschland spioniert haben) schuldig; sie wurde zum Tode verurteilt und hingerichtet.

2 Bis heute ist allerdings ungeklärt ob sie wirklich eine gefährliche Doppelagentin war wie im Gerichtsurteil behauptet wurde oder ob sie nur als Sündenbock herhalten musste um über die militärischen Niederlagen hinwegzutäuschen.

3 Dieser Sachverhalt ist immer noch umstritten. 2017 durften Gerichtsakten geöffnet werden. Sie standen bis dahin in Frankreich unter Verschluss. Mata Hari hat Informationen im Krieg an Deutschland weitergegeben. Sie enthielten mit großer Wahrscheinlichkeit keine wesentlichen Geheimnisse. Somit waren sie nicht kriegsentscheidend. Sie wollte als Künstlerin nicht vergessen werden. Sie wollte nicht unter Geldnot leiden. Vermutlich wollte sie diesen Möglichkeiten mit ihrer Agententätigkeit vorbeugen. Die Quellenlage ist recht spärlich. Ihre Biografie ist aber Grundlage für über 250 Bücher und zahlreiche Filme.

Mata Hari ist ein Künstlername und bedeutet auf Indonesisch „Sonne".

13 Last-Minute-Tipps

Regeln und Strategien der Rechtschreibung anwenden

A

Cool verrückte Reiseführer

Reiseführer sind was für Spießer? Mitnichten. Die cool verrückten Reiseführer sind alles andere als (n/N)ormale Reiseführer. Sie richten sich an (j/J) ugendliche (r/R)eisende und sind definitiv für Eltern verboten! Ob zu (h/H)ause oder auf (r/R)eisen – die (l/L)eserin oder der (l/L)eser findet hier jede (m/M)enge coole Informationen, (w/W)issenswertes und (k/K)urioses: zum Beispiel Paris – vom (l/L)ächeln der Mona Lisa bis zum (g/G)ruseligen (g/G)rinsen der Wasserspeier von Notre-Dame. Oder Rom – die Ewige Stadt als Paradies für (S/s)ieben (m/M)illionen Katzen ... Verrückte Geschichten und Fakten, von denen Eltern garantiert noch nie etwas gehört haben.

1 Wie sollte euer Wunsch-Reiseführer aussehen? Diskutiert, welche Informationen in einen „cool verrückten" Reiseführer für Jugendliche gehören.

2 **a)** Entscheidet, ob im Text A die Wörter groß- oder kleingeschrieben werden, und begründet.
b) Überlegt, warum das Adjektiv in „Ewige Stadt" (Z. 15) großgeschrieben wird.

3 Im Koffer sind sieben Dinge versteckt, die auf Reisen nützlich sind.
a) Sucht alle sieben Wörter und schreibt sie auf.
b) „Packt eure Siebensachen!" Erstellt selbst ein Wortgitter, in dem sieben Fremdwörter versteckt sind. Ihr könnt ein (digitales) Wörterbuch nutzen.
c) Lasst eure Mitschülerinnen und Mitschüler euer Rätsel lösen.

Das lernt ihr jetzt!

13.1 eigene Fehlerschwerpunkte erkennen und üben
13.2 Fremdwörter verwenden und schreiben
13.3 Eigennamen und Ableitungen von Eigennamen schreiben
13.4 Abkürzungen und Kurzwörter verstehen und schreiben

P	O	R	T	E	M	O	N	N	A	I	E	G
B	U	F	X	N	O	T	E	B	O	O	K	H
H	F	L	E	E	C	E	J	A	C	K	E	O
A	U	Z	L	I	A	H	M	L	Y	S	V	O
N	F	O	T	O	A	P	P	A	R	A	T	D
D	C	A	E	N	V	C	Y	X	F	E	V	Y
Y	Z	A	N	U	X	E	N	S	L	I	R	P
G	K	T	H	O	U	Q	R	I	F	G	H	A

B

Rechtschreibwörterbuch

Sie|ben|sa|chen Plur. (ugs. für Habseligkeiten); seine Siebensachen packen

Sou|ve|nir [zuvə...], das; -s; -s; <franz.> (Andenken, Erinnerungsstück)

C

„App in den Urlaub“

E-Book und App sind gerade auf Reisen nicht mehr weg/zu/denken, was nicht zuletzt darauf zurück/zu/führen ist, dass sie helfen, im Reisegepäck Platz/zu/sparen. Die elektronischen Reiseführer sind leicht zu hand/haben. Zudem sind sie oft preiswerter und sie bieten mehr als ein Reiseführer in Buchform. So kann man sich seinen ganz persönlichen Stadtrundgang zusammen/stellen und dank GPS und integriertem Stadtplan dürfte man sich in jeder Metropole zurecht/finden.

4 a) Erklärt, worüber ein Rechtschreibwörterbuch (Ausschnitt B) Auskunft gibt.
b) Schreibt die beiden Abkürzungen heraus und ergänzt die vollständigen Wörter.
c) Nennt weitere Abkürzungen und erklärt ihre Bedeutung.

MK **5** a) Diskutiert Vor- und Nachteile elektronischer Reiseführer.
b) Erklärt, was das Kurzwort GPS bedeutet.

6 Schreibt den Text C ab und entscheidet dabei, ob die markierten Verbverbindungen getrennt geschrieben oder zusammengeschrieben werden.

13.1 Lassen Sie Ihr Gebäck nicht unbeaufsichtigt! · Eigene Fehlerschwerpunkte erkennen und üben

Achtung: Fehlertext

1 Hax'n Alm
Bauern essen aus dem Holztrog

2 Nutzen Sie die Familienkarte!
Auch für Großeltern mit Ekelkindern

3 Piazza Navona – das Highlight in Rom, dass müssen Sie sehen.

4 Terrasse mit Sehblick

5 Lassen Sie Ihr Gebäck nicht unbeaufsichtigt!

6 Liebe Gäste, Badetücher bitte liegen lassen. Das Zimmermädchen hängt Sie dann zum Trocknen auf den Balkon.

7

Lachfilet in Zitronen-Butter-Sauce an Grünen Bandnudeln	10,30 EUR
Champignons mit Ricotta-Walnuß-Füllung	6,50 EUR
Pfannkuchen mit Blaubärmarmelade	5,90 EUR
Alle Speisen auch zum mitnehmen	

8 Neu in unserem hoteleigenen Beauty-Shop – hautstrafende Körperlotion

9 Zwei beleckte Brötchen und ein Pott Kaffee nur 2,99 EUR

◒ **1** Sind euch schon ähnliche Texte begegnet? Diskutiert, welche Wirkung fehlerhafte Speisekarten, Werbeprospekte und andere „Aushängeschilder" haben.

S. 284 ◒ ← ● **2** Untersucht die Fehler 1 – 9 genauer.

a) Findet möglichst viele Fehler und besprecht die richtige Schreibweise.

b) Ordnet die korrigierten Schreibungen jeweils einer Fehlerkategorien zu. Orientiert euch an der Tabelle auf Seite 247.

Seeblick – kurze und lange Vokale

ARBEITSTECHNIK

Ein individuelles Fehlerprofil erstellen

Ein individuelles Fehlerprofil hilft euch, eure eigenen Fehlerschwerpunkte zu erkennen und zu üben. So könnt ihr gezielt Strategien bei der Überarbeitung eurer Texte einsetzen.

Fehler-schwerpunkte	Beispiele	Hilfen und Strategien
Groß- und Klein-schreibung	*zum Mitnehmen* *etwas Erstaunliches* *auf zahlreichen Reisen* *eine Buchung stornieren* *heute Abend*	– auf Begleiter achten – unbestimmte Numerale beachten – Adjektivprobe nutzen – typische Suffixe beachten – Sonderfälle einprägen
***s*-Laute**	*reisen* *reißen – gerissen*	– deutlich sprechen (stimmhaft/ stimmlos) – Vokallänge beachten – Schreibung einprägen
das/dass	*Ich weiß, dass das Problem, das häufig auftritt, zu lösen ist.*	– Ersatzprobe nutzen (dieses/welches) – Signalwörter beachten (wissen, sagen, denken)
Getrennt- und Zusammen-schreibung	*seine Sachen zusammenpacken* *den Koffer zusammen packen* *(= den Koffer gemeinsam packen)*	– Proben anwenden (Betonung, Be-deutung, Erweiterung, Steigerung) – Wörterbuch benutzen
kurze und lange Vokale	*schwimmen (schwim-men), See, Hotel, Boot, Wohnmobil*	– Haus-Garage-Modell – verwandte Wörter suchen – Schreibung einprägen – Wörterbuch benutzen
gleich und ähnlich klin-gende Laute	*e/ä: Gäste (Gast)* *f/v/ph: Fernreise, verreisen, Pharao* *w/v: Visum, Karawane*	– verwandte Wörter suchen – Schreibung einprägen – Wörterbuch benutzen
Wortauslaut	*b, g, d: halb, Berg, Wald* *h: Schuh* *ig, lich, isch: eklig, endlich, englisch*	– Wort verlängern – verwandte Wörter suchen – Schreibung einprägen – Wörterbuch benutzen
Flüchtigkeits-fehler	*aus gegebem Anlass → aus gegebenem Anlass*	– Silben mitsprechen – separate Rechtschreibprüfung

3 Erstellt mithilfe der Arbeitstechnik euer individuelles Fehlerprofil.
a) Untersucht Fehler, die ihr in euren Klassenarbeiten oder anderen Texten gemacht habt. Ordnet sie jeweils einem Fehlerschwerpunkt zu.
b) Welche Fehlerschwerpunkte kommen mehrmals vor? Ermittelt eure Fehlerschwerpunkte mithilfe einer Strichliste.

MK **4 EXTRA** Achtet in der Öffentlichkeit auf orthografische Fehler. Fotografiert und sammelt diese über einen bestimmten Zeitraum.
Legt alle Fotos verdeckt auf einen Tisch. Zieht reihum jeweils ein Foto, benennt die Fehler und ordnet sie einem Fehlerschwerpunkt zu.

Eigene Fehlerschwerpunkte gezielt üben

Fehlerschwerpunkt: Groß- und Kleinschreibung

S. 285 ○ ← ◒ MK

1 a) Schreibt die Kurznachricht in richtiger Groß- und Kleinschreibung auf.
b) Nennt Vor- und Nachteile einer Kleinschreibung in Kurznachrichten.

Achtung: Fehlertext

Hi emma, viele grüße aus valencia. Wir sind gestern abend mit verspätung angekommen. Heute stand sightseeing auf dem plan. Echt cool ist der moderne park der künste und wissenschaften mit total futuristischen bauten, planetarium, vielen ausstellungen, skulpturen. Heute nachmittag geht's zum baden ans meer und morgen abend per nachtzug nach madrid. Dir gute reise nach schweden, in den kalten norden 😉 LG

Die Stadt der Künste und Wissenschaften in Valencia mit Oper und einem großen 3D-Kino

S. 285 ◒ ← ●

2 Schreibt den folgenden Text richtig auf. Was ist Reisen für euch? Setzt den Text fort.

Achtung: Fehlertext

AUF REISEN KANN MAN VIEL NEUES ENTDECKEN UND MANCHES FREMDE BESSER VERSTEHEN. ZU REISEN BEDEUTET, FREI ZU SEIN, FÜHRT ZU SELBSTERFAHRUNG UND SELBSTFINDUNG, LÄSST UNS AUS ALLTÄGLICHEM FLIEHEN ...

Fehlerschwerpunkt: Getrennt- und Zusammenschreibung

Getrennt- und Zusammenschreibung → S. 340

○ **1** Begründet die Schreibung der Verbverbindungen in den folgenden Sätzen.

Lass uns zusammen suchen! Hast du schon alles zusammengesucht?

Auf der Jagd nach der Aurora borealis

Wer schon einmal/ein Mal das Glück hatte, Polarlichter zusehen/zu sehen, der wird dieses spektakuläre Naturphänomen sein Leben lang/lebenlang nicht vergessen. An etwa 160 Tagen – oder besser: in 160 Polarnächten – im Jahr lässt sich das Schauspiel, wissenschaftlich Aurora borealis genannt, beobachten. Will man sicher gehen/sichergehen, Polarlichter zu erspähen, kann man sich moderne Technik zunutze machen. Es gibt Apps mit Nordlicht-Finder für Handy und Tablet. Mancherorts erhält man auch einen Aurora-Alarm ausgehändigt, ein kleines Gerät, das jedes Mal/jedesmal zu beepen beginnt, wenn Polarlichter am Himmel auftauchen. Ein bisschen Glück braucht man denn noch/dennoch. Wer nicht so lange/solange draußen warten will, der kann in Finnland ein Glas-Iglu/Glas Iglu buchen, das einen Atem beraubenden/atemberaubenden Rundumblick bietet. So kann man im beheizten Iglu sitzen und warten – oder inzwischen Eis angeln/eisangeln, Eis laufen/eislaufen und in die Sauna gehen.

S. 285 ○ ← ◒

2 Entscheidet, ob die markierten Wortverbindungen zusammengeschrieben oder getrennt geschrieben werden müssen. Begründet.

Fehlerschwerpunkt: *das/dass*

Erklärvideo j634me

Sind Reisende kreativer?

Da... eine Reise bildet, da... haben große Dichter und Denker schon immer gewusst. Goethe reiste nach Italien, in da... Land, da... vielen seiner Zeitgenossen als Sehnsuchtsort galt. Auch d... Werk des Naturforschers Alexander von Humboldt wäre ohne seine Forschungsreisen kaum vorstellbar. Es ist da... Reisen, da... uns unbekannte, ferne Welten entdecken lässt, da... uns inspiriert[1]. Nun haben Wissenschaftler sogar herausgefunden, da... da... menschliche Gehirn auf Reisen seine Neuroplastizität[2] erhöht. Reisen steigert die Hirnaktivität. Da... liegt daran, da... wir auf Reisen in fremder Umgebung unseren Platz neu finden und Probleme lösen müssen, da... hält unser Gehirn fit. Auch da... wir uns in einer fremden Sprache verständigen, spornt unsere grauen Zellen an. Ein so trainiertes Gehirn ermöglicht ein Denken, da... kreativer und weniger engstirnig ist. Voraussetzung ist aber, da... man die fremde Kultur jenseits von All-Inclusive-Ressorts entdeckt.

1 inspirieren: anregen 2 die Neuroplastizität: Fähigkeit des Gehirns, sich zu verändern

S.285 ◒ ← ●
das/dass → S.337

1 a) Entscheidet, ob *das* (Relativpronomen, Demonstrativpronomen oder Artikel) oder *dass* (Konjunktion) einzusetzen ist.
b) Bestimmt für fünf *das*-Schreibungen (Relativpronomen oder Artikel) das Bezugswort.

◒ **2** a) Wohin würdet ihr gern einmal reisen? Schreibt einen kurzen Text, in dem möglichst viele *das/dass*-Schreibungen vorkommen. Wendet die Proben an.
b) Diktiert euren Text einer Partnerin/einem Partner. Kontrolliert die *das/dass*-Schreibung.

Fehlerschwerpunkt: Gleich und ähnlich klingende Laute, Schreibung des *s*-Lautes, kurze und lange Vokale, Wortauslaut

s-Laut → S.337

◒ **1** Bildet Gruppen und sucht in euren Fehlerprofilen (S. 247) nach Wörtern, deren Schreibung ihr euch einprägen müsst. Schreibt diese Merkwörter kreuz und quer in eine Bingotabelle mit 5 × 5 Feldern. Notiert alle Wörter noch einmal auf kleine Kärtchen und spielt Bingo.

Bingo

X Entgelt	X nämlich	X es gibt	X fast	X bisschen
seelisch	X verpönt	Thema	selig	ihr seid
X Rückgrat	X endlich	holen	es fiel	X Standard
wiedergeben	widerspiegeln	Drohne	X Fohlen	todernst
Widerstand	X verloren	Beweis	voraus	X verwandt

S.285 ○ ← ◒

2 Sucht zu folgenden Wörtern verwandte Wörter oder verlängert die Wörter. Schreibt die Wortpaare auf kleine Kärtchen und spielt Memory.

Ausweis, bildlich, endgültig, Fähre, höchstens, er liest, gefährlich, ich ließ, Nähe, Stängel, Tod, tot, unwegsam, kläglich, weiß, Standard, abendlich, Grad, neblig, Nachweis

Wörterbücher und elektronische Rechtschreibhilfen nutzen

Achtung: Fehlertext

A

Deutsche Reiseweltmeister?

Wenn einer eine Reise tut, dann kann er was erzählen. Ginge es nach diesem Sprichwort, dann hätten wir deutschen besonders viel zu erzählen. So glauben wir zumindest, den wir gelten des Öfteren als die Reiseweltmeister schlecht hin und halten uns für besonders welterfahren. Doch ganz soweit her ist es mit der deutschen Reiselust nicht. Die waren Reiseweltmeister sind nämlich die Norweger. Eine Studie unter mehr als 7.000 reisenden hat ergeben, das ein Norweger pro Jahr im Durchschnitt 2,38 Reisen ins Ausland unternimmt. Deutsche Urlauber schaffen es gerade einmal auf 1,86 Auslandsreisen pro Jahr und belegen damit einen Platz im Mittelfeld, hinter Norwegern, Schweden, Italienen und Kanadiern. Und während jeder Zweite Norweger bereits mehr als zehn Länder bereist hat, schafft das nur jeder dritte Deutsche. Nur zehn Prozent aller Deutschen gelten zudem als entdeckerfreudige Urlauber jenseits der Touristenhochburgen, mehr als ein Drittel bevorzugt dagegen Pauschalreisen und All-inclusive-Urlaub. Immer hin glauben aber 56 % der Deutschen, dass die Welt toleranter wäre, wenn die Menschen mehr reisen würden. Also dann – gute Reise!

S.286 ○ ← ◒ **1** Der Text enthält zehn Rechtschreibfehler, findet diese. Ihr könnt ein (digitales) Wörterbuch nutzen.

◒ **2** Erklärt, wie ihr im Wörterbuch überprüfen könnt, ob *des Öfteren* richtig geschrieben ist.
MK Besprecht, ob sich Online- und Printwörterbuch hierbei unterscheiden.

◒ **3** Erläutert anhand des Textes Vor- und Nachteile der Rechtschreibprüfung am Computer.

S.286 ◒ ← ● **4** **a)** Erklärt mithilfe des Regelteils eures Wörterbuchs, warum der Apostroph (Auslassungszeichen) in *Oma's Nähstübchen* falsch und in *Moritz' Würstchenbude* richtig ist.
b) Besprecht, ob man den Apostroph in *Andrea's Imbiss* setzen darf.

◒ **5** Im Internet gibt es Mentor-Programme, mit denen ihr die Rechtschreibung und Grammatik von Texten prüfen könnt.
MK
a) Beurteilt anhand des Beispiels rechts die Ergebnisse eines solchen Mentor-Programms (**B**).
b) Vergleicht mit der Rechtschreibprüfung am Computer (**A**).

B

Wenn einer eine Reise tut, dann kann er was erzählen. Ginge es nach diesem Sprichwort, dann hätten wir deutschen besonders viel zu erzählen. So glauben wir zumindest, den wir gelten des Öfteren als die Reiseweltmeister schlecht hin und halten uns für besonders welterfahren. Doch ganz soweit her ist es mit der deutschen Reiselust nicht. Die waren Reiseweltmeister sind nämlich die Norweger. Eine Studie unter mehr als 7.000 reisenden hat ergeben, … t 2,38

Falsche Verbform o. fehlendes Komma

13.2 Tourismusmanagement · Fremdwörter verwenden und schreiben

Tourismusmanagement studieren

Das Reisen zu einem lukrativen Beruf machen? Eine faszinierende Idee! In der Tourismusindustrie sind weltweit mehr als hundert Millionen Menschen tätig und Tourismusmanagement wird als Studienfach immer beliebter. Doch was studiert man da eigentlich konkret? Tourismusmanager und -managerinnen sind verantwortlich für die kontinuierliche Kontrolle und Innovation touristischer Konzepte. Die Entwicklung alternativer Transportvarianten gehört ebenso zu ihren Aufgaben wie das Kreieren ökologisch und sozial nachhaltiger touristischer Strategien. Ein Studium in der Disziplin Tourismus oder Touristik umfasst eine solide betriebswirtschaftliche Ausbildung in Wirtschaftsmathematik, Statistik und Marketing, aber auch Psychologie, Philosophie, Rhetorik und Kommunikation. Nach dem Bachelor- oder Masterabschluss bieten sich den Absolventen zahlreiche Aufgabenfelder: vom Kulturmanagement über Airport- und Produktmanagement bis hin zur Eventgastronomie.

○ **1** Betrachtet die Abbildung und tauscht euch darüber aus, was ihr euch unter dem Berufsfeld „Tourismusmanagement" vorstellt.

◒ **2** **a)** Findet für mindestens fünf Fremdwörter im Text deutsche Wörter. Ihr könnt ein (digitales) Wörterbuch nutzen.
b) Besprecht, wie sich durch den Verzicht auf Fremdwörter die Wirkung des Textes ändert.
c) Benennt Vor- und Nachteile der Verwendung von Fremdwörtern.

◒ **3** Untersucht die Fremdwörter im Text. Achtet auf typische Wortbestandteile (z. B. Suffixe und Präfixe) und auffällige Buchstabenverbindungen. Übernehmt die Tabelle und ergänzt sie.

typische Wortbestandteile	typische Buchstabenverbindungen
-ment: *Tourismusmanagement*	ou: *Tourismus, touristisch, …*
-iv: *lukrativ, …*	sz: *faszinierend, …*
-ie: *Industrie, Strategie, …*	th: …
-(at)ion: *Million, Innovation, …*	rh: …
trans-: *Transport*	…
…	

4 Oft kann man sich die Bedeutung von Fremdwörtern aus ihren Bestandteilen erschließen. Erläutert diese Aussage an folgenden Beispielen.

Psychologie – Biologie – Theologie

Monolog – monokausal – monotheistisch

multimedial – multikausal – Multimillionär

Bibliothek – Audiothek – Mediathek

S.286 5 Findet Fremdwörter mit den folgenden Bestandteilen und klärt die Bedeutung dieser Fremdwortbestandteile. Beachtet, dass die blau markierten Bestandteile mehrdeutig sind.

pro- geo- bio- astro- prä- anti-

milli- -therm(o)- mikro- tri- psych(o)- ex-

demo- ko-/kon- bi- ortho- -graf- -phon(o)-

Prolog, Provitamin → *Bedeutung: vor*
proeuropäisch, prowestlich → *Bedeutung: positiv eingestellt gegenüber*
Pronomen → *Bedeutung: anstelle, für*

Erklärvideo j634me

Fremdwörter S.339 **KOMPETENZBOX**

Fremdwörter verwenden und schreiben

Fremdwörter dienen in der Fachsprache der präzisen, eindeutigen Bezeichnung von Gegenständen, Vorgängen und Eigenschaften. In der Alltagskommunikation sorgen sie für einen abwechslungsreichen, knappen und bildungssprachlich-gehobenen Stil. Fremdwörter können aber auch die Verständlichkeit eines Textes erschweren.

Achtet beim Erschließen ihrer Bedeutung und beim Schreiben auf:

häufige Fremdwortbestandteile	***Beispiele***
Präfixe	*anti- (gegen), prä- (vor), ex- (aus)*
Suffixe	*-itis (entzündliche Krankheit)*
typische Buchstabenverbindungen	
aus der Herkunftssprache	*Philosophie, Phase* *Thermik, Orthopädie* *Rhythmus, Rhetorik* *Charakter, Chaos* *System, Physik* *Animateur, Chauffeur*
Häufig vorkommende Fremdwörter sind mitunter an die deutsche Schreibweise angepasst. Oft sind dann beide Schreibweisen erlaubt.	*Geografie/Geographie* *potenziell/potentiell*

Die Schreibung vieler Fremdwörter müsst ihr euch einprägen – so wie Vokabeln in einer Fremdsprache. Schlagt im Zweifel im (digitalen) Wörterbuch nach.

Fremdwörter verwenden und schreiben

1 a) Schreibt die gesuchten Wörter auf. Wie lautet das Lösungswort?
b) Erstellt mithilfe eines (digitalen) Wörterbuchs ein eigenes Fremdwort-Rätsel.

1		■					I	V
2				■			I	E
1 P	A	R	A					
4			■		I	O	N	
5				■	I	K		
6		■		E	L	L		

1 Begriff aus der Grammatik: vierter Fall
2 Zuneigung, Wohlgefallen
3 in gleichem Abstand verlaufend
4 Wunschvorstellung
5 Lehre vom Schall
6 zeitgemäß, gegenwärtig

2 a) Besprecht mit einer Partnerin/einem Partner, welche Rechtschreibschwierigkeit bei den folgenden Wortpaaren besteht.
b) Schreibt die Wortpaare auf und markiert die schwierigen Stellen farbig.

detailliert – Detail   projizieren – Projektion   reflektieren – Reflexion

brillieren – brillant   Numerus – Nummer

3 a) Entscheidet, ob die folgenden Wörter mit einfachem oder doppeltem Konsonanten geschrieben werden. Überprüft eure Entscheidung mithilfe eines (digitalen) Wörterbuchs.
b) Schreibt die Wörter und die entsprechenden Konsonanten wie im Beispiel auf kleine Kärtchen und spielt Memory.

a...ressiv	A...ent	A...etit	A...otheke
a...ormal	a...ullieren	A...ordeon	A...ademie
a...ieren	a...ressieren	protoko...ieren	to...erant
A...ribut	Ma...erial	A...imilation	a...ozial
Inte...esse	a...ogant	Ko...entar	ko...binieren

d dd g gg k kk

l ll m mm n nn

p pp r rr s ss

t tt

Attribut   tt

S. 286 **4** d oder t? Schreibt die Wörter auf und markiert die Endungen farbig.

Praktikan... Standar... Abiturien... Dirigen... Asteroi... Oxi...
Konsonan... Rekor... relevan... Suizi... arrogan... Akkor...

5 Notiert die gesuchten Wörter. Die Koffer geben die Anzahl der Buchstaben an.

Flug ohne Zwischenlandung: N O N 

Störung im Schlaf-Wach-Rhythmus nach langen Flügen: J E T 

Urlaub mit Wohnwagen oder Zelt:  I N G

eine Buchung rückgängig machen: S T 

(Haupt)-Reisezeit: S  O N

kleineres Hotel mit einfachen Gästezimmern:  S I O N

moderne Ferienwohnung: A P P 

Empfang im Foyer eines Hotels:  Z 

Andenken an eine Reise:  I R

Ausblick über eine Landschaft: P 

S. 286 **6** Ergänzt die fehlenden Buchstaben und schreibt die Wörter auf. Ihr könnt ein (digitales) Wörterbuch nutzen.

Sanft reisen

Die Deba...e um ö...ologische Nachhaltigkeit rückt auch im Tourismus mehr und mehr in den Fo...us. Im ...entrum des Inte...e...es steht dabei oft die Di...ku...ion um die Kl...maschädlichkeit des Flugverkehrs oder der Kreuzfahrtindustr.... Der hohe Kohlend...oxidausstoß belastet die Atmos...äre. Hinzu kommen Lärme...issionen, auf die Mensch und Tier sens...bel reag...ren. Doch zum ko...plexen ...emenfeld eines nachhaltigen Tourismus gehört weit mehr als die Mob...lität. In Städten wie Venedig oder Dubrovnik zeigt der Massentourismus mit Mi...ionen Touristen pro Jahr zahlreiche negati...e E...ekte. Die Au...entizität der Städte geht verloren, das Ökos...stem der Lagune leidet, Wohnraum verschwindet zugunsten von Hotels, ...afés und Rest...rants. I...een zur Lösung dieser Pro...leme gibt es durchaus. Pra...tische Ti...s für einen umweltschonenden Urlaub findet man beispielsweise auf den Interne...seiten des Umweltbundesamtes. Nachhaltiger Tourismus, auch sanfter Tourismus genannt, hält verbindliche Umwelt- und Sozialstandar...s ein, ist sanft zu Mensch und Natur. Dies wirkt zurück auf die Qua...ität des Reisens, denn nur eine inta...te Natur stellt letztlich ein a...raktives Reiseziel dar.

13.3 A?a Abgefahren! · Eigennamen und Ableitungen von Eigennamen schreiben

Eigennamen erkennen und unterscheiden

Keine Lust auf die üblichen Ausflüge?

Ein wirklich phaenomenales Mitmach-Museum ist das „phaeno“ in Wolfsburg. Hier können Besucher einen Nebeltornado berühren, einen elektromagnetischen Igel formen und dabei so viel Spannung erleben, dass ihnen die Haare zu Berge stehen. Das „phaeno“ ist international sehr gut vernetzt, zum Beispiel mit dem Technorama in Winterthur oder dem Exploratorium in San Francisco.
Wo? Willy-Brandt-Platz 1; Wolfsburg

Auf Lesehungrige wartet in Mecklenburg-Vorpommern ein ganz spezieller Happen: Deutschlands erstes Bücherhotel in Groß Breesen, südlich von Güstrow. Leseratten finden hier über 100.000 Bücher, von Thomas Mann bis Günter Grass, von Jane Austen bis Henning Mankell. Ein besonderes Extra ist der Büchertausch: Wer zwei Bücher mitbringt, kann ein Buch seiner Wahl mit nach Hause nehmen.
Wo? Dorfstraße 10; Groß Breesen

„phaeno“ in Wolfsburg

○ **1** Stellt ungewöhnliche Reiseziele vor, die ihr kennt.

◒ **2** Übernehmt die Tabelle. Sucht aus dem Text alle Eigennamen heraus und ordnet sie ein. Besprecht, welche Schwierigkeiten bei der Schreibung von Eigennamen auftreten können.

Personennamen	Namen von Institutionen und Organisationen	geografische Namen	Namen von Straßen, Plätzen, Parks, Gebäuden
...	*phaeno*	...	...

◒ **3** **a)** Sucht aus den folgenden Wortgruppen die Eigennamen heraus und ordnet sie in die Tabelle aus Aufgabe 2 ein.
b) Warum ist *Botanischer Garten Jena* ein Eigenname, *botanischer Garten* aber nicht?

Friedrich der Erste, der erste Rang, botanischer Garten, Botanischer Garten Jena, schwarzer Tee, das Schwarze Meer, Ostsee, Ostküste, die Hohe Tatra, auf hoher See

Adjektive in Verbindung mit Eigennamen schreiben

Alles Wurst!

Im thüringischen Mühlhausen befindet sich Deutschlands erstes Bratwurstmuseum. Dort können sich Besucher über die Bratwurst im Allgemeinen und über die Thüringer Bratwurst im Besonderen informieren. Neben der originalen Thüringer Rostbratwurst werden auch Nürnberger Bratwürste, fränkische, westfälische und schlesische Bratwürste oder Pfälzer Würste präsentiert.

Wer hat's erfunden?

Die Schweizer Bergwelt gibt es nicht nur in der Schweiz – bekannt sind die Böhmische Schweiz, die Fränkische Schweiz, die Holsteinische Schweiz und die Sächsische Schweiz. Der Name Sächsische Schweiz entstand im 18. Jahrhundert durch zwei Schweizer Künstler, die sich beim Anblick der Sandsteinfelsen an ihre Schweizer Heimat erinnert fühlten.

S.286 ○ ← ◒ **1** Übernehmt die Tabelle und ordnet die markierten Bezeichnungen ein. Formuliert für jede Tabellenspalte eine Regel.

von geografischen Namen abgeleitete Adjektive auf		von geografischen Namen abgeleitete Wörter auf *-er*
-isch (Kleinschreibung)	*-isch* (Großschreibung)	
thüringisch	*die Böhmische Schweiz*	...

S.286 ○ ← ◒ **2** Schreibt die zusammengehörenden Wortgruppen richtig auf. Entscheidet dabei, ob die Adjektive groß- oder kleingeschrieben werden müssen.

k/Kleinster Ort im k/Kleinen Walsertal	Gerlsdorfer Spitze
g/Größte Insel der g/Großen Antillen	Baal
h/Höchster Gipfel der h/Hohen Tatra	Kuba

Erklärvideo j634me

KOMPETENZBOX

Adjektive in Namen und von Namen abgeleitete Adjektive schreiben

Großschreibung	***Beispiele***
– Adjektive, die Bestandteil von Eigennamen sind	*das Schwarze Meer, der Alte Fritz, Wilhelm der Zweite, der Erste Weltkrieg*
– von geografischen Namen abgeleitete Wörter auf *-er*	*eine Leipziger Schule, die Kölner Innenstadt, das Weimarer Stadtschloss*
Kleinschreibung	
– Adjektive, die Bestandteil in festen Wendungen, aber keine Namen sind	*grüner Tee, die erste Geige spielen*
– von Namen abgeleitete Adjektive auf *-isch*, die nicht Bestandteil eines Eigennamens sind	*eine sächsische Stadt, aber: die Sächsische Schweiz*

Namen von Straßen, Plätzen und Gebäuden schreiben

1 Sammelt interessante Namen von Straßen, Plätzen und Gebäuden in eurem Wohnort.
a) Überlegt, welche geografischen Besonderheiten zu diesen Namen geführt haben oder auf welche historischen Personen oder Ereignisse sie sich beziehen.
b) Ordnet die Namen nach ihren unterschiedlichen Schreibweisen in die Tabelle ein.

Zusammenschreibung	Getrenntschreibung	Schreibung mit Bindestrich
Goethestraße	*Am Anger*	*Friedrich-Schiller-Platz*

2 Vergleicht das Straßenschild mit den Straßennamen in eurer Sammlung (Aufgabe 1). Besprecht, was hier fehlerhaft ist.

S. 286 **3** Schreibt die folgenden Namen richtig auf. Begründet mithilfe der Kompetenzbox.

Achtung: Fehlertext

BRANDENBURGERTOR, GOETHEHAUS, UNTERDENLINDEN, LANGEGASSE, WÖRLITZERPARK, FRANZLISZTPLATZ, AMALTENSTROM, DOMPLATZ, THERESIENWIESE, BERTOLTBRECHTGYMNASIUM, CHEMNITZERALLEE

MK **4** **EXTRA** Gestaltet einen verrückten Reiseführer zu einer Region eurer Wahl.
- Fragt im Fremdenverkehrsamt oder sucht im Internet nach „abgefahrenen" Reisezielen: die witzigsten Museen, die coolsten Strecken für Inline-Skater, …
- Schreibt zu jedem Reiseziel einen kurzen Text. Achtet auf die Schreibung der Eigennamen.
- Sucht Bildmaterial. Ihr könnt auch selbst Fotos oder Illustrationen anfertigen.

Erklärvideo j634me

KOMPETENZBOX

Namen von Straßen, Plätzen und Gebäuden schreiben

Namen von Straßen, Plätzen und Gebäuden werden

zusammengeschrieben,	***Beispiele***
wenn das Bestimmungswort ein eingliedriger Personenname, ein Substantiv (auch zusammengesetzt) oder ein nichtdekliniertes Adjektiv ist.	*Schillerplatz* *Dorfstraße* *Neumarkt*
getrennt geschrieben,	
wenn sie ein dekliniertes Adjektiv, eine Präposition oder eine Ableitung auf *-er* von einem geografischen Namen enthalten.	*Breite Straße* *Am Alten Turm* *Dresdener Straße*
mit Bindestrich geschrieben,	
wenn das Bestimmungswort ein mehrgliedriger Personenname ist.	*Willy-Brandt-Platz*
Großschreibung	
Das erste Wort und alle zum Namen gehörenden Adjektive und Substantive werden großgeschrieben.	*Zum Alten Hafen, Äußere Leipziger Straße, An der Vogelweide*

13.4 cul8er! · Abkürzungen und Kurzwörter verstehen und schreiben

1 Sprecht darüber, wann und mit wem ihr per Kurznachricht kommuniziert. Welche Abkürzungen verwendet ihr dabei?

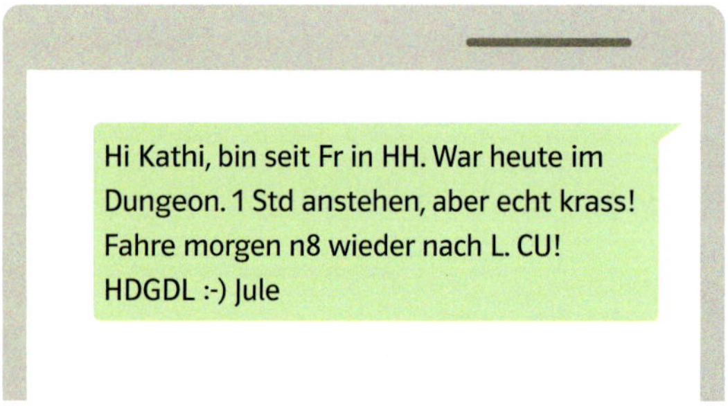

Jugendherberge Hamburg

DZ inkl. Frühst., Dusche/WC, TV; zentr. Lage, 10 min vom Hbf.; U-Bahn/S-Bahn 500 m; NEU: 1 Std. WLAN gratis. 31,95 EUR p. P. (mit DJH-Mitgliedskarte)

S. 287 **2** Klärt die Bedeutung der Abkürzungen und Kurzwörter in der Überschrift und in den beiden Texten.

HH-JS 1310

3 Überlegt, warum in Kurznachrichten und Anzeigen so viele Kurzformen verwendet werden. Diskutiert, welche Schwierigkeiten Leserinnen und Leser beim Verstehen dieser Texte haben könnten.

4 Lest die Texte laut. Vergleicht jeweils den gesprochenen und den geschriebenen Text.

5 Kurzformen, die nur in der Schriftsprache verwendet werden, bezeichnet man als Abkürzungen. Werden Kurzformen auch gesprochen, handelt es sich um Kurzwörter.
a) Übernehmt die Tabelle und ordnet die Kurzformen aus beiden Texten ein.
b) Erklärt, inwiefern sich N8 und CU von den übrigen Kurzformen unterscheiden.

Abkürzungen (nur schriftlich)	Kurzwörter (auch mündlich)
DZ (Doppelzimmer)	*WC (water closet)*

6 Entscheidet, ob es sich um Abkürzungen oder Kurzwörter handelt, und nennt die Vollform. Ihr könnt ein (digitales) Wörterbuch nutzen. Tragt die Kurzformen zusammen mit ihren Vollformen in die Tabelle aus Aufgabe 5 ein.

App; ARD; Aufl.; Bd.; bzw.; cm; Demo; ebd.; etc.; EU; Hrsg.; kg; Kripo; o. Ä.; PC; Pkw; S. 96 f.; Tel.; VfB; SMS; Web-Cam; ZDF; z. H.

S. 287 **7** **a)** Erläutert anhand der Beispiele aus Aufgabe 6 Besonderheiten bei der Schreibung von Kurzwörtern und Abkürzungen. Achtet auf Großbuchstaben und Punkte.
b) Formuliert Regeln zur Schreibung der Kurzformen.

8 Überlegt, wonach sich das Genus von Kurzwörtern richtet. Warum heißt es *die ARD, das ZDF* und *der WDR*? Vergleicht mit der Vollform.

9 a) Bildet den Plural zu Kita, GmbH, Kfz, Lkw, PC, AG, Akku, Uni.
b) Überprüft eure Lösungen mithilfe eines (digitalen) Wörterbuchs.
c) Vergleicht mit dem Plural der Vollform.

10 **EXTRA** Erstellt ein Verzeichnis der häufigsten Abkürzungen in Kurznachrichten.

KOMPETENZBOX

Abkürzungen und Kurzwörter schreiben

Abkürzungen	***Beispiele***
sind schriftsprachliche Kurzformen. Die Kurzform wird in der Regel nicht gesprochen.	*Jh.* *(gesprochen: Jahrhundert)*
Nach Abkürzungen steht meist ein Punkt. Steht eine solche Abkürzung am Ende eines Aussagesatzes, ist der Abkürzungspunkt zugleich der Satzschlusspunkt.	*z.B., vgl., Z., V., usw., u.a.* *Es gibt Abkürzungen für Maßeinheiten, Währungseinheiten usw.*
Bei Abkürzungen für Maßeinheiten, Himmelsrichtungen und Währungseinheiten setzt man im Allgemeinen keinen Punkt.	*min, s, km; N; USD (United States Dollar)*
Kurzwörter	
werden auch in der gesprochenen Sprache verwendet. Bei Kurzwörtern setzt man meist keinen Punkt.	*Uni, Kripo, Bus*
Initialkurzwörter bestehen aus den Anfangsbuchstaben (Initialen) der Vollform.	*TÜV (Technischer Überwachungsverein)* *BGB (Bürgerliches Gesetzbuch)*
Im Plural erhalten Kurzwörter oft die Endung *-s*, auch wenn die Vollform den Plural nicht auf *-s* bildet.	*die Unis – die Universitäten*
Kurzwörter, die auf *s* oder *z* enden, sind im Plural endungslos.	*die SMS, das Kfz*

11 Schreibt die Kurzformen aus der Anzeige heraus und ergänzt die Vollformen. Beurteilt die Verständlichkeit der im Text verwendeten Abkürzungen.

Urlaubsparadies Schirgiswalde: gemütl. DZ, DU/WC, NR, Aufenthaltsr., HD-TV, Kühlschrank, Radio, Getränke, Terrasse + schöner Garten. Grenzüberschr. (CZ) Rad- und Wandergeb.
ÜF ab 20 € p. P.
Tel. +49(0)3592-502808

12 Schreibt selbst eine Anzeige, in der ein Hotelzimmer oder eine Ferienwohnung angeboten wird. Verwendet gebräuchliche Abkürzungen und Kurzwörter.

Das könnt ihr jetzt!

Regeln und Strategien der Rechtschreibung anwenden

Last minute oder Slow Travel?

A Last minute nach Mallorca? Mit etwas Glück fliegt man schon für dreißig Euro auf die spanische Insel. Circa 98 Prozent aller Touristen kommen mit dem Flieger. Dabei gäbe es durchaus eine Alternative. Statt zu jetten, kann man nachhaltig nach Mallorca reisen – mit Bahn und Fähre. Nachts wird im Zug geschlafen. Tagsüber ist in den Städten und Regionen, die am Weg liegen, Zeit zum Erleben, Staunen, Genießen – in einem Pariser Café oder beim Bummel durch Barcelona, die katalanische Hauptstadt.

B Der Weg ist das Ziel. Slow Travel heißt diese Form ökologisch verträglichen Reisens. Sie verspricht die Wiederentdeckung der Langsamkeit. Wer auf diese Weise vom Berliner Hauptbahnhof in die balearische Metropole reist, braucht drei Züge, eine Fähre und mindestens vierzig Stunden reine Fahrzeit. Zugegeben, das klingt strapaziös. Und es ist auch keineswegs preiswert. Pro Person kommen schnell 300 Euro für den Transport zusammen. Doch Slow Travel bedeutet auch weniger Emission von Treibhausgasen, dafür mehr Spontanität. Vor allem aber bietet Slow Travel viel mehr Zeit – Zeit zum Träumen, Zeit zum Genießen, Zeit für intensive Begegnungen mit Mitreisenden.

Slow Travel – Der Weg ist das Ziel.

Lösungen
→ S. 291

1 a) Diktiert euch den Text als Partnerdiktat, bei **B** wechselt ihr.
b) Überprüft anschließend eure Rechtschreibung.

2 Der Text enthält fünf Adjektive, die von geografischen Namen abgeleitet sind. Sucht sie heraus und begründet ihre Schreibung.

3 a) Findet zu den markierten Fremdwörtern je ein verwandtes Wort und schreibt es auf.
b) Notiert weitere Fremdwörter mit den Suffixen -ist, -(i)tät, -ion, -iv. Wer findet die meisten?

4 Korrigiert die nebenstehende Kurznachricht und erstellt ein Fehlerprofil. Klärt, mithilfe welcher Strategien sich die Fehler vermeiden lassen.

Achtung: Fehlertext

Hi Lena, viele grüße aus Berlin. Wir sind hier in einem voll krassen Hotel, dass gleich am Brandenburgertor steht. Die Straße heißt unter den Linden. Nervig ist, das es schon seid heute mittag regnet. Nur 16 Grat – das berliner Wetter könnte echt besser sein! Aber morgen geht's ja dann mit dem Nachtzug nach Mallorca. 40 Stunden fahrt – bin voll gespant. 😨

Stadt-Land-Fluss (Spiel für mindestens zwei Spielerinnen/Spieler)

Spieldauer: ca. 20 min
Bei dieser Variante des bekannten Spiels Stadt-Land-Fluss kommt es nicht darauf an, wer am schnellsten ist, sondern wer alles richtig geschrieben hat.
Ihr benötigt jeweils ein Blatt Papier, einen Stift, ggf. ein (digitales) Wörterbuch.
Nehmt das Papier quer u. legt eine sechsspaltige Tabelle an (vgl. Abb. unten). Wie beim „normalen" Stadt-Land-Fluss-Spiel beginnt eine Spielerin/ein Spieler, sich das Alphabet lautlos im Kopf aufzusagen. Eine andere/ein anderer ruft „Stopp". Zu dem so ermittelten Anfangsbuchstaben schreibt ihr nun einen Namen, eine Stadt, ein Land usw. auf. Achtet auf die richtige Schreibung, denn nur für richtig geschriebene Wörter gibt es Punkte.
Haben mehrere Spieler in einer Kategorie dieselbe richtige Antwort, erhalten sie 5 Punkte. Wer in einer Kategorie eine richtige Antwort aufgeschrieben hat, die sonst niemand hat, erhält 10 Punkte.

Name	Stadt	Land	Fluss	Straße	Pkte.
Saskia 10	*Stuttgart 5*	*Spanien 5*	*Spree 5*	*Stuttgarter Str. 10*	*35*

5 Spielt *Stadt-Land-Fluss*. Achtet auf die richtige Schreibung der Eigennamen. Ihr könnt am Ende jeder Runde zur Überprüfung ein (digitales) Wörterbuch verwenden.

6 Schreibt aus der Spielanleitung alle Abkürzungen heraus. Ergänzt ihre Vollformen.

7 Löst das Rätsel. Überlegt, hinter welchen Abkürzungen ein Punkt stehen müsste.

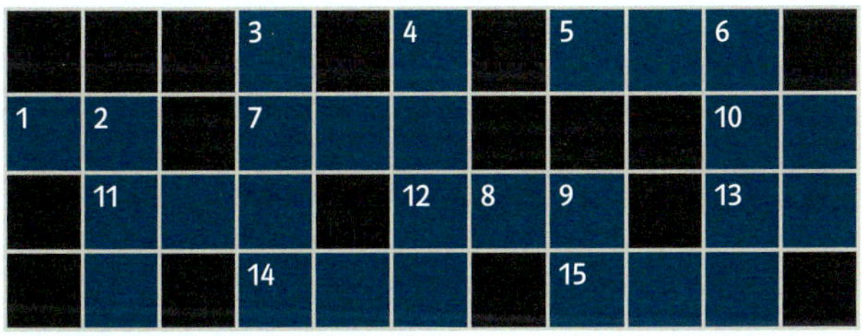

Waagerecht
1 Hektar *Abk.*
5 frz. Schnellzug *Kurzw.*
7 dt. Schnellzug *Kurzw.*
10 Intelligenzquotient *Kurzw.*
11 Bahnhof *Abk.*
12 1.000 Millionen *Abk.*
13 Computer *Kurzw.*
14 Abonnement *Kurzw.*
15 Mobilfunkdienst *Kurzw.*

Senkrecht
2 Abitur *Kurzw.*
3 Intern. Fußballverband *Kurzw.*
4 Protestaktion *Kurzw.*
6 wichtige Person *Kurzw.* Plural
8 rechts *Abk.*
9 Dezimeter *Abk.*

Starthilfen

1 Science-Fiction: Auf in neue Welten · Sich und andere informieren

S.14 ○ 2 Diese Schritte können euch helfen:
- W-Fragen formulieren und stichwortartig Antworten notieren
- unbekannte Wörter aus dem Textzusammenhang klären oder nachschlagen
- Text in Abschnitte unterteilen und Schlüsselwörter notieren

S.14 ○ 4a Untersucht folgende Textstellen genauer:
Text 1, S.12, Z.1–11
Text 2, S.12, Z.30–44
Text 3, S.13, Z.71–78

S.14 ○ 5 Begründet die folgende Schüleraussage: „In diesem Text finde ich sowohl Textstellen mit informierendem und argumentierendem Charakter als auch den Appell, dieses Buch zu lesen."

S.17 ◒ 5 Sucht Thesen im Text (eine Behauptung wird aufgestellt, eine Aussage gemacht oder eine Meinung geäußert). Überprüft, ob für die Thesen Argumente vorliegen. Überprüft, ob Argumentationsstützen (z.B. Beispiele, Fakten, Expertenmeinungen) vorhanden sind.

S.17 ○ 6a Folgende Textstellen können euch helfen: S.15, Z.14–22; S.16, Z.46–58.

S.17 ◒ 7 Untersucht die Wirkung der folgenden Textbeispiele. Findet weitere Beispiele im Text und beschreibt deren Wirkung.
- „Die Mondlandung war also 1969 eigentlich schon ein alter Hut." (S.15, Z.9)
- „Kepler beschreibt in seinem Roman eine Space Odyssee, spart nicht mit physikalischen Details über die Schwerelosigkeit im All und spekuliert über die Verhältnisse, die auf dem Erdtrabanten wohl herrschen mögen." (S.15, Z.10 ff.) (Satzbau untersuchen)
- „Längst im Mainstream angekommen, […]" (S.15, Z.20)
- „Aktuell sind Apokalypsen und Dystopien sehr en vogue." (S.16, Z.55 f.)

S.20 ○ 2 Untersucht die folgenden Textstellen im Text auf Seite 19 auf besondere sprachliche Mittel: Z.1–8, Z.17 ff., Z.50–53, Z.59–65, Z.70.

S.20 ○ 3 Die Informationen sind im Schülertext markiert. Benennt sie.

In der Rezension „Vorsicht, Weltwechsel", erschienen im Jahr 2020 im Feuilleton der Frankfurter Allgemeinen Zeitung, verdeutlicht der Autor Axel Weidemann die Aktualität des Jugendromans „Cryptos" von Ursula Poznanski.

S.21 ○ 5a Die Beispiele sind im Schülertext markiert. Achtet auf die unterschiedlichen Farben und bestimmt die verschiedenen Möglichkeiten mithilfe der Arbeitstechnik (S.20).

Im ersten Abschnitt (Z.1–19) stellt sich der Autor die Frage, ob ein Leben in einer nicht realen, gedachten Welt vorstellbar ist, wie es Ursula Poznanski in ihrem Jugendroman „Cryptos" darstellt (vgl. Z.1 ff.). Das vollständige Leben in virtuellen Scheinwelten sei zwar eine Idee des Romans. Allerdings ist laut Weidemann die Realität durch zahlreiche Angebote im Internet und in „virtuelle[n] […] Räume[n]" (Z.12 ff.) nicht mehr weit davon entfernt. Nach Weidemann ist es das Ziel, eine bessere Wirklichkeit zu schaffen und aus der Realität zu fliehen (vgl. Z. 35 f.). Dabei besteht der größte Unterschied darin, dass der Mensch momentan noch die Wahl habe.

S.21 ○ 6b Untersucht die folgenden Textstellen im Text auf Seite 19: Z.59–65, Z.72 ff., Z.76–80.

S. 23 ◒ 2 Folgende Schritte können euch helfen:
- W-Fragen formulieren und stichwortartig Antworten notieren
- unbekannte Wörter aus dem Textzusammenhang klären oder nachschlagen
- Text in Abschnitte unterteilen
- Schlüsselwörter notieren
- Thema des Textes formulieren

S. 23 ◒ 4 Übernehmt das folgende Flussdiagramm und ergänzt es.

Einstieg
- Definition des Begriffs „Science-Fiction"
- ...

↓

1. Aspekt
- Science-Fiction-Autoren entwerfen absichtlich Worst-Case-Szenarien
- ...

↓

2. Aspekt
- Verbindung von Science-Fiction und Wissenschaft
- ...

↓

3. Aspekt
- Entwicklung der Science-Fiction-Literatur
- ...

↓

Schlussfolgerung/Fazit:
- ...

S. 23 ○ 6 Konzentriert euch auf den Satzbau und sprachliche Auffälligkeiten einzelner Wörter (z. B. „worst case" Z. 21).

S. 23 ○ 8a Nutzt folgende Erklärung: Ein fachwissenschaftlicher Text stellt Zusammenhänge dar und vermittelt Fachwissen. Er ist in einem sachlichen Stil geschrieben. Findet im Text Beispiele dafür.

S. 25 ○ 1 Markiert auf einer Kopie des Sachtextes auf Seite 24 f. die wichtigsten Informationen. Wenn keine genaue Jahreszahl gegeben ist, könnt ihr auch Zeitspannen angeben.

S. 26 ○ 1 Achtet bei der Beurteilung der Gestaltung auf folgende Aspekte:
- Textmenge, Schriftgröße, Schriftfarbe
- Farbgestaltung
- Gestaltungselemente wie Bilder, Pfeile, Rahmen

S. 27 ○ 5
- Gestaltet den Stichwortzettel so, dass nur die wichtigsten Kernaussagen formuliert sind.
- Notiert euch Hinweise zum Wechsel der Folien.
- Zeigt die Folien nicht zu schnell, sie müssen von den Zuhörerinnen und Zuhörern auch gelesen werden.

Starthilfen

2 Mode um jeden Preis? · Sprachlicher Umgang mit anderen

S. 32 ○ 2a Folgende Textstellen helfen euch bei der Zusammenfassung der Argumente:
Überschrift: „Mode-Wahnsinn zerstört Umwelt …"
Untertitel: „Jedes fünfte [Kleidungsstück] davon tragen wir so gut wie nie."
Z. 3: „Der Preis, den die Umwelt und andere Menschen dafür zahlen, ist hingegen immens."
Ab Zeile 5 helfen euch die Zwischenüberschriften.

S. 32 ○ 2b Ihr könnt folgende Stichpunkte zu Argumenten ausbauen.

Mode als Ausdruck der eigenen Persönlichkeit, Beschäftigung mit Mode als Hobby oder Beruf, viele nachhaltige Möglichkeiten des Modekonsums (Secondhand, Fairtrade, Recycling)

S. 34 ○ 6 Ihr könnt folgende Stichpunkte zu Argumenten ausbauen.

Chancen des Siegels „Grüner Knopf":
- kein schlechtes Gewissen beim Kleidungskauf
- Klarheit über Produktionsbedingungen der Kleidung
- Verlässlichkeit durch unabhängige Prüfstellen
- Siegel beim Einkauf leicht erkennbar
- Siegel als Anreiz für Unternehmen, die Anforderungen zu erfüllen und besonders die Arbeitsbedingungen zu verbessern

Grenzen des Siegels „Grüner Knopf":
- blindes Vertrauen in das Siegel, keine selbstständige Auseinandersetzung mit den Unternehmen und ihren Bedingungen
- Siegel stellt nur einen Mindeststandard dar, weiterhin hoher Wasser- und CO_2-Verbrauch, auch bei nachhaltigen Produkten
- viele Hersteller beteiligen sich noch nicht (z. T. obwohl sie nachhaltig produzieren)

S. 35 ○ 2 Ihr könnt folgende Stichpunkte zu Argumenten ausbauen.

Modeblogger sind oberflächlich:
- Mode betont das Äußere eines Menschen, nicht die inneren Werte
- Mode ist käuflich und schnelllebig
- Markendruck oder Bewertung nur nach dem Äußeren kann zu Ausgrenzung führen
- Modeblogger verdienen damit Geld, Menschen dazu zu bringen, sich auf Äußerlichkeiten zu fixieren

Modeblogger sind nicht oberflächlich:
- Mode(blogging) ist ein berechtigtes Hobby
- Mode als Kunstform
- durch Mode kann man sich neu erfinden oder verändern
- Umgang mit Mode kann Individualität und Kreativität fördern

S. 36 ○ 4a Ihr könnt folgende Ideen nutzen.
- Sneaker: bequem, praktisch, vielseitig kombinierbar, Modelle mit Hightech-Elementen (z. B. Memory-Schaum-Sohle), …
- Bauchtasche: Stauraum für die wichtigsten Dinge unterwegs, alles sicher verstaut, völlige Bewegungsfreiheit, große Farb- und Formenvielfalt, …
- Gürtel: stylischer Hingucker, unendlich viele Varianten, verhindert Herunterrutschen von Kleidungsstücken, Schutz vor peinlichen Situationen, …

S. 37 ○ **7** Ihr könnt folgende Stichpunkte zu Argumenten ausbauen.

Chancen einer Konsumeinschränkung:
- Umweltschutz und Müllvermeidung
- Wertschätzen der einzelnen Kleidungsstücke und ihres Produktionsaufwandes
- Förderung der Kreativität durch verschiedene Kleidungskombinationen
- Kauf von weniger, aber dafür hochwertigeren/fairen Kleidungsstücken möglich

Grenzen einer Konsumeinschränkung:
- Kleiderkonsum nur ein Aspekt, der die Umwelt belastet
- viele Menschen setzen sich bereits anderweitig für Umweltschutz ein
- faire Kleidung kann sich nicht jede/jeder leisten

3 Alles unter Kontrolle?! · Schriftlich argumentieren

S. 45 ○ **3a** Ihr könnt folgende Argumente nutzen. Ergänzt jeweils ein Beispiel.

Pro-Argument: Apps geben präzise Auskunft über sportliche Leistungen, sodass Bewegungsdefizite deutlich werden.
Kontra-Argument: Die von den Apps erhobenen Daten sind sensibel und könnten für Werbezwecke missbraucht werden.

S. 47 ○ **3** Beachtet, dass ihr die Textstellen jeweils mehreren Möglichkeiten zuordnen könnt.

S. 48 ○ **5a** Sucht weitere W-Fragen, um die Streitfrage in Teilthemen aufzufächern.
- Wer ist von einem Verbot der Eltern-Kontroll-Apps betroffen?
- Welche Folgen hätte ein Verbot der Eltern-Kontroll-Apps?
- Warum …?
- …

S. 48 ○ **7a** Ihr könnt folgende Argumente verwenden.

„Sollten Eltern-Kontroll-Apps verboten werden?"

Vertrauensverlust zwischen Kindern und Eltern	schnelles Reagieren der Eltern ermöglicht Schutz
Selbstständigkeit der Kinder wird gehemmt	Eltern als Erziehungsberechtigte haben mehr Erfahrungen, Wissen und Pflichten
Kinder werden zu illegalen Mitteln und Auswegen aus Überwachung verführt	Eltern können dadurch den Kindern mehr erlauben

S. 49 ○ **10a** Ihr könnt für die Gründe folgende Anregungen nutzen:
- wenn es viele Gegenmeinungen gibt, die nachvollziehbar sind
- wenn ich damit meine eigenen Argumente aufwerten kann
- wenn ich sehr informiert wirken möchte

S. 50 ○ **1** Ordnet die folgenden Elemente den Markierungen zu:
Streitfrage nennen, ins Thema einführen, Interesse bei der Leserin/des Lesers wecken.

Niemand mag es, auf Schritt und Tritt beobachtet und in allem überwacht zu werden. Was in der realen Welt ein absolutes Tabu ist, findet in der digitalen Welt statt, wenn Eltern Kontroll-Apps auf

Starthilfen

den Smartphones ihrer Kinder installieren. Diese Apps ermöglichen es, Standortdaten abzufragen, den Browserverlauf, Socialmediadaten, Fotos und Chats zu verfolgen, sogar gelöschte Nachrichten können wiederhergestellt werden. Deshalb stellt sich die Frage, ob Eltern-Kontroll-Apps verboten werden sollten.

S. 50 ○ 4 Ihr könnt die beiden Anfänge der Entfaltung nutzen.

A *Nichts, das sie mit ihrem Smartphone tun, bleibt ihren Eltern verborgen, nicht einmal Geheimnisse, die sie ihren Freunden mitteilen. ...*

B *Sie senden ihrem Kind damit unterschwellig die Botschaft, dass sie diesem nicht zutrauen, eigenverantwortlich und ohne ihre Kontrolle in der digitalen Welt unterwegs zu sein. ...*

S. 51 ○ 8b So könnte eure Überarbeitung beginnen:

Die eigenen Kinder mithilfe einer Eltern-Kontroll-App zu überwachen ist sinnvoll. In kritischen Situationen kann man nachvollziehen, welche Websites die Kinder per Smartphone besucht haben oder worüber sie sich unter Umständen in Chats geäußert haben könnten. Dies könnte zum Beispiel notwendig sein, wenn sich ...

S. 54 ○ 3b Ordnet die drei Entfaltungsmöglichkeiten den Texten **A** – **C** zu.
- Aufzeigen von Konsequenzen
- unvollständiger Vergleich, Gegenüberstellung mit realem Leben
- Hinweis auf Bedingungen und Konsequenzen

S. 54 ○ 4 Ihr könnt folgenden Anfang verwenden:

Das eigentliche Problem ist nicht die Anonymität, weil bereits jetzt viele Beleidigungen und Bedrohungen unter Klarnamen veröffentlicht werden, vor allem betrifft ... Obwohl sich ...

S. 55 ◒ 7 Ihr könnt folgende Argumente nutzen: Verunsicherung der Nutzerinnen und Nutzer; Portale sollten verlässlich sein; Verletzung von Persönlichkeitsrechten; manchmal schwierig zu entscheiden, was Wahrheit ist.

S. 58 ○ 5a Mögliche Personengruppen können sein: Schülerinnen/Schüler, Eltern, Schulleitungen, Lehrerinnen/Lehrer, Datenschützerinnen/Datenschützer, Bürgerinnen/Bürger, Politikerinnen/Politiker.

S. 59 ○ 8b Übernehmt folgende Gemeinsamkeiten und Unterschiede und sucht weitere.

Gemeinsamkeiten: Bezug auf aktuelle Themen und Streitfragen, eigene Standpunkte vertreten, ...
Unterschiede: unterschiedliche Veröffentlichungsorte (Zeitung–Internet), unterschiedliche Ziele (Standpunkt verdeutlichen – ...), ...

S. 61 ○ 3b Sucht Stellen, ...
- an denen die Formulierungen zu übertrieben sind.
- die unklar formuliert sind.
- die widersprüchlich sind.
- welche die Forderungen nicht klar verdeutlichen.
- die nicht eindeutig zeigen, wer für die Onlinepetition verantwortlich ist und um Unterstützung bittet.

4 Auf ins neue Leben · Auf Materialbasis einen informierenden Text schreiben

S.67 ○ **1** Übernehmt die Tabelle und tragt die Materialien **1** – **4** (S.67–70) an der richtigen Stelle ein.

Material	Autorinnen/Autoren	Erfahrungen	Bedeutung des Schreibens
	indirekt	*ja*	*nein*
	ja	*ja*	*ja*
	ja	*nein*	*nein*
	ja	*ja*	*kaum*

S.68 ○ **2** Schreibt das Beispiel ab und orientiert euch für Abbas Khider daran:

Melinda Nadj Abonji: als Kind in die Schweiz gekommen, durfte bei einer Kindertheateraufführung nur einen (stummen) Baum spielen, fühlte sich lächerlich und dumm

S.68 ◒ **4** Übernehmt den Text und setzt ihn fort.

Die Redewendung „Deutsche Sprache, schwere Sprache" drückt aus, dass es vielen Menschen schwerfällt, Deutsch als Fremdsprache oder neue Sprache zu lernen. Dabei stecken die Schwierigkeiten schon in der Redewendung, da es eigentlich heißen müsste: Die deutsche Sprache ist eine schwierige Sprache. Die Abwandlung „Deutsche Sprache, meine Sprache" ...

S.68 ○ **6** Wählt höchstens zwei Formulierungen aus, die sich für die wörtliche Übernahme eignen.

- Saša Stanišić ist nicht der einzige Autor, der in seiner Zweitsprache Deutsch schreibt.
- Die Tatsache, dass Migration für einen bedeutenden Teil der Menschheit Alltag ist, schlägt sich breit in der deutschsprachigen Literatur nieder.
- Melinda Nadj Abonji erlebte die Zeit nach ihrer Ankunft in der Schweiz als Verstummen.
- Inzwischen hat er fünf Romane auf Deutsch geschrieben, der neuste, „Palast der Miserablen", erscheint Mitte Februar.
- „Der deutsche Abbas ist freier. In der fremden Sprache wird es möglich, über alles zu reden."

S.69 ○ **7** Untersucht Bronskys Antwort auf die erste Frage.

S.71 ◒ **9** Nutzt die folgenden Erklärungen: Wenn man sich über jemanden lustig macht, dann stellt man sich selbst über diese Person. Man blickt auf sie herab oder grenzt sie aus. Oft soll das die andere Person absichtlich verletzen. Eine Geschichte kann aber witzig sein, ohne dass sich jemand über eine andere Person lustig macht.

S.72 ○ **11** Übernehmt die Tabelle und ergänzt sie.

Material	Autorinnen/Autoren, Alter der Einwanderung	Erfahrungen beim Ankommen	Bedeutung des Schreibens auf Deutsch
Material **1** (S.67)	*Saša Stanišić*	*Sprachlosigkeit*	–
	Melinda Nadj Abonji, Grundschulalter	*durfte bei Theateraufführung nur einen Baum spielen, fühlte sich dumm*	...

Starthilfen

Material	Autorinnen/Autoren, Alter der Einwanderung	Erfahrungen beim Ankommen	Bedeutung des Schreibens auf Deutsch
	Abbas Khider, Erwachsenenalter		*Abbas Khider: auf Deutsch kann er besser über traumatische Erfahrungen schreiben als auf Arabisch*
Material 2 (S.69)	*Alina Bronsky, …*	…	*fühlt sich nicht als russische Autorin, da sie schon lange auf Deutsch schreibt*
Material 3 (S.70)	*Saša Stanišić, 14 Jahre*		
Material 4 (S.70)	*Saša Stanišić*	*– konnte zu Beginn gar nichts verstehen – in einer Klasse mit anderen Migrantenkindern – Sport als Möglichkeit, …*	…

S.73 ○ 4 Achtet auf die Informationen, die in der Aufgabenstellung (S.66) enthalten sind.

S.78 ○ 3 Übernehmt die Tabelle und tragt die Materialien 1 – 4 (S.78–81) an der richtigen Stelle ein.

Material	Bedeutsamkeit, öffentliches Interesse	Fakten, Gründe für Auswanderung	Erfahrungen und Tipps
	nein	*ja*	*ja*
	nein (bzw. indirekt)	*ja*	*nein*
	ja	*ja*	*nein*
	ja	*nein*	*nein*

S.80 ○ 6 Achtet auf folgende Textstellen: Z.1–8, 21–32, 44–53, 54–58.

S.80 ○ 8b Übernehmt den Anfang und setzt ihn fort.

Statistische Daten zeigen, dass die meisten deutschen Auswanderer in sogenannten westlichen Staaten leben. Die USA sind das beliebteste Auswanderungsland, danach kommen europäische Länder wie Großbritannien, die Schweiz oder Frankreich. Bei der Altersstruktur der Deutschen im Ausland fällt auf, …

S.81 ○ 9b Beachtet die Antworten auf die zweite und die beiden letzten Fragen. Den „Deutschen raushängen lassen" meint, dass man den Einheimischen in arroganter Weise erklärt, was in Deutschland besser läuft als in ihrem Land und wie sie es machen sollten.

S.81 ◒ 12 Übernehmt den Anfang und setzt ihn fort.

Wer kennt sie nicht: Fernsehsendungen wie „Goodbye Deutschland" oder „Mein neues Leben"? Solche Sendungen über Auswanderer aus Deutschland sind schon seit vielen Jahren beliebt. Teilweise liegt das sicher daran, dass man die oft planlosen Auswanderer lustig findet. Aber sicher spielt dabei auch das eigene Fernweh eine Rolle. Dabei leben schon jetzt etwa vier Millionen Deutsche im Ausland. Und aus der Industrie hört man immer wieder Klagen darüber, dass es in Deutschland einen Mangel an Fachkräften gibt. Ist die Auswanderung aus Deutschland also ein gesellschaftliches Problem? Statistische Daten zeigen …

5 Unerwartete Begebenheiten · Erzählende Texte untersuchen, interpretieren und gestalten

S. 90 ○ 5b Sucht die treffende Formulierung des Themas heraus und begründet.
Die Graphic Novel „Der Bus von Rosa Parks" thematisiert …

A das mutige Verhalten einer Schwarzen, die gegen Rassismus und Unterdrückung aufbegehrt.

B die Schilderung des Ich-Erzählers von dem mutigen Auftritt Rosa Parks.

S. 90 ○ 2 Nutzt die folgenden Wörter oder Wortgruppen: werde austreiben lassen, solle aufstehen, bekomme, der Aufforderung nicht nachkommen.

S. 93 ◒ 4 Mögliche Bestandteile eurer Bild-Text-Collage können sein: Cowboystiefel – Kaktus – Sonne – Pferd – Rennwagen – Bierglas und Chips – Kunstbuch – Theaterkarte – blondes, lachendes Frauengesicht – Modezeitschrift – „Er war ein Held gewesen in seinen Träumen." – „Asphaltcowboy" – „ein einsamer Mann" – „er lächelt".

S. 93 ◒ 7b Weitere Merkmale von Kurzgeschichten sind: unvermittelter Einstieg, offenes Ende, Handlung bewegt sich zielstrebig auf den Höhepunkt zu, einfache, alltagsnahe Sprache.

S. 95 ◒ 11 Diese Situationen könnten die Grundlage für eure Comicbilder sein:
Situation 1 Auf der Bank sitzen der Mann mit Zeitung und neben ihm der alte Mann, der wie ein Weihnachtsmann aussieht und sagt: „Du hast drei Wünsche frei."; Gesichtsausdruck des jüngeren Mannes: genervt
Situation 2 Nur noch der Mann mit Zeitung sitzt auf der Bank, wütendes Gesicht, Sprechblase: „Scheren Sie sich zum Teufel!"; neben dem Mann eine Art Wolke, die das Verschwinden des alten Mannes symbolisiert
Situation 3 Mann mit Zeitung mit erschrockenem Gesichtsausdruck; Gedankenblase: der alte Mann schmort in der Hölle; Sprechblase: „Ich wünsche mir, dass der alte Mann wieder neben mir sitzt."

S. 98 ◒ 5 Vervollständigt die folgenden Aussagen:

Paul ist gleich zweimal auf der Suche nach einem Geheimnis, nämlich …
Mit der Suche nach einem Geheimnis verdient man „kein Geld" (S. 97, Z. 70), d. h. …
Paul sucht nach einem Geheimnis, weil …
Im ersten Fall ist das Geheimnis eine große Enttäuschung, denn …
Im zweiten Fall … Es ist …, dass Paul auf diese Weise glücklich wird, da …

S. 99 ◒ 6 Unter anderem werden folgende Sinneseindrücke dargestellt:
- Fühlen: Kribbeln der Luft auf der Haut (vgl. S. 98, Z. 92)
- Sehen: „da schwamm eine dickbäuchige lila Flasche mit silbern funkelnden Punkten" (S. 98, Z. 93 f.) → sieht anziehend aus
- Hören: das Klappern in der Flasche → wirkt geheimnisvoll, erzeugt Spannung

Starthilfen

- Fühlen: das Papier „fasste sich samten und kostbar an" (S. 98, Z. 102) → lässt eine wichtige, wertvolle Botschaft vermuten

S. 100 ○ 3a Achtet auf den Satzbau, die sprachlichen Verknüpfungen zwischen den Sätzen und die Stützung durch Textbelege. Nehmt außerdem die Markierungen zu Hilfe.

Ausschnitt aus einer Interpretation zu „Die Flaschenpost"

Paul sehnt sich sein ganzes Leben lang „nach einem Geheimnis" (S. 97, Z. 42 f.). Dieses Geheimnis soll sein Leben ändern. Er findet dann auch ein Geheimnis, nämlich die Flaschenpost. Seine extreme Aufregung wird durch die Beschreibung körperlicher Reaktionen deutlich. Es heißt nämlich, dass „seine Finger zitterten" (S. 98, Z. 97). Die Botschaft in der Flasche ist aber bedrohlich und deshalb geht er weg (vgl. S. 98, Z. 112 f.). Sein Leben hat sich also wirklich total geändert. Ich glaube aber, das Geheimnis sollte ihn glücklich machen. Am Ende weiß man nicht so genau, ob er glücklich ist, aber er ist auf jeden Fall „erwartungsfroh" (S. 98, Z. 124).

S. 101 ○ 9
- Achtet auf die Markierungen: Wie werden die beiden Schwerkranken benannt? Warum wird so oft das Wort „Fenster" verwendet? Welche Bedeutung haben die Adjektive?
- Prüft, ob es in den Sätzen immer ein Subjekt und ein Prädikat gibt.
- Achtet auf andere Satzzeichen als Punkt und Komma wie Semikolon und Doppelpunkt.

Wolfdietrich Schnurre: Beste Geschichte meines Lebens

Beste Geschichte meines Lebens. Anderthalb Maschinenseiten vielleicht. Autor vergessen, in der Zeitung gelesen. Zwei Schwerkranke im selben Zimmer. Einer an der Türe liegend, einer am Fenster. Nur der am Fenster kann hinaussehen. Der andere keinen größeren Wunsch als das Fensterbett zu erhalten. Der am Fenster leidet darunter. Um den anderen zu entschädigen, erzählt er ihm täglich stundenlang, was draußen zu sehen ist, was draußen passiert. Eines Nachts bekommt er einen Erstickungsanfall. Der an der Tür könnte die Schwester rufen. Unterlässt es; denkt an das Bett. Am Morgen ist der andere tot: erstickt. Sein Fensterbett wird geräumt; der bisher an der Tür lag, erhält es. Sein Wunsch ist in Erfüllung gegangen. Gierig, erwartungsvoll wendet er das Gesicht zum Fenster. Nichts, nur eine Mauer.

S. 103 ◒ 3 Ihr könnt die folgende Übersicht vervollständigen:

Sicht des Vaters auf…

das äußere Erscheinungsbild seiner Tochter:
- *sie trage „Tennisschuhe, auf denen jeder ihrer Freunde und jede ihrer Freundinnen unterschrieben haben" (S. 102, Z. 14 ff.), Übertreibung → findet das übertrieben, befremdlich*

typische Eigenschaften und Einstellungen seiner Tochter:
- *er hält sie für „intelligent" (S. 103, Z. 78 f.)*
- *…*

typische Verhaltensweisen seiner Tochter:
- *sie übe gerne „Protest" (S. 102, Z. 27), z. B. indem sie Musik extrem laut höre → rebelliert*
- *…*

S. 103 ○ 5a Die Gedanken des Vaters werden in den Zeilen 21 f. und 24–35 dargestellt.

S. 104 ◒ 2 Benennt das bildliche Mittel, das durchgängig verwendet wird.
Sucht Textstellen, die aufgrund von Übertreibungen oder anderer Formulierungen komisch oder spöttisch wirken, und solche, die düster und entmutigend wirken.

S.104 ◒ **5** Ihr könnt euch an dem folgenden Beispiel orientieren:

Freude
- *meine Freude lasse grüßen (personifizieren)*
- *schon drei Wochen her*
- *ich habe sie zu einem großen Wattebausch geformt (bildhafte Sprache)*
- *sie meiner Freundin zugeworfen*
- *Warum sollte nur ich Freude haben? (rhetorische Frage)*
- *Nur vergaß ich, ...*

S.105 ◒ **6a** Ihr könnt folgenden Anfang nutzen:

Meine Freude, wurde mir ausgerichtet, lasse grüßen, sie erfreue sich bester Gesundheit. Ich hatte sie, aber das ist schon fast drei Wochen her, zu einem großen Wattebausch geformt und meiner besten Freundin zugeworfen. Warum, fiel mir damals plötzlich ein, sollte nur ich dieses zauberhafte Schweben spüren? Da nickte mir die Ritterlichkeit aufmunternd zu und da habe ich es also getan. So viel mir bekannt, ist eine solche Tat vorbildlich. Nur vergaß ich ...

S.106 ◒ **3** Ihr könnt folgende Notizen nutzen:

- *ich stehe in der überfüllten Aula*
- *meine Kamera noch in der Hand, mit der ich eben noch Fotos von meiner Tochter und ihren Klassenkameradinnen und Klassenkameraden auf der Bühne gemacht hatte*
- *die Kinder rennen ausgelassen durch die Reihen*
- *sie lachen dieses Kinderlachen, sie kreischen ausgelassen*
- *die Eltern stehen in kleinen Grüppchen zusammen*
- *ich fühle mich wie eine einsame Insel mitten in einem aufgewühlten Meer*
- *passe hier nicht hin, würde gerne gehen*
- *aber ich habe eine Aufgabe: Fotografieren*
- *und da: der Blick meiner kleinen Tochter*
- *sie schaut mich mitleidig an*
- *schnell greife ich nach der Kamera*

S.111 ◒ **10** Prüft, inwiefern die „unsichtbare Sammlung" ein Symbol für die Wirtschaftskrise sein könnte. Beachtet auch die Hinweise zu „Inflation" (Fußnote, Seite 108).
Ihr könnt aus folgenden Deutungsansätzen auswählen und diese vertiefen:

- *Der Kunsthändler hat die Werke noch sehr genau in Erinnerung, weil sie auch vor seiner Erblindung sein Lebensinhalt waren. – Not wird durch lebendige Erinnerungen an Schönes gelindert.*
- *Die Täuschung, d. h. die leeren Seiten, spenden dem Kunsthändler Trost. – Menschen ignorieren das tatsächliche Ausmaß ihrer Notlage.*

6 Unzertrennlich · Jugendbücher und Filme untersuchen und gestalten

S.118 ○ **5b** Nutzt die folgenden Begriffe: Erzählform: Ich-Form, Erzählperspektive: Innensicht, Erzählverhalten: personal. Beginnt so: *Weil Maik als Ich-Erzähler ...*

S.120 ○ **1** Überlegt, welche Chancen der Ausbruch aus dem Alltag für Tschick und Maik mit sich bringt. Nutzt die Textstelle S.119, Z.60–81.

Starthilfen

S.120 ◒ 2 Untersucht, in welchem Verhältnis Erzählzeit und erzählte Zeit stehen. Ist die Erzählzeit länger als die erzählte Zeit (Zeitdehnung)? Ist die Erzählzeit kürzer als die erzählte Zeit (Zeitraffung)? Sind Erzählzeit und erzählte Zeit gleich lang (Zeitdeckung)?
Orientiert euch daran, wie wichtig das Erzählte für Maik ist.

S.120 ◒ 3a Ihr könnt den folgenden Anfang nutzen. Fügt Gedanken und Gefühle von Maik und/oder Tschick ein. Beschreibt eventuell Körperreaktionen.

*„Mach mich nicht verantwortlich für das, was du jetzt zu sehen kriegst. Und lach nicht. Wenn du lachst –" Mir war schon etwas mulmig zumute, als ich Tschick mein Geheimnis anvertraute. Würde er es für sich behalten? Und was, wenn er mich insgeheim für ein Weichei hielt? Andererseits …
„Ich lach ja nicht." – Was wird wohl jetzt kommen? So kenn ich den doch gar nicht – so ne coole …*

S.122 ○ 1 Prüft in den Zeilen 9–16 und 48–65, was Maik sieht und fühlt.
Untersucht vor allem Verben, Partizipien und Adjektive.

S.122 ○ 3c Prüft, worauf Maik mit dieser Aussage anspielt. Welche Erlebnisse hat er zu Beginn der Handlung erzählt? Wann sind diese Ereignisse passiert, vor oder nach dem Unfall?

Wählt eine der Antworten für eure Begründung aus.

A Maik erzählt zuerst von dem Unfall, weil das für ihn so bedeutend war. Der Autor will damit Spannung erzeugen.

B Maik erzählt das interessanteste Erlebnis zuerst. Der Autor zeigt, was er für besonders wichtig hält.

C Der Beginn mit dem Unfall und seinen Folgen zieht die Leserin/den Leser sofort in die Handlung hinein. Damit wird man zum Weiterlesen angeregt.

S.123 ○ 7a Findet für die folgenden Begriffe standardsprachliche Formulierungen.
„der Typ", „stinkreichen Elternhaus", „so eine Art asozialer Scheiße", „Mongos den Arsch abwischen", „sehr okaye Ermahnungen", „Richter nicht gerade endbescheuert"

S.125 ○ 1 Wählt eine Aussage aus und begründet sie.

A Der Berg steht metaphorisch für ihre Freundschaft und dass sie gemeinsam etwas Großes erreicht haben.

B Der Berg stellt dar, wie anstrengend eine Freundschaft sein kann und dass es sich lohnt, für diese Freundschaft etwas zu tun.

C Der Berg zeigt einen Höhepunkt in der Freundschaftsentwicklung zwischen Maik und Tschick.

S.125 ○ 3 Vervollständigt die Angaben und prüft, wie lange man für das Erzählen der Textstelle benötigt und wie lange wohl die Handlung dauert.

- Gespräch auf Berg über Freundschaft und ein Wiedersehen, gemeinsamer Schwur und Gedanken über Wiedersehen in 50 Jahren
- Abstieg von Berg
- Isa läuft …

S.125 ◒ 4 Ihr könnt folgende Sätze verwenden.

Ich sollte Recht behalten. Zwar brauchten wir keine 50 Jahre für ein Wiedersehen, sondern nur 10 Jahre, aber es war so ähnlich …

S.125 ○ **5** Prüft jeweils in den Textstellen das Verhältnis zwischen Erzählzeit und erzählter Zeit: Z. 67 f., Z. 94 ff., 105–114.

S.125 ○ **6a** Ihr könnt so beginnen:

Kapitel 34
Tja, und dann war ich doch tatsächlich mit den beiden auf dem Berg da oben. Ganz schön abgefahren ...

Kapitel 49
Und nun ist es September und ich werde Maik wiedersehen. Ich habe viel erlebt, auch ohne die zwei, aber wenn ich nächste Woche in Berlin bin ...

S.127 ○ **4** Ihr könnt zur Beschreibung folgende Formulierungen nutzen.

In der Bildmitte ..., Im Vordergrund ..., Im Hintergrund ..., Zu sehen sind ..., Während die eine Person im Vordergrund ... liegt ..., Ihre Kleidung ..., Die Farbe der Kleidung hebt sich stark ab vom ... Die Personen sind guter Laune/eher nachdenklich, das erkennt man ..., Die Körperhaltung ist locker und ...

S.127 ◒ **5** Prüft, was im Zentrum des Bildes dargestellt wird. Findet Erklärungen für die unscharfe Darstellung des Hintergrundes und die Farbe der Kleidung der beiden Personen.

S.127 ○ **6** Achtet auf weitere Linienführungen (Bildachsen) und klärt die Bedeutung von kalten und warmen Farben. Achtet bei den Gemeinsamkeiten auf die Personen, die Haltung, die Mimik, die Gestik und die Kostüme. Achtet bei den Unterschieden auf die Personen, den Ort, die Gestaltung des Hintergrundes, das Licht, die Farbe und die Linienführung.

S.131 ○ **5** Ihr könnt so vorgehen:
- Überlegt euch einen anderen Kamerastandort und besprecht, was auf den Bildern zu sehen ist, wenn ihr diese Szenen von diesem Standort aus filmt.
- Wählt andere Lichtverhältnisse und verändert gedanklich die Farbe der Kleidung.
- Ihr könnt auch weitere Details verändern.

7 Gemeinsam statt einsam · Gedichte untersuchen, interpretieren und gestalten

S.136 ○ **2** Nutzt für die Beschreibung der Gefühlslage die folgenden Adjektive und Partizipien: ängstlich, bedrückt, besorgt, einsam, erleichtert, glücklich, munter, mutlos, nachdenklich, niedergeschlagen, schwach, stark, traurig, unsicher, vertraumt, verzweifelt, wütend.

S.136 ○ **3a** Deutet die folgenden Begriffe in Zusammenhang mit dem Inhalt des Gedichts. V. 3, V. 4: kein Ausgang aus dem Gebirge zu finden; V. 11: steiler Steig

S.137 ○ **2** So könnt ihr vorgehen:
- Beschreibt das Bild, das die Gedichte durch die Anordnung der Wörter erzeugen.
- Untersucht, welche Wörter verwendet werden.
- Erschließt den Inhalt des Gedichts.
- In welcher Weise werden Pronomen wie *du, ich, dir, dich, mein, meine* verwendet?

Starthilfen

S.139 ○ 11
- Beschreibt den Aufbau der einzelnen Verse.
- Welcher Modus (Indikativ, Konjunktiv, Imperativ) wird verwendet?

S.139 ◒ 12 Beantwortet die folgenden Fragen.

V. 4.: Warum sollte man in einigen Situationen auch nichts sagen oder fragen, um Angst zu vermeiden?
V. 7: Was kann man tun, wenn man schlecht einschlafen kann?
V. 13 f.: Was fühlt man, wenn man auf das weite Meer blickt oder in der Natur ist und die Luft riecht?
V. 18: Warum hilft es, manchmal die Dinge, die einen belasten, aufzuschreiben?
V. 25 f.: Wie können andere Menschen helfen, wenn man Angst vor etwas hat.

S.140 ○ 2 Wählt die passende Themenformulierung aus und begründet eure Wahl.

A Das Gedicht beschreibt eine gemeinsame Bootsfahrt zweier Freunde.
B Im Gedicht wird die sich ergänzende Partnerschaft zweier Personen beschrieben. Die Schwächen der einen werden durch die Stärken der anderen Person ausgeglichen.

S.140 ○ 4 Untersucht außerdem „Rudern zwei/ein boot." (V. 1 f.) und „wird das meer in der erinnerung/blau sein (V. 12 f.).

S.141 ○ 6 Der Satzbau und die Wortfolge in beiden Beispielen ist jeweils gleich. Diesen parallelen Versaufbau nennt man Parallelismus. Wie wirkt dies auf euch?

A der eine / kundig der sterne
der andre / kundig der stürme

B wird der eine / führn durch die sterne
wird der andre / führn durch die stürme

S.141 ○ 7 Deutet den Gegensatz zwischen dem „Nussschalenboot" (V. 2) und dem „weite[n] Meer" (V. 4) mit seinen „Stürme[n]" (V. 6) und „Unwettern (V. 7).

S.141 ◒ 8 Nutzt die folgende Tabelle für den Vergleich der beiden Gedichte.

Untersuchungsaspekte	Kunze	Steinkellner
Strophen- und Versform	*keine Strophenform kurze Verse Parallelismen*	...
metaphorische Verwendung bildlicher Elemente	...	*„Nussschalenboot", „Stürme" aus dem Bereich Meer, die für die Aufgaben und Herausforderungen des Lebens stehen, denen man ausgesetzt ist*
Hauptaussage	...	...

S.142 ◒ 10b Nutzt das folgende Schema.

x́ x x́ Pause x́ x x́
Immer zu! Immer zu!

x́ x x́ x x́
Ohne Rast und Ruh!

S.144 ◯ **16** Entscheidet euch jeweils für die richtige Antwort und begründet.

Das Thema des Gedichts ist:
A Abgewiesen werden **B** Tandem-Fahren **C** Lieben-Lernen **D** Radfahren-Lernen

Im Gedicht spricht ein:
A lyrisches Ich **B** Ich-Erzähler **C** lyrischer Sprecher **D** auktorialer Erzähler

S.147 ◯ **5b** Setzt den folgenden Text fort und achtet darauf, sachlich-nüchtern zu schreiben.

Es beginnt nun wieder neu
Und ich habe viele Ideen.
Ich denke jetzt nicht mehr an gestern,
...

S.149 ◯ **5** Übernehmt die folgende Tabelle und ergänzt sie.

Aspekt	**Belege aus dem Gedicht**	**Benennung**	**Deutung**
Reimordnung	Ich mag wie sie lacht und wie sie schaut. Was sie auch macht, was sie auch tut, ich seh sie an und mir geht es gut. Ob ich ihr sag, dass ich sie mag? ...	*wechselnde Reimordnungen* *V. 1–6: Kreuzreim mit eingeschobenen Waisen (reimlosen Verse)* *V. 7 und 8: Paarreim*	– *keine Regelmäßigkeit erkennbar* – *Reime wechseln sich ab* – *formale Gestaltung passt zur Gefühllage des lyrischen Ichs, denn auch dieses ist* ...
Strophengestaltung	1. Strophe: 8 Verse 2. Strophe: 10 Verse 3. Strophe: 8 Verse 4. Strophe: 8 Verse 5. Strophe: 2 Verse 6. Strophe: 2 Verse		...

S.150 ◯ **3** Erläutert die gelb markierten Abschnitte hinsichtlich der Verbindung formaler, sprachlicher und inhaltlicher Aspekte. Überprüft, ob die blau markierten Deutungen nachvollziehbar sind.

Das Gedicht besteht aus 6 Strophen, wobei die letzten beiden Strophen nur jeweils zwei Verse umfassen. Die übrigen vier Strophen haben jeweils 8–10 Verse und beginnen im jeweils ersten Vers immer mit einer Aussage über das lyrische Ich. Auffällig am gesamten Gedicht ist, dass einzelne Verse in verschiedenen Strophen immer nur leicht verändert wiederholt werden. Dabei ändert sich meist nur die Perspektive des lyrischen Ichs: „[I]ch seh sie an/und mir geht es gut" (V. 5 f.) heißt es in der ersten Strophe, „[s]ie sieht mich an/und ich fühl mich gut" (V. 31 f. und V. 35 f.) am Ende des Gedichts. Die Gegenwart der Person, die das lyrische Ich mag, sorgt in jeder Situation für ein gutes Gefühl. Dies wird auch deutlich am parallelen Aufbau der ersten Verse der ersten Strophe (vgl. V. 1–4). Auch wenn die andere Person nur „lacht" (V. 1) oder „schaut" (V. 2) geht es dem lyrischen Ich gut. Dennoch ist es sich unsicher, ob es seinem Gegenüber seine Gefühle gestehen soll. Das zeigt sich daran, dass der Titel des Gedichts „Ob ich ihr sag, dass ich sie mag?" immer wieder auftaucht (V. 7 f., V. 17 f., V. 25 f., V. 37 f.). Daraus lässt sich ableiten, dass das lyrische Ich fortwährend dieser Gedanke plagt und es Angst hat, abgewiesen zu werden. Selbst als auch die andere Person auf das lyrische Ich aufmerksam wird, bleibt es unsicher und man erfährt am Ende

Starthilfen

des Gedichts nicht, ob es sich überwunden hat, sein Gegenüber anzusprechen. Dies zeigt sich in den letzten vier Versen: „Sie sieht mich an/und ich fühl mich gut//Ob ich ihr sag,/dass ich sie mag?" (V. 35–38) […]
Das lyrische Ich nimmt eine andere Person äußerst positiv wahr. Besonders durch die Parallelismen in den ersten vier Versen wird deutlich, dass selbst alltägliche, völlig belanglose Gesten und Aktionen der anderen Person aufmerksam verfolgt und positiv bewertet werden. So mag das lyrische Ich „wie sie lacht/und wie sie schaut" (V. 1 f.), aber auch die Tätigkeiten der Angebeteten werden wertschätzend beschrieben (vgl. V. 3 f.).

S. 151 ◒ 5 Ergänzt u. a. die fehlende Einleitung, die Inhaltsangabe und die sich wechselnden Reime. Stützt eure Ergebnisse mit passenden Zitaten.

S. 153 ○ 5b Deutet die sprachlichen Bilder in den folgenden Versen.

V. 7: Ein Freundesherz ist ein so selt'ner Schatz,
V. 12: Einmal zerbrochen wird's nie wieder ganz.
V. 19 f.: Doch würdest du dem ärmsten Bettler gleich,
Bleibt dir ein Freundesherz, so bist du reich;
V. 21 f.: Und wer den höchsten Königsthron gewann
Und keinen Freund hat, ist ein armer Mann.

S. 153 ○ 7a Im gesamten Gedicht wird die Freundschaft zweier Menschen mit verschiedenen sprachlichen Bildern aus dem Bereich des Geldes verglichen. Sie werden metaphorisch genutzt. Deutet die verschiedenen Variationen, indem ihr die Tabelle übernehmt und ergänzt.

Metapher	Deutung
V. 2 f.: gemeinsam etwas zusammenlegen	…
V. 4 f.: den Geldschein einfach einstecken	…
V. 7 f.: ein Gutschein wird hervorgeholt	…
V. 12 f.: der (Bank)Schalter bleibt geschlossen	…

8 Fremde, Feinde, Freunde? · Ein Theaterstück untersuchen und Szenen spielen

S. 159 ○ 3a Wählt die Erklärung aus, die euch passender erscheint. Begründet eure Auswahl.

A Jojo meint, dass junge Menschen grundsätzlich überlegen sind.
B Jojo fühlt sich in der unbekannten Umgebung unwohl und unsicher. Durch seine Überheblichkeit versucht er, selbstbewusst zu wirken.

S. 159 ◒ 4 Da Leo in dieser Szene nicht spricht, müsst ihr seine Gedanken und Gefühle durch die Mimik, Gestik und Körperhaltung zum Ausdruck bringen.

S. 161 ○ 3 Beurteilt die folgenden Aussagen.
Jojo: Mann, du bist ja völlig bekloppt, du hast ja original einen Sprung in der Schüssel.
Leo: Du hast für einen anderen eine Strafe auf dich genommen, das ist Charakter. Das ist, was man tut für einen Freund.
Leo: Es bleibt eine gute Tat, auch wenn dich jetzt alle für einen Trottel halten. Du musst stolz drauf sein […].

S.165 ○ **8** Beachtet folgende Hinweise: Der Konflikt zwischen Leo und Jojo löst sich auf. Stattdessen zeigen sich Konflikte mit anderen Figuren. Sucht nach Konflikten, die Jojo mit seiner Clique hat, und nach Konflikten, die Leo in den Pflegeheimen durchlebt.

S.167 ◒ **3a** Beachtet Folgendes: Zu Beginn des Theaterstücks misstraut Leo Jojo, denn Jojo ist überheblich gegenüber dem alten Mann. Dann vertrauen sich die beiden immer mehr. Leo gibt Jojo Tipps zum Umgang mit dem Chef der Clique und dem Mädchen. Dabei stärkt Leo Jojos Selbstvertrauen, er macht ihm Mut.

S.169 ◒ **2** Stellt Ähnlichkeiten und Unterschiede zu folgenden Aspekten der Exposition heraus: In der ersten Szene spricht nur Jojo, während Leo schweigt und so tut, als bekäme er nichts mit. Jojo ist Leo gegenüber überheblich und sehr unzufrieden damit, seine Zeit im Altenheim verbringen zu müssen. Er hält Leo für einen nutzlosen alten Mann. Am Ende der Exposition gießt Leo Jojo absichtlich Farbe über die Schuhe.

S.169 ○ **3a** Vervollständigt die Erklärung:

Jojo bezeichnet sich als „der rote Jojo", weil er in gewisser Weise in Leos Fußstapfen treten will. Er hat von Leo gelernt, wie man im Leben zurechtkommen kann. Durch den Ausspruch „was kostet die Welt" (Z. 82 f.) macht er deutlich ...

S.169 ○ **4** Beachtet: Leo und Jojo arbeiten gemeinsam gegen die Angestellten des Altenheims, um Leos Ausbruch zu ermöglichen. Verwendet für das Schaubild „Leo", „Jojo", „Gegner". Arbeitet mit Pfeilen, Beschriftungen und Symbolen.

9 Was die Welt bewegt · Zeitungen untersuchen und gestalten

S.175 ○ **1a** Schreibt den Text ab und füllt dabei die Lücken.

Ganz oben auf der Titelseite befindet sich der ..., welcher mittig groß- und fettgedruckt den ... sowie darunter kleiner gedruckt ... beinhaltet. Darunter ist das ... mit ... abgedruckt, gefolgt vom dem ..., dem zentralen Artikel der Ausgabe. Dieser wird durch eine groß- und fettgedruckte ... eingeleitet. Weitere ... finden sich über die gesamte Titelseite verteilt. Ein ... befindet sich links unten. Außerdem sind rechts unten ... sowie ein ... abgedruckt.

S.175 ○ **1b** Achtet auf folgende Aspekte: Schriftgrößen, Schriftfarben und Art des Drucks (fett, kursiv, unterstrichen); Bildelemente; Anordnung/Layout (seitlich, mittig; breit, schmal).

S.176 ○ **7** Inwiefern unterscheiden sich Print- und Onlineausgaben bezüglich der
- Aktualität der Nachrichten?
- Möglichkeiten der Leser-Kommunikation?
- Darstellung von Informationen in verschiedenen Formaten (z. B. Artikel, Videos)?

S.178 ○ **3** Betrachtet folgende Aspekte: Textlänge, Informationsgehalt, sprachliche Darstellung.

S.180 ○ **5** Beantwortet die folgenden W-Fragen:
Was ist passiert? Wer/Was ist daran beteiligt? Wann hat das Ereignis stattgefunden? Wo hat es stattgefunden? Wie hat es stattgefunden/wurde es durchgeführt? Warum/Mit welchem Ziel wird es durchgeführt?

Starthilfen

S. 180 7 Ordnet folgende Zitate in die Tabelle ein.

- „Der mehr als eine Tonne schwere bemannte Roboter von der Größe eines Kleinwagens“ (S. 179, Z. 3 ff.)
- „nach Angaben der US-Raumfahrtagentur Nasa“ (S. 179, Z. 8 f.)
- „‚Perseverance (auf Deutsch: Durchhaltevermögen) [...] gilt als bislang technisch anspruchsvollster Marsroboter“ (S. 179, Z. 11–15)
- „An Bord hat er [...] sieben wissenschaftliche Instrumente, zwei Mikrofone, 23 Kameras, einen Laser und sogar einen kleinen Hubschrauber“ (S. 179, Z. 15–18)
- „Der rund 2,5 Milliarden Dollar [...] teure Rover, der acht Jahre lang entworfen und gebaut wurde“ (S. 179, Z. 34 ff.)
- „‚Perseverance‘ kommt zusammen mit ‚Ingenuity‘ (Einfallsreichtum): Ein Minihubschrauber“ (S. 179, Z. 45 ff.)

S. 182 11 Ergänzt die Tabelle um folgende Gestaltungsmittel und fügt weitere Textbeispiele hinzu.

Gestaltungsmittel	Beispiele aus dem Text
Darstellung von Sinneseindrücken	*„Plötzlich setzt ein Dröhnen ein“ (S. 181, Z. 7)* *„leuchtet der Nebel auf“ (S. 181, Z. 8)*
Verwendung anschaulicher Adjektive und Verben	*„starren“ (S. 181, Z. 2)* *„mit halb zugekniffenen Augen“ (S. 181, Z. 2)* ...
direkte Redewiedergabe beteiligter Personen	...
Wiedergabe von Gedanken	...
Verwendung von Spannungserzeugern	...
Verwendung des Präsens	...

S. 182 12
- Ordnet die Textbeispiele (Z. 1–13, Z. 14–24, Z. 25–30, Z. 31–37, Z. 38–45, Z. 46–50) danach, ob sie eher informierend oder eher unterhaltsam sind.
- Erklärt anschließend genau, worin der Unterhaltungswert der Textstellen liegt.

S. 183 1b Nutzt folgende Textstellen: Titel; Z. 14 f., 17 f., 18 f.

S. 183 1d Ordnet den sprachlichen Mitteln die Zitate zu. Manchmal passt ein Zitat zu mehreren Mitteln.

- „Alle wollen zum Mars. Innerhalb von elf Tagen sind drei Missionen zum roten Planeten gestartet.“ (S. 183, Z. 1 f.)
- „Allein die Nasa-Mission ‚Perseverance‘ kostet umgerechnet 2,6 Milliarden Euro – dafür sollen irgendwann in frühestens elf Jahren etwa 500 Gramm Mars-Bröckchen zur Erde gebracht werden.“ (S. 183, Z. 4–7)
- „Müssen wir angesichts der Probleme auf der Erde zig Milliarden für die Erforschung des Weltraums ausgeben? Wäre das Geld derzeit nicht viel besser investiert für die noch schnellere Entwicklung eines Impfstoffs gegen das Coronavirus?“ (S. 183, Z. 8–11)
- „Friedliebende Wissenschaftler können entgegnen: Noch besser wäre es, einfach die weltweiten Militärausgaben zu streichen und mit dem gesparten Geld noch ganz andere irdische Probleme zu lösen, etwa den Hunger oder den Klimawandel.“ (S. 183, Z. 11 ff.)
- „Die Reise zum Mars ist ebenso ein Triumph der Technik wie eine große Chance für die Wissenschaft – gerade in Zeiten, in denen wissenschaftliche Erkenntnisse häufig als ‚Fake News‘ diskreditiert werden, ist das ein wichtiges Signal.“ (S. 183, Z. 18–21)

S.184 ◒ **3** Sammelt Argumentationsstützen für die folgenden Argumente.

für bemannte Raumfahrt	gegen bemannte Raumfahrt
- dient dem wissenschaftlichen Fortschritt - Gefahren für die Astronauten - liefert wichtige wissenschaftliche Erkenntnisse über die Erde und weitere Planeten - Roboter können nicht alles, was Menschen können	- kann zu unvorhersehbaren Konsequenzen führen, da die Forschung noch nicht weit genug vorangeschritten ist - Kosten sind viel zu hoch - Geld könnte sinnvoller verwendet werden - Roboter können viele Arbeiten genauso gut oder besser erledigen als Menschen

S.184 ○ **5b** Findet Textbeispiele für folgende sprachliche Gestaltungsmittel: rhetorische Frage, Ironie, umgangssprachliche Ausdrücke, wertende Wortwahl, Ausrufesätze.

S.187 ○ **2** Hier findet ihr die richtige Reihenfolge: 5, 2, 1, 4, 3

S.190 ○ **1** Prüft, inwiefern die folgenden Merkmale überzeugend erfüllt wurden.

Merkmal	voll erfüllt	zum Teil erfüllt	nicht erfüllt
Wecken von Neugier, Aufbau von Spannung			
genaue Schilderung der Situation vor Ort			
Darstellung von Sinneseindrücken			
Erzeugung eines „Live-vor-Ort"-Gefühls			
direkte Redewiedergabe von beteiligten Personen			
Verwendung des Präsens			

S.190 ◒ **2** Wählt passende Ausdrücke für eure Einleitung aus:

zum Bersten gespannt, schneeweiße Eiswüste, atemberaubend,
Jetzt geht alles ganz schnell. Die eisige Stille wird plötzlich von hektischen Stimmen durchbrochen.
hasten, schnellen Schrittes, mittendrin ein tiefschwarzer Fleck, eiskalt, riesige Anspannung,
frieren/gefriert, erleichtertes Aufatmen ist zu vernehmen, klirrende Kälte

S.190 ◒ **3** Ihr könnt den Hauptteil so beginnen:

Mit wenigen Wochen Verspätung ist die Landung der drei ISS-Astronauten Gerst, Auñón-Chancellor und Prokopjew im ewigen Eis Kasachstans geglückt. Müde von der anstrengenden Rückkehr in der Sojus-Kapsel, zugleich aber sehr erleichtert äußert sich der deutsche Astronaut Alexander Gerst vor den zahlreichen Journalisten aus aller Welt, die ihn kurz nach der Landung belagern. „Zum ersten Mal wieder den Geruch vom Schnee und von der Erde, das ist ein unglaubliches Gefühl, wenn man das ein halbes Jahr nicht gehabt hat." Am 6. Juni hatten sie sich mit großen Erwartungen auf die 197 Tage lange „Horizons"-Mission begeben. Schließlich geht einer solchen Mission eine jahrelange harte Astronautenausbildung voraus ...

Starthilfen

10 In vielen Sprachen zu Hause · Sprache betrachten

S.199 ○ 2 Ihr könnt euch an der folgenden Zuordnung orientieren: Deutsch

lateinisches Alphabet	Großschreibung von Substantiven (Nomen), Satzanfängen, Eigennamen, Höflichkeitsanreden	Unterscheidung von bestimmten und unbestimmten Artikeln, drei grammatische Geschlechter

S.199 ○ 1 Ihr könnt folgende Stichpunkte für eure Erklärung nutzen: Eine Anpassung des Gesprächsverhaltens je nach Gegenüber kann wichtig sein, um …
- das Verständnis zu fördern, z. B. Gespräch mit Großeltern (Jugendsprache unverständlich) oder starken Dialektsprechenden
- höflich/respektvoll zu sein, z. B. Gespräch mit Lehrenden oder der Schulleitung
- sich einer Gruppe zugehörig zu fühlen, z. B. Gruppensprache

S.201 ◒ 2a Ordnet folgende Dialekte zu: Berlinerisch – Hessisch – Bayrisch – Ruhrdeutsch – Kölsch – Norddeutsch.

S.201 ◒ 2b Ihr könnt euch an folgendem Beispiel orientieren.
Kölsch – Unterschiede zum Standarddeutsch:
- statt einem Doppellaut (Diphthong) spricht man oft nur einen einzelnen Vokal, z. B. „Hus“ statt „Haus“
- „a“ wird oft als „o“ ausgesprochen, „u“ als „o“, z. B. „Schlof“ statt „Schlaf“, „Loss“ statt „Lust“
- „g“ wird oft als „j“ ausgesprochen
- statt „ch“ wird oft „sch“ gesprochen

S.202 ○ 8 Ihr könnt folgende Stichpunkte zu Argumenten ausbauen: Dialekte zeigen die Verbundenheit zur Heimat, sind „im Trend“, viele Bands singen im Dialekt, …

S.204 ○ 6 Übernehmt in einer Tabelle folgende Merkmale von Jugendsprache: Neologismen und Wortspiele, Verkürzungen von Satzkonstruktionen, Abkürzungen und Vereinfachungen, Übernahmen aus anderen Sprachen, Verwendung von Füllwörtern.

S.206 ○ 2 Übernehmt die folgende Tabelle und ergänzt passende Textbelege.

Fachsprachliche Merkmale	**Textbelege**
– unpersönliche Ausdrucksweise (Passiv, man)	…
– komplexer Satzbau	…
– Fachwortschatz (Fachtermini)	…

11 Wasserwelten · Wortarten unterscheiden, Modus verwenden

S.212 ○ 2a Bestimmt das Tempus der unterstrichenen Verbformen.
In der Tiefsee <u>sind</u> Schatzsucher unterwegs. Doch sie <u>suchen</u> am Meeresboden keine Kisten voller Gold. Die heutigen Schätze der Tiefsee <u>sind</u> kartoffel- bis salatkopfgroße schwarze Knollen – Manganknollen. Riesige Mengen davon <u>bedecken</u> die Meeresböden in 4.000 bis 6.000 Meter Tiefe. Manganknollen <u>gehören</u> zu den merkwürdigsten Phänomenen, die man bis heute in den Weiten der Ozeane <u>entdeckt hat</u>. Vielleicht <u>werden</u> sie Deutschlands Rohstoffquelle der Zukunft <u>darstellen</u>.

S. 212 ○ 3b Beantwortet die folgenden Fragen: Aus wie vielen Verbformen besteht das Prädikat? Welches Hilfsverb tritt auf? Ist es finit oder infinit? Welche Form zeigt das Vollverb?

S. 212 ○ 5 Vervollständigt die Tabelle.

Präteritum	...
...	Schatzsucher haben in der Tiefsee Manganknollen gefunden.
Plusquamperfekt	...
...	Schatzsucher werden in der Tiefsee Manganknollen finden.
Futur II	...

S. 214 ○ 4a Wählt das jeweils richtige Wort aus, um die Bildung der Konjunktiv-II-Formen zu erklären.

Die Konjunktiv-II-Formen werden durch den Wortstamm des PRÄTERITUMS/PRÄSENS gebildet. Der KONSONANT/VOKAL „a" wird zum Umlaut. An den Wortstamm werden die DEKLINATIONSENDUNGEN/PERSONALENDUNGEN des Konjunktivs angehängt.

S. 214 ○ 5 Im (digitalen) Wörterbuch findet ihr bei allen starken Verben die Konjunktiv-II-Form. Orientiert euch an dem Beispiel.

trin|ken; du trankst; du tränkest; getrunken; trink[e]!

S. 215 ○ 4 Setzt die fehlenden Konjunktiv-II-Formen ein.

A Wenn die Ingenieure nicht millimetergenau ... ..., ... die Verbindung der Brücke ....
B Wenn Familie Müller mehr Zeit ... ..., ... sie zur Brücke ....

S. 215 ○ 5 Setzt den Anfang fort:

In 100 Jahren würde man blitzschnell quer durch die Welt reisen. Flugzeuge oder Schiffe würde es nicht mehr geben. Stattdessen würde in jedem Wohnzimmer eine Maschine zum Beamen stehen. Wenn es das jetzt schon gäbe, würde ich mich nach Hawaii beamen.

S. 216 ○ 1 Untersucht die Prädikate genauer, indem ihr die Konjunktiv-II-Form ohne *würde* bildet.

S. 216 ○ 3 Überprüft, ob statt der *würde*-Umschreibung eine eindeutige und gebräuchliche Konjunktiv-II-Form gewählt werden kann.

S. 217 ◒ 5 Arbeitet die folgenden Gedanken in den Brief ein.

- Sprache verändert sich
- *würde*-Umschreibungen sind sinnvoll, um Missverständnisse oder ungebräuchliche Formen zu vermeiden
- *würde*-Umschreibungen sind einfacher zu bilden
- Konjunktiv II stirbt nicht aus

S. 218 ○ 2 Achtet auf die Zeichensetzung und die Form des finiten Verbs.

S. 218 ○ 3 Vergleicht die finite Verbform mit dem Infinitiv. Beachtet dabei die Markierungen.

A Dirk berichtet, die Wassertemperatur liege zwischen 0 und 4 Grad Celsius. → liegen
B Er erklärt, man zittere bei solchen Temperaturen schnell. → zittern

Starthilfen

S. 218 ○ 5 Bildet zu den markierten Verbformen den Konjunktiv I.

Im Ernstfall gibt es für große Brände Fachleute an Bord. Kleine Brände soll aber auch zum Beispiel der Reiseleiter mit einem Feuerlöscher in den Griff kriegen. Die Übungen sind dazu da, die Angst vor dem Feuer zu verlieren.

S. 218 ○ 6 Wählt die richtige Regel aus.
- Wird die indirekte Rede mit „dass" eingeleitet, darf der Indikativ oder der Konjunktiv I stehen.
- Wird die indirekte Rede mit „dass" eingeleitet, darf nur der Indikativ stehen.
- Wird die indirekte Rede mit „dass" eingeleitet, darf nur der Konjunktiv I stehen.

S. 219 ○ 7a Orientiert euch an der Anzahl.
Plusquamperfekt: 1, Perfekt: 1, Präsens: 3, Futur I: 1

S. 221 ○ 3 Passt die markierten Pronomen an. Wandelt die Konjunktiv-I-Formen in den Indikativ um. Ergänzt anschließend die Satzzeichen der wörtlichen Rede.
Sie antwortet, das könne sie jetzt noch nicht sagen, sie kenne ihre künftigen Kinder ja noch gar nicht. Aber wenn es so weit sei, wolle sie unbedingt gemeinsame Abenteuer erleben.

S. 222 ○ 3 Vergleicht den Wortstamm im Infinitiv und in der 3. Person Singular miteinander.

S. 222 ○ 5 Orientiert euch an folgenden Beispielen:
- Kauft Produkte aus Meeresmüll! (Imperativ)
- Ihr sollt Bücher über das Meer als Lebensraum lesen! (Modalverb)
- Ihr werdet auf keinen Fall Pflanzen im Meer zerstören! (Futur I)

S. 224 ○ 6 Ordnet die Begriffe den zwei Abschnitten zu.
Satzgefüge: Verbindung von Hauptsatz mit Nebensatz
Satzreihe: Verbindung von Hauptsatz mit Hauptsatz

S. 224 ○ 7 Ihr könnt folgende Sätze verwenden, in denen ihr noch Konjunktionen einsetzen müsst.

Vor dem Tauchgang werden notwendige Trainings absolviert, ... die Teilnehmerinnen und Teilnehmer auf die Bedingungen über und unter Wasser vorbereitet sind. Der Tauchgang selbst dauert zwischen sechs und acht Stunden, ... das Schiffswrack liegt in 3,8 Kilometern Tiefe. ... das Mini-U-Boot verglaste Wände und einige Außenkameras besitzt, werden den Insassen atemberaubende Blicke auf das versunkene Schiff geboten. ... das Innere ausgeleuchtet wird, können die Taucherinnen und Taucher sogar die Überreste der großen Treppe sehen. Der Tauchgang soll pro Person ca. 92.500 Euro kosten ... man muss bestimmte Voraussetzungen erfüllen. Die Teilnehmerinnen und Teilnehmer müssen zum Beispiel ihr Gleichgewicht demonstrieren, ... sie an einer Leiter hochklettern.

S. 225 ○ 1 Orientiert euch an dem Beispiel: „Für" ist eine Präposition, da es ein Substantiv (Nomen) begleitet und einen Kasus (Akkusativ) vergibt.

S. 225 ◒ 3 Baut die folgende Idee aus.
- Achterbahn in einem See
- der höchste Punkt ragt über die Meeresoberfläche
- Taucheranzug mit Sauerstoffflasche notwendig
- Erinnerungsfoto gratis

12 Außergewöhnliche Persönlichkeiten · Satzglieder verwenden und Satzzeichen setzen

S. 231 ○ 3 Beachtet die folgenden zwei Erklärungen: Satzgefüge bestehen aus mindestens einem Haupt- und mindestens einem Nebensatz. Satzreihen bestehen aus mindestens zwei Hauptsätzen.

S. 231 ○ 4 Setzt die folgenden Wörter richtig in den Lückentext ein.

Hauptsatz Nebensatz Komma Hauptsatz

Im ... steht das finite Verb in der Regel nach dem ersten Satzglied.
Steht ein Nebensatz vor dem ..., folgt das finite Verb nach dem ... am Anfang des Hauptsatzes. Im ... steht das finite Verb ganz hinten.

S. 231 ○ 6 Nutzt die folgenden Konjunktionen: nachdem, indem, weil, als.

S. 231 ○ 7 Beantwortet die folgenden Fragen: Gibt es ein finites Verb? Gibt es ein Subjekt?

S. 234 ○ 3 Achtet auf die folgenden Signale: unterordnende Konjunktionen (z. B. *dass*, *weil*), zwei oder mehrere finite Verben in einem Satz.

S. 234 ○ 6 Geht so vor: 1. Bestimmt den Kasus des Bezugsnomens. 2. Setzt die passende Apposition in diesem Kasus ein. 3. Grenzt die Apposition durch Kommas vom übrigen Satz ab.

S. 234 ◒ 9 Orientiert euch an den markierten Stellen und sucht weitere heraus.

In vielen Phasen seines Schaffens lebt van Gogh in Armut, denn er kann mit dem verdienten Geld nur schlecht umgehen. Um 1888 stellen Ärzte bei ihm Wahnvorstellungen, Ängste sowie Albträume fest und van Gogh wird daraufhin in eine Nervenheilanstalt eingewiesen. Dort malt er insbesondere Selbstporträts oder die später berühmte „Sternennacht". 1890 darf er die Anstalt verlassen, verbringt die letzten Jahre seines Lebens in Frankreichs Hauptstadt und stirbt unter ungeklärten Umständen mit 37 Jahren an einer Schussverletzung in einem kleinen Ort nördlich von Paris.

S. 234 ◒ 10 Vergleicht die beiden Satzbilder miteinander.

A —HS—.
B —HS—, ~~NS~~, —HS—.

S. 235 ○ 1 Orientiert euch an dem Beispiel.
Als Albert Einstein 1879 geboren wurde, dachte noch niemand, dass er ein berühmter Wissenschaftler werden würde. Regel 1: Kommas trennen den Hauptsatz vom Nebensatz.

S. 235 ○ 3 Die ersten sechs Kommas sind bereits vorgegeben. Setzt weitere acht Kommas.

2 Seine erste Hauslehrerin, die ihn bereits mit fünf Jahren unterrichtete, wollte ihn nicht weiter betreuen, nachdem er einen Stuhl nach ihr geworfen hatte. Albert gelang es zunehmend, sein Temperament zu zügeln. Obwohl ihn seine Lehrer als intelligent, selbstbewusst und naturwissenschaftlich interessiert beschrieben, wurde aus ihm kein Musterschüler. Um in die Eidgenössisch Polytechnische Schule in Zürich die heutige Technische Universität aufgenommen zu werden musste er eine Aufnahmeprüfung ablegen. Allerdings bestand er

Starthilfen

diese nicht beim ersten Mal weshalb er sie wiederholen musste. Während er herausragende Leistungen sowohl in Physik als auch in Mathematik erbrachte konnten seine Leistungen in Biologie nicht überzeugen. Außerdem bereiteten ihm die Sprachen insbesondere Französisch große Schwierigkeiten. Alberts Bildungsweg zeigt dass auch ein Genie einmal durch eine Prüfung fallen kann.

S. 236 ◒ 4 Der Satz besteht aus zwei Hauptsätzen und einem Nebensatz, der eingeschoben ist.

S. 236 ◒ 5 Prüft für Satz **A**, ob eine Apposition vorliegt; für die Sätze **B** und **C**, ob „und" die Nebensätze verbindet; für Satz **D**, ob Regel 3 oder 3a (S. 233) anzuwenden ist.

S. 238 ○ 5 Setzt den Anfang fort.

Die Krankheit nahm einen langsamen Verlauf, sodass Stephen Hawking neuen Lebensmut fasste. Nachdem ...

S. 238 ○ 6 Wählt aus den folgenden Attributen passende aus und setzt sie in der richtigen Form in den Text ein: unkompliziert, kurz, zu verschiedenen Themen, spannend, einfach, interessant, anschaulich, wissenschaftlich, die Kosmologie.

S. 238 ○ 7a Orientiert euch an dem Beispiel.
Einer der größten Träume des Physik-Genies, das weltberühmt ist, war eine Reise ins Weltall.
→ Einer der größten Träume des weltberühmten Physik-Genies war eine Reise ins Weltall.

S. 239 ○ 3 Setzt den Anfang fort.

Hawking ist nicht nur durch seine bahnbrechenden Erkenntnisse im Bereich der Astrophysik bekannt geworden, sondern auch durch seine zahlreichen Gastauftritte in verschiedenen US-amerikanischen Serien. ...

S. 240 ○ 3 Ordnet die Funktionen den Doppelpunkten im Text zu: direkte Rede, Aufzählen von Beispielen, Schlussfolgerung, Konkretisierung des vorher Gesagten, Ankündigung einer Information.

S. 241 ○ 5 Orientiert euch an dem Beispiel.

Oprah Winfrey (1954 als uneheliches Kind geboren) wuchs im südlichen Bundesstaat Mississippi auf. → nachtägliche Erläuterung, nebensächliche Information

13 Last-Minute-Tipps · Regeln und Strategien der Rechtschreibung anwenden

S. 246 ◒ 2 Hier sind Wörter mit Fehlern schon markiert:

1 Hax'n Alm – Bauern essen aus dem Holztrog
2 Nutzen Sie die Familienkarte! Auch für Großeltern mit Ekelkindern
3 Piazza Navona – das Highlight in Rom, dass müssen Sie sehen.
4 Terrasse mit Sehblick
5 Lassen Sie Ihr Gebäck nicht unbeaufsichtigt!
6 Liebe Gäste, Badetücher bitte liegen lassen. Das Zimmermädchen hängt Sie dann zum Trocknen auf den Balkon.

7 Lachfilet in Zitronen-Butter-Sauce an Grünen Bandnudeln
Champignons mit Ricotta-Walnuß-Füllung
Pfannkuchen mit Blaubärmarmelade
Alle Speisen auch zum mitnehmen
8 Neu in unserem hoteleigenen Beauty-Shop – hautstrafende Körperlotion
9 Zwei beleckte Brötchen und ein Pott Kaffee nur 2,99 EUR

S. 248 ○ 1 **Fehlerschwerpunkt: Groß- und Kleinschreibung**

Der Text enthält 23 Substantive (Nomen). Geht so vor, wenn ihr nicht alle gefunden habt:

1. Prüft, vor welchen Substantiven (Nomen) Artikel als Begleiter stehen. Bedenkt, dass nach dem Artikel auch erst noch ein Adjektiv stehen kann.
   Folgende Artikel könnt ihr finden: *dem, den, der, der.*
2. Wo finden sich versteckte Artikel wie z. B. *zum, ans*?
3. Sucht nach typischen Suffixen wie *-ung, -schaft.*
4. Achtet auf Adverbien wie *gestern, heute, morgen.* Nach ihnen schreibt man Tageszeiten groß.
5. Sucht nach Namen von Personen, Städten, Ländern. Diese schreibt man groß.
6. Nutzt die Artikelprobe und die Adjektivprobe (Treppen bauen), z. B. *viele liebe Grüße, ein langes, interessantes Sightseeing …*

S. 248 ◒ 2 **Fehlerschwerpunkt: Groß- und Kleinschreibung**

Hier sind Signalwörter oder andere Signale markiert. Nutzt außerdem die Artikel- und Adjektivprobe oder baut Treppen, z. B. *AUF (langen, interessanten, weiten) REISEN …*

AUF REISEN KANN MAN VIEL NEUES ENTDECKEN UND MANCHES FREMDE BESSER VERSTEHEN. ZU REISEN BEDEUTET, FREI ZU SEIN, FÜHRT ZU SELBSTERFAHRUNG UND SELBSTFINDUNG, LÄSST UNS AUS ALLTÄGLICHEM FLIEHEN …

S. 248 ○ 2 **Fehlerschwerpunkt: Getrennt- und Zusammenschreibung**

Nutzt die Betonungsprobe: *Wer schon einmal nördlich des Polarkreises war und das Glück hatte, Polarlichter zu sehen, der wird dieses spektakuläre Naturphänomen sein Leben lang nicht vergessen …*
Prüft eure Entscheidung außerdem mit der Bedeutungsprobe: *eisangeln ↔ nicht: ich angle das Eis*

S. 249 ◒ 1 **Fehlerschwerpunkt: das/dass**

Nutzt die Ersatzprobe: Kann das Demonstrativpronomen *dies(es)* oder das Relativpronomen *welches* eingesetzt werden, schreibt man *das.* Lässt sich weder *dieses* noch *welches* einsetzen, handelt es sich um die Konjunktion *dass.*

~~Dies(es)/welches~~ eine Reise bildet, dies haben große Dichter und Denker schon immer gewusst. Goethe reiste nach Italien, in dieses Land, welches vielen seiner Zeitgenossen als Sehnsuchtsort galt. Und dieses Werk …

Die Bezugswörter sind hier schon grün markiert. Findet drei weitere.

S. 249 ○ 2 **Fehlerschwerpunkt: Gleich und ähnlich klingende Laute, …**

Ordnet die folgenden verwandten oder verlängerten Wörter richtig zu:
Abende, sich ausweisen, Bilder, Ende, fahren, Gefahr, graduell, hoch, Klage, lesen, sie ließen, nachweisen, nah, nebliger, standardisieren, Stange, todesmutig, toter, Wege, weißer

Starthilfen

S. 250 ○ 1 Für den Beginn des Textes sind die Fehler hier schon markiert. Nennt die richtige Schreibweise. Ihr könnt ein (digitales) Wörterbuch nutzen:

Wenn einer eine Reise tut, dann kann er was erzählen. Ginge es nach diesem Sprichwort, dann hätten wir deutschen besonders viel zu erzählen. So glauben wir zumindest, den wir gelten des Öfteren als die Reiseweltmeister schlecht hin und halten uns für besonders welterfahren. Doch ganz soweit her ist es mit der deutschen Reiselust nicht. Die waren Reiseweltmeister sind nämlich die Norweger.

Findet die übrigen fünf Fehler. Achtet dabei auf die Groß- und Kleinschreibung, die das/dass-Schreibung, die Getrennt- und Zusammenschreibung und auf Leichtsinnsfehler.

S. 250 ◒ 4 Wichtig sind die folgenden Teilregeln zum Apostroph:
- Der Apostroph zeigt an, dass ein oder mehrere Buchstaben ausgelassen werden.
- Bei Eigennamen, die auf s, z oder x enden, muss im Genitiv anstelle des Genitiv-s ein Apostroph gesetzt werden.
- Im Deutschen steht vor dem Genitiv-s normalerweise kein Apostroph.
- Gelegentlich wird der Apostroph bei Personennamen vor dem Genitiv-s gebraucht, wenn die Grundform des Namens verdeutlicht werden soll.

S. 252 ◒ 5 Ihr könnt folgende weitere Bestandteile nutzen, um Fremdwörter zu bilden:

Alkoholiker, -athlon, Autor, bakteriell, Bauer, endo-, -fix, -grafie, -gramm, historisch, -(i)on, -kratie, -lateral, -loge / -logie, Meter, -naut, Organismus, -pädie, -path(ie), Physik, Pilot, -skop(ie), -isch, -ik.

Die meisten dieser Bestandteile lassen sich mehrfach kombinieren. Nutzt im Zweifel ein (digitales) Wörterbuch.

S. 254 ◒ 4 Nutzt die Verlängerungsprobe.

Praktikan... – Praktikanten → t
Standar... – standardisieren → d

S. 254 ◒ 6 Folgende Buchstaben und Buchstabenverbindungen kommen vor:
au, b, d (2x), C, ff, i (4x), ie (2x), k (4x), l, ll, m (2x), ph, pp, r, s, ss (2x), t, th, Th, tt (2x), v, y, Z.

S. 256 ○ 1 Prüft bei den Adjektiven auf -isch, ob sie Bestandteil eines Eigennamens sind. Nutzt dazu die Erkenntnis aus Aufgabe 3b auf Seite 255.

S. 256 ○ 2 Prüft, ob die Adjektive Bestandteile von Eigennamen sind.
kleinster Ort → kein Eigenname

Gerlsdorfer Spitze – …	… k/Kleinster Ort im k/Kleinen Walsertal
Baal – …	…g/Größte Insel der g/Großen Antillen
Kuba – …	… h/Höchster Gipfel der h/Hohen Tatra

S. 257 ◒ 3 Ergänzt die fehlenden Beispiele. Nutzt dazu die Kompetenzbox (S. 257) und achtet auf die Markierungen:

Zusammenschreibung: Theresienwiese, … , …
Getrenntschreibung: Brandenburger Tor, Unter den Linden, … , … , … , …
Schreibung mit Bindestrich: Bertolt-Brecht-Gymnasium, …

S. 258 ◒ **2** Ordnet die Vollformen richtig zu: Deutsches Jugendherbergswerk, Doppelzimmer, Euro, Freitag, Frühstück, Hab' dich ganz doll lieb, Hamburg, Hauptbahnhof, inklusive, Leipzig, Meter, Minute(n), Nacht, pro Person, Schnellbahn, see you, see you later, Stunde, Television, Untergrundbahn, water closet, wireless local area network, zentral(e)

S. 258 ◒ **7** Nutzt die Formulierungshilfen:

... richten sich bei der Groß- und Kleinschreibung zumeist nach der Vollform
Nach Abkürzungen ...
Silbenkurzwörter wie Demo ... ... steht in der Regel ein Punkt
... setzt man meist keinen Punkt
... schreibt man als Substantive (Nomen) am Wortanfang groß und im Wortinneren klein
Bei Kurzwörtern ...
Buchstabenkurzwörter wie VfB ... ... steht kein Punkt
Bei Maß- oder Währungseinheiten ...

Lösungen zu den Seiten „Das könnt ihr jetzt!"

1 Science-Fiction: Auf in neue Welten · Sich und andere informieren

Seite 29

Schritt 1

W-Fragen: Welche Erfindungen der Science-Fiction wurden bereits in der Realität umgesetzt? „Reisen zu fremden Himmelskörpern" (S. 28, Z. 10 f.), „fortschrittliche Medizin" (S. 28, Z. 12), „leistungsstarke Werkstoffe" (S. 28, Z. 12 f.); Wer lieferte das Vorbild für die schnurlosen In-Ear-Kopfhörer? in der Serie Star-Trek nutzt die Kommunikationsoffizierin ein ähnliches technisches Gerät

Sinnabschnitte: Z. 1–15, Z. 16–50, Z. 51–59, Z. 60–77, Z. 78–85

Aufbau des Textes: Einstieg/These: Ideen der Science-Fiction werden in der Wissenschaft umgesetzt; 1. Argument: verschiedene Kommunikationsmöglichkeiten gehen auf Ideen aus Science-Fiction zurück (Beispiele: Kommunikationssatelliten und mobile Endgeräte, Mobiltelefon, „In-Ear-Kopfhörer", Smartwatch, Videotelefonie); 2. Argument: auch andere Erfindungen entstammen der Idee von Science-Fiction (Beispiel: dezentrale Datenspeicherung und allgegenwärtiger Zugriff darauf); 3. Argument: auch Unterhaltungstechnologien von Science-Fiction übernommen (Beispiel: Tablet, Touchscreen, Flachbildschirm); Zusammenfassung/Fazit: auch zukünftig wird sich Wissenschaft von Science-Fiction inspirieren lassen

Einleitung: In dem Textausschnitt des Textes „Scotty, ich bin schon da: Wie sich Science-Fiction auf unseren Alltag auswirkt", erschienen auf der Internetseite des VDI Verlags im Jahr 2019, stellt die Autorin Silvia Hühn dar, dass zahlreiche Ideen der Science-Fiction in der Wissenschaft umgesetzt werden.

Schritt 2

informierende Funktion (Fakten, Zusammenhänge, sachlicher Stil, viele Fachbegriffe, Beispiele)

Schritt 3

hypotaktischer Satzbau, um Zusammenhänge darzustellen, z. B. „Mit der Erfindung des Mobiltelefons 1983 brach dann eine Ära der mobilen Kommunikation an, die bis heute kein Ende zu erreichen scheint." (Z. 25–28)
Fachbegriffe vermitteln Wissenschaftlichkeit, z. B. „In-Ear-Kopfhörer" (Z. 33)
„Smartwatch" (Z. 39)

2 Mode um jeden Preis? · Sprachlicher Umgang mit anderen

Seite 41

Aufgabe 1

Recyclingmode = produktive Nutzung von Abfällen zur Schaffung neuer Mode, orientiert sich am Prinzip der Resteverwertung zur Vermeidung von Verschwendung und zum Schutz der Ressourcen, stellt Gegenbewegung zu Fast Fashion und der Wegwerfmentalität dar

Aufgabe 2

Pro-Argumente: Recyclingmode nutzt das Prinzip der Resteverwertung, um aus Abfällen neue Mode zu schaffen → Umweltschutz und Schutz der Ressourcen; Möglichkeit eines modebewussten Verhaltens ohne schlechtes Gewissen
Kontra-Argumente: bisher arbeiten erst einige Unternehmen mit Recyclingverfahren; begrenzte Auswahl; Kostenaspekt; Recyclingprozess energieaufwendig; es gibt auch nachhaltige Alternativen abseits der Recyclingmode, z. B. Second Hand Mode oder zertifizierte Mode mit dem „Grünen Knopf"

Aufgabe 3

freie Schülerarbeit

Aufgabe 4
Befürwortung einiger Aussagen: Margot Hielscher: Mode von kurzer Dauer, abwechslungsreich; Bo Derek: Shoppen positive Gefühle, macht Spaß; Michael Kors: nachhaltige Freude an Lieblingskleidungsstücken, Kleidungsstücke sorgfältig auswählen und lange tragen = nachhaltig, auch Second Hand-Optionen
Ablehnung einiger Aussagen: Margot Hielscher: Mode von kurzer Dauer, Trends sind oft nicht zu erklären, manchmal lässt man sich vom Trend mitreißen und achtet nicht auf seine eigene Meinung; Bo Derek: Shopping kann kein langfristiges Glück bedeuten; Emilio Schuberth: Kurzlebigkeit von Textilien, Verschwendung von Ressourcen, da Modetrends nie lange andauern, immer Neues entworfen wird

Aufgabe 5
Während die Mutter ein nachhaltigeres Verständnis vom Umgang mit Mode darstellt (Waschen und Wiederverwenden), stellt die Tochter den modernen Massenkonsum und die Mentalität der Wegwerfgesellschaft dar: Mode wird hier als Billigprodukt angesehen, das maximal einmal gewaschen und sonst weggeworfen wird, um neu zu konsumieren.

3 Alles unter Kontrolle?! · Schriftlich argumentieren

Seite 63
Schritt 1
weitere W-Fragen: Wer ist vom Einsatz der EEG-Stirnbänder betroffen und profitiert gegebenenfalls? Welche (unerwünschten) Nebeneffekte hat der Einsatz von EEG-Stirnbändern im Unterricht? Welche (ethischen) Probleme sind mit dem Einsatz der EGG-Stirnbänder verbunden?
weitere Teilthemen: vom Einsatz der EEG-Stirnbänder Betroffene, (unerwünschte) Nebeneffekte des Einsatzes der EEG-Stirnbänder, (ethische) Probleme bzgl. des Einsatzes der EEG-Stirnbänder

Schritt 2
weitere Pro-Argumente: gezielte Einflussnahme bei mangelnder Konzentration ist möglich; individueller Förderbedarf kann festgestellt werden; Unterrichtszeit kann wegen weniger Unaufmerksamkeit effizienter zum Lernen genutzt werden; weniger Unterrichtsstörungen wegen der Kontrollmöglichkeiten
weitere Kontra-Argumente: ethische Bedenken: Einschränkung der persönlichen Freiheit durch dauerhafte Kontrolle; dauerhafte Kontrolle wirkt sich ungünstig auf die Lernatmosphäre aus; Überwachung begünstigt Stress und fördert Leistungsdruck; Wirksamkeit ist nicht erwiesen, Placeboeffekt, fehlende Aufmerksamkeit ist nicht zwangsläufig ein Zeichen von Förderbedarf, besonders intelligente Kinder müssen nicht durchgängig aufmerksam sein, um Sachverhalte zu verstehen

Schritt 3
freie Schülerarbeit

Schritt 4
mögliche Reihenfolge für den Pro-Standpunkt:
1. ethische Bedenken: Einschränkung der persönlichen Freiheit durch dauerhafte Kontrolle
2. gezielte Einflussnahme bei mangelnder Konzentration ist möglich
3. individueller Förderbedarf kann festgestellt werden
4. Konzentration wird gefördert werden, Verbesserung der Leistung

mögliche Reihenfolge für den Kontra-Standpunkt:
1. individueller Förderbedarf kann festgestellt werden
2. fehlende Aufmerksamkeit ist nicht zwangsläufig ein Zeichen von Förderbedarf, besonders intelligente Kinder müssen nicht durchgängig aufmerksam sein, um Sachverhalte zu verstehen
3. dauerhafte Kontrolle wirkt sich ungünstig auf die Lernatmosphäre aus, Überwachung begünstigt Stress und fördert Leistungsdruck
4. ethische Bedenken: Einschränkung der persönlichen Freiheit durch dauerhafte Überwachung

Schritt 5 + 6
freie Schülerarbeit

4 Auf ins neue Leben · Auf Materialbasis einen informierenden Text schreiben

Seite 85
Schritt 1
Anlass/Veröffentlichungsort: Internetseite der Projektgruppe zur Arbeitsmigration, Ergebnis der Projektwoche
Adressaten: Schülerinnen und Schüler, Eltern, Lehrerinnen und Lehrer
Thema: Arbeitsmigration früher und heute (Einleitung: Unterschied zwischen Migration und Flucht, Hauptteil: Gastarbeiter, auch Begriffskritik; Schluss: Arbeitsmigration in Deutschland heute)

Schritt 2
freie Schülerarbeit

Schritt 3
Einleitung: Flucht vor Krieg oder Unterdrückung, Ziel der Arbeitsmigration = neue berufliche Möglichkeiten
Hauptteil:
- Gastarbeiter: Menschen, die in den 1950er, 1960er und 1970er nach Deutschland geholt wurden; Arbeitskräftemangel in Deutschland; vor allem aus Italien, Türkei, Spanien, Griechenland, Portugal, Jugoslawien
- Verträge der Bundesrepublik mit Herkunftsländern, bis 1973 (Anwerbestopp) insgesamt etwa 14 Millionen Menschen; auch nach dem Anwerbestopp kamen noch Millionen von Arbeitsmigrantinnen und -migranten
- 11 der 14 Millionen kehrten in ihre Heimatländer zurück
- Gastarbeiter als Arbeitskräfte gebraucht, lebten oft unter schlechten Bedingungen, Beispiel: Armando Rodrigues de Sá aus Portugal, kam 1964 als millionster Gastarbeiter nach Köln, Blumen und ein Moped zur Begrüßung, musste Familie in Portugal zurücklassen, später krank nach Portugal zurück, niemand sagte ihm, dass er ein Anrecht auf Krankengeld hatte, Familie gab Ersparnisse für seine Behandlung aus
- Begriff „Gastarbeiter“ problematisch: viele Menschen mit ihren Familien in Deutschland geblieben und Deutsche geworden; Wort wirkt beschönigend, da man bei „Gast“ an gute Unterbringung und Versorgung durch die Gastgeber denkt, Lebensbedingungen waren aber schlecht; heute spricht man von „Arbeitsmigranten“, manchmal auch von „ausländischen Arbeitsnehmern“

Schluss: Arbeitsmigration für Deutschland wirtschaftlich sehr wichtig, jährlich braucht Deutschland (bis 2060) mindestens 260.000 Einwanderer, Vorstand der Bertelsmann-Stiftung (Jörg Dräger): „Migration ist ein zentraler Schlüssel zu einer gelingenden Zukunft.“

Schritt 4 + 5
freie Schülerarbeit, siehe Beispiellösung

5 Unerwartete Begebenheiten · Erzählende Texte untersuchen, interpretieren und gestalten

Seite 113

Schritt 1

Handlungsschritte: Z. 1–22: Pauline liebt Geduldsspiele; in der Familie werden Rateabende veranstaltet; Z. 22–38: Mutter hält sich zurück, da sie die Spiele schenkt und sich die Lösungen sagen lässt; Pauline brauchte diese Hilfe noch nie; jeweils ein Spiel als Geschenk zum Geburtstag und zu Weihnachten; wird von allen sehnsüchtig erwartet und gemeinsam gelöst; Z. 39–75: Pauline ist dabei die Anführerin und führt die Vorschläge der anderen aus; einmal löste die kleine Schwester Svenja aus Versehen ein Rätsel, was Pauline enttäuschte; seitdem gibt sie kein Spiel mehr aus der Hand; erst nach ihr dürfen es die anderen versuchen; Z. 76–94: Onkel schenkt Pauline ein Lösungsheft für alle Rätsel; erst ist sie begeistert und interessiert, dann traurig und verzweifelt; schließlich wirft sie das Heft weg

wichtige Gedanken und Gefühle der Hauptfigur: zu Beginn: Selbstbewusstsein, Aufregung, Neugier, Ehrgeiz; „Nur ich allein schaffe das!"; „Wie spannend und aufregend das alles ist!"; zum Schluss: Traurigkeit, Enttäuschung, Verzweiflung; „Jetzt gibt es keine Wunder mehr! (Z. 89)"; „So macht es gar keinen Spaß mehr, die Rätsel zu lösen."

In welcher schwierigen Lage befindet sich die Hauptfigur? Durch das Lösungsheft kann Pauline alle Geduldspiele ganz einfach lösen, es gibt keine Wunder und Überraschungen mehr.

Was sind die Ursachen für die schwierige Lage? Pauline hat ein Lösungsheft für ihre Geduldspiele von einem Onkel geschenkt bekommen.

Wie wird das Problem gelöst? Pauline wirft das Heft weg.

Warum wird es so gelöst? Noch hat Pauline nicht alles gelesen und sich noch nicht alle Lösungen gemerkt. Es ist also noch nicht zu spät, so zu tun, als hätte es das Heft nie gegeben.

Schritt 2

a) Sie-Form; vorwiegend Außensicht

b) Aufbau: unmittelbarer Einstieg (Z. 1); Handlung bewegt sich auf einen Höhe- und Wendepunkt zu (Z. 76–93); offenes Ende (Z. 93–94)

c) Lösung der Krise: nach ein paar traurigen Tagen: Idee, das Heft einfach wegzuwerfen, „[e]s war ja noch nicht zu spät" (Z. 93 f.)

6 Unzertrennlich · Jugendbücher und Filme untersuchen und gestalten

Seite 133

Schritt 1

Maik und Tschick begegnen einem Polizisten, als sie ihren Einkauf in das Auto bringen wollen. Maik berichtet, wie der Polizist am Anfang sein Fahrrad repariert und ihn dann sieht (Z. 1–9). Maik verhält sich „normal", obwohl ihm die Beine zittern und er Angst hat (Z. 9–16). Als der Dorfsheriff Tschick auf der Fahrerseite einsteigen sieht, reagiert Maik geistesgegenwärtig und ruft Tschick zu, er solle Vaters Schlafsack mitbringen (Z. 17–31). Maik versucht, Tschick mit diesem Trick zu warnen. Das funktioniert zunächst (Z. 32–50). Der Polizist bemerkt den Trick aber und verfolgt Tschick, der jedoch schneller ist und mit dem Auto davonfährt (Z. 50–69). Als sich der Polizist Maik zuwendet, schildert Maik, wie er das Rad des Polizisten stiehlt und versucht, schnell davonzufahren. Als die Gangschaltung nicht gleich funktioniert und sich der Abstand zwischen Maik und dem Polizisten immer mehr verringert, bricht bei Maik Panik aus. Am Ende entkommt Maik knapp dem Polizisten (Z. 69–91). Der Textausschnitt stellt eine Reisestation von Maik und Tschick dar. Nachdem sie von einer netten Familie im Dorf zum Essen eingeladen worden sind, wollen sie ihre Reise in die Walachei fortsetzen.

Schritt 2

Alle Formen der Zeitgestaltung treten auf. **Beispiele für Zeitdeckung:** Z. 28–39 Z. 15–21, Z. 43–50; **Beispiele für Zeitdehnung:** Z. 11–15, Z. 21–28, Z. 39–43, 51–56, 59–64, 79–90; **Beispiele für Zeitraffung:** Z. 2–9, Z. 57–59. Der Wechsel der Zeitgestaltung sorgt für Spannung und ermöglicht eine Einsicht in die Gedanken und Gefühle Maiks.

Schritt 3

Maik verhält sich in der Situation geistesgegenwärtig, mutig und zeigt Durchhaltevermögen. Er will Tschick und sich schützen und hat eine Idee, um Tschick vor dem Polizisten zu warnen. Der Plan misslingt. Nachdem Tschick dann doch geflohen ist, schlägt Maiks Sorge um Tschick in Panik und Angst um, selbst gefasst zu werden. Er stiehlt das Fahrrad des Polizisten und flieht ebenfalls. Maik möchte nicht, dass sie entdeckt werden; er will das Abenteuer mit Tschick fortsetzen; er möchte Tschick schützen, da sie Freunde geworden sind.

7 Gemeinsam statt einsam · Gedichte untersuchen, interpretieren und gestalten

Seite 155

Schritt 1

Das Gedicht „Neue Liebe, neues Leben" von Johann Wolfgang Goethe, das 1775 veröffentlicht wurde, thematisiert, wie ein lyrisches Ich die Veränderungen wahrnimmt, die durch eine neue Liebe in seinem Leben geschehen. Dabei erlebt er die große Anziehungskraft, welche die Liebe auf ihn ausübt, aber auch die Gefahr, sich selbst in der Liebe zu verlieren.

Schritt 2

a) V. 9 ff.: die Schönheit und der Blick der Geliebten fesseln das lyrische Ich; V. 13 f.: Gedanke zur Flucht vor der Liebe; V. 17: Zauberfädchen: doppeldeutig, da einerseits durch die Liebe verzaubert, andererseits durch das Fädchen gefangen, V. 20: Liebe hält das lyrische Ich gegen seinen Willen fest.

b) regelmäßige Reimordnung in jeder Strophe: Kreuzreim und zwei Paarreime (ababccdd)

c) Wiederholung der Personifizierung und des Symbols des „Herzens" (V. 1); Wechsel verschiedener Satzarten: Fragen (V. 1 f., 8), Aussagesätze (z. B. V. 4, 16, 20), Ausrufesätze (V. 23 f.); Anapher und Parallelismus (V. 5 f.); Metaphern „Zauberfädchen" (V. 17) und „Zauberkreise" (V. 21)

d) regelmäßige Ordnung steht eher im Gegensatz zum gefühlten Durcheinander des lyrischen Ichs; verschiedene Satzarten, Fragen und Ausrufesätze unterstützen die Verwirrung; lyrisches Ich stellt seinem Herzen selbst die Frage, was es fühlt; negatives Gefühl gegenüber der Liebe durch die Darstellung der Verluste, die durch Anapher und Parallelismus verdeutlicht werden (V. 5 ff.); zweideutige Metaphern (V. 17 und 21): einerseits durch die Liebe „verzaubert", andererseits durch Fädchen und Kreis gefangen, Einengung

Lösungen zu den Seiten „Das könnt ihr jetzt!"

8 Fremde, Feinde, Freunde? · Ein Theaterstück untersuchen und Szenen spielen

Seite 171

Schritt 1

Jojo ist wütend, weil der Anführer der Clique ihn verspottet und sogar geschlagen hat, obwohl Jojo die Strafe für ihn auf sich genommen hat.

Schritt 2

a) Jojo ist sehr aufgebracht, er könnte leicht die Fassung verlieren, sich provoziert fühlen oder unbedacht handeln.
b) Jojo hört Leo erst zu, da dieser ihm scheinbar zustimmt, auf direkte Ratschläge würde er sicher nicht hören. Er merkt jedoch bald, dass es Leo nicht so meint. Wenn Jojo das Messer benutzen würde, wäre der Anführer der Clique sicher nicht einsichtig, sondern wütend. Ein möglicher Arbeitgeber würde Jojo wahrscheinlich nicht einstellen, wenn er erfährt, dass Jojo jemanden mit einem Messer schwer verletzt hat, weil er sich in seiner Ehre gekränkt fühlte. Insgesamt hätte das Benutzen des Messers für Jojo nur negative Folgen.

Schritt 3

Leo sorgt sich um Jojo, gibt ihm Ratschläge, will ihm helfen (z. B. mit seinen Tipps, wie Jojo das Mädchen beeindrucken kann) und ihn vor Fehlern bewahren. Jojo und Leo sind an diesem Punkt der Handlung trotz des Altersunterschieds gute Freunde, deshalb hat Leo keine Angst davor, dass Jojo das Messer gegen ihn benutzen könnte. Obwohl Jojo zu Beginn sehr herablassend war, hat er mittlerweile Respekt vor Leo. Zu Beginn des Stücks wirkt es so, als stünde der Konflikt zwischen Jojo und Leo im Zentrum der Handlung. Der Konflikt löst sich aber schnell auf und es entwickelt sich eine immer bessere Beziehung zwischen den beiden.

Schritt 4

Leos Körperhaltung und die Geste (geballte Faust) wirken so, als würde er Jojo zu etwas Gewalttätigem auffordern oder ihn anfeuern. Jojo wirkt auf dem Bild eher nachdenklich. Das passt einerseits, weil er durch Leos Worte zum Nachdenken angeregt wird, andererseits wird seine Wut nicht richtig deutlich.

9 Was die Welt bewegt · Zeitungen untersuchen und gestalten

Seite 195

Schritt 1

Z. 1 f.: „Live-vor-Ort"-Gefühl, Schilderung von Eindrücken, Stimmungen; ausdrucksstarke Wortwahl; Z. 4–8: Beantwortung zentraler W-Fragen; Z. 19 ff.: Hintergrundinformationen; Z. 21–25: Schilderung von Eindrücken, Stimmungen, „Live-vor-Ort"-Gefühl, ausdrucksstarke Wortwahl; Z. 27 f.: direkte Redewiedergabe von Beteiligten; Z. 38 f.: ausdrucksstarke Wortwahl, bildhafte Ausdrücke

Schritt 2

siehe Grafik auf Seite 180

Schritt 3

Wann findet sie statt? Start im September/Herbst 2019, über den Winter
Wer ist daran beteiligt? ein deutscher Forschungseisbrecher Polarstern aus Bremerhaven, 300 Polarforscher aus 17 Nationen, Leiter: Atmosphärenforscher Markus Rex
Von wo aus startet sie? Hafen von Tromsø im Norden Norwegens
Wie sollen die Ziele erreicht werden? Anlegen an einer Meereseisscholle über den Winter; Entnahme von Wasserproben und Durchführung von Messungen; bisher nicht gekannter Einsatz an Material und Personal
Wo findet sie statt? an der nördlichsten sibirischen Inselgruppe Sewernaja Semlja, etwa Position 85° Nord/125° Ost
Welche Ziele verfolgt sie? Gewinnung grundlegender Erkenntnisse der Natur rund um den Nordpol, Gewinnung eines besseren Verständnisses der drastischen Veränderungen durch den Klimawandel am Nordpol

10 In vielen Sprachen zu Hause · Sprache betrachten

Seite 209

Aufgabe 1

freie Schülerarbeit

Aufgabe 2

Abschnitt 2: Fachsprache,
Abschnitt 3: Dialekt (Berlinerisch), erkennbar am Wortschatz und Satzbau

Aufgabe 3

unpersönliche Ausdrucksweise (Passiv, man): „Vor seiner Inmarschsetzung wurde das Rotkäppchen seitens seiner Mutter über das Verbot betreffs Verlassens der Waldwege auf Kreisebene belehrt." (Z. 21–24)
komplexer Satzbau: „Da wolfseits Verknappungen auf dem Ernährungssektor vorherrschend waren, fasste der den Beschluss, bei der Großmutter des Rotkäppchens unter Vorlage falscher Papiere vorsprachig zu werden." (Z. 37–41)
Fachwortschatz (Fachtermini): „Blumenpflückverbot" (Z. 27 f.), „Tötungsabsicht" (Z. 33)

Aufgabe 4 + 5

freie Schülerarbeit

Aufgabe 6

Jeder Mensch spricht verschiedene Sprachvarietäten (innere Mehrsprachigkeit), einige Menschen sprechen außerdem neben ihrer Familiensprache noch weitere Sprachen (äußere Mehrsprachigkeit).

11 Wasserwelten · Wortarten unterscheiden, Modus verwenden

Seite 226

Aufgabe 1

a) steht: Präsens; hat erreicht: Perfekt; sind gekommen: Perfekt; verselbstständigen: Präsens; betrifft: Präsens; bin: Präsens; bekommen wird: Futur I
b) habe erreicht; seien gekommen; verselbstständigen würden; betreffe; sei; bekommen werde

Aufgabe 2

a) + b) Frau Bagusche erklärt, in den Weltmeeren **würden** 86 Millionen Tonnen Kunststoff **treiben**. Wenn man Tausende

von Kilometern vom Festland **entfernt sei**, **gebe** es dort keine Geräusche und keinen Geruch mehr – aber man **finde** Plastik. Derzeit **würden** fünf große Müllteppiche in den Ozeanen **existieren**, **berichtet die Meeresbiologin**. Der große pazifische Müllteppich **habe** allein 4,5-mal die Flache von Deutschland. Doch das **seien** nur die deutlich sichtbaren Erscheinungen. **Frau Bagusche warnt**, der größte Teil der Belastung **werde** durch Mikroplastik **verursacht**. Diese Partikel **fänden** Forscher mittlerweile überall in den Meeren – auch im Packeis.
Erklärung: Der Konjunktiv I wird verwendet, wenn die Form eindeutig als Konjunktiv erkennbar ist und dem Indikativ Präsens oder dem Indikativ Präteritum nicht gleicht.

Aufgabe 3
sie; Sie; sie; sie; sich

Seite 227
Aufgabe 4
A Wunsch
B höfliche Bitte
C Vermutung

Aufgabe 5
in: Präp. (Präposition); sondern: Konj. (Konjunktion); zu: Präp.; seit: Präp.; über: Präp.; pro: Präp.; angesichts: Präp.; aber: Konj.; denn: Konj.; sodass: Konj.; mittels: Präp.

12 Außergewöhnliche Persönlichkeiten · Satzglieder verwenden und Satzzeichen setzen

Seite 242
Aufgabe 1
1. Regel 2: Abgrenzung der Apposition (nachträgliche Erläuterung);
2. Regel 3 (Grundregel): Verknüpfung von zwei Hauptsätzen (Satzreihe);
3. Regel 1 (Grundregel): Verknüpfung von Haupt- und Nebensatz (Satzgefüge)

Aufgabe 2
2, 5, 7, 8, 9

Aufgabe 3
„Es war Gauguin, der van Gogh das Ohr abgeschnitten hat." […] Die deutschen Wissenschaftler kommen zu dem Schluss, dass Paul Gauguin im Streit mit van Gogh zum Degen gegriffen […] und damit das linke Ohr seines Kollegen abgetrennt hat. „Um sich vor Strafverfolgung zu schützen, hat er anschließend die Legende von der Selbstverstümmelung des wahnsinnigen Malers verbreitet", heißt es im Buch.

Aufgabe 4
Van Gogh, der 1888 Paris verließ, und Gauguin gründeten im Süden Frankreichs eine Künstler-WG.
Erklärung: Nach Regel 1 (Grundregel) trennen Kommas den Nebensatz vom Rest des Satzes ab. Regel 1 schlägt Regel 3a. Deshalb muss vor „und" ein Komma stehen.

Aufgabe 5
freie Schülerarbeit

13 Last-Minute-Tipps · Regeln und Strategien der Rechtschreibung anwenden

Seite 260
Aufgabe 1
freie Schülerarbeit

Aufgabe 2
spanische Insel: Kleinschreibung, da von Namen abgeleitetes Adjektiv auf *-isch*, kein Bestandteil eines Eigennamens
Pariser Café: Großschreibung, da abgeleitet von geografischem Namen auf *-er*
katalanische Hauptstadt: Kleinschreibung, da von Namen abgeleitetes Adjektiv auf *-isch*, kein Bestandteil eines Eigennamens
Berliner Hauptbahnhof: Großschreibung, da abgeleitet von geografischem Namen auf *-er*
balearische Metropole: Kleinschreibung, da von Namen abgeleitetes Adjektiv auf *-isch*, kein Bestandteil eines Eigennamens

Aufgabe 3
a) Touristen – Tourismus; Regionen – regional; ökologisch – Ökologie; strapaziös – Strapazen; Transport – transportabel; Spontanität – spontan; intensiv – intensivieren
b) *-ist*: Spezialist, Galerist, Polizist, Monarchist, Aktivist, Bundesligist; *-(i)tät*: Komplexität, Aggressivität, Lokalität, Spezialität, Naivität; *-ion*: Illusion, Station, Fiktion, Fusion, Aktion, Spion; *-iv*: naiv, explosiv, aktiv, Adjektiv, exklusiv, attraktiv

Aufgabe 4
grüße → Grüße; dass → das; Brandenburgertor → Brandenburger Tor; unter den Linden → Unter den Linden; das → dass; seid → seit; mittag → Mittag; Grat → Grad; berliner → Berliner; fahrt → Fahrt; gespant → gespannt
Groß- und Kleinschreibung: auf Adjektive als Begleiter achten (z. B. *viele Grüße*), Adjektivprobe nutzen (z. B. *viele liebe Grüße*); Eigennamen großschreiben (z. B. *Unter den Linden*), bei geografischer Ableitung auf *-er* getrennt schreiben (z. B. *Brandenburger Tor*); **das/dass:** Ersatzprobe nutzen (z. B. *das Hotel, welches …; Nervig ist, ~~welches …~~*); **Wortauslaut:** verwandte Wörter suchen (z. B. *graduell*), Schreibung einprägen, auf Bedeutungsunterschiede achten (z. B. *ihr seid – seit heute*), Wörterbuch nutzen; **Eigennamen/Ableitungen von Eigennamen:** geografische Ableitungen auf *-er* beachten (z. B. *Berliner*); **Groß- und Kleinschreibung:** Adjektivprobe nutzen (z. B. *40 Stunden anstrengende Fahrt*); **kurze und lange Vokale:** verwandte Wörter suchen (z. B. *Spannung*), Schreibung einprägen, Wörterbuch nutzen

Seite 261
Aufgabe 5
freie Schülerarbeit

Aufgabe 6
ca. – circa; ggf. – gegebenenfalls; u. – und; vgl. – vergleiche; Abb. – Abbildung; usw. – und so weiter; Str. – Straße; Pkte. – Punkte

Aufgabe 7
Waagerecht: 1 ha, 5 TGV, 7 ICE, 10 IQ, 11 Bhf., 12 Mrd., 13 PC; 14 Abo, 15 MMS; Senkrecht: 2 Abi, 3 FIFA, 4 Demo, 6 VIPs, 8 r., 9 dm

Lesestrategien und Lesetechniken

Orientierendes Lesen

Um herauszufinden, ob ein Text für die weitere Arbeit geeignet ist, kannst du dir mit dem orientierenden Lesen **einen ersten Überblick verschaffen**. Du überfliegst den ganzen Text mit den Augen und konzentrierst dich dabei auf folgende **Orientierungspunkte**:
- Titel des Textes
- Aufbau des Textes
- Überschriften der Absätze
- besonders Hervorgehobenes, Schlüsselwörter
- Abbildungen und Bildunterschriften
- die ersten Sätze der Einleitung und der Absätze

Willst du herausfinden, ob ein ganzes Buch geeignete Texte enthält, orientiere dich am besten an Klappentext, Vorwort und Einleitung sowie am Inhaltsverzeichnis.

Selektives Lesen

Selektiv bedeutet „auswählend" oder „zielgerichtet". Selektives Lesen meint also die **gezielte Suche nach bestimmten Informationen** in einem oder mehreren Texten. Das selektive Lesen erfolgt in den meisten Fällen nach dem orientierenden Lesen, wenn du entschieden hast, dass der Text für deine Zwecke infrage kommt. Entscheidend ist, dass du eine **konkrete Fragestellung** hast und beim Lesen nach Antworten darauf suchst.

Erschließendes Lesen

Um einen Text verstehen und nutzen zu können, musst du **durch gründliches Lesen den Inhalt erschließen und Textzusammenhänge erkennen**. Dabei helfen dir verschiedene Lesetechniken. Du kannst
- unbekannte Wörter klären: ableiten, in den Textzusammenhang einordnen, Bedeutung nachschlagen.
- Fragen an den Text stellen.
- Schlüsselwörter markieren.
- den Text in Sinnabschnitte einteilen und Überschriften formulieren.
- wichtige Aussagen paraphrasieren.
- den Sachtext zusammenfassen.

Schaubilder und Diagramme auswerten

Schaubilder und Diagramme findest du oft in Sachbüchern oder im Internet. Sie stellen Daten, Sachverhalte und Zusammenhänge grafisch dar.

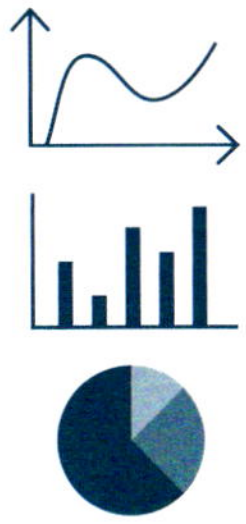

1. Überblick verschaffen
- Thema klären (Überschrift beachten)
- Art des Schaubildes und Bestandteile bzw. Diagrammart (z.B. Säulen-, Kurven- oder Kreisdiagramm) und Maßeinheiten bestimmen
- Quelle und Veröffentlichungszeitpunkt angeben

2. Schaubild/Diagramm erläutern
- Einzelaussagen treffen und erklären
- Auffälligkeiten benennen, einordnen, vergleichen (z.B. Minimal- und Maximalpunkte)

3. Schlüsse ziehen
- Ergebnisse zusammenfassen
- Zusammenhänge herleiten und Entwicklungen ablesen
- offene Fragen benennen

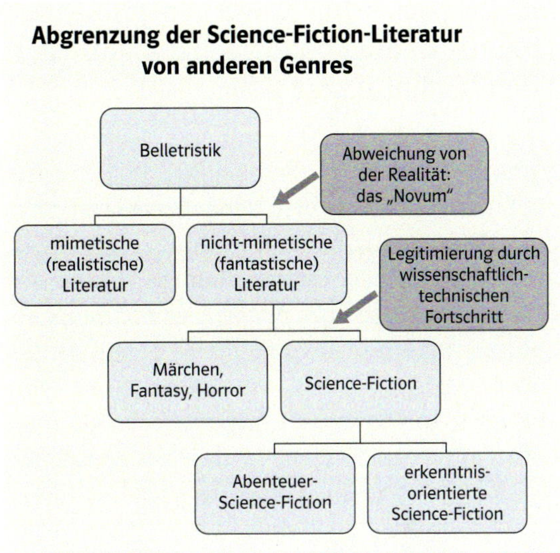

Quelle: Kalle Hauss: Foresight – Between Science and Fiction, 2020

Ein Schaubild auswerten **SO GEHT'S**

Das Schaubild „Abgrenzung der Science-Fiction-Literatur von anderen Genres“ verdeutlicht den wesentlichen Unterschied zwischen Science-Fiction und anderen Genres der Belletristik (erzählenden Literatur). Es wurde von Kalle Hauss in der Forschungspublikation „Foresight – Between Science and Fiction“ 2020 veröffentlicht.

In Form eines Unterscheidungsbaums werden Unterschiede zwischen den Genres dargestellt. Das Schaubild wird durch zwei beschriftete Blöcke ergänzt, die auf das Besondere der Science-Fiction-Literatur verweisen.

Deutlich wird, dass die Einteilung der Genres vom Oberbegriff der Belletristik ausgeht. Die Belletristik unterteilt sich in mimetische, also realistische Literatur, und nicht-mimetische, also fantastische Literatur. Die beiden Unterarten der fantastischen Literatur können in unterschiedlichen Genres dargestellt sein und umfassen auf der einen Seite vor allem Märchen, Fantasy sowie Horror, auf der anderen Seite Science Fiction. Der große Unterschied zwischen diesen Genres besteht darin, dass Science-Fiction-Literatur Anregungen aus dem wissenschaftlich-technischen Fortschritt aufgreift und darstellt, während die anderen Genres dies nicht tun. Dass es auch innerhalb der Science-Fiction-Literatur noch Untergenres gibt, zeigt die letzte Ebene. Auf dieser Ebene befindet sich die Unterteilung in Abenteuer-Science-Fiction und erkenntnisorientierte Science-Fiction-Literatur.

Zusammengefasst erkennt man die Science-Fiction-Literatur als Teil der Belletristik mit ganz spezifischen Merkmalen und Ausprägungen.

Thema klären

Quelle und Veröffentlichungszeitpunkt angeben

Art des Schaubildes und Bestandteile benennen

Einzelaussagen treffen

Ergebnisse zusammenfassen

Einen Sachtext untersuchen

Ralf Zacharias: Der Mond in der Science-Fiction-Literatur (Zum 50-jährigen Jubiläum der ersten Mondlandung) (2019, Onlineartikel)

Genau fünfzig Jahre ist es nun her, dass erstmals ein Mensch seinen Fuß auf einen anderen Himmelskörper als die Erde setzte. Sowohl in den Jahrzehnten davor als auch danach übte und übt der Mond eine große Faszination aus, auch und insbesondere natürlich auf Verfasser von fantastischer Literatur. Anfangs galt er dabei noch als geheimnisvolles und unvorstellbar weit entferntes Objekt voller ungelöster Rätsel und Mysterien, auf dem irdische Verhältnisse, exotische Vegetation oder gar intelligentes Leben durchaus denkbar erschienen. Später dann, als Reisen dorthin allmählich realistisch und schließlich sogar greifbar nahe waren, wurde in vielen Geschichten die spannende Idee behandelt, ob vor uns vielleicht schon andere, fremde Zivilisationen von weit her dort gewesen seien und dabei möglicherweise Spuren hinterlassen haben könnten. Weiterhin faszinierte die Frage: Was werden wir dort entdecken? Und auch nachdem das Unglaubliche dann eines Tages möglich gemacht wurde, die Menschheit also *tatsächlich* den Schritt zum Mond vollzogen hatte und dort (nicht mehr ganz unerwartet, aber irgendwie dennoch etwas enttäuschend) lediglich auf Gestein, Krater, Leere und Wüste gestoßen war, ließ das Interesse am Erdtrabanten keinesfalls nach: Werden wir ihn eines Tages bewohnen? Eine feste Basis oder gar Kolonien dort errichten? Als wichtige Rohstoffquelle oder als Sprungbrett für immer weitere Ausflüge ins All verwenden? Die Themen der „Mondliteratur" haben sich also im Laufe der Zeit gewandelt, sie blieben und bleiben aber jederzeit aktuell, indem sie sich stets am Möglichen und Denkbaren orientierten. Auch stilistisch ist natürlich die gesamte literarische Bandbreite vorhanden. So finden sich für jeden Lesegeschmack die passenden Romane und Schwerpunkte: von wilden Abenteuergeschichten über humorvolle Unterhaltung bis hin zu wissenschaftlich fundierten Überlegungen über die Zukunft der Menschheit, des Mondes sowie ihrem Verhältnis zueinander. Glücklicherweise ergeht es ihm dabei üblicherweise nicht so schlecht wie in Neal Stephensons Buch „Amalthea" aus dem Jahr 2015, das mit dem legendären Satz beginnt: „Der Mond explodierte ohne Vorwarnung und ohne erkennbaren Grund."

Einen Sachtext untersuchen **SO GEHT'S**

den Inhalt erschließen

unbekannte Wörter klären (Wörterbuch)
Mysterium: Geheimnis; exotisch: besonders, ungewöhnlich; Vegetation: Wachstum von Pflanzen; Zivilisation: fortgeschrittene Lebensform; Krater: trichterförmige Vertiefung; Erdtrabant: Mond der Erde; Kolonien: Siedlungen

Schlüsselwörter markieren

den Text in Abschnitte einteilen und die gedankliche Struktur erfassen
1. Faszination des Mondes für Literatur
2. Wandel des Mondbildes in Literatur
3. Vorstellungen nach Mondlandung
4. Fazit: Aktualität der Mondthemen

abschnittsweise die wichtigsten Aussagen notieren
...
2. Darstellung des Mondes vom Geheimnisvollen hin zum Erdtrabanten, auf dem man fremde Spuren entdecken kann
...

das Thema formulieren
Bedeutung des Mondes für Literatur

die Funktion bestimmen
informieren

auffällige sprachliche Mittel untersuchen
wertende Adjektive, Partizipien und Adverbien zur Betonung
Hypotaxe: komplexe Satzgefüge, um Zusammenhänge herzustellen
Kursivdruck zur Hervorhebung
Klammereintrag zur Kommentierung
Ellipse: Verstärkung der Aufzählung
Zitat zur Abrundung

Einen Sachtext schriftlich wiedergeben

Einen Sachtext schriftlich wiedergeben **SO GEHT'S**

Der Mond in der Science-Fiction-Literatur

In seinem Internetartikel „Der Mond in der Science-Fiction-Literatur" zum 50. Jubiläum der ersten Mondlandung 2019 informiert Ralf Zacharias Interessierte über die Bedeutung des Mondes in der Science-Fiction-Literatur. Zu Beginn erinnert der Autor an die erste Mondlandung 1969 und verweist auf die Faszination des Mondes für die fantastische Literatur, die es bereits vor der Mondlandung gegeben habe und die immer noch anhalte (vgl. Z. 1–6). Dass sich die Monddarstellungen im Laufe der Zeit veränderten, erläutert Ralf Zacharias im Anschluss an konkreten Beispielen. Die anfänglichen Darstellungen des Mondes als „Mysteri[um]" (Z. 8) hätten sich mit der Weiterentwicklung der Raumfahrt zu Geschichten verändert, in denen man Spuren fremder Zivilisationen suche (vgl. Z. 6–16). Im dritten Abschnitt kommentiert der Autor in einer Klammerbemerkung kurz, dass die Erkenntnisse über den Mond nach erfolgter Mondlandung „irgendwie dennoch etwas enttäuschend" (Z. 20 f.) gewesen seien, das Interesse aber nicht nachgelassen habe und nun Themen der Besiedlung des Mondes und der Erkundung des Alls umfasse (Z. 16–26). Anschließend zieht er das Fazit, dass trotz Wandel der Themen die Aktualität deshalb erhalten bleibe, weil man sich stets „am Möglichen und Denkbaren" (Z. 29) orientiere und stilistisch vielfältig unterschiedliche Leserinteressen anspreche. So gebe es sowohl Abenteuerliteratur als auch Humorvolles und wissenschaftlich Fundiertes (vgl. Z. 30–36). Mit einem Zitat aus einem Science-Fiction-Roman von Neal Stephenson beendet Ralf Zacharias seine Ausführungen, indem er resümiert, dass der Mond in der Science-Fiction-Literatur meistens ein gutes Ende nehme und nicht explodiere wie in diesem Roman (vgl. Z. 36–40).

Einleitung: **T**itel, Name der **A**utorin/des Autors, Angabe der **T**extsorte, **T**hema (**TATT**), Quelle und Erscheinungs- oder Veröffentlichungsjahr

Funktion des Textes benennen

Text abschnittsweise zusammenfassen, auf die wichtigsten Aussagen konzentrieren

gedankliche Struktur des Textes darlegen

Tempus: Präsens (bei Vorzeitigkeit Perfekt) sachlich schreiben

Satzverknüpfungen

Wiedergabe von Textinhalten:
Zusammenfassen
Zitieren
Indirekte Wiedergabe

Einen Sachtext schriftlich wiedergeben **CHECKLISTE**

1. Inhalt und Aufbau — Nachschlagen

Ich habe
- ✓ eine Einleitung verfasst (TATT, Erscheinungs- oder Veröffentlichungsjahr). S. 21
- ✓ die Funktion des Textes benannt. S. 14
- ✓ im Hauptteil den Text abschnittsweise zusammengefasst und die wichtigsten Aussagen wiedergegeben. S. 18
- ✓ die gedankliche Struktur des Textes dargelegt. S. 17
- ✓ entsprechend der Aufgabenstellung die sprachliche Gestaltung dargestellt. S. 18

2. Sprache

Ich habe
- ✓ Präsens und bei Vorzeitigkeit Perfekt verwendet. S. 21
- ✓ sachlich geschrieben, Fachbegriffe verwendet und Wertungen vermieden. S. 21
- ✓ Textinhalte korrekt wiedergegeben durch Zusammenfassen, wörtliches Zitieren und indirekte Wiedergabe von Aussagen. S. 20
- ✓ geeignete Satzverknüpfungen genutzt, um Zusammenhänge zu verdeutlichen. S. 21

Lerninsel

B Referieren, präsentieren und diskutieren

Ein Referat vorbereiten und halten

In der Schule präsentierst du in verschiedenen Fächern Referate. Dafür musst du dich informieren und wichtige Informationen von Unwichtigem trennen.
Für dein Publikum ist es wichtig, dass du die Informationen interessant und verständlich darstellst. Finde daher anschauliche Beispiele und gliedere deinen Vortrag. Karteikarten helfen dir, den Überblick zu bewahren. Präsentationsfolien helfen deinem Publikum, den Inhalt besser zu verstehen.

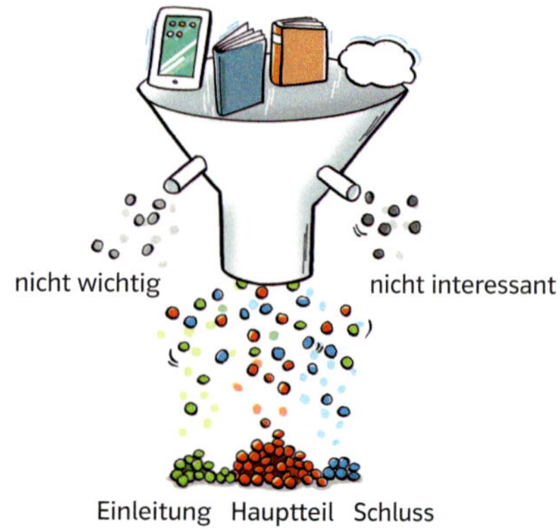

Karteikarten erstellen | **SO GEHT'S**

Einleitung (1)

Eine gute Präsentation – Was ist das?
1. *Erfahrung mit langweiligen Präsentationen und solchen, die man nicht versteht*
   → Bild mit gähnendem Publikum zeigen
2. *Mein Ziel: Tipps und Hilfen geben*
   → Folie mit Gliederung des Referats
   + Bild mit aufmerksamem Publikum

Thema nennen

Interesse wecken:
z. B. Frage ans Publikum,
interessantes Bild,
witziger kurzer Text

Hauptteil (3)

2. *Foliengestaltung*
   → Beispiel einer misslungenen Folie zeigen
   – Frage, was nicht gelungen ist
   – Lösung: unübersichtlich, zu viel Text, zu klein geschrieben, umständlicher Satzbau

Stichwortzettel übersichtlich und gut lesbar gestalten

Karteikarten nur einseitig beschriften und nummerieren

Stichworte groß notieren

Regieanweisungen mit anderer Farbe notieren

wichtige Stellen mit Unterstreichungen oder Textmarkern hervorheben

---

Fazit (6)

1. *Thema informativ und verständlich aufbereiten*
2. *Folien anschaulich gestalten*
3. *Vortragsweise: engagiert, dem Publikum zugewandt, klar und deutlich, keine übertriebene Show machen*
4. *Hauptquellen nennen*
   → Folie mit Quellenangaben
5. *Gibt es Nachfragen zum Thema?*
6. *Bitte gebt mir Rückmeldungen zum Referat.*

Wichtiges zusammenfassen

Anregungen geben

Quellen nennen

nachfragen

Präsentationsfolien gestalten **SO GEHT'S**

- klare und interessante Überschrift
- Text in Stichpunkten, keine langen Sätze
- gut lesbare Schriftgröße (mind. 22) und Schriftart
- Farben, Fettdruck, Unterstreichungen sparsam einsetzen
- anschauliche Bilder und Grafiken

Ein Referat vorbereiten und halten **CHECKLISTE**

1. Informationen sammeln	Nachschlagen
✓ Ich habe verschiedene Quellen genutzt.	S. 27
✓ Ich habe verlässliche Quellen verwendet.	S. 27
✓ Ich habe die Quellen notiert: vollständige Internetadresse mit Zugriffsdatum oder Autorin/Autor, Titel, Verlag und Erscheinungsjahr.	S. 27
2. Informationen ordnen	
✓ Meine Informationen sind wichtig.	S. 27
✓ Meine Informationen sind für das Publikum verständlich.	S. 27
✓ Meine Reihenfolge ist nachvollziehbar (roter Faden).	S. 27
3. Das Referat gliedern	
✓ Einleitung: Ich nenne das Thema und wecke Interesse beim Publikum.	S. 27
✓ Hauptteil: Ich bringe die wichtigsten Informationen.	S. 27
✓ Schluss: Ich fasse das Wichtigste zusammen.	S. 27
4. Das Referat ausgestalten	
✓ Ich habe einen Stichwortzettel oder Karteikarten erstellt, um frei sprechen zu können.	S. 27
✓ Ich mache das Referat mit Präsentationsfolien anschaulich.	S. 26
✓ Ich habe den Vortrag mehrfach geprobt.	S. 27
5. Das Referat halten	
✓ Ich spreche beim Vortrag langsam, laut und deutlich.	S. 27
✓ Ich mache beim Vortrag an sinnvollen Stellen Pausen.	S. 27
✓ Ich stehe beim Vortrag ruhig da.	S. 27

Einen Standpunkt in einer Debatte vertreten

Eine Debatte ist eine Diskussion nach festen Regeln, in der eine Streitfrage von verschiedenen Positionen aus erörtert wird.
Typischer Aufbau einer Debatte:
- Streitfrage *(Sollten Geschäfte grundsätzlich sonntags öffnen?)*
- vier Personen (Pro- und Kontra), keine Gesprächsleitung
- Ablauf: Eröffnungsrunde, freie Aussprache, Schlussrunde

Einen Debattenbeitrag für die Eröffnungsrunde gestalten **SO GEHT'S**

Kontra-Position I: Geschäfte sollen am Sonntag geschlossen bleiben!

Die Streitfrage ist, ob Geschäfte in Zukunft sonntags öffnen sollten.
Dabei geht es zum Beispiel um Supermärkte und Bekleidungsgeschäfte, andere Geschäfte wie Kioske und Tankstellen haben bereits sonntags geöffnet.
Dagegen spricht zunächst, dass der Sonntag kein Tag wie alle anderen werden sollte. Man braucht auch mal eine Auszeit von der Hektik des Alltags. Außerdem haben viele Geschäfte an den anderen Tagen sehr lange Öffnungszeiten, Supermärkte sind oft sogar bis 24 Uhr geöffnet. Bei diesen Öffnungszeiten kann jeder Kunde seine Einkäufe erledigen, eine Öffnung an Sonntagen ist nicht nötig.
Am wichtigsten ist aber das Wohl derjenigen, die in diesen Geschäften arbeiten. Und das sind über 3,1 Millionen Menschen. Bei verkaufsoffenen Sonntagen hätten sie gar kein Wochenende. Für Familien wäre das schrecklich: Samstags und sonntags ohne Eltern frühstücken oder keinen gemeinsamen Ausflug unternehmen zu können. Und auch Singles wären betroffen. Sie könnten zum Beispiel bestimmte Hobbys nicht mehr ausüben, bei denen man am Wochenende Zeit haben muss, etwa für die Spieltage in einer Sportmannschaft.
Deshalb sollten Geschäfte am Sonntag unbedingt geschlossen bleiben.

Streitfrage nennen

eigene Position formulieren

zentrale Begriffe definieren

wichtige Argumente aufführen

das stärkste Argument zuletzt nennen

Fakten, Beispiele einfügen

Fazit nennen

Eine Debatte führen **CHECKLISTE**

1. Überzeugungskraft	Nachschlagen
✓ Meine Beiträge zeigen Sachkenntnis (Fakten- und Hintergrundwissen).	S. 34
✓ Meine Argumente sind überzeugend: Autoritätsargument (Berufung auf Experten), Tatsachenargument (Berufung auf Fakten), normatives Argument (Berufung auf allgemeine Werte).	S. 45
✓ Ich greife Gegenargumente auf, vor allem in der freien Aussprache.	S. 34
✓ Meine Argumente sind geordnet und gewichtet, vor allem für die Eröffnungsrunde.	S. 45
2. Ausdrucksvermögen	
✓ Meine Beiträge sind sprachlich präzise und nachvollziehbar.	S. 37
✓ Ich spreche deutlich und in angemessener Lautstärke.	S. 37
✓ Ich achte auf eine angemessene Mimik, Gestik und Körperhaltung.	S. 37
3. Gesprächsfähigkeit	
✓ Meine Beiträge knüpfen sprachlich und inhaltlich an vorhergehende Beiträge an.	S. 37
✓ Ich beachte die allgemeinen Gesprächsregeln: Höflichkeit, ausreden lassen, …	

Argumentierende und informierende Texte verfassen

Eine schriftliche Argumentation verfassen

Wenn du deinen Standpunkt zu einer Streitfrage schriftlich formulierst und begründest, schreibst du im argumentativen Stil. Das Ziel ist, deine Leserinnen und Leser von deinem Standpunkt zu überzeugen.

Argumentieren: Standpunkt, Argument, Beispiel unterscheiden **SO GEHT'S**

Soll auf dem Schulhof unserer Schule Videoüberwachung erfolgen? ← Streitfrage

Videoüberwachung ist nicht sinnvoll. ← Standpunkt: Meinung, Urteil, Forderung

Beschädigungen werden nicht verhindert. ← Argument: Begründung

Die meisten Beschädigungen finden im Gebäude statt. So wurde zum Beispiel im letzten Herbst ein Spiegel in der Jungentoilette am Südhof zerstört und musste ersetzt werden. Das ist ärgerlich, aber eine Videoüberwachung auf dem Schulhof würde das nicht verhindern. ← Beispiel als Stütze des Arguments

1. Schriftliche Argumentation planen
- die Streitfrage erfassen und in Teilthemen auffächern
- Stoffsammlung erstellen: Pro- und Kontra-Argumente mit passenden Argumentationsstützen sammeln
- den eigenen Standpunkt bestimmen, dabei Menge und Überzeugungskraft der Argumente bedenken
- die Gliederung erstellen
  - **Einleitung:** Streitfrage nennen, Interesse der Leserinnen und Leser wecken, kurz in das Thema einführen, z.B. Begriffe klären
  - **Hauptteil:** Argumente mit passenden Argumentationsstützen für den eigenen Standpunkt in nachvollziehbarer Reihenfolge anführen, Argumente verknüpfen und entfalten, ein Gegenargument entkräften
  - **Schluss:** verschiedene Möglichkeiten: die Ergebnisse bündeln, einen Kompromissvorschlag anbieten, eine Forderung formulieren, einen Ausblick in die Zukunft geben, eventuell Bezug zur Einleitung herstellen

2. Schriftliche Argumentation verfassen
- die Gliederung umsetzen
- sachlich und in der Regel im Präsens schreiben
- Zusammenhänge verdeutlichen, indem Wörter und Sätze durch Konjunktionen und Adverbien verknüpft werden

3. Schriftliche Argumentation überarbeiten
- Inhalt überprüfen: Überzeugungskraft und Reihenfolge der Argumente
- sprachliche Gestaltung prüfen: sachlicher Stil, Präsens, Verknüpfung der Sätze
- sprachliche Korrektheit prüfen: Rechtschreibung und Zeichensetzung
- Checkliste (S.300), Textlupe (S.343) oder Schreibkonferenz (S.342) nutzen

Eine schriftliche Argumentation verfassen **SO GEHT'S**

Videoüberwachung auf unserem Schulhof?

Mutwillige Beschädigungen sind teuer: Über 5.500 € mussten im letzten Schuljahr an unserer Schule für die Beseitigung solcher Schäden ausgegeben werden. Jetzt haben Eltern den Vorschlag gemacht, auf unserem Schulhof eine Videoüberwachung durch fest installierte Kameras einzuführen. Damit sollen Gewalt und Beschädigungen verhindert werden. Also stellt sich für uns alle die Frage: Soll unser Schulhof videoüberwacht werden?

Einleitung: Interesse wecken und die Streitfrage benennen

Zunächst einmal möchte ich darauf hinweisen, dass die Videoüberwachung in unsere Grundrechte eingreifen würde. Jeder Mensch darf selbst bestimmen, ob Bilder oder Videos von ihm aufgenommen werden und was damit passiert. (...) Außerdem würden die Kameras dafür sorgen, dass man sich in den Pausen ständig beobachtet fühlt. Man würde sich nicht mehr frei und ausgelassen bewegen. Damit wären die Pausen nur noch halb so schön. Die Pausen sind aber zur Erholung und Ablenkung da, weil ein Schultag anstrengend ist. Gegen die Videoüberwachung sprechen auch die Kosten für die Installation und den Betrieb der Kameras. (...) Das wichtigste Argument gegen die Videoüberwachung auf dem Schulhof ist aber, dass sie kaum Beschädigungen oder Gewalttätigkeiten verhindern kann. Einerseits gibt es immer Stellen auf dem Schulhof, die von den Kameras nicht erfasst werden können. Andererseits finden fast alle mutwilligen Beschädigungen im Schulgebäude statt. So wurde zum Beispiel im letzten Herbst ein Spiegel in der Jungentoilette am Südhof zerstört und musste ersetzt werden. Das ist zwar teuer und ärgerlich, aber eine Videoüberwachung auf dem Schulhof würde so etwas nicht verhindern. Und Videokameras in den Toiletten kann nun wirklich niemand wollen.

Argumente entfalten und verknüpfen

Hauptteil: Argumente und passende Beispiele darstellen

ein wichtiges Gegenargument entkräften

Aus diesen Gründen komme ich zu dem Schluss, dass die Videoüberwachung unseres Schulhofs nicht sinnvoll ist. Vielmehr sollten wir – Schülerschaft, Lehrkräfte und Eltern – uns alle noch mehr um ein gutes Miteinander und gegenseitige Wertschätzung bemühen. Dann fühlen sich alle in der Schule wohler und Vandalismus und Gewalt gehen automatisch zurück.

Schluss: zum Beispiel einen Kompromiss vorschlagen

Eine schriftliche Argumentation verfassen **CHECKLISTE**

1. Inhalt und Aufbau	Nachschlagen
✓ Meine Einleitung benennt die Streitfrage und weckt Interesse.	S. 52
✓ Meine Argumente im Hauptteil sind gut aufeinander abgestimmt und stützen meinen Standpunkt.	S. 49
✓ Meine Argumente sind nachvollziehbar angeordnet, zum Beispiel vom schwächsten zum stärksten Argument.	S. 49
✓ Meine Argumente haben verständliche Argumentationsstützen.	S. 45
✓ Ein wichtiges Gegenargument habe ich entkräftet.	S. 49
✓ Im Schlussteil verdeutliche ich meinen Standpunkt zur Streitfrage.	S. 52
2. Sprache	
Ich habe	
✓ sachlich und in der Regel im Präsens geschrieben.	S. 52
✓ die Zusammenhänge durch passende Satzverknüpfungen verdeutlicht.	S. 50
✓ die Rechtschreibung, den Satzbau und die Satzzeichen überprüft.	S. 233, 247

Einen Leserbrief schreiben

Du kannst zu Artikeln in Zeitungen Stellung beziehen. Bei Onlineausgaben gibt es oft eine Kommentarfunktion. Ein Leserbrief ist ein Kommentar, der an die Redaktion gesandt wird.

Einen Leserbrief schreiben **SO GEHT'S**

An: redaktion@Hamburger-Abendblatt.de

Betreff: Leserbrief zum Kommentar von B. Olmer (22.04.2021)

Sehr geehrte Damen und Herren,

in der gestrigen Ausgabe des Hamburger Abendblatts äußert sich B. Olmer kritisch zur Einführung des neuen Siegels „Grüner Knopf" für faire und nachhaltige Textilien. Natürlich hat Herr Olmer Recht, dass es schon viele Siegel für alle Bereiche des Lebens gibt und dass das die Verbraucherinnen und Verbraucher verwirren kann. Aber es ist ein großer Unterschied, ob ein Siegel Aussagen über die artgerechte Tierhaltung oder über die Nachhaltigkeit von Textilien macht.

Leider gibt es auch im Bereich der Mode verschiedene Siegel. Gerade deshalb ist es wichtig, dass es mit dem „Grünen Knopf" nun ein staatlich vergebenes und unabhängig kontrolliertes Siegel gibt. Somit können sich die Verbraucherinnen und Verbraucher auf dieses Siegel verlassen. Andere Siegel, die vielleicht weniger zuverlässig sind, können einfach ignoriert werden. Da auch schon Supermarkt-Ketten Kleidung mit dem „Grünen Knopf" verkaufen, räumt dieses Siegel auch mit dem Vorurteil auf, dass nachhaltige Mode teuer und nur etwas für reiche Menschen sei.

Zwar kritisiert Greenpeace, dass zum Start des Siegels ökologische und soziale Standards bei der Herstellung der Rohstoffe (zum Beispiel auf Baumwollplantagen) noch nicht berücksichtigt wurden, aber dies ist für die Zukunft fest eingeplant.

Wünschenswert wäre eine positivere Berichterstattung in Ihrer Zeitung über diese Hilfe beim Einkaufen. Ich jedenfalls bin froh, dass es dieses Siegel gibt, und wünsche allen Beteiligten daran viel Erfolg, zum Wohl unserer Umwelt und der Menschen, die in der Textilindustrie arbeiten.

Mit freundlichen Grüßen

Justus Hermsen (Schüler aus Delmenhorst)

- Betreff: aussagekräftige Kurzinformation
- höfliche Anrede
- auf den Bezugsartikel eingehen
- Standpunkt verdeutlichen
- nachvollziehbare Argumente mit Argumentationsstützen einbringen
- wichtiges Gegenargument entkräften
- Schlussfolgerungen, Forderungen, Wünsche äußern
- Namen und Wohnort angeben

Einen Leserbrief schreiben **CHECKLISTE**

1. Inhalt und Aufbau	Nachschlagen
Ich habe	
✓ mich klar auf den Inhalt des Artikels bezogen.	S. 59
✓ meinen Standpunkt verdeutlicht (Widerspruch oder Unterstützung).	S. 59
✓ nachvollziehbare Argumente mit Argumentationsstützen aufgeführt.	S. 45
✓ eine Schlussfolgerung, eine Forderung oder einen Wunsch geäußert.	S. 59
✓ meinen vollen Namen und den Wohnort angegeben.	S. 59
2. Sprache und Gestaltung	
Ich habe	
✓ sachlich und respektvoll geschrieben.	S. 59
✓ die äußere Form eines Briefes bzw. einer offiziellen E-Mail beachtet.	S. 59
✓ die Rechtschreibung, den Satzbau und die Satzzeichen überprüft.	S. 233, 247

Auf Materialbasis einen informierenden Text schreiben

Beim informierenden Schreiben auf der Grundlage von Materialien musst du die Aufgabenstellung genau beachten: Für wen schreibst du und mit welchem Ziel? Was ist das Thema und welche Teilthemen werden genannt? Die Materialien musst du entsprechend auswerten. Dabei helfen dir Markierungen und die Zusammenfassung in Stichpunkten.

Materialien auswerten **SO GEHT'S**

Ausgangssituation:
An deiner Schule findet eine Projektwoche zum Thema „Auf ins neue Leben – Migration in Deutschland und der Welt" statt. Deine Projektgruppe hat sich mit Schriftstellerinnen und Schriftstellern beschäftigt, die eingewandert sind und erfolgreich auf Deutsch schreiben.

Aufgabenstellung:
Verfasse für die Internetseite der Projektgruppe einen Informationstext über den Autor Rafik Schami. Berücksichtige dabei folgende Gesichtspunkte:
- Leite zu Beginn in das Thema ein und erkläre, inwiefern Rafik Schami ein erfolgreicher Autor ist.
- Gib im Hauptteil wichtige Stationen seines Lebens wieder. Erkläre außerdem, was ihm bei seiner Arbeit wichtig ist.
- Gehe abschließend auf sein Pseudonym ein.

Material 1 Rafik Schami – Einige Preise und Auszeichnungen

1987 ZDF-Leseratten-Preis für „Eine Hand voller Sterne"
1987 Ehrenliste des Staatspreises (Österreich) für sein Gesamtwerk
1990 Rattenfängerpreis der Stadt Hameln für „Erzähler der Nacht"
1993 Adalbert-von-Chamisso-Preis für sein Gesamtwerk
1994 Hermann-Hesse-Preis für „Der ehrliche Lügner"
1997 Storytelling World Award (USA)
2003 Kunstpreis Rheinland-Pfalz
2007 Literaturpreis der Stadt Dortmund, Nelly-Sachs-Preis 2007
2010 Brüder-Grimm-Professur der Universität Kassel
2011 Preis gegen das Vergessen und für Demokratie
2015 Großer Preis der Akademie für Kinder- und Jugendliteratur
2018 Gustav-Heinemann-Friedenspreis für „Sami und der Wunsch nach Freiheit"

(Internetseite von Rafik Schami)

Material 2 Rafik Schami – Biografie

Rafik Schami wurde am 23. Juni 1946 in Damaskus (Hauptstadt von Syrien) unter dem Namen Suheil Fadel geboren. Er stammt aus einer katholisch-arabischen Familie, besuchte ein Klosterinternat im Norden des Libanon und studierte in Damaskus Chemie, Mathematik und Physik. Schami gründete 1966 in Damaskus die Wandzeitung Al-Muntalak (dt. Ausgangspunkt), die 1969 verboten wurde.

1970 verließ Rafik Schami wegen der fehlenden Meinungsfreiheit in Syrien sein Heimatland und ging in den Libanon, auch um dem Militärdienst für das diktatorische Regime zu entgehen. 1971 wanderte er in die Bundesrepublik Deutschland aus. Er studierte in Heidelberg bis 1979 weiter Chemie und beendete sein Studium mit einer Doktorarbeit.

Materialien auswerten **SO GEHT'S**

Während des Studiums veröffentlichte er zahlreiche Texte in Zeitschriften, zunächst auf Arabisch, ab 1977 auch in deutscher Sprache. 1978 erschien sein erstes Buch in deutscher Sprache.
Für sein literarisches Werk hat er zahlreiche Auszeichnungen und Preise erhalten. Bereits im Jahr 2005 wurde das millionste Taschenbuch von ihm verkauft.

Schami hat sowohl die deutsche als auch die syrische Staatsbürgerschaft. 1990 lernte er die Illustratorin und Autorin Root Leeb kennen. Sie sind seit 1991 verheiratet und haben einen Sohn.
Rafik Schami ist nicht sein wirklicher Name, sondern ein Pseudonym. Es bedeutet „Freund aus Damaskus“.

Material 3 Rafik Schami wird 70 – „Ich erzähle Rafik-Schamisch.“

Der Ursprung aller Geschichten liegt bei Rafik Schami im mündlichen Erzählen. Er hat diese Tradition aus seiner Heimat Syrien mitgebracht, aus der er 1971 nach Deutschland floh. Mit seinen Erzählabenden füllt er ganze Schauspielhäuser, seine Bücher verkaufen sich hunderttausendfach. Einen Revolutionsroman will er nicht schreiben – dennoch ist Politik ein Thema. Heute wird der Schriftsteller 70.

Ein Mosaik mit vielen Mustern und Farben – das ist das Werk von Rafik Schami: Da gibt es helle Steine mit Märchen und Kinderbüchern, präzise geschliffene, manchmal scharfkantige Essays und die schimmernden, vielschichtigen Muster der opulenten Romane. Der Ursprung aller Geschichten liegt bei Rafik Schami im mündlichen Erzählen. Er hat diese Tradition aus seiner Heimat Syrien mitgebracht und sie sich in Deutschland anverwandelt: „Ich erzähle nicht Orientalisch. Ich erzähle Rafik-Schamisch. Meinen Stil habe ich so aufgebaut. Ich konnte mit Prinzen und Prinzessinnen nichts anfangen, die dauernd in Ohnmacht fallen, wenn sie sich verlieben. Was soll das? Ich erzähle von Damaskus von heute, ich erzähle von Deutschland von heute in der Form der mündlichen Erzählkunst. […]
Die Faszination für Geschichten begleitet Rafik Schami seit seiner Kindheit. Es gab große Vorbilder wie Scheherazade aus 1001 Nacht, deren Geschichten er im Radio hörte. Und Erzähler, die ihm sehr nahestanden, wie der eigene Großvater, der die Kinder mit seinen abenteuerlichen Geschichten länger wach hielt, als es dem Vater lieb war. Vorbilder, denen er nacheiferte.
„Ich habe immer geträumt, wirklich. Als 12-Jähriger stand ich manchmal im Schlafzimmer, wo niemand da war, und hab' erzählt, den Massen erzählt, die mich umjubelten. Ich stand auf dem Bett, bis meine Mutter sagte: Du machst das Bett kaputt. Sie kam rein, weil ich ja gehüpft hab und so, ich wusste nicht, wie man erzählt auf der Bühne. Und ich lebe in diesem Traum jetzt, ich realisiere das, ich schreibe nur das, was ich will, und Gott sei Dank: Der Erfolg ist nicht so schlecht wie sein Ruf, der Erfolg erlaubt mir das.“
Bis zu dem großen Erfolg von heute war es ein weiter Weg. […] Rafik Schami studierte Chemie, wurde promoviert und landete in einem großen Pharmaunternehmen. Geschrieben hat er nebenher, bei langwierigen Versuchen, am Wochenende, nachts. Doch irgendwann war er am Ende seiner Kräfte.
„Ich bin zum Arzt gegangen und der hat mit mir geschimpft. Er sagte: Was machen Sie mit sich? Und da habe ich erzählt, da hat er gesagt: Das geht nicht. Sie müssen sich entscheiden, mein Herr. Ich hatte keine Familie zu ernähren, ich hatte keine Kinder, meine Familie in Damaskus brauchte mich nicht, die sind wohlhabend. Aber jetzt so einen tollen Beruf, von dem viele träumen, so einen Beruf hinschmeißen? Und dann Schriftstellerei, das ist doch ein Hungerberuf. In einer fremden Sprache? Bist du verrückt geworden? Ich bin verrückt geworden.“
Sich für die Literatur entschieden zu haben, bezeichnet Rafik Schami als die beste Entscheidung, die er je getroffen hat. Sein Glück – und das seines Publikums. Zunächst erzählte er manchmal vor fünf Leuten, inzwischen füllt er mit seinen Erzählabenden ganze Schauspielhäuser. Seine Bücher verkaufen sich 100.000-fach. Warum? Weil Rafik Schami den Menschen das kindliche Staunen über die Welt in seinen Büchern zurückgibt. Im Mittelpunkt stehen dabei immer seine Figuren und ihre Lebensgeschichten, nicht die Politik. […]
Dass Politik bei ihm trotzdem eine Rolle spielen kann, hat Rafik Schami nicht zuletzt in seinem jüngsten Roman „Sophia oder Der Anfang aller Geschichten“ bewiesen, der 2010 kurz vor dem Arabischen Frühling spielt. Rafik Schami ist keiner, der den Mund hält, wenn es darauf ankommt.
(Leonie Berger, 2016, Ausschnitt, Deutschlandfunk online)

Auf Materialbasis einen informierenden Text schreiben **SO GEHT'S**

Ein Freund aus Damaskus – Rafik Schami

Kann jemand, der als Erwachsener nach Deutschland kommt und die Sprache erst lernen muss, erfolgreich Bücher auf Deutsch schreiben? Er kann, wie das Beispiel des deutsch-syrischen Schriftstellers Rafik Schami zeigt. Die Bücher des Autors verkaufen sich heute in über 100.000 Exemplaren pro Werk und Schami hat etliche deutsche und internationale Preise für seine Werke erhalten, zum Beispiel im Jahr 2015 den Großen Preis der Akademie für Kinder- und Jugendliteratur und schon 1997 den Storytelling World Award in den USA. Schami schreibt erfolgreich Kinder- und Jugendbücher, aber auch Bücher für Erwachsene.

Am 23. Juni 1946 wurde der Autor in Damaskus (Hauptstadt von Syrien) geboren. Er stammt aus einer katholisch-arabischen Familie und ging in einem Klosterinternat zur Schule. In Damaskus begann Rafik Schami auch sein Studium. Er studierte aber nicht Literatur oder Sprachen, sondern Chemie, Mathematik und Physik. 1970 floh er vor der Diktatur in Syrien erst in den Libanon, ein Jahr später nach Deutschland. In Heidelberg studierte er weiter Chemie und verließ 1979 die Universität mit einem Doktortitel.

Schon als junger Mensch schrieb Schami literarische Texte und hatte Erfolg. Beim Schreiben ist ihm wichtig, dass seine Texte so lebendig wirken, als würde er sie mündlich erzählen. Ein Teil seines Erfolges ist auch darauf zurückzuführen, dass er bei Lesungen nicht nur vorliest, sondern erzählt. Er orientiert sich dabei an der orientalischen Tradition des mündlichen Erzählens. Schon mit zwölf hatte Rafik Schami einen großen Traum: Vor vielen Menschen Geschichten erzählen und dafür umjubelt werden. Das ist ihm gelungen. Seine Geschichten spielen im Syrien und im Deutschland von heute. Damit werden auch aktuelle politische Themen angesprochen.

Besonders ist auch sein Name, denn bei seiner Geburt hieß er Suheil Fadel. Der Name Rafik Schami ist ein Pseudonym, es bedeutet „Freund aus Damaskus“. Für viele seiner Leserinnen und Leser ist dieser erfolgreiche Autor mit seinen Büchern sicher zu einem Freund geworden.

in der **Einleitung** Interesse wecken und das Thema nennen

die Teilthemen berücksichtigen:
- Erfolge des Autors
- wichtige Stationen seines Lebens
- wichtig bei seiner Arbeit

im **Schluss** auf das Pseudonym eingehen

Auf Materialbasis einen informierenden Text schreiben **CHECKLISTE**

1. Aufgabenstellung und Material auswerten	Nachschlagen
Ich habe	
✓ die Vorgaben zum Aufbau des Textes beachtet.	S. 73
✓ das Ziel des Textes verstanden und die Adressaten berücksichtigt.	S. 73
✓ das Thema und die Teilthemen meines Textes aus der Aufgabenstellung ermittelt.	S. 73
✓ alle wichtigen Informationen zu den Teilthemen aus dem Material entnommen.	S. 75
2. Den informierenden Text schreiben	
Inhalt und Aufbau	
✓ Meine Einleitung benennt das Thema und den Schreibanlass.	S. 77
✓ Mein Hauptteil entfaltet die Teilthemen in nachvollziehbarer Reihenfolge.	S. 77
✓ Mein Schlussteil bezieht sich auf die Einleitung.	S. 77
Sprache	
✓ Ich habe sachlich, im Präsens und möglichst wertfrei geschrieben.	S. 77
✓ Ich habe die Rechtschreibung, den Satzbau und die Satzzeichen überprüft.	S. 233, 247

Umgang mit Gedichten

Ein Gedicht untersuchen und interpretieren

Gedichte sind Texte in einer besonderen sprachlichen Versform.
Sie bringen Gefühle und Gedanken zum Ausdruck.
Gedichte wirken vor allem durch ihren Klang und ihre sprachlichen Bilder.

Ein Gedicht untersuchen

Inhalt
- Titel
- Stimmung
- Thema
- Inhalt der einzelnen Strophen

Form
- Strophe
- Vers
- Reim und Reimordnung
- Metrum

Sprache
- sprachliche Bilder
- auffällige Wortwahl

Sprecher
- lyrischer Sprecher
- in Ich-Form: lyrisches Ich

Fachbegriffe

Inhalt

Begriff	Erklärung	***Beispiel***
Titel	Hinweis auf Inhalt und Thema	Neue Liebe, neues Leben *Liebesgedicht und Veränderung*
Stimmung	Ausdruck von Empfindungen, Gefühlen und Gedanken	*ruhelos, nachdenklich, wehmütig*
Thema	Grundgedanken des Gedichts	*Liebe als Hemmnis für Weiterentwicklung*
lyrischer Sprecher	– nicht mit der Autorin/dem Autor identisch – in der Ich-Form: lyrisches Ich	*lyrisches Ich im Zwiegespräch mit seinem Herzen (Neue Liebe, neues Leben)*
Wortfelder	– Wörter eines Wortfelds, eines Zusammenhangs – Wörter aus gegensätzlichen Wortfeldern	*Herz, Liebe, Jugendliebe, Treu* *Liebe – Trübsal*

Äußere Form

Begriff	Erklärung	Beispiel
Strophe	Sinnabschnitt aus mehreren Versen, formale Gliederung	Herz, mein Herz, was soll das geben? Was bedränget dich so sehr? Welch ein fremdes, neues Leben! Ich erkenne dich nicht mehr. Weg ist alles, was du liebtest, Weg, warum du dich betrübtest, Weg dein Fleiß und deine Ruh – Ach, wie kamst du nur dazu! *1. Strophe: 8 Verse*
Vers	Gedichtzeile, kleinste Einheit im Gedicht	
Enjambement (Zeilensprung)	eine Sinneinheit (ein Satz) endet nicht mit dem Versende, sondern sie (er) wird in den nächsten Vers übertragen	Dieser Blick voll Treu und Güte Mit unendlicher Gewalt? (Neue Liebe, neues Leben)
Zeilenstil	Satzende und Versende stimmen überein, ergeben eine Sinneinheit	Herz, mein Herz, was soll das geben? (Neue Liebe, neues Leben)

Sprachliche Bilder und Wortfiguren

Begriff	Erklärung	Beispiel
Personifikation 	Dinge oder Erscheinungen werden wie Menschen oder Tiere dargestellt	Herz, mein Herz, was soll das geben? (Neue Liebe, neues Leben)
Vergleich	besondere Merkmale werden mit anderen Bereichen verglichen, Vergleichswörter *wie* und *als*	So schön wie tausend Rosen Ihm ist, als ob es tausend Stäbe gäbe (Rilke: Der Panther)

Begriff	Erklärung	Beispiel
Metapher 	Wörter, die in einer übertragenen Bedeutung verwendet werden	– *Himmelszelt* – *Zauberfädchen steht für die Macht und Stärke der Liebe (Neue Liebe, neues Leben)*
Symbol 	in einem Kulturkreis festgelegtes bildliches Zeichen	– *Kreuz steht für Glaube* – *Herz steht für Liebe* – *Anker steht für Hoffnung*
Neologismus	Wörter, die neu erfunden werden	*Blütenträume*
Hyperbel	starke Übertreibung	*ein Meer von Tränen*

Klangfiguren

Begriff	Erklärung	Beispiel
Reim und Reimordnung	Gleichklang zweier Wörter vom letzten betonten Vokal an	***Kreuzreim***: *a b a b* ***Paarreim***: *a a b b* ***umarmender Reim***: *a b b a* ***Haufenreim***: *a a a*
Metrum	Abfolge der betonten und unbetonten Silben innerhalb eines Verses (Versmaß)	Jambus: unbetont – betont: *gewann* Trochäus: betont – unbetont: *Liebe* Daktylus: betont – unbetont – unbetont: *Daktylus* Anapäst: unbetont – unbetont – betont: *Anapäst*
Rhythmus	entsteht aus dem Zusammenspiel der Betonung, der Lautstärke, des Tempos, der Pausen und des Metrums	Liebe! Liebe! Lass mich los! *vorwärtsdrängend, teilweise stolpernd durch Ausrufe*
Alliteration	gleicher Anlaut in betonten benachbarten Silben	Liebe! Liebe! Lass mich los!
Anapher	Wortwiederholung in aufeinanderfolgenden Versen oder Sätzen	Weg ist alles … Weg, worum …

Satzfiguren

Begriff	Erklärung	Beispiel
Parallelismus 	Wiederholung von Wortfolgen oder Satzbauformen in aufeinanderfolgenden Versen oder Sätzen	Weg ist alles, was du liebtest, weg, worum du dich betrübtest
Inversion 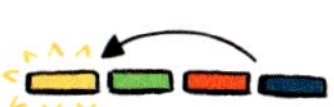	von der üblichen Verwendung abweichende Wortfolge, betont etwas oder folgt dem Klang	Weg ist alles …

Ein Gedicht untersuchen

Susan Lages: 'nen Kerl wie den (1987)

'nen Kerl wie den,
den müsst ihr sehn:
Grüne Augen,
rote Socken,
freches Lachen,
braune Locken,
und mit Witz,
'nem herzlich frischen.
Den lass ich
doch nicht entwischen!

Rahmen (Jambus) – Relativsatz (Verse 1–2)
Aufzählung (Trochäus) (Verse 3–7)
Relativsatz – Rahmen (Jambus) (Verse 8–10)

Ein Gedicht untersuchen **SO GEHT'S**

Inhalt untersuchen
- Stimmung: *locker, heiter*
- Thema: *Begeisterung für einen Mann*
- Sprecher und Sprechsituation: *lyrisches Ich: berichtet über einen Mann*
- *Dreiteilung: 1. Aufforderung, Mann sehen zu müssen, 2. Beschreibung des Äußeren und einer besonderen Eigenschaft (Witz), 3. Fazit, Chance soll genutzt werden*

Form untersuchen
- *eine Strophe mit 10 Versen*
- *wechselndes Metrum (Jambus und Trochäus), wirkt flüssig, schwungvoll*
- *wechselnder Reim (Paarreim, Kreuzreim, ohne Reim)*

Sprache untersuchen
- auffällige Wortwahl (Umgangssprache)
- Adjektive und Aufzählungen
- Modalverb und Imperativ
- Relativsatzkonstruktion
- Demonstrativpronomen

Zusammenhang zwischen Inhalt, Form und Sprache herstellen
- *Betonung der Eigenschaften durch Aufzählung der Adjektive (Parallelismus) und Trochäus verstärkt*

Eine Interpretation schreiben

In einer Interpretation deutest du ein Gedicht und stellst dar, in welchem Zusammenhang Inhalt, Form und Sprache stehen. Oft sind Untersuchungsaspekte vorgegeben, zum Beispiel: Untersuche und interpretiere das Gedicht „'nen Kerl wie den" von Susan Lages.
- Erläutere kurz die Sprechsituation und den Aufbau des Gedichts.
- Stelle dar, wie die Form und Sprache die Gefühlslage des lyrischen Ichs unterstützen.

Eine Gedichtinterpretation schreiben **SO GEHT'S**

Interpretation zu „'nen Kerl wie den"

In dem Gedicht „'nen Kerl wie den" von Susan Lages aus dem Jahr 1987 geht es um die Begeisterung des lyrischen Ichs für einen jungen Mann. Diesen will das lyrische Ich offensichtlich für sich gewinnen, vielleicht sogar besitzen. In einer Strophe mit zehn Verszeilen verkündet das lyrische Ich seine Gedanken und Gefühle. Dabei fordert es die Zuhörerinnen und Zuhörer in den ersten beiden Verszeilen direkt auf, diesen jungen Mann unbedingt sehen zu müssen. Die Gründe dafür benennt es in den Versen drei bis acht, in denen besonders markante äußere

in **Einleitung TATT** (**T**itel, **A**utorin, **T**hema, **T**extsorte) und Erscheinungs- oder Veröffentlichungsjahr benennen und innere Eigenschaften des Mannes, vor allem der „Witz" (V. 7), beschrieben werden. Die Verse neun und zehn gipfeln in der Aussage, den Mann „nicht entwischen" (V. 10) zu lassen. (...)

Es handelt sich vermutlich um ein jüngeres lyrisches Ich, das voller Begeisterung in den ersten zwei Verszeilen die saloppe umgangssprachliche Formulierung „'nen kerl wie den" (V. 1) verwendet, um seine wohl gleichaltrigen Zuhörerinnen und Zuhörer von der Notwendigkeit zu überzeugen, diesen sehen zu müssen (vgl. V. 2). Dabei liegt die Betonung eindeutig auf dem Artikel „den", der den ersten Vers beendet und den zweiten Vers beginnt (V. 1f). Das zeigt den besonderen Stolz auf diesen Mann, der als „Kerl" (V. 1) in der Vorstellung der Zuhörenden Eigenschaften von Stärke und Sportlichkeit hervorruft. Mit dem Modalverb „müsst" (V. 2) wird die Aussage besonders fordernd. Der Doppelpunkt hinter der Aufforderung markiert eine Pause im Sprachfluss. Sie erweckt Aufmerksamkeit auf das nun Kommende (vgl. V. 2).

Beendet wird der erste hypotaktische Satz mit den Versen drei bis acht, die eine Reihe von Aufzählungen enthalten. Das lyrische Ich stellt die Eigenschaften vor, die ihm an dem Mann besonders gut gefallen, nämlich die „[g]rüne[n] Augen" (V. 3), die „rote[n] Socken" (V. 4), das „freche[...] Lachen" (V. 5) und die „braune[n] Locken" (V. 6). Vor allem die Farbadjektive grün und rot bewirken einen interessanten Gegensatz. Man wird neugierig auf diesen Mann, der „rote Socken" (V. 4) trägt, denn das ist schon ungewöhnlich. (...)

Erkennbar ist, dass die Augen das Lachen, das sich ja in den Augen spiegelt, und den Witz verbinden, das vom lyrischen Ich ebenfalls als wichtig genannt wird. Dabei erzeugt die Alliteration in „Lachen" (V. 5) und „Locken" (V. 6) die Vorstellung, dass sich die Locken lustig hin- und herbewegen, wenn der Mann lacht. Alle diese aufgezählten Eigenschaften sind positiver Natur, man merkt, dass das lyrische Ich begeistert ist und dass ihm gefällt, was es sieht. Deshalb steht jede dieser Eigenschaften auch in einer Verszeile für sich. (...)

äußere Form
Sprechsituation

kurze Wiedergabe des Inhalts

im Präsens schreiben

Darstellung der Interpretation im Zusammenhang von Inhalt, Form und Sprache im Hauptteil

zentrale Aussagen durch Textbelege stützen oder veranschaulichen, möglichst in den Text integrieren

Zusammenhänge durch passende Satzverknüpfungen verdeutlichen

Eine Interpretation schreiben **CHECKLISTE**

1. Inhalt und Aufbau	Nachschlagen
Ich habe	
✓ die Untersuchungsaspekte in der Aufgabenstellung beachtet.	S. 149
✓ eine Einleitung verfasst (TATT, Erscheinungs- oder Veröffentlichungsjahr).	S. 151
✓ den Inhalt kurz strophenweise zusammengefasst.	S. 151
✓ den Text nach den vorgegebenen Aspekten untersucht und interpretiert.	S. 144
✓ zentrale Aussagen durch Textbelege gestützt oder veranschaulicht.	S. 100
2. Sprache	
Ich habe	
✓ sachlich und in der Regel im Präsens geschrieben.	S. 151
✓ die Zusammenhänge durch passende Satzverknüpfungen verdeutlicht.	S. 150
✓ richtig zitiert.	S. 100
✓ die Rechtschreibung, den Satzbau und die Satzzeichen überprüft.	S. 233, 247

Umgang mit erzählenden Texten

Einen erzählenden Text untersuchen und interpretieren

In vielen Texten werden Geschichten erzählt, zum Beispiel in Jugendbüchern, Erzählungen, Kurzgeschichten und Novellen. Die Geschichten können Erlebtes, Erdachtes, Gehörtes oder Gelesenes als Grundlage haben.

Einen erzählenden Text untersuchen

Inhalt
- Handlung
- Ort und Zeit
- Figuren:
  - Hauptfiguren, Nebenfiguren
  - Eigenschaften
  - Beziehung der Figuren zueinander

Erzählweise
- Erzählform
- Erzählperspektive
- Erzählverhalten

Sprache
- auffällige Wortwahl
- sprachliche Bilder

Textsorte
- Kurzgeschichte
- Erzählung
- Novelle
- Jugendbuch
- Fabel
- Sage

Fachbegriffe

Inhalt und Figuren

Begriff	**Erklärung**	***Beispiel***
Titel	Hinweis auf Inhalt und Thema	*Meine Angst lässt grüßen*
Handlungsschritte	einzelne Abschnitte eines Geschehens	*Maik steigt zu Tschick in den Wagen.* *Sie fahren durch die Stadt. … (Tschick)*
äußere, innere Handlung	– das, was die Figuren tun und sagen – das, was die Figuren denken und fühlen	– *Dann suchte ich nach dem Sicherheitsgurt.* – *Ich war vor Aufregung fast tot. (Tschick)*
Figuren	– handelnde Figuren – Eigenschaften und Verhaltensweisen	– *Tschick und Maik* – *Tschick: risikofreudig, … (Tschick)*
äußerer und innerer Konflikt	Konflikte der Figur mit dem Umfeld oder mit sich selbst	*Maiks Flucht vor dem Polizisten, Maiks Selbstzweifel (Tschick)*
Thema	Kernaussage, Thema + Inhalt	*Suche nach Glück (Das Märchen vom Glück)*

Zeitgestaltung und Aufbau

Begriff	**Erklärung**	***Beispiel***
Erzählzeit	Zeit, die man zum Lesen des Textes braucht	*vier Minuten Lesezeit*
erzählte Zeit	Zeitraum der Geschichte	*Zeitraum von fünf Tagen*
zeitdeckend 	Erzählzeit = erzählte Zeit	„Ein herrlicher Abzug." „Das ist aber noch gar nichts, da müssen sie erst die anderen Bilder sehen." (Die unsichtbare Sammlung)
zeitraffend 	Erzählzeit < erzählte Zeit	Dann vernichtete er das Blatt, warf die Flasche ins Meer, drehte sich um und verließ den Strand. (Die Flaschenpost)
zeitdehnend 	Erzählzeit > erzählte Zeit	Sie versucht das Schächtelchen zu öffnen. Es war aus Holz, hatte verschiedenfarbige Riemchen und die Oberfläche war ganz glatt. (Verrat)
chronologisch  nicht chronologisch 	zeitliche Reihenfolge der erzählten Geschehnisse – in der Reihenfolge, in der sie passieren – in der Reihenfolge, in der sie der Erzählerin/dem Erzähler wichtig sind (Rückblicke, Vorausdeutungen)	– *Schilderung eines Lebenslaufs von der Kindheit bis zum 18. Geburtstag* – *Schilderung des 18. Geburtstags, Rückblick auf Kindheit, Schilderung des 18. Geburtstags*
einsträngig mehrsträngig	– ein durchgehender Handlungsstrang – zwei oder mehrere Handlungsstränge, die häufig zusammengeführt werden	– *ein Tag im Leben von X* – *Handlungsstrang 1: ein Tag im Leben von X, 2: ein Tag im Leben von Y; Begegnung X und Y*
Rahmenhandlung Binnenhandlung	– Rahmenhandlung umgibt die eigentliche Handlung, voran- und nachgestellt – Binnenhandlung („Erzählung in der Erzählung")	*Kunsthändler erzählt während Zugfahrt von Erlebnis (Rahmenhandlung), Erlebnis = Besuch bei einem berühmten, erblindeten Sammler (Binnenhandlung)*

Erzählweise

Begriff	**Erklärung**	***Beispiel***
Erzählform	Er-/Sie-Form, Ich-Form	Ich hatte nie einen Spitznamen. (Tschick)
Erzähl-perspektive	- Außensicht - Innensicht	– Tschick löste die Handbremse. – Ich weiß ehrlich gesagt nicht, warum ich nicht ausstieg. (Tschick)
auktoriales Erzählverhalten 	- allwissend - hat Überblick über das gesamte Geschehen und kennt Gefühle und Gedanken aller Figuren - kann bewerten und kommentieren	„Luise, gib mir mal den Schlüssel zum Schrank!" Jetzt aber geschah etwas Unerwartetes. (Die unsichtbare Sammlung)
personales Erzählverhalten 	- Geschehen wird aus der Sicht einer Figur wiedergegeben - Wahrnehmung ist auf diese Figur beschränkt	Mir lief es kalt über den Rücken, als der Ahnungslose ein vollkommen leeres Blatt so begeistert rühmte. (Die unsichtbare Sammlung)
neutrales Erzählverhalten 	- Geschehen wird scheinbar unvermittelt wiedergegeben - keine erzählende Stimme erkennbar	„So, und jetzt wollen wir gleich anfangen – es ist viel zu sehen." „Ich bin gespannt." (Die unsichtbare Sammlung)

Satzbau

Begriff	**Erklärung**	***Beispiel***
Hypotaxe	- mehrere komplexe Satzgefüge	Der Schal, den sie dreimal um ihren Hals geschlungen hat, ist Ausdruck ihrer Persönlichkeit, [...]. (Fünfzehn)
Parataxe	- Reihung von Hauptsätzen	Auf den Möbeln ihres Zimmers flockt der Staub. Unter dem Bett wallt er. (Fünfzehn)
Ellipse	- Auslassung grammatisch notwendiger Satzteile	Überschallverdrängung unangenehmer logischer Schlüsse. Trance. (Fünfzehn)

Textsorten

Begriff	**Erklärung**	***Beispiel***
Kurzgeschichte	- kürzere, einsträngige Erzählung mit direktem, unvermitteltem Einstieg und offenem Ende - wenige Figuren, bestimmte Eigenschaften - außergewöhnliche Situation - überraschende Wendungen - einfache, alltagsnahe Sprache	Im Spiegel, Und in Arizona geht die Sonne auf, Die Flaschenpost, Verrat
Novelle	- außergewöhnliche Situation, zentraler Konflikt - oft Dingsymbol bzw. Leitmotiv - meist linear, Wende-/Höhepunkt	Die unsichtbare Sammlung

Einen erzählenden Text untersuchen **SO GEHT'S**

Margret Steenfatt: Im Spiegel (1984)

„Du kannst nichts", sagten sie, „du machst nichts, aus dir wird nichts." Nichts. Nichts. Nichts. Was war das für ein NICHTS, von dem sie redeten und vor dem sie offensichtlich Angst hatten, fragte sich Achim, unter Decke und Kissen vergraben.

Mit lautem Knall schlug die Tür hinter ihnen zu.

Achim schob sich halb aus dem Bett. Fünf nach eins. Wieder mal zu spät. Er starrte gegen die Zimmerdecke. – Weiß. Nichts. Ein unbeschriebenes Blatt Papier, ein ungemaltes Bild, eine tonlose Melodie, ein ungesagtes Wort, ungelebtes Leben.

Eine halbe Körperdrehung nach rechts, ein Fingerdruck auf den Einschaltknopf seiner Anlage. Manchmal brachte Musik ihn hoch.

Er robbte zur Wand, zu dem Spiegel, der beim Fenster aufgestellt war, kniete sich davor und betrachtete sich: lang, knochig, graue Augen im blassen Gesicht, hellbraune Haare, glanzlos. „Dead Kennedys" sangen: „Weil sie dich verplant haben, kannst du nichts anderes tun als aussteigen und nachdenken." Achim wandte sich ab, erhob sich, ging zum Fenster und schaute hinaus. Straßen, Häuser, Läden, Autos, Passanten, immer dasselbe. Zurück zum Spiegel, näher heran, so nahe, dass er glaubte, das Glas zwischen sich und seinem Spiegelbild durchdringen zu können. Er legte seine Handflächen gegen sein Gesicht im Spiegel, ließ seine Finger sanft über Wangen, Augen, Stirn und Schläfen kreisen, streichelte, fühlte nichts als Glätte und Kälte.

Ihm fiel ein, dass in dem Holzkasten, wo er seinen Kram aufbewahrte, noch Schminke herumliegen musste.

Er fasste unters Bett, wühlte in den Sachen im Kasten herum und zog die Pappschachtel heraus, in der sich einige zerdrückte Tuben fanden. Von der schwarzen Farbe war noch ein Rest vorhanden. Achim baute sich vor dem Spiegel auf und malte zwei dicke Striche auf das Glas, genau dahin, wo sich seine Augenbrauen im Spiegel zeigten. Weiß besaß er reichlich. Er drückte eine Tube aus, fing die weiche, ölige Masse in seinen Händen auf, verteilte sie auf dem Spiegel über Kinn, Wangen und Nase und begann, sie langsam und sorgfältig zu verstreichen. Dabei durfte er sich nicht bewegen, sonst verschob sich seine Malerei. Schwarz und Weiß sehen gut aus, dachte er, fehlt noch Blau. Achim grinste seinem Bild zu, holte sich das Blau aus dem Kasten und färbte noch die Spiegelstellen über Stirn und Augenlidern.

Eine Weile verharrte er vor dem bunten Gesicht, dann rückte er ein Stück zur Seite, und wie ein Spuk tauchte sein farbloses Gesicht im Spiegel wieder auf, daneben eine aufgemalte Spiegelmaske.

Er trat einen Schritt zurück, holte mit dem Arm weit aus und ließ seine Faust in die Spiegelscheibe krachen. Glasteile fielen herunter, Splitter verletzten ihn, seine Hand fing an zu bluten. Warm rann ihm das Blut über den Arm und tröpfelte zu Boden.

Achim legte seinen Mund auf die Wunden und leckte das Blut ab. Dabei wurde sein Gesicht rot verschmiert. Der Spiegel war kaputt. Achim suchte sein Zeug zusammen und kleidete sich an. Er wollte runtergehen und irgendwo seine Leute treffen.

Überschrift: zentrales Motiv
unmittelbarer Einstieg
Wiederholung, Großschreibung:
steht für Demütigung durch die Eltern, Selbstzweifel und Minderwertigkeitsgefühle

Metaphern und Umschreibungen:
stehen für ungenutzte Chancen

indirekte Charakterisierung:
wirkt antriebslos

direkte Charakterisierung:
wirkt unscheinbar

Zitat aus Songtext:
fühlt sich fremdbestimmt

visuelle und sinnliche Eindrücke:
Sehnsucht nach Geborgenheit, fühlt aber nur „Glätte und Kälte"

Spiegelmotiv:
Spiegelbild als Wunschbild

Farbmetaphorik:
schwarz (hoher Verbrauch) → Traurigkeit, Verletztheit
weiß (geringer Verbrauch) → sein eigenes blasses Gesicht
blau → kühl, emotionslos

Gegensatz: bunt – farblos:
Wunsch – Realität

Vergleich mit „Spuk":
das Gesicht als unheimlich, unwirkliche Erscheinung

Neologismus „Spiegelmaske":
Wunsch, ein anderer zu sein

Höhe- und Wendepunkt:
Zerschlagen des Spiegels

Farbmetaphorik:
rot (Kontrast zu kalten Farben) → Wärme des Blutes, Verzweiflung, aber auch Lebenszeichen, Lecken der Wunde, Trost

kaputter Spiegel:
kalte Spiegelmaske kein Ersatz für Leben, Leben muss man spüren

offenes Ende: Hoffnungsschimmer

Eine Inhaltsangabe zu einem literarischen Text schreiben

Die Inhaltsangabe ist eine informierende Textsorte. Darin benennst du das Thema eines literarischen Textes und gibst die wichtigsten Handlungsschritte knapp und sachlich wieder. Die erweiterte Inhaltsangabe enthält eine Aufgabe zur Textdeutung. Diese kann sich z. B. auf die Figurengestaltung, die Erzählweise, besondere sprachliche Mittel oder Textsortenmerkmale beziehen. Die Untersuchungsergebnisse dazu musst du mit Zitaten belegen.

Eine Inhaltsangabe zu einem literarischen Text schreiben **SO GEHT'S**

Inhaltsangabe zu „Im Spiegel"

Die Kurzgeschichte „Im Spiegel" von Margret Steenfatt aus dem Jahr 1984 thematisiert die Identitätssuche eines Jugendlichen, der an sich zweifelt und sich gegen Fremdbestimmung wehrt.

Achim wird durch das Geschimpfe seiner Eltern geweckt, die behaupten, dass aus ihm nichts werde. Türeknallend verlassen sie das Zimmer. Achim fragt sich, ob er tatsächlich ein Nichts sei und will sich in seinem Bett vergraben. Nach einiger Zeit rafft er sich jedoch auf und betrachtet sich im Spiegel. Dabei fällt ihm sein Kasten mit Schminke ein und er malt über sein Spiegelbild mit Schwarz, Weiß und Blau ein Gesicht. Er ist zufrieden mit seinem Werk, doch als er sich bewegt und sein tatsächliches Gesicht im Spiegel sichtbar wird, zerschlägt er den Spiegel. Dabei verletzt er sich an der Hand, sodass sie blutet, doch er geht dennoch nach draußen, um sich mit Freunden zu treffen.

in Einleitung **TATT** benennen (**T**itel, **A**utorin/Autor, **T**extsorte, **T**hema + Inhalt), Erscheinungs- oder Veröffentlichungsjahr

im Hauptteil wichtige Handlungsschritte in der richtigen Reihenfolge wiedergeben

zentrale Gedanken und Gefühle darlegen

Zusammenhänge durch Scharnierwörter verdeutlichen

Präsens verwenden

Eine Inhaltsangabe zu einem literarischen Text schreiben **CHECKLISTE**

1. Inhalt und Aufbau	Nachschlagen
Ich habe	
✓ den Titel der Kurzgeschichte, den Namen der Autorin/des Autors, Textsorte, Thema (TATT) und Erscheinungs- oder Veröffentlichungsjahr genannt.	S. 91
✓ das Thema treffend formuliert	S. 90
✓ im Hauptteil wichtige Handlungsschritte, Gedanken und Gefühle wiedergegeben.	S. 91
✓ auf die richtige Reihenfolge geachtet.	
✓ eventuell im Schlussteil die Wirkung des Textes beschrieben oder das Thema vertieft.	
2. Sprache	
Ich habe	
✓ knapp, informativ und zusammenhängend geschrieben.	S. 91
✓ durch den Einsatz von Scharnierwörtern (z. B. Konjunktionen, Adverbien) Zusammenhänge deutlich gemacht.	S. 91
✓ im Präsens geschrieben, bei Vorzeitigkeit im Perfekt.	S. 91
✓ einen sachlichen Sprachstil verwendet.	S. 91
✓ wörtliche Rede indirekt wiedergegeben.	S. 219
✓ die Rechtschreibung, den Satzbau und die Satzzeichen überprüft.	S. 233, 247

Eine Interpretation schreiben

Du deutest einen Text und stellst dar, in welchem Zusammenhang Inhalt, Form und Sprache stehen. Oft sind Untersuchungsaspekte vorgegeben, zum Beispiel: Untersuche und interpretiere die Kurzgeschichte „Im Spiegel" von Margret Steenfatt.
- Beschreibe den Aufbau der Kurzgeschichte. Benenne dabei den Höhepunkt.
- Erläutere, wie Achim charakterisiert wird.

Eine Interpretation schreiben **SO GEHT'S**

Interpretation zu „Im Spiegel"

(...) Achims Eltern behaupten ihrem Sohn gegenüber, dass er nichts könne und aus ihm auch nichts werden würde. Achim ist davon getroffen (...).

Die Kurzgeschichte beginnt unvermittelt mit einer wörtlichen Rede. Wer spricht, kann man nur aus dem Zusammenhang schließen, nämlich ein Elternteil der Hauptfigur Achim. Der Vorwurf, der Achim gemacht wird, ist demütigend. Die Situation Achims wird damit gleich zu Beginn deutlich: (...). Die Handlung verläuft linear und zeigt durch die Beschreibung der inneren und äußeren Handlung, wie der Jugendliche mit dieser Situation umgeht. Die Schminkszene kann als Versuch betrachtet werden, ein anderes Ich zu entwerfen. Dieser scheitert und als Achim das bemerkt, lässt er die Faust in den Spiegel „krachen" (Z. 40). Dies stellt den Höhe- und Wendepunkt der Kurzgeschichte dar. (...) Die Beschreibung von Achims Äußerem „lang, knochig, graue Augen im blassen Gesicht, hellbraune Haare, glanzlos" (Z. 13 f.) lässt ihn unscheinbar wirken. Er wirkt antriebslos, denn er „robbt[...]" (Z. 12) zur Wand und nur „manchmal [... bringt] Musik ihn hoch." (Z. 11). Die Metaphern und Umschreibungen „ein unbeschriebenes Blatt Papier, ein ungemaltes Bild, eine tonlose Melodie, ein ungesagtes Wort" (Z. 7 ff.) veranschaulichen seine Vorstellung, dass er sein Leben nicht aktiv gestaltet. Darüber ist er unzufrieden. Zu diesem negativen Bild, das Achim von sich selbst hat, trägt die Verhaltensweise seiner Eltern ihm gegenüber bei. Sie sagen ihm, dass sie nichts von ihm halten und glauben, dass er im Leben nichts erreichen wird (vgl. Z. 1 ff.). Die häufige Wiederholung von „nichts" (Z. 1 f., 7), einmal auch in Großbuchstaben, heben die Bedeutung des Gefühls, nichts wert zu sein, hervor. Achim hat das Urteil seiner Eltern verinnerlicht und ist voller Zweifel. (...)

Einleitung (siehe S. 314)

kurze Inhaltsangabe im Präsens

1. Interpretationsschwerpunkt: Aufbau beschreiben, Höhepunkt benennen

2. Interpretationsschwerpunkt: Figurencharakterisierung Achims untersuchen

zentrale Aussagen durch Textbelege stützen oder veranschaulichen, möglichst in den Text integrieren, paraphrasieren

Zusammenhänge durch passende Satzverknüpfungen verdeutlichen

Eine Interpretation schreiben **CHECKLISTE**

1. Inhalt und Aufbau	Nachschlagen
Ich habe	
✓ eine Einleitung verfasst (TATT, Erscheinungs- oder Veröffentlichungsjahr).	S. 101
✓ den Inhalt kurz zusammengefasst.	S. 91
✓ den Text nach den vorgegebenen Aspekten untersucht und interpretiert.	S. 99
✓ zentrale Aussagen durch Textbelege gestützt oder veranschaulicht.	S. 100
2. Sprache	
Ich habe	
✓ sachlich und in der Regel im Präsens geschrieben.	S. 91
✓ die Zusammenhänge durch passende Satzverknüpfungen verdeutlicht.	S. 150
✓ richtig zitiert.	S. 100
✓ die Rechtschreibung, den Satzbau und die Satzzeichen überprüft.	S. 233, 247

Erzählende Texte gestalten

Die Perspektive einer Figur in einem Interview einnehmen

Die Perspektive einer Figur in einem Interview einnehmen SO GEHT'S

Aufgabe: Verfasse ein Interview mit dem Mädchen aus der Kurzgeschichte „Fünfzehn" von Reiner Kunze (S. 102 f.), in dem sie von ihrer Beziehung zu ihrem Vater erzählt.

Du bist fünfzehn. Von anderen Jugendlichen in diesem Alter hört man da immer mal wieder, dass es zunehmend zu Reibereien mit den Eltern kommt. Wie ist das bei dir?

Klar, nervt mein Vater immer mal wieder, aber insgesamt ist er schon o.k. Ich weiß, dass ihm einiges an mir nicht passt, z. B. findet er meine Röcke viel zu kurz. Gesagt hat er dazu noch nie etwas, das hat er sich verkniffen, aber ich sehe ihm an, was er denkt. Wenn ich die Musik aufdrehe, kommt er auch nicht gleich ins Zimmer gestürmt. Stattdessen bekomme ich dann beim Abendessen irgendeinen Kommentar zu hören. Er ist eher so der ironische Typ. Da kommen dann manchmal so Sprüche, z. B. über meinen heiß geliebten Wollschal. Den hat er schon mal als Doppelschleppe bezeichnet.

In den meisten Familien gibt es ja dann doch bestimmte Reizthemen. Welche sind das für deinen Vater?

Mein Vater ist ziemlich empfindlich, was Schmutz und Unordnung angeht. Die kleinste Staubmaus stört ihn schon. Da fängt er dann hektisch an zu wischen oder staubzusaugen. Was er hasst, ist, wenn ich meine Klamotten oder sonst einen Kram in der Wohnung verteile. Da wird er motzig. Aber zum Glück sieht er mein Zimmer als meinen Bereich mit meinen Regeln.

(...)

offene Fragestellungen im Interview verwenden

Vorgaben des Ausgangstextes berücksichtigen:
Mädchen: „intelligent" (Z. 78f.), hat ihren eigenen Stil, besitzt wenig Sinn für Ordnung
Vater: tolerant, ironisch, ordnungsliebend
Beziehung der beiden: insgesamt wertschätzend, keine größeren Konflikte, sondern nur Ärger über Alltagssituationen

Sprache angleichen:
umgangssprachliche Formulierungen, Jugendsprache, durchdachte Antworten („intelligent")

Die Perspektive einer Figur in einem Interview einnehmen CHECKLISTE

1. Inhalt und Aufbau	Nachschlagen
Ich habe	
✓ die Aufgabenstellung beachtet.	S. 107
✓ die Eigenheiten, Denkweise und Verhaltensweisen der Figur beachtet.	S. 107
2. Sprache	
Ich habe	
✓ einen Sprachstil verwendet, der der Figur angemessen ist.	S. 107
✓ im Interview offene Fragen formuliert.	S. 107

Umgang mit dramatischen Texten

Einen dramatischen Text untersuchen

Du kennst Texte, die im Theater aufgeführt werden. Die Handlung ist in Akte und Szenen eingeteilt, in denen die Figuren aufeinandertreffen und miteinander sprechen.

Einen dramatischen Text untersuchen

Inhalt
- Handlung
- Ort und Zeit
- Konflikte
- Figuren
  - Eigenschaften
  - Beziehung der Figuren zueinander

Sprache
- auffällige Wortwahl
- sprachliche Bilder

Regieanweisung
- zu Ort, Bühnenbild
- zu Sprechweise
- zum Verhalten der Figuren

Fachbegriffe

Inhalt und Figuren

Begriff	Erklärung	Beispiel
Titel	Hinweis auf besonders wichtige Inhalte oder Textstellen	*„Das Herz eines Boxers": Hinweis auf die 3. Szene, Leo erklärt, was einen echten Boxer ausmacht*
Konflikt	Aufeinandertreffen unterschiedlicher Interessen	*Konflikt zwischen Leo und Jojo, Konflikt zwischen Jojo und dem Anführer der Clique*
äußerer Konflikt	Auseinandersetzung zwischen zwei oder mehr Figuren	*Konflikt zwischen Leo und dem Pfleger, der sich über ihn lustig gemacht hat*
innerer Konflikt	eine Figur ist unsicher, wie sie handeln soll	*Jojo möchte sich am Anführer der Clique rächen, aber auch kein Gewaltverbrechen begehen.*
Figuren	Personen in einem Drama	*Jojo, Leo, Clique von Jojo, …*
Figurenkonstellation	Verhältnis zwischen den Figuren, z. B. befreundet oder verfeindet	*Leo und Jojo im Zentrum, Jojos Clique als andere Figurengruppe im Hintergrund*
Figurenbeziehung	Verhältnis zwischen zwei Figuren	*Jojo und Leo: Ablehnung → Freundschaft*

Aufbau

Begriff	Erklärung	Beispiel
Akt (= Aufzug)	größerer Handlungsabschnitt mit mehreren Szenen, viele Theaterstücke haben drei oder fünf Akte	*berühmte Theaterstücke mit fünf Akten: Romeo und Julia (Shakespeare), Nathan der Weise (Lessing), Wilhelm Tell (Schiller)*
Szene (= Auftritt)	kleinerer Handlungsabschnitt, in der Regel an einem bestimmten Ort	*„Das Herz eines Boxers" besteht aus 7 Szenen (pro Tag eine Szene).*
Exposition	Beginn eines Dramas, wichtige Figuren treten auf, Konflikte werden angedeutet	*1. Szene: Leo spielt den Hilflosen, Jojo muss als Jugendstrafe im Altenheim streichen; gegenseitige Ablehnung der Figuren*
Dialog	Gespräch in Rede und Gegenrede von mindestens zwei Figuren	Leo: Kauf ihr eine Rose. Jojo: Wie? Leo: Das sind diese roten Blumen mit den Dornen […].
Monolog	eine Figur spricht längere Zeit allein, oft direkt zum Publikum, manchmal eine ganze Szene lang	Leo: Doch, einmal, und das ist mir heute noch unangenehm. Ich war vorher in einem Heim, in dem ich mich richtig wohlgefühlt habe. Na ja, und da ist es mir passiert, […].
Nebentext	Textteile, die nicht gesprochen werden, dienen der Steuerung der Aufführung	*Titel, Untertitel, Figurenverzeichnis, Regieanweisungen, Akt- und Szenennummern*
Regieanweisung	Empfehlungen für die Sprechweise, Mimik, Gestik, meist kursiv gedruckt	Jojo: Ich hab heute keine Lust zu streichen. *Jojo greift in seine Hosentasche.* […]
Requisit	Zubehör oder Gegenstand, der bei einer Aufführung verwendet wird	*Leo kommt herein, auf einem Tisch liegen ein frisches Handtuch und eine kleine Schale mit Tabletten.*

Sprache

Begriff	Erklärung	Beispiel
Wortwahl	– Wörter oder Wortgruppen, welche den Charakter der Figur verdeutlichen – auffällige sprachliche Bilder und Wortfiguren (S. 306 f.)	Jojo: Was glotzt du denn so? Erster Besuch seit dem Krieg, was? Glaub bloß nicht, dass ich das hier aus Menschenfreude mache. Sehe ich aus wie jemand, der ein Herz für Senioren hat?

Eine Szene untersuchen **SO GEHT'S**

Lutz Hübner: Das Herz eines Boxers

(Szene 6, Ausschnitt)

Leo: Die werden mich irgendwo anders hinbringen.
Jojo: Warum sollten sie das?
Leo: Die sperren mich irgendwo ein.
Jojo: Ach was, die werden ein bisschen mehr auf dich aufpassen.
Leo: Eben. Ich werde nicht mehr allein in den Hof dürfen, sie werden genau auf mich aufpassen. Ich komme hier nicht mehr raus, das ertrage ich nicht.
Jojo: Du bist hier nicht im Knast.
Leo: Ich komme hier nicht mehr weg, was ist der Unterschied?
Jojo: Vielleicht wäre das ja auch absolut blödsinnig gewesen in Frankreich.
Leo: Wie soll ich das wissen, wenn ich nicht hinfahre?
Jojo: Aber irgendwie geht's doch immer weiter, oder? Ich hab doch auch nichts, bei mir ist doch auch alles schiefgegangen, ist doch letztendlich genauso beschissen.
Leo: Es ist doch egal, was man macht. Was man machen könnte, ist wichtig.
Jojo: Irgendwas wird dir schon einfallen.
Leo: Jojo, es ist mein Ernst.
(Leo gibt Jojo das Geld.)
Das brauche ich nicht mehr. Du kannst es haben. Tu mir nur einen Gefallen. Hol mir in der Apotheke ein paar Tabletten, sagen wir drei Rollen. Bring sie mir morgen vorbei. Nimm den Rest und geh mit dem Mädchen bei dem Schotten essen.
Jojo: Du bist doch vollkommen verrückt.
Leo: Du sagst immer, ich wäre verrückt, wenn du etwas nicht verstehst. Du hast bis jetzt noch alles verstanden, du wirst auch das noch verstehen. Bis dahin tu einfach, worum ich dich bitte, ja?
Jojo: Und wenn mir noch was einfällt, um dich hier rauszuholen?
Leo: Ich habe lange Wochen Zeit gehabt, mir etwas auszudenken, es hat nicht geklappt.
Ich bin jetzt müde, geh jetzt, ich will schlafen. Es ist nicht mehr viel zu streichen, das schaffst du morgen.
(Leo setzt sich wieder in den Sessel. Jojo zögert, dann geht er.)

Inhalt untersuchen

- den Zusammenhang verstehen:
  Leos Ausbruchsversuch ist schiefgegangen, weil er mit der Automatik des Wagens nicht zurechtgekommen ist. Jojo ist positiv gestimmt, weil das Mädchen mit ihm ausgehen möchte. In der nächsten Szene präsentiert Jojo dann Leo eine neue Ausbruchsidee. Diesmal gelingt der Ausbruch.
- die emotionale Situation der Figuren klären:
  Leo hat seinen Lebenswillen verloren. Er glaubt nicht mehr daran, das Altenheim verlassen zu können. Er möchte sich mit Tabletten umbringen.
  Jojo sieht die Situation nicht so negativ. Er versucht, Leo Mut zu machen.
- die Beziehung der Figuren zueinander klären:
  Leo und Jojo haben sich im Laufe der Woche angefreundet. Leo vertraut Jojo. Er gibt ihm Geld und bittet ihn, Tabletten zu besorgen. Damit gesteht er ihm auch indirekt seinen Wunsch, sich selbst zu töten. Bisher war es so, dass Leo dem Jugendlichen Mut gemacht hat. In dieser Szene versucht Jojo mehrfach, ihm Mut zu machen.

Regieanweisungen untersuchen

Jojos Zögern zeigt, dass er Leo gern überzeugen würde und ihm helfen will. Dann fällt ihm offensichtlich nichts mehr ein und er geht doch.

Sprache untersuchen

Leo wiederholt: „Ich komme hier nicht mehr raus/weg." (Z. 7 f., 10). Das verdeutlicht seine Hoffnungslosigkeit.
Jojo benutzt eine ähnliche Formulierung wie Leo vorher ihm gegenüber („Aber irgendwie geht's doch immer weiter, oder?" Z. 15). In der 3. Szene sagt Leo: „[…] ganz k.o. ist man nie. Na gut, man liegt am Boden, dann steht man wieder auf."

Ergebnisse zusammenführen

Nach dem misslungenen Ausbruchsversuch ist Leo verzweifelt und möchte nicht mehr leben. Deshalb bittet er Jojo, ihm Tabletten zu besorgen. Jojo versucht, ihm Mut zu machen. Während es bis zu dieser Szene immer Leo war, der Jojo ermutigt hat, etwas aus seinem Leben zu machen, ist es nun umgekehrt. Dabei benutzt Jojo sogar ähnliche Formulierungen wie Leo vorher ihm gegenüber. Aber seine Aufmunterungsversuche bleiben ohne Erfolg.

Einen dramatischen Text gestalten

Ein erweitertes Standbild bauen **SO GEHT'S**

Beziehung der Figuren
Das Standbild verdeutlicht die Beziehung zwischen Leo und Jojo in der 6. Szene. Leo hat seinen Lebenswillen verloren, Jojo will ihm Mut machen, ihn aufrichten.

Nähe/Distanz
relativ große Nähe: enges Verhältnis zueinander

Körperhaltung, Mimik und Gestik
Leo: schlaff, hängende Arme, schaut nach unten (Hoffnungslosigkeit, in sich gekehrt)
Jojo: zieht kräftig, schaut Leo besorgt an, ist ihm ganz zugewandt

Höhe
Jojo steht „höher", Leo sitzt. (In dieser Szene ist Jojo der Starke, also der, der dem anderen Mut macht.)

Zitate
Die beiden Aussagen sind exemplarisch für Leos Hoffnungslosigkeit bzw. Jojos Aufmunterungsversuche.

Eine Szene spielen **SO GEHT'S**

Aufgaben verteilen
- Regisseurin/Regisseur (können auch zwei Personen sein)
- Schauspielerinnen/Schauspieler: *Jojo, Leo*
- Bühnenbild, Requisiten und Kostüme überlegen: *fast leere Bühne, nur ein Sessel, eine Leiter und ein Farbeimer; jugendliche Kleidung für Jojo (Jeans, Hoodie) und klassische Kleidung für Leo (Hemd, Strickjacke)*

Sprechweise, Mimik und Gestik festlegen
- Leo: *resigniert, eher leise und eintönig; wird lauter und lebendiger bei „Jojo, es ist mein Ernst." (Z. 21)*
- Jojo: *lauter als Leo, animierender positiver Tonfall, gegen Ende zunehmend besorgter Tonfall*

Regieanweisungen umsetzen, Position überlegen
- *Leo hat eine schlaffe Körperhaltung, bewegt sich wenig, am Ende lässt er sich schlapp in den Sessel fallen.*
- *Jojo ist unruhig, bewegt sich viel, springt sozusagen um Leo herum und gestikuliert mit den Armen, nähert sich Leo immer wieder und geht dann wieder ein Stückchen weg. Beim Zögern am Ende sieht er Leo aus etwa drei Metern Entfernung ein paar Sekunden besorgt an.*

Eine Szene spielen **CHECKLISTE**

Wir haben	Nachschlagen
✓ die Szene besprochen und geklärt, wie wir sie verstehen.	S. 167
✓ die Eigenschaften der Figuren und die Position der Figuren zueinander erfasst.	S. 162
✓ alle Rollen verteilt und besprochen, welche Aufgaben erfüllt werden müssen.	S. 167
✓ die Sprechweise, Mimik, Gestik und Körperhaltung der Figuren geübt.	S. 164
✓ die Regieanweisungen beachtet und umgesetzt.	S. 167
✓ ein Bühnenbild, Kostüme und Requisiten, die zu der Szene passen.	S. 167
✓ die Szene mehrmals geübt und verbessert.	S. 167

Umgang mit Medien

Print- und Onlineausgaben von Zeitungen untersuchen

Zeitungsarten

Boulevardzeitungen
- *Bild, Express*
- viele Bilder, große Schrift, kurze Artikel, sensationsorientierte Schlagzeilen und Aufmachung

Wochenzeitungen
- *Die Zeit*
- erscheinen nur einmal in der Woche, seriöse Aufmachung
- lange Artikel, viele Hintergrundinformationen

Überregionale Tageszeitungen
- *Süddeutsche Zeitung, Frankfurter Allgemeine Zeitung, Die Welt*
- lange Artikel, großes Spektrum an Themen, viele Hintergrundinformationen, seriöse Aufmachung

Regionale Tageszeitungen
- *Kölner-Stadt-Anzeiger, Hannoversche Allgemeine*
- Artikel unterschiedlicher Länge, mittelgroßes Spektrum an Themen, zurückhaltende Aufmachung
- oft Themen und Personen aus der Region im Mittelpunkt

Ressorts

- fünf klassische Zeitungsressorts: Politik, Wirtschaft, Sport, Feuilleton/Kultur, Lokales
- zusätzliche Ressorts (je nach Zeitung und Tagesgeschehen): Medien, Technik, Wissenschaft, Finanzmarkt, Panorama, Gesellschaft, …
- Weitere Elemente: Rätsel, Wetter, Comics, …

Onlineausgaben

- angereicherte Version der Printausgabe
- in kostenfreien Versionen mit Werbung zwischen und neben den Textteilen eines Artikels
- zusätzliche Elemente im Vergleich zur Printausgabe:
  - schnelle Aktualisierung von Artikeln, z.T. als Live-Ticker
  - Bildstrecken (nicht nur einzelne Fotos) und Videos
  - Verweis auf Artikel mit ähnlichen Themen (über Links anklickbar)
  - Suchfunktion, Kommentarfunktion, Archivfunktion
  - Teilen von Inhalten

Textsorten in Zeitungen

Informierende Textsorten	Meinungsäußernde Textsorten
Nachricht (Kurzform: Meldung, Langform: Bericht)	Kommentar
Reportage	Rezension/Kritik
Interview	Leserbrief/Onlinekommentar

Im Internet recherchieren

Das Internet nutzt du in der Schule vor allem, um Informationen zu recherchieren. Es bietet dir zum Beispiel vielfältige Möglichkeiten, ein Referat interessant zu gestalten.

1. Vorwissen sammeln und Fragen formulieren
- Notiere dein Vorwissen in Stichpunkten.
- Prüfe, welche Wissensgebiete dein Thema berührt, und formuliere Fragen.

Thema: Science-Fiction-Literatur und ihre Anfänge
- *Literatur über mögliche kommende Entwicklungen der Menschheit*
- *Gebiete: Literatur, wissenschaftlicher Fortschritt*
- *…*

2. Suchbegriffe auswählen
- Wähle einen oder mehrere passende Begriffe für dein Thema aus.
- Nutze zur Eingrenzung Oberbegriffe oder konkrete Kategorien.
- Vermeide Pronomen, Artikel und Füllwörter als Suchbegriffe.

Begriff: Fiction?

Abgrenzung Fantasy
Science-Fiction
Abgrenzung Science

3. Suchmaschine wählen
- Gib den Begriff/die Begriffe ins Suchfeld ein.

4. Suchergebnis konkretisieren
- Nutze Leerzeichen zwischen den Begriffen oder kombiniere die Begriffe mit OR oder AND (Suchergebnisse für beide Begriffe).
- Setze zur Eingrenzung des Begriffs ein Minus oder ein NOT vor den Begriff.
- Gib den exakten Begriff in Anführungszeichen ein.

Science-Fiction OR Fantasy
Science-Fiction AND Fantasy
Science-Fiction NOT Fantasy

„Entdecker Science-Fiction-Literatur"

5. Suchergebnisse bewerten und auswählen
- Prüfe durch orientierendes Lesen, ob die Ergebnisse für dein Thema geeignet sind.
- Prüfe die Glaubwürdigkeit (Identität der Verfasserin/des Verfassers, Namen, Möglichkeit der Überprüfbarkeit der Angaben, Qualifikationen, Umfeld der Veröffentlichung, Impressum).
- Prüfe die Sorgfalt (Aktualität/Datumsangabe, Detailliertheit der Aussagen, Zielangabe).
- Prüfe die Angemessenheit und Objektivität (sachlicher Stil, Angabe genutzter Quellen und Zitate, korrekter Satzbau und Rechtschreibung).

Die Welt: 08.02.2021
Marlen Danoritzer
Der Mann, der die Zukunft erfand
- ✓ *anerkannte Tageszeitung, Autorin überprüfbar, wichtige Informationen zum Thema*
- ✓ *sachlicher, korrekter Stil*
- ✓ *Überschrift verweist auf Thema und Ziel des Artikels*
- ✓ *Wikipedia-Artikel mit Wikibu-Plattform prüfen*

6. Geeignete Texte selektiv lesen
- Orientiere dich an Schlüsselworten und Informationen, die zu deinem Thema passen.
- Vergleiche die Texte und suche nach Gemeinsamkeiten und Unterschieden.

Das Thema verlangt zu klären: a) Was ist Science-Fiction-Literatur und wie ist sie von Fantasy abzugrenzen. b) Wann ist das Genre in der Literatur entstanden.

Sich im Internet richtig verhalten

Das Internet bietet viele Möglichkeiten der Nutzung. Dafür musst du einige Regeln kennen:

- Bedenke bei allem, was du tust, den Satz: **Das Internet vergisst nicht.** Es ist sehr schwer, Inhalte zu entfernen, die einmal ins Internet gestellt wurden.
- Verrate im Internet **keine persönlichen Daten** wie Namen, Adressen oder Telefonnummern von dir und anderen.
- **Bilder von anderen Personen** darfst du nicht im Internet veröffentlichen. Auch von dir darf niemand Bilder ins Internet stellen. Für eine Ausnahme ist eine schriftliche Erlaubnis aller Personen (beziehungsweise ihrer Eltern) notwendig, die auf dem Bild zu sehen sind.
- Du darfst Texte, Bilder oder Videos aus dem Internet **nicht einfach kopieren**. Sie gehören immer dem, der sie erstellt hat (Urheberin/Urheber). Manchmal ist die Nutzung erlaubt. Du findest Hinweise dazu auf der jeweiligen Internetseite.
- Immer wenn du Texte, Bilder oder Videos aus dem Internet benutzt, musst du dir genau aufschreiben, wo du sie gefunden hast (Quellennachweis).
- Wenn du **selbst Videos oder Bilder hochlädst**, zeige sie vorher einem vertrauenswürdigen Erwachsenen, zum Beispiel deinen Eltern.

Gesprächsregeln im Chat/in sozialen Netzwerken

- Auch in Chats gelten die üblichen Gesprächsregeln. Schreibe nichts, was andere schlecht macht oder beleidigt.
- Wenn du in Chats beleidigt oder bedroht wirst, sage einem Erwachsenen Bescheid.
- Jeder Chat-Eintrag kann sofort an viele andere weitergeleitet werden. Bedenke das immer und sei vorsichtig, wenn du über dich und andere schreibst.

Ein Textverarbeitungsprogramm nutzen

Texte am Computer/Tablet schreiben und überarbeiten **CHECKLISTE**

1. Den Text gestalten — Nachschlagen

✓ Ich habe vor dem Schreiben die Textausrichtung, die Einzüge, Abstände und die Schriftart ausgewählt.
✓ Ich habe Schrifteffekte (**fett**, *kursiv*, unterstrichen; andere Textfarbe) sparsam und nur da eingesetzt, wo ich etwas hervorheben möchte.
✓ Ich habe einen längeren Text durch Absätze unterteilt.

2. Den Text überarbeiten

✓ Ich habe die von der automatischen Rechtschreibprüfung rot unterstrichenen Wörter überprüft. S. 250
✓ Ich weiß, dass die automatische Rechtschreibprüfung nicht alle Fehler erkennt, und kontrolliere meinen Text daraufhin. S. 250
✓ Ich habe bei Formulierungsschwierigkeiten die Thesaurusfunktion verwendet.

Die Gestaltungsmittel eines Films untersuchen

Filme erzählen Geschichten mit Bildern und Tönen, die von der Kamera aufgenommen werden. Die Kamera hat viele Möglichkeiten, das Geschehen zu zeigen und dadurch eine besondere Wirkung zu erzielen.

Die Kameraführung untersuchen

Die **Kameraperspektive** bestimmt, aus welcher Position eine Person oder ein Gegenstand zu sehen ist.
- Die **Aufsicht** („Vogelperspektive") lässt Personen oft klein und schutzbedürftig wirken.
- Die **Normalsicht** ermöglicht eine natürliche Wahrnehmung.
- Die **Untersicht** („Froschperspektive") lässt Personen groß und bedrohlich wirken.

Die **Kameraeinstellung** bestimmt, wie groß der Ausschnitt ist, den man im Film von einer Person oder einem Gegenstand sieht. Die Einstellungsgröße der Kamera bestimmt den Ausschnitt, der gezeigt wird.
- Die **Totale** gibt den Überblick über den gesamten Handlungsort und vermittelt der Zuschauerin/dem Zuschauer eine erste Orientierung.
- Bei der **Halbtotalen** sind die Darstellerinnen/Darsteller vollständig zu sehen und werden in ihrer unmittelbaren Umgebung gezeigt. Die Zuschauerin/der Zuschauer fühlt sich einbezogen.
- **Halbnah** zeigt die Darstellerinnen/Darsteller etwa vom Kopf bis zur Mitte des Oberkörpers. Das entspricht der natürlichen Sehsituation und vermittelt Nähe.
- Die Einstellung **Nah** zeigt die Darstellerinnen/Darsteller von der Schulter bis zum Kopf. Sie wird oft für Dialoge verwendet, weil die Mimik besonders gut zu erkennen ist.
- Bei der **Großaufnahme** wird zum Beispiel nur der Kopf gezeigt. Das hebt Reaktionen und Emotionen besonders hervor.
- Bei der Einstellung **Detail** wird nur ein kleiner Ausschnitt gezeigt, der besonders intensiv wahrgenommen wird.

Totale

Halbtotale

Halbnah

Nah

Großaufnahme

Detail

Bei der **Kamerabewegung** werden die verschiedenen Einstellungen und Perspektiven nicht nacheinander gezeigt, sondern mit einer Bewegung der Kamera.
- Per **Zoom** kann die Kamera zum Beispiel schnell von der Halbtotalen zur Großaufnahme wechseln.
- Mittels **Schwenk** kann die Kamera zum Beispiel ein Gebäude oder eine Person von unten nach oben in einer Bewegung zeigen.

Die Montagetechniken untersuchen

Ein Film besteht aus einzelnen Einheiten. Die Einstellung ist die kleinste Einheit im Film. Am Beginn bzw. am Ende einer Einstellung liegt ein Schnitt.
Die geschnittenen Einstellungen werden anschließend zur Filmhandlung aneinandergefügt. Diesen Vorgang nennt man Montage.

Harter Schnitt:
Dies meint den harten Anschluss von zwei völlig verschiedenen, aufeinanderfolgenden Einstellungen.
Weicher Schnitt:
Zwischen zwei aufeinanderfolgenden Einstellungen gibt es kaum sichtbare Veränderungen. Man spricht auch von einem weichen Anschluss.
Schuss – Gegenschuss:
Hierbei zeigt die Kamera im Wechsel verschiedene Figuren oder Ereignisse. Obwohl die Kamera ihre Position wechselt, verstehen die Zuschauenden den Zusammenhang. Diese Technik wird häufig bei Gesprächen angewendet.
Parallelmontage:
Um darzustellen, dass Ereignisse an verschiedenen Orten zur gleichen Zeit geschehen, werden die Situationen hintereinander gezeigt. Der Zusammenhang bleibt für die Zuschauenden verständlich.

Die Mise en Scène untersuchen

Was du über die Bilder eines Films wahrnimmst, ist bewusst „in Szene gesetzt" (aus dem Französischen: Mise en Scène). Dabei werden die Personen und Gegenstände im Bild so angeordnet, dass eine bestimmte Atmosphäre erzeugt wird.

Die Mise en Scène unersuchen **SO GEHT'S**

Das Filmbild zeigt den Pfleger Driss, der gemeinsam mit seinem im Rollstuhl sitzenden Patienten Philippe in voller Fahrt einen Gehweg auf einer Brücke entlangfährt. Dabei balanciert Driss auf einem Bein. Beide lachen und machen einen fröhlichen Eindruck. Sie scheinen Freunde zu sein.
Die Personen befinden sich etwa in der Bildmitte und schauen in die gleiche Richtung. Das gesamte Bild wird horizontal von einem Brückengeländer durchschnitten. Durch die Kameraführung (leicht schräg, Halbtotale) entsteht jedoch der Eindruck, als ob die beiden bergab rollen. Unscharf sind im Hintergrund ein palastähnliches Gebäude und ein Fluss zu sehen. Dadurch wird die Aufmerksamkeit auf den Vordergrund des Bildes gelenkt.
Auffallend ist, dass die Hautfarbe und dunkle Kleidung des Pflegers Driss in starkem Kontrast zur Hautfarbe und zum hellen Mantel Philippes stehen. Auch der Hintergrund im oberen Bildteil ist hell, sodass die Personen, der Rollstuhl und der Gehweg gut zu erkennen sind. Dadurch wird die Aufmerksamkeit auf die fröhliche Stimmung der beiden Personen und ihre Freude an der rasanten Fahrt mit dem Rollstuhl gelenkt.

Thema des Filmausschnitts benennen

Anordnung der Personen und Gegenstände beschreiben

Beziehung zwischen den Personen erläutern

Linienführung beschreiben

Kameraführung und die sich daraus ergebenden Proportionen beschreiben

Licht- und Farbgestaltung beschreiben

Gesamteindruck zusammenfassen

Grammatik

Wortarten unterscheiden und verwenden

Flektierbare Wortarten (veränderbare Wortarten)

Substantiv (Nomen) *Taucherin, Lehrgang, Tiefsee, Ausdauer, Begeisterung*

Kasus (Fall)

Nominativ (1. Fall)	*Der Tauchkurs machte ihm Spaß.*	Wer (oder Was) machte ihm Spaß?
Genitiv (2. Fall)	*Er beschuldigte ihn der Unachtsamkeit.*	Wessen beschuldigte er ihn?
Dativ (3. Fall)	*Der Tauchkurs machte ihm Spaß.*	Wem machte der Tauchkurs Spaß?
Akkusativ (4. Fall)	*Sie sah eine Haiattrappe.*	Wen (oder Was) sah sie?

Numerus (Zahl)

Singular, Plural
der Tauchanzug, die Tauchanzüge

Genus (grammatisches Geschlecht)

maskulin, feminin, neutral
der Taucher, die Flosse, das Glück

Artikel	*der, die, das; ein, eine, ein*
Possessivpronomen	*mein, dein, sein, unser, ihr, euer*
Personalpronomen	*ich, du, er/sie/es, wir, ihr sie; sie ruft ihn*
Demonstrativpronomen	*dieser, diese, dieses; jener, jene, jenes; der ist getaucht*
Relativpronomen	*der, die, das; welcher, welche, welches* *Sie testete die Ausrüstung, die sie erstanden hatte.*
Adjektiv	*laut, schön, gefährlich, schnell, blau*

Komparation (Steigerung)

Positiv (Grundform)	*tief, gut*
Komparativ (Vergleichsform)	*tiefer, besser*
Superlativ (Höchstform)	*am tiefsten, am besten*

Verb

infinite Verbform (nicht konjugiert) — *schwimmen, schwimmend, geschwommen*
finite Verbform (konjugiert) — *ich schwimme*

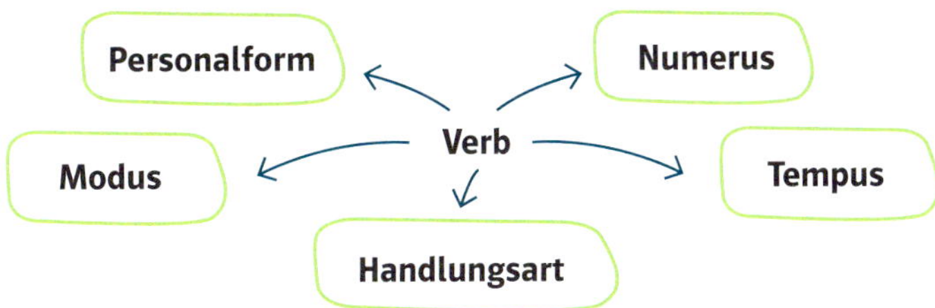

Tempus (Zeitform)

Präsens: Präsensstamm + Personalendung	*Er fotografiert die Titanic.*
Präteritum: Präteritumstamm + Personalendung	*Er fotografierte die Titanic.*
Perfekt: Personalform von *haben* oder *sein* im Präsens + Partizip II des Vollverbs	*Er hat die Titanic fotografiert.*
Plusquamperfekt: Personalform von *haben* oder *sein* im Präteritum + Partizip II des Vollverbs	*Er hatte die Titanic fotografiert.*
Futur I: Personalform von *werden* im Präsens + Infinitiv des Vollverbs	*Er wird die Titanic fotografieren.*
Futur II: Personalform von *werden* im Präsens + Partizip II des Vollverbs + Infinitiv von *haben* oder *sein*	*Er wird die Titanic fotografiert haben.*

Handlungsart

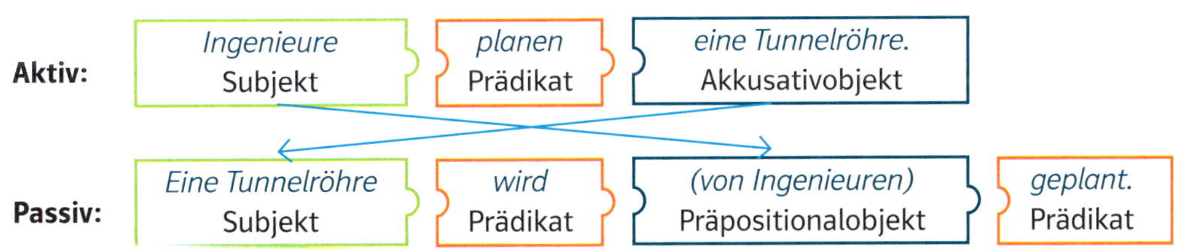

Tempus	**Passiv** (infinite oder finite Form von werden, Hilfsverb des Tempus und Partizip II des Vollverbs)
Präsens	*Die Filmaufnahme wird (von Tauchern) gemacht.*
Präteritum	*Die Filmaufnahme wurde (von Tauchern) gemacht.*
Perfekt	*Die Filmaufnahme ist (von Tauchern) gemacht worden.*
Plusquamperfekt	*Die Filmaufnahme war (von Tauchern) gemacht worden.*
Futur I	*Die Filmaufnahme wird (von Tauchern) gemacht werden.*
Futur II	*Die Filmaufnahme wird (von Tauchern) gemacht worden sein.*

Modus (Aussageweise)

Indikativ

Bilden: siehe Tempus (S. 327)

Verwenden: etwas als wirklich darstellen — *Haie gibt es nicht im Süßwasser.*

Konjunktiv I

Bilden: Präsensstamm des Verbs + Personalendung des Konjunktivs (-e/-est/-e/-en/-et/-en) — *(sie) ruf-e, (du) tauch-est, (ihr) erlaub-et; Ausnahme: (er) sei*

Verwenden: wiedergeben, was jemand anderes gesagt hat — *Sie sagt, das Tauchen habe sie sehr begeistert.*

Ist die Konjunktiv-I-Form identisch mit dem Indikativ Präsens, verwendet man den Konjunktiv II. — *Sie nehmen sich viel Zeit. → Sie nähmen sich viel Zeit.*

Konjunktiv II

Bilden: Wortstamm des Präteritums + Personalendung des Konjunktivs (-e/-est/-e/-en/-et/-en)

- *starke Verben:* Enthält der Präteritumstamm den Stammvokal a, o, u, wird dieser häufig zum Umlaut (ä, ö, ü). — *(er) trüg-e, (sie) verlör-e, (du) hätt-est, (sie) träf-en*
- *schwache Verben:* Die Formen des Konjunktivs II und des Indikativs Präteritum sind gleich. — *(er) atmet-e, (sie) kämpft-en*

Tempusformen

Gegenwart: — *Es entständen künstliche Riffe.*

Vergangenheit: nur eine Konjunktivform — *Es wären künstliche Riffe entstanden.*

Zukunft: — *Es würden künstliche Riffe entstehen.*

Verwenden:

- etwas als wünschenswert oder nur vorgestellt darstellen — *Eine Unterwasserexpedition wäre fantastisch.*
- etwas vermuten, etwas vorsichtig behaupten — *Es könnte sich um eine Attrappe handeln.*
- höflich auffordern oder fragen — *Könntest du bitte die Tauchflasche tragen?*

Umschreibung mit *würde*

Bilden: würde + Infinitiv — *(sie) würde fahren, (wir) würden springen*

Verwenden:

- wenn die Konjunktiv-II-Form und der Indikativ Präteritum gleich sind (sorgt für Eindeutigkeit) — *Sie betrachteten die Korallenriffe. → Sie würden die Korallenriffe betrachten.*
- wenn die Konjunktiv-II-Form veraltet klingt — *Sie flöge zu ihm. → Sie würde zu ihm fliegen.*

Imperativ

Bilden: Imperativ Singular:

- Präsensstamm + Endung *-e* — *Bleib(e) bei mir! Frag(e) nach!*
- bei Wechsel von *e* zu *i* in der 3. Person Singular: Präsensstamm mit *i* + endungslos — *Hilf mir beim Verteilen! Gib mir bitte den Rucksack!*

Imperativ Plural:

- Präsensstamm + Endung *-t* — *Prüft das Ventil! Weckt die Crew!*

Verwenden: eine direkte Aufforderung ausdrücken — *Lies die Anleitung!*

Bitten und Aufforderungen können anstelle des Imperativs auch mit

- **Modalverben** oder — *Du darfst dich hier nicht aufhalten!*
- dem **Futur I** formuliert werden. — *Ihr werdet jetzt genau aufpassen!*

Direkte in indirekte Rede umformen **SO GEHT'S**

Höhlentauchen (direkte Rede)

Die Tauchexpertin meint dazu:

„Höhlentauchen ist nichts für Amateurtaucher. Viele Taucher kommen in zum Teil lebensgefährliche Situationen, weil sie eine Expedition unvorbereitet angehen. Ohne Spezialtraining kann man aber die Risiken nicht richtig einschätzen, man macht dann in gefährlichen Situationen Fehler. Gerade Höhlentaucher haben Stresssituationen, wie zum Beispiel einen Gasausfall, ständig zu trainieren. Extrem wichtig ist auch die Atemtechnik. Viele Leute atmen nicht korrekt. Auch das muss man trainieren. Das alles kostet viel Zeit und verlangt Ausdauer, aber am Ende lohnt sich das, denn es gibt einfach nichts Faszinierenderes als Orte unter Wasser zu entdecken, an denen zuvor noch kein Mensch oder nur wenige waren. Auf einer Expedition zu den Cenoten in Mexiko zum Beispiel haben Taucher Opfer- und Feuerstätten aus der Maya-Zeit gefunden. Allerdings ist diese wunderschöne Unterwasserwelt extrem gefährdet. Wenn wir das Thema Umweltschutz nicht auf Platz 1 rücken, dann wird es in wenigen Jahren keine grün schimmernden Unterwassersäle mit tausenden Stalaktiten und Stalagmiten geben."

Höhlentauchen *(indirekte Rede)*

Die Tauchexpertin meint dazu:

Höhlentauchen sei nichts für Amateurtaucher. Viele Taucher kämen in zum Teil lebensgefährliche Situationen, weil sie eine Expedition unvorbereitet angehen würden. Ohne Spezialtraining könne man aber die Risiken nicht richtig einschätzen, man mache dann in gefährlichen Situationen Fehler. Gerade Höhlentaucher hätten Stresssituationen, wie zum Beispiel einen Gasausfall, ständig zu trainieren. Extrem wichtig sei auch die Atemtechnik. Viele Leute würden nicht korrekt atmen. Auch das musse man trainieren. Das alles koste viel Zeit und verlange Ausdauer, aber am Ende lohne sich das, denn es gebe einfach nichts Faszinierenderes als Orte unter Wasser zu entdecken, an denen zuvor noch kein Mensch oder nur wenige gewesen seien. Auf einer Expedition zu den Cenoten in Mexiko zum Beispiel hätten Taucher Opfer- und Feuerstätten aus der Maya-Zeit gefunden. Allerdings sei diese wunderschöne Unterwasserwelt extrem gefährdet. Wenn wir das Thema Umweltschutz nicht auf Platz 1 rücken würden, dann werde es in wenigen Jahren keine grün schimmernden Unterwassersäle mit tausenden Stalaktiten und Stalagmiten geben.

Konjunktiv-I-Form
Konjunktiv-II-Form
würde-Form

Nicht flektierbare Wortarten (unveränderbare Wortarten)

Präposition	*auf, während, mit, wegen, für, durch, aus, nach, von*
Konjunktion	*nebenordnend: und, oder, denn, aber, sondern, jedoch*
	unterordnend: weil, da, während, als, damit, dass, wenn, obwohl
Adverb	*temporal: heute, jetzt, immer*
	modal: gern, besonders, so
	lokal: dort, hier, oben
	kausal: deshalb, daher
Interjektion (Ausruf)	*oh, ah, aha, igitt*

Satzglieder und Attribute erkennen und verwenden

Umstellprobe, Ersatzprobe, Weglassprobe und Erweiterungsprobe

Bei der **Umstellprobe** stellst du die Wörter im Satz um. Wörter, die bei Umstellungen immer zusammenbleiben, bilden gemeinsam ein Satzglied.

Robert Koch	erhielt	für die Entdeckung der Tuberkulose-Erreger	den Nobelpreis für Medizin.
Den Nobelpreis für Medizin	erhielt	Robert Koch	für die Entdeckung der Tuberkulose-Erreger.

Bei der **Ersatzprobe** ersetzt du mehrere Wörter durch ein einziges Wort, etwa durch ein Pronomen.

Der berühmte Mediziner	entwickelte	neue wissenschaftliche Methoden.
Er	entwickelte	sie.

Bei der **Weglassprobe** lässt du Wörter oder Wortgruppen weg. So kannst du feststellen, welche Satzglieder oder Teile von Satzgliedern unbedingt notwendig sind.

In der Umkehrung ergänzt du bei der **Erweiterungsprobe** hilfreiche Informationen, damit du durch Attribute oder Adverbialbestimmungen genauer oder anschaulicher schreibst.

Das Prädikat als Kern des Satzes

Ohne Prädikat gibt es keinen Satz.
Das Prädikat besteht aus mindestens einem **Verb**.
Das Prädikat kann **einteilig** oder **mehrteilig** sein.

Er hat zunächst in einem dürftig ausgestatteten Labor gearbeitet.

Manche Verben wie *sein* oder *werden* verlangen neben dem Subjekt ein weiteres Satzglied. Ohne dieses **Prädikativ** wäre der Satz unvollständig. Das Prädikativ kann ein Substantiv oder eine Wortgruppe sein, das die Eigenschaften des Subjekts klärt.

Robert Koch	*ist*	*Nobelpreisträger.*
Subjekt		*Prädikativ*
Robert Koch	*ist*	*ein berühmter Mann.*

Satzglieder erfragen

Subjekt	*Wer oder Was?*	*1883 reiste Robert Koch nach Kalkutta.*
Objekte		
– Genitivobjekt	*Wessen?*	*Für einen Erfolg bedarf es der Ausdauer.*
– Dativobjekt	*Wem?*	*Der Ruhm gebührt ihm.*
– Akkusativobjekt	*Wen oder Was?*	*Dort wollte er die Cholera untersuchen.*
– Präpositionalobjekt	*Präposition + wem oder wen?* *Wo + Präposition?*	*Im 19. Jahrhundert starben sehr viele Menschen an Infektionskrankheiten.*
Adverbialbestimmungen		
– Temporalbestimmung: Zeit	*Wann? Wie lange? Seit wann? Wie oft?*	*Der Italiener Filippo Pacini hatte den Cholera-Erreger schon 1854 in seinem Labor entdeckt und detailliert beschrieben. Wegen der geringen Verbreitung von Pacinis Schrift war Koch diese nicht bekannt.*
– Lokalbestimmung: Ort	*Wo? Wohin? Woher?*	
– Modalbestimmung: Art und Weise	*Wie? Auf welche Art und Weise?*	
– Kausalbestimmung: Grund	*Warum? Weshalb?*	

Teile von Satzgliedern: Attribute

Attribute sind **keine Satzglieder**. Sie bleiben bei der Umstellprobe mit den anderen Wörtern des Satzgliedes zusammen.
Sie bestimmen ein Substantiv (Nomen) näher.

Attribute können in verschiedenen Formen auftreten:

- Adjektiv — *eine sensationelle Entdeckung*
- Partizip — *die gestohlenen Daten*
- Wortgruppe mit Präposition — *das Geheimnis von ihnen*
- Substantiv oder Wortgruppe im Genitiv — *die Entschlüsselung der DNA*
- Attributsatz (Relativsatz) — *Sie schnitt in der Prüfung, die besonders schwer war, als Beste ab.*

Satzglieder und Attribute unterscheiden **SO GEHT'S**

Wer war Rosalind Franklin?

Im Jahr 1962 wurden Francis Crick, James Watson und Maurice Wilkins mit dem Nobelpreis für Medizin ausgezeichnet. Angeblich hatten sie die Doppelhelixstruktur der DNA entschlüsselt. In Wirklichkeit hat diese bahnbrechende Forschungsarbeit maßgeblich die britische Biochemikerin Rosalind Franklin geleistet. Crick und Watson gelang es, ohne das Wissen der Forscherin an ihre unveröffentlichten Daten zu kommen. Heute weiß man, dass ohne ihre Röntgenstrukturdaten und ihre mathematischen Analysen die Entschlüsselung der DNA-Struktur wesentlich länger gedauert hätte. Bezeichnenderweise wurde Rosalind Franklin in den Nobelpreisreden von Crick und Watson nicht erwähnt. Erst 1982 erinnerte der Biochemiker Aaron Klug in seiner Nobelpreisrede an die Forscherin und betonte, dass sie ihm aufgrund ihrer genauen Experimentierreihen und scharfen Analysen ein leuchtendes Vorbild gewesen sei. Möglicherweise verstarb Franklin bereits mit 37 Jahren in London an Krebs, aufgrund ihrer jahrelangen Arbeit mit Röntgenstrahlen.

Temporalbestimmung
Modalbestimmung
Kausalbestimmung
Lokalbestimmung

präpositionales Attribut
Adjektivattribut
Genitivattribut

Nebensätze unterscheiden

Adverbialsätze unterscheiden und verwenden

Adverbialsätze informieren über nähere Umstände und Zusammenhänge von Handlungen.
Du kannst nach der Art der Information verschiedene Adverbialsätze unterscheiden.

Adverbialsatz	Fragen	Eingeleitet durch	Beispiel
Temporalsatz: Zeit	*Wann? Wie lange? Seit wann? Bis wann?*	als, während, bis, bevor, ehe, nachdem, sobald	*Schon als Alexander von Humboldt zehn Jahre alt war, entwarf er Karten zum Planetensystem und von Afrika.*
Lokalsatz: Ort, Richtung	*Wo? Wohin? Woher?*	wo, wohin, woher	*Er forschte dort, wo es viel Neues zu entdecken gab.*
Modalsatz Art und Weise	*Wie? Auf welche Art und Weise?*	indem, (so) wie, (anders) als, ohne dass, als ob, dadurch dass	*Humboldt konnte auf dem Gebiet der Geologie neue Erkenntnisse erlangen, indem er seine Umgebung genau beobachtete.*
Kausalsatz: Grund, Ursache	*Warum? Weshalb? Wieso? Weswegen?*	weil, da, zumal	*Weil es sein großer Traum war, bereitete er schon seit 1793 seine Amerika-Reise vor.*
Finalsatz: Zweck, Absicht	*Wozu? Zu welchem Zweck?*	damit, auf dass	*Er arbeitete wie ein Besessener, damit er das Zusammenspiel der Naturkräfte verstand.*
Konditionalsatz: Bedingung	*Unter welcher Voraussetzung/Bedingung?*	wenn, falls, sofern	*Wenn er nicht so eng mit zahlreichen anderen Forschern vernetzt gewesen wäre, wären so umfangreiche Veröffentlichungen unmöglich gewesen.*
Konsekutivsatz: Folge	*Mit welcher Folge/ Wirkung?*	sodass, als dass	*Der Forscher beschäftigte sich mit einer Vielzahl von Forschungsgebieten, sodass er als Universalgenie gilt.*
Konzessivsatz: Einräumung, Gegenargument	*Trotz welcher Umstände?*	obwohl, obgleich, wenngleich, wenn auch	*Obwohl es ihn finanziell ruinierte, arbeitete er an seinem 34-bändigen Werk weiter.*

Subjekt- und Objektsätze unterscheiden und verwenden

Subjekte und Objekte können auch Nebensätze sein. Du kannst sie erfragen.

Subjektsatz
Wer oder was?
Wer von Fremdem fasziniert ist, findet eine Kombination aus Reisen und Forschen bestimmt reizvoll.
→ Wer oder was findet eine Kombination aus Reisen und Forschen bestimmt reizvoll?
Wer von Fremdem fasziniert ist, …

Objektsatz
Wen oder was?
Johann Wolfgang Goethe bestätigt, dass Alexander von Humboldt auch ein ausgezeichneter Erzähler war.
→ Wen oder was bestätigt Johann Wolfgang Goethe?
…, dass Alexander von Humboldt auch ein ausgezeichneter Erzähler war.

Attributsätze erkennen und verwenden

Ein Relativsatz ist eine Form des Attributs. Er gibt Informationen zu dem Substantiv (Nomen), auf das er sich bezieht, und steht meist dahinter. Eingeleitet wird ein Relativsatz durch ein Relativpronomen.

Die Reiseroute, die er zurücklegte, ist beeindruckend.

Satzzeichen richtig setzen

Kommasetzung bei Satzgefügen

Jeder Hauptsatz und Nebensatz besitzt in der Regel ein **Subjekt** und ein **finites** (gebeugtes) **Verb**.
Satzgefüge bestehen aus mindestens einem **Hauptsatz** (HS) und mindestens einem **Nebensatz** (NS).
Haupt- und Nebensatz werden durch **Kommas** voneinander getrennt.
Ihre Reihenfolge kann unterschiedlich sein:

- **nachgestellter Nebensatz, HS, NS** — *Jeanne Baret verkleidete sich als Mann, weil Frauen zu dieser Zeit auf Marineschiffen verboten waren.*
- **vorangestellter Nebensatz, NS, HS** — *Weil Frauen zu dieser Zeit auf Marineschiffen verboten waren, verkleidete sich Jeanne Baret als Mann.*
- **eingeschobener Nebensatz, HS, NS, HS** — *Jeanne Baret verkleidete sich, weil Frauen zu dieser Zeit auf Marineschiffen verboten waren, als Mann.*

Hauptsatz (HS)
Im Hauptsatz steht das finite (gebeugte) Verb in der Regel **nach dem ersten Satzglied.**
Sie ging an Bord, weil sie neugierig auf die Welt war.
Wenn der **Nebensatz vor dem Hauptsatz** steht, steht das finite (gebeugte) Verb **nach dem Komma am Anfang** des Hauptsatzes.
Dass es sich um eine Frau handelte, bemerkte die Besatzung erst nach einiger Zeit.

Nebensatz (NS)
Im Nebensatz steht das finite (gebeugte) Verb an **letzter Stelle**. Nebensätze werden häufig durch unterordnende Konjunktionen eingeleitet.
Sie ging an Bord, weil sie neugierig auf die Welt war.
Es können **mehrere Nebensätze** in einem Satzgefüge vorkommen.
Sie blieb lange Zeit auf Mauritius, wo sie 6.000 Pflanzenarten sammelte, die sich bis heute in einem Museum befinden.

Kommasetzung bei Satzreihen (Satzverbindungen)

Satzreihen bestehen aus **mindestens zwei Hauptsätzen**. Sie können ohne Konjunktion stehen oder mit nebenordnenden Konjunktionen wie *denn, aber, sondern, jedoch* verbunden sein. Dann musst du ein Komma setzen.
Das Komma fällt weg, wenn sie mit den folgenden Konjunktionen verknüpft sind: *und, sowie, oder, sowohl … als auch, weder … noch, entweder … oder.*

Die Mannschaft war von Barets Entschlossenheit beeindruckt, man ließ sie an Bord.

Die Schiffe legten ab und Jeanne Baret jubelte innerlich.

Satzgefüge und Satzreihe kannst du an bestimmten Merkmalen **unterscheiden**.

Beispiel	*Sie kehrte nach Frankreich zurück, nachdem sie fast fünf Jahre lang auf Mauritius geforscht hatte.*	*Ein Mitreisender machte auf der Reise sein Testament, denn er wollte im Fall seines Todes Jeanne Baret seinen Haushalt und seine botanische Sammlung vererben.*
Merkmale	finites Verb im Nebensatz an letzter Stelle und unterordnende Konjunktion	finites Verb in beiden Teilsätzen nach dem ersten Satzglied und nebenordnende Konjunktion
Bestimmung	Satzgefüge (HS, NS)	Satzreihe (HS, HS)

Mit Kommas Satzstrukturen verdeutlichen

Kommas strukturieren komplexe Sätze und erleichtern so deren Verständlichkeit.

SEA =
Satzgefüge (Regel 1),
Erläuterung (Regel 2),
Aufzählung (Regel 3)

Regel 1 (Grundregel) Kommas stehen in **Satzgefügen**. Sie trennen den Hauptsatz vom Nebensatz oder Nebensätze untereinander ab.	**Beispiele** *Alexander von Humboldt nahm gewaltige Strapazen auf sich, da er möglichst viel von der Welt sehen wollte.*
Regel 1 A (Ergänzungsregel) Wenn Infinitivgruppen mit *zu* einem Nebensatz ähnlich sind, werden sie durch Komma vom übrigen Satz getrennt.	*Alexander von Humboldt nahm gewaltige Strapazen auf sich, um möglichst viel von der Welt zu sehen.*
Regel 2 Nachträgliche **Erläuterungen** (z. B. Appositionen und Zusätze) trennt man durch Komma vom übrigen Satz ab.	*Er beschäftigte sich mit zahlreichen Forschungsgebieten, unter anderem der Botanik, Zoologie, Vulkanologie und Kartografie.*
Regel 3 (Grundregel) **Aufzählungen** in Form von Wörtern oder Wortgruppen sowie Satzreihen trennt man durch Komma voneinander ab.	*Auf seinen Reisen führte er Teleskope, Barometer, Thermometer mit.*
Regel 3 A (Ergänzungsregel) Kein Komma steht bei Aufzählungen und Satzreihen, die mit den Konjunktionen *und, sowie, sowohl … als auch, weder … noch, oder, entweder … oder* verbunden sind.	*Sowohl ein Mondkrater als auch eine Meeresströmung ist nach dem berühmten Forscher benannt.*
Regel 1 schlägt Regel 3 A.	*Zahlreiche Briefe, die Alexander von Humboldt an Wissenschaftler geschrieben hat,* ***und*** *seine unzähligen Zeichnungen geben Einblick in sein Schaffen.*
Regel 2 schlägt Regel 3 A.	*Wilhelm von Humboldt, ein Gelehrter und Politiker,* ***und*** *Alexander von Humboldt waren schon zu Lebzeiten berühmt.*
Wenn ihr Regel 1, 2 oder 3 nicht anwenden könnt, dann wird kein Komma gesetzt.	*In dem Bestseller „Die Vermessung der Welt" schildert Daniel Kehlmann das Leben von Alexander von Humboldt und Carl Friedrich Gauß.*

Kommasetzung mit SEA **SO GEHT'S**

Filmpioniere

Wer hat nun den Film erfunden? Waren es die französischen Brüder Auguste und Louis Lumière, wie es in so vielen Filmlexika steht, oder die deutschen Brüder Max und Emil Skladonowsky? Es steht auf jeden Fall fest, dass zu Beginn des letzten Jahrzehnts des 19. Jahrhunderts an vielen Orten experimentiert, geforscht und getüftelt wurde. Die Brüder Lumière haben am 28. Dezember 1895 im *Grand Café* in Paris eine öffentliche Filmvorführung veranstaltet, die bis heute als Geburtsstunde des Films gilt. Den Kinematographen, mit dem die zehn kurzen Filme gezeigt wurden, hatten sich die Brüder patentieren lassen. Die Besucher, die Eintritt zahlen mussten, staunten, als sie die bewegten Bilder sahen. In einem ihrer Filmbeiträge setzten sie die Kameraperspektive so geschickt ein, dass die Zuschauer glaubten, dass ein Zug in das Café rase. Angeblich soll das Publikum daraufhin in Panik verfallen sein, was allerdings mit einem Fragezeichen zu versehen ist. Bereits zuvor, nämlich am 1. November 1895, zeigten die Brüder Skladanowsky eine kurze Filmsequenz vor Zuschauern, und zwar im Varieté *Wintergarten* in Berlin. Dafür erhielten die Brüder sogar eine Gage, die sie für weitere Filmprojekte nutzen konnten. In der Presse wurde die Vorführung positiv besprochen und das Publikum war fasziniert. Daher fanden dort vier weitere Wochen lang Aufführungen statt, alle vor ausverkauftem Haus. Um ihre Erfindung auch außerhalb Deutschlands bekannt zu machen, reisten sie durch Europa.

Regel 1
Regel 1
Regel 1
Regel 3
Regel 1
Regel 1
Regel 1
Regel 1, Regel 1, Regel 1
Regel 1, Regel 1
Regel 1
Regel 2, Regel 2
Regel 2
Regel 1
Regel 2
Regel 1A

Kommasetzung bei Infinitivgruppen **SO GEHT'S**

Otto von Lilienthal

Um Anregungen für seine Flugmodelle zu erhalten, studierte der deutsche Ingenieur Otto Lilienthal den Flug der Störche. Lilienthal war der Erste, der systematisch Gleitflugversuche durchführte. Aufsehen erregte er zunächst damit, auf dem Gollenberg in Stölln 250 Meter weite Flüge zu schaffen. Drei Jahre später, 1896, kam ihm die Idee, das Gleichgewicht im Flug durch eine veränderliche Stellung der Flügel zu erlangen. Bei seinen Flugversuchen musste er immer wieder Rückschläge hinnehmen. So kam es beispielsweise zu einem Absturz aus 20 Meter Höhe. Anstatt verunsichert zu sein, machte er weiter. Es gelang ihm sogar, das erste Serienflugzeug in Produktion gehen zu lassen. Nach einigen Flügen stürzte Lilienthal im Alter von 48 Jahren ab und erlag seinen Verletzungen. Eines seiner Verdienste ist es, den Gollenberg für den Flugsport bekannt gemacht zu haben.

- Infinitivgruppe in **Nebensatz mit Subjekt und unterordnender Konjunktion umformen**
- **Signalwörter** *anstatt, außer, ohne, statt, um* (am Anfang der Infinitivgruppe) und *damit, daran, darauf, darüber, dazu, es* (vor der Infinitivgruppe) beachten

→ *Damit er Anregungen für seine Flugmodelle erhielt, …*
→ *…, dass er auf dem Gollenberg in Stölln 250 Meter weite Flüge schaffte.*
→ *…, dass er das Gleichgewicht im Flug durch eine veränderliche Stellung der Flügel erlangt.*
→ *Anstatt dass er verunsichert war, …*
→ *…, dass er das erste Serienflugzeug in Produktion gehen ließ.*
→ *…, dass er den Gollenberg für den Flugsport bekannt gemacht hat.*

Lerninsel

I

Rechtschreibung

Rechtschreibproben nutzen

Du musst die Schreibung der meisten Wörter nicht auswendig lernen.
Bei vielen Wörtern kannst du die Schreibweise von verwandten Wörtern **ableiten** (↱↰) oder die Wörter **verlängern** (→).
Bei einigen hilft es dir, wenn du sie beim Schreiben **mitsprichst** (↶↷).

↱↰ Ableiten

→ Verlängern

↶↷ Mitsprechen

Ableiten und Verlängern

In der deutschen Rechtschreibung werden Wörter aus einer Wortfamilie im Wortstamm fast immer gleich geschrieben.
Du suchst bei dieser Strategie nach einem verwandten Wort, bei dem die richtige Schreibung deutlich wird.
Das Verlängern hilft dir, wenn du nicht weißt, wie bestimmte Wörter am Wortende geschrieben werden.

Ableiten und verlängern **SO GEHT'S**

Problem	Strategie	Lösung
gefä/ehrlich *geläu/eufig*	*Gefahr* *Lauf*	*gefährlich mit ä* *geläufig mit äu*
Läu/eute	Gibt es kein verwandtes Wort mit *a* oder *au*, schreibt man das Wort meist mit *e* oder *eu*.	*Leute*
abend/tlich *tolerand/t*	*Abende* *toleranter, am tolerantesten, der tolerante Mensch*	*abendlich mit d* *tolerant mit t*
sie frag/kt *er prob/pt*	*fragen* *proben*	*sie fragt mit g* *er probt mit b*

Wörter deutlich mitsprechen

Die Laut-Buchstabenfolge bestimmt die grundlegende Schreibung der Wörter. Dabei richtet sich die Buchstabenfolge grundsätzlich nach der Lautfolge. Sprich beim Schreiben **langsam** und **deutlich** mit. Längere Wörter zerlegst du in **Sprechsilben**.
Nutze auch das **Haus-Garage-Modell**, wenn du dir bei der Schreibweise unsicher bist.

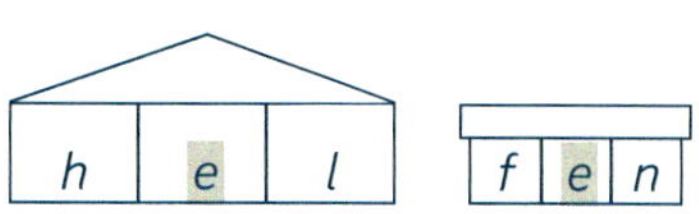

betonte erste Silbe unbetonte zweite Silbe

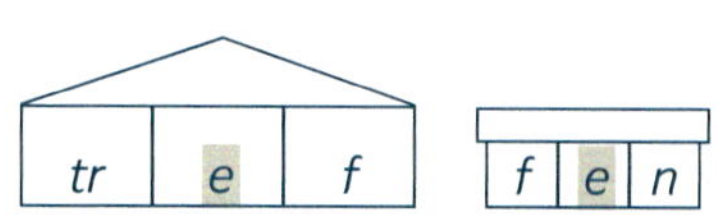

betonte erste Silbe unbetonte zweite Silbe

Wörter mit *s*-Lauten schreiben

Um die richtige Schreibung zu erkennen, musst du auf zwei Dinge achten:
- Wie wird der *s*-Laut gesprochen: stimmhaft (gesummt) oder stimmlos (gezischt)?
- Wie wird der Vokal vor dem *s*-Laut gesprochen: kurz, lang? Ist es ein Doppellaut?

vor dem *s*-Laut steht ein **langer Vokal** oder ***ei, au, eu, äu***
Maß, Glas, Nase, Reise

ß oder s? →

stimmloser *s*-Laut
Maß, Glas

ß → stimmloser *s*-Laut beim Verlängern des Wortes
Maße → Maß

s → stimmhafter *s*-Laut beim Verlängern des Wortes
Gläser → Glas

s →

stimmhafter *s*-Laut
Nase, Reise

vor dem *s*-Laut steht ein **kurzer Vokal**
Kasten, wässrig

↓ s oder ss?

Wortstamm ermitteln und Grundform bilden
es passt → passen
wässrig → Wasser

s → auf den *s*-Laut folgt **ein anderer Konsonant**, zum Beispiel *p, t, k*
Kasten

ss → auf den *s*-Laut folgt **kein** anderer Konsonant → *s*-Laut verdoppeln
Wasser

Die Schreibung von *das* und *dass* richtig wählen

- Entscheide, ob es sich um *das* (Relativpronomen, Demonstrativpronomen, Artikel) oder *dass* (Konjunktion) handelt.
- Nutze die Ersatzprobe mit *dieses* oder *welches*.
- Wenn die Ersatzprobe möglich ist, liegt ein Relativpronomen, Demonstrativpronomen oder Artikel vor und du schreibst *das*.
  Bei Relativpronomen und Artikeln kannst du außerdem ein Bezugswort ermitteln.
- Wenn die Ersatzprobe nicht möglich ist, liegt die Konjunktion *dass* vor.
  Die Konjunktion *dass* folgt oft nach sogenannten Kopfverben, zum Beispiel *sagen, behaupten, hören, fühlen, wissen, träumen, meinen, denken*.

Die Schreibung von *das* und *dass* richtig wählen **SO GEHT'S**

Eine Redewendung sagt: Wenn einer eine Reise tut, dann kann er was erzählen. Das hat wohl jeder schon selbst erlebt. Dass es dabei nicht nur Erfreuliches zu berichten gibt, das ist ebenfalls kein Geheimnis. So kann es passieren, dass man in fremden Ländern das Essen, das man bekommt, nicht verträgt. Auch wenn viele Menschen denken, dass das nicht schlimm sei, kann die Magenverstimmung Folgen haben. Ist das menschliche Verdauungssystem einmal stark betroffen, braucht es Zeit für die Regeneration. Abgesehen davon, ist es auch sehr bedauerlich, dass man die fremden Gewürze und die unbekannten Speisen nicht kennen lernt. Das ist ja gerade der Reiz solcher Reisen, dass das Erkunden von Land und Leuten ein Eintauchen in völlig neue Welten bedeutet.

Ersatzprobe → Demonstrativpronomen
Ersatzprobe → Artikel
Ersatzprobe → Relativpronomen
keine Ersatzprobe → Konjunktion

das Essen: Artikel mit Bezugswort

das Essen, das man bekommt: Relativpronomen mit Bezugswort

das Verdauungssystem: Artikel mit Bezugswort

das Erkunden: Artikel mit Bezugswort

denken: Kopfverb

Die Groß- und Kleinschreibung beachten

Begleiter als Signal nutzen
Gehört zu dem Wort ein Artikel als Begleiter?
Das Reisen ist eine beliebte Freizeitbeschäftigung.

Gehört zu dem Wort ein versteckter Artikel?
am = an dem, beim = bei dem, vom = von dem
Am Samstag beginnt die Reisesaison.

Gehört zu dem Wort ein anderer Begleiter?
z. B. *mein, dein, sein* (besitzanzeigend), *dieses* (hinweisend), welcher (fragend)
Die Ostsee ist mit ihren langen Stränden ein beliebtes Reiseziel.
Aufgrund dieser Attraktion tummeln sich dort viele Besucher.

Gehört zu dem Wort ein Adjektiv?
Sowohl bei schönem als auch bei stürmischem Wetter hat die See ihren Reiz.

Proben durchführen
Kann vor dem Wort ein Begleiter ergänzt werden, der sich dabei verändert?
die Sehenswürdigkeiten → + interessant (Adjektiv) → die interessanten Sehenswürdigkeiten

Kann das Wort treppenartig durch mehrere Adjektive erweitert werden, so dass es immer weiter nach rechts rückt? (Erweiterungsprobe)
eine Attraktion
eine bekannte Attraktion
eine bekannte, faszinierende Attraktion

Substantive (Nomen) und Substantivierungen (Nominalisierungen) großschreiben

Suffix (Nachsilbe) als Signal beachten
Endet das Wort auf *-keit, -nis, -schaft, -ung, -heit, -tum*?
Geheimnis, Brauchtum, Wissenschaft, Neuigkeit, Beliebtheit, Leistung

Unbestimmte Mengenangaben als Signal beachten
Stehen vor dem Wort Wörter wie *alles, wenig, viel, nichts, etwas, manches* und folgen darauf gebeugte Adjektive?
etwas Neues, viel Sehenswertes

Auf die Bedeutung achten
Bezeichnet das Wort ein Lebewesen oder einen Gegenstand oder als Gegenstand Gedachtes?
Die Touristen sind gern gesehen. In den Bergen erfreuen sich die Besucher an der Landschaft und der frischen Luft.

Zeit- und Ortsangaben schreiben

Werden Zeitangaben mit Substantiven gemacht, müssen sie großgeschrieben werden. Zeitangaben können auch als Adverbien vorkommen. Diese werden kleingeschrieben.
In der Nacht kann man den Sternenhimmel beobachten. Die Sterne kann man nachts beobachten.

Ortsangaben werden häufig mit Adverbien gemacht. Diese werden kleingeschrieben.
Wir staunten über die Felsformationen überall im Wald. Sie türmten sich den Hang hinauf wie Riesen auf. Etwas links davon glitzerte ein See in der Sonne.

Die Groß- und Kleinschreibung beachten **SO GEHT'S**

Wer den Winter in eisiger Kälte liebt, ist in Skandinavien gut aufgehoben. Dort gibt es viel Interessantes zu erleben. Die Fahrt im Rentierschlitten ist besonders nachts ein Erlebnis. Wenn man Glück hat, kann man das faszinierende Polarlicht sehen. Sein hellgrünes bis violettes Flimmern beeindruckt jeden Besucher. Die Nordlichter werden wissenschaftlich Aurora borealis genannt. Sie kommen in nördlichen Breiten in mehreren Ländern vor. Jedes Jahr bezaubert ihr Leuchten etliche Gäste.

Begleiter als Signal nutzen

Adjektivprobe durchführen

unbestimmte Mengenangabe als Signal beachten

Suffix (Nachsilbe) als Signal beachten

Auf die Bedeutung achten

Fremdwörter schreiben

Häufige Fremdwortbestandteile beachten
Gehört zu dem Wort ein typisches Suffix (Nachsilbe) oder Präfix (Vorsilbe)?

informativ
Innovation
Management
Strategie
Transport
Geografie
multikulturell

Typische Buchstaben und Buchstabenverbindungen beachten
Gibt es typische Buchstabenverbindungen aus der Herkunftssprache?

ou: Route, Souvenir
th: Thermik, Thermometer
ph: Phänomen, Phase
rh: Rhythmus, Rhetorik
y: System, Physik
ik: Statistik, Technik
ai: Saison, Taille

Fremdwörter schreiben **SO GEHT'S**

Viele Reiseveranstalter bieten den Touristen sportliche Aktivitäten an. So gibt es in Hotels oft Animationen, die im Pool mit Gymnastik beginnen, aber auch Attraktionen wie waghalsiges Paragliding können auf dem Programm stehen. Natürlich gibt es dafür Spezialisten, die genügend Wissen über die nötige Thermik mitbringen, damit alles funtioniert. Für sie gibt es keine Routine, jedes Detail am Fallschirm wird vor dem Sprung exakt überprüft. Gleiches gilt auch für das Canyoning, das Flusswandern mit Klettereinsätzen und Wasserfallsprüngen. Solange nichts passiert, macht dies alles viel Spaß, aber etwas Kondition sollte man schon mitbringen, bevor man sich auf derlei einlässt.

typische Buchstaben und Buchstabenverbindung

typische Prä- und Suffixe

Verben getrennt schreiben und zusammenschreiben

- Betonst du beim Sprechen nur einen Bestandteil, wird das Verb zusammengeschrieben. — *zusehen, freisprechen*
- Sprichst du beide Bestandteile betont, schreibst du getrennt. — *zu sehen, frei sprechen*
- Entsteht eine neue Gesamtbedeutung, indem die Bedeutung der einzelnen Bestandteile verblasst, schreibst du die Verbindung zusammen. — *die Reiseerlebnisse zusammenschreiben (einen Text daraus machen) eine Karte zusammen schreiben (gemeinsam schreiben)*
- Verbindungen mit dem Verb *sein* schreibt man getrennt, wenn sie nicht substantiviert werden.

Adjektiv-Verb-Verbindungen schreiben

Adjektiv-Verb-Verbindungen werden **zusammengeschrieben**, wenn
- eine neue Gesamtbedeutung entsteht. — *den Verkehr lahmlegen*
- du das Adjektiv nicht sinnvoll steigern kannst. — *die Buchung freischalten*
- du das Adjektiv nicht mit *sehr* erweitern kannst. — *den Berg hochklettern*

Wird im Infinitiv zusammengeschrieben, schreibst du auch Partizip II und den Infinitiv mit *zu* zusammen. — *fertigstellen, fertiggestellt, fertigzustellen*

Substantiv-Verb-Verbindungen und Verb-Verb-Verbindungen schreiben

Du schreibst sie **in der Regel getrennt**. — *Schlittschuh laufen, Klavier spielen*

Wenn die Bedeutung des Substantivs verblasst ist, schreibst du zusammen. — *kopfstehen (nicht: einen Kopf stehen)*

Beide Schreibweisen sind erlaubt bei
- Verbindungen mit *bleiben* oder *lassen*, wenn sie im übertragenen Sinn gebraucht werden. — *Sportschuhe liegenlassen/liegen lassen*
- der Verbindung aus *kennen* und *lernen*. — *kennenlernen/kennen lernen*

Verben getrennt und zusammenschreiben **SO GEHT'S**

Mit dem Drahtesel unterwegs

Will man im Urlaub mit dem Rad unterwegs sein, dann sollte man sich gut vorbereiten. Wichtig ist es, sich beraten zu lassen, damit die Reise ein Erlebnis wird. Man muss bewusst einkaufen gehen und nur das Nötigste mitnehmen. Hat man weniger Gepäck, dann werden auch die Anstiege nicht so schwerfallen und die Beine nicht weh tun. Auch beim Essen ist Vorsicht angesagt: die Speisen sollten leicht verdaulich sein, damit man sich wohlfühlt.

Die Vorteile einer solchen Reise liegen auf der Hand: man kann aktiv sein, die Natur genießen und man spart viel Geld. Deshalb gehen viele Menschen gerne Rad fahren.

Verbindung mit dem Verb sein → getrennt schreiben

Adjektiv ist steigerbar/sehr erweiterbar → getrennt schreiben

Verb-Verb-Verbindung → getrennt schreiben, auch Infinitiv

Verb-Verb-Verbindung → in der Regel getrennt schreiben

Verbindung hat eine neue Gesamtbedeutung → Zusammenschreibung

Adjektiv steigerbar/mit sehr erweiterbar → getrennt schreiben

beide Schreibweisen sind möglich

Substantiv-Verb-Verbindung → getrennt schreiben

Lern- und Arbeitstechniken

Sich auf Klassenarbeiten vorbereiten

1. Langfristig planen

- Was sollst du wissen/können?
- Bis wann?
- Wann hast du Zeit?

2. Lernen

für einen ungestörten Arbeitsplatz sorgen

das Buch nutzen

☑ So geht's

☑ Kompetenzboxen

☑ Checklisten

Gelerntes verstehen

☑ mit eigenen Worten wiedergeben

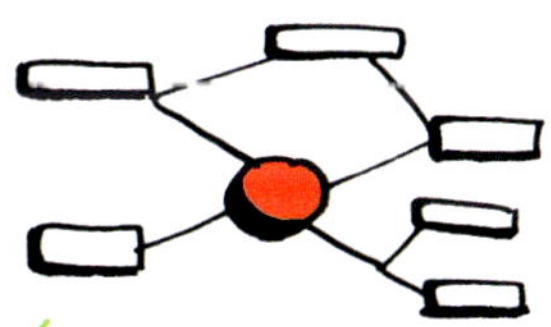

☑ Mindmap erstellen

☑ Eselsbrücken bauen

3. Üben

das Buch nutzen

☑ Trainingsplatz

☑ Das könnt ihr jetzt!

☑ Beispiellösung

Üben gestalten

☑ mit anderen lernen

☑ Pause machen

☑ sich bewegen

Placemat

... hilft dir, komplexe Fragestellungen gemeinsam zu beantworten.

- Zeichnet auf ein Blatt Papier einen Kasten in die Mitte und teilt gleich große Teile am Rand ab.
- Jeder schreibt Antworten zur Fragestellung in sein Feld.
- Lest alle Antworten und besprecht sie.
- Notiert das Ergebnis eurer Diskussion im Kasten in der Mitte.

Für eine Vierergruppe.

Fishbowl-Methode

... hilft dir, in einer Gruppe eine Streitfrage zu diskutieren.

- Bildet einen kleinen Innen- und einen größeren Außenkreis. Wählt eine Moderatorin/einen Moderator, sie/er nimmt im Innenkreis Platz. Lasst einen Stuhl im Innenkreis frei.
- Der Innenkreis diskutiert. Aus dem Außenkreis kann man sich in die Diskussion einschalten, indem man sich kurz auf den freien Stuhl im Innenkreis setzt, mitdiskutiert und wieder im Außenkreis Platz nimmt.

Cluster

... hilft dir, gute Ideen zu sammeln und zu strukturieren.

- Schreibe in die Mitte eines Blattes den Begriff oder das Thema, dies ist der Kern.
- Um dieses Thema herum notierst du alles, was dir einfällt.
- Jeder Gedanke wird mit dem Thema durch eine Linie verbunden. Diese Ideen werden Ausgangspunkt für weitere Einfälle.

Mindmap

... hilft dir, Informationen zu ordnen und zu visualisieren.

- Schreibe das Thema in die Mitte.
- Ziehe davon ausgehend Äste mit den Teilthemen.
- Verzweige Äste in Nebenäste und notiere dazu zentrale Begriffe oder Begriffspaare, die zu den Teilthemen gehören.

Schreibkonferenz

... hilft dir, in einer Gruppe eigene Texte zu besprechen und zu überarbeiten.

- Besprecht den Text Abschnitt für Abschnitt in der Gruppe.
- Nehmt für die Beurteilung Checklisten zu Hilfe, zum Beispiel:
  - Inhalt und Aufbau
  - Sprache: Satzanfänge, Satzverknüpfung, Wortwahl, Rechtschreibung, Satzbau, Satzzeichen
- Gebt Tipps für die Überarbeitung.
- Ihr könnt auch ein Textverarbeitungsprogramm nutzen.

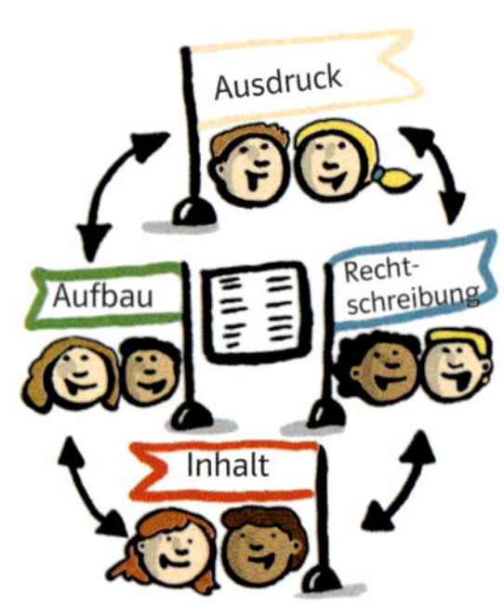

Textlupe

… hilft dir, deinen Text noch zu verbessern.

Überarbeite deinen Text in **drei Durchgängen** und nimm jeweils **einen** Gesichtspunkt unter die Lupe.

1. Durchgang: Inhalt und Aufbau,
zum Beispiel: *Vollständigkeit, Reihenfolge (roter Faden), Leserorientierung*

2. Durchgang: Sprachliche Gestaltung,
zum Beispiel: *Satzanfänge, Satzverknüpfungen, Wortwahl (treffende Verben und Adjektive, Vergleiche)*

3. Durchgang: Rechtschreibung, Grammatik, Zeichensetzung

Plakat

… hilft dir, Ergebnisse zusammenfassend darzustellen.

Vorbereiten:
- Überlege dir vorher:
  - Was ist meine Absicht?
  - An wen will ich mich wenden?
  - Wo soll mein Plakat aufgehängt werden?
- Fasse die wichtigsten Informationen in Stichworten zusammen.
- Sortiere die Stichworte nach Unterthemen.
- Suche aussagekräftige Bilder.
- Überlege dir eine treffende Überschrift.
- Fertige eine Skizze von deinem Plakat an.

Anfertigen:
- Du kannst auch ein Textverarbeitungsprogramm nutzen.
- Benutze eine lesbare und ausreichend große Schrift.
- Arbeite mit Farben, um Wichtiges hervorzuheben, aber sei sparsam damit.
- Lege erst alle Texte und Bilder auf das Plakat.
- Ordne sie so an, dass das Plakat übersichtlich ist.
- Klebe dann die Texte und Bilder auf.

Feedback geben

… hilft dir, anderen durch deine Rückmeldung weiterzuhelfen und deine eigenen Ergebnisse zu verbessern.

- Beginne immer mit etwas Positivem.
- Formuliere deine Kritik sachlich und äußere keine persönliche Kritik.
- Gib Tipps, anstatt nur Kritik zu üben. Unterbreite Verbesserungsvorschläge.
- Ende mit etwas Positivem.
- So kannst du beginnen: *Ich finde …/Ich denke, dass …/Mir hat gefallen, dass …*
- So kannst du sachlich Kritik üben: *Nicht so gut ist, dass …/Du solltest auch noch …*

Stichwortverzeichnis

Autorenverzeichnis

Textsortenverzeichnis

Leserbrief/Onlinepetition

Liedtexte

Märchen

Novelle (Ausschnitte)

Rezensionen

Sachtexte

Spielbeschreibung

Zeitungsartikel

Textquellen

10 Jules Verne: Der Vater der Science-Fiction. Unter: https://www.wasistwas.de/details-technik/jules-verne-derr-vater-der-science-fiction.html (Zugriff 25.02.2021, gek.); **11** Ursula Poznanski: Cryptos. Loewe, Bindlach 2020, Klappentext; **11** TAMoLi – Texte, Aktivitäten und Motivationen im Literaturunterricht der Sekundarstufe I. Binationale Studie 2016-2019 v. Pädagogische Hochschule FHNW, Universität Potsdam und Universität Hildesheim, gef. v. Schweizerischen Nationalfonds (SNF). Hier unter: https://ernst-klett-verlag.de/literatur-in-der-schule-prallen-zwei-lesewelten-aufeinander (Zugriff 25.02.2021, bearb.); **12** Schülerduden Literatur. Hrsg. v. Maria Schuster-Kraemer. Dudenverlag, Mannheim/Leipzig 2012, S. 385f.; **12** Gabriele Teutloff: Science-Fiction als Chance für den Unterricht!? In: Unterricht Biologie: Science Fiction, Heft 311/312. Friedrich Verlag, Seelze 2006, S. 4f.; **13** Friederike Kipar: Ursula Poznanski "Cryptos", Buchrezension. (07.09.2020) Unter: https://www.diebuchbloggerin.de/ursula-poznanski-cryptos (Zugriff 25.02.2021, gek.); **15** Judith Blage: Wissenschaft, inspiriert durch Science-Fiction. (16.06.2019) Unter: https://www.sueddeutsche.de/wissen/science-fiction-forschung-inspiration-1.4486445-0 (Zugriff 25.01.2021, gek.); **19** Axel Weidemann: Ursula Poznanskis „Cryptos". Vorsicht, Weltwechsel. (18.08.2020) Unter: https://www.faz.net/aktuell/feuilleton/vorsicht-weltwechsel-ursula-poznanskis-neuer-jugendthriller-cryptos-16909166.html (Zugriff 25.02.2021, gek.); **22** Thomas Le Blanc: Nanotechnische Ideen in der Science-Fiction-Literatur. Hrsg. v. Hessisches Ministerium für Wirtschaft, Energie, Verkehr und Landesentwicklung. Unter: https://www.technologieland-hessen.de/mm/mm001/HTAI_Nano_SF_Web.pdf (Zugriff 25.02.2021, gek.); **24** Mary Borges: Eine kurze Geschichte der Science-Fiction. Unter: https://supernova-science-fiction.de/science-fiction-lexikon/eine-kurze-geschichte-der-science-fiction (Zugriff 25.02.2021, gek.); **28** Silvia Hühn: Scotty, ich bin schon da: Wie sich Science Fiction auf unseren Alltag auswirkt. (25.05.2019) Unter: https://www.ingenieur.de/technik/fachbereiche/ittk/scotty-ich-bin-schon-da-wie-sich-science-fiction-auf-unseren-alltag-auswirkt/ (Zugriff 25.02.2021, gek.); **31** Merve Kayikci: Warum ich nur noch 31 Klamotten habe – und wie das geht. (17.03.2019) Unter: https://www.spiegel.de/panorama/minimalistisch-leben-wie-ich-mit-nur-31-kleidungsstuecken-klarkomme-a-3e9dff9f-3ac0-4ca1-9f2c-57634afab3a4 (Zugriff 27.05.2021, gek.); **32** Hanna Klein: Schlimmer als Kreuzfahrten: Mode-Wahnsinn zerstört Umwelt – wie wir das ändern. (27.01.2021) Unter: https://www.focus.de/perspektiven/nachhaltigkeit/nachhaltiger-leben/nachhaltigkeit-mode-wahnsinn-zerstoert-umwelt-wie-wir-das-aendern_id_10964545.html (Zugriff 12.03.2021, gek.); **33** Grüner Knopf: Shoppen mit gutem Gewissen. (01.09.2020) Unter: https://advertorial.sueddeutsche.de/bmz/gruenerknopf/shoppen-mit-gutem-gewissen/ (Zugriff 12.03.2021, gek.); **40** Silke Wichert: Recycling in der Mode. Tolles aus der Tonne. (21.01.2020) Unter: https://www.sueddeutsche.de/stil/recycling-mode-1.4757389 (Zugriff 12.03.2021, gek.); **41** Emilio Schuberth, Zitat. Unter: https://gutezitate.com/zitat/246333 (Zugriff 12.03.2021); **41** Margot Hielscher, Zitat. Unter: http://gutezitate.com/zitat/127112 (Zugriff 12.03.2021); **41** Michael Kors, Zitat. Unter: https://fivmagazine.de/mode-zitate/ (Zugriff 12.03.2021); **41** Bo Derek, Zitat. Unter: https://fivmagazine.de/mode-zitate/#Zitate_von_Schauspielern (Zugriff 12.03.2021); **44** Simone Ahrweiler, Nicolas Rose: Ganz schön vermessen. (23.03.2018) Unter: https://www.fluter.de/ueberwachung-durch-fitness-apps (Zugriff 12.03.2021, gek.); **46** „Wer schaut nach mir?", Frankfurter Allgemeine Sonntagszeitung, 10.06.2018, S. 53, Adrian Lobe (Zugriff 12.03.2021, gek.); **46.f.** Multimedia Stiftung Warentest: Was Kinderschutz-Apps können – und was nicht. (25.08.2020) © dpa Deutsche Presse-Agentur; **55** Philipp Müller: Warnen oder Löschen: Wie sollen Plattformen mit Falschmeldungen verfahren? (02.05.2019) Unter: https://www.bpb.de/gesellschaft/digitales/digitale-desinformation/290481/wie-sollen-plattformen-mit-falschmeldungen-verfahren (Zugriff 12.03.2021, gek.); **56** Marc Schieferecke: Videoüberwachung auf Schulhöfen – Das Kind im Auge von Kameras. (02.05.2018) Unter: https://www.stuttgarter-zeitung.de/inhalt.videoueberwachung-auf-schulhoefen-das-kind-im-auge-von-kameras.8a49ed97-5817-44be-9faf-bf8475dfa230.html (Zugriff 12.03.2021, gek.); **60** Jonas Jansen: Daten-Utopie im Jahr 2030. Was für eine wunderbare Welt. (28.01.2016) Unter: https://www.faz.net/aktuell/wirtschaft/netzkonferenz-dld/wie-die-datenflut-die-welt-zu-einem-besseren-ort-macht-14039104.html (Zugriff 12.03.2021, gek.); **62** Technik aus den USA: Stirnband misst Aufmerksamkeit von Schülern. (22.01.2019) Unter: https://www.spiegel.de/lebenundlernen/schule/china-stirnband-misst-hirnstroeme-von-schuelern-a-1248799.html (Zugriff 12.03.2021, gek.); **64** Leonie Berger, SWR 2, Zitat. Unter: https://www.rafik-schami.de/rafik-schami/c-1305, (Zugriff 06.04.2021); **64** Rafik Schami: Sami und der Wunsch nach Freiheit. Beltz & Gelberg, Weinheim 2017, Klappentext; **67.f.** Martina Läubli: Deutsche Sprache, meine Sprache. (08.02.2020) Unter: https://nzzas.nzz.ch/kultur/literatur-deutsch-gehoert-allen-autoren-ld.1539233?reduced=true (Zugriff 29.03.2021, gek.); **69** „Für mich ist es ja selbstverständlich, zwischen den Kulturen zu leben." Interview von Sibel Kara mit Alina Bronsky. (07/2021) Unter: https://heimatkunde.boell.de/de/2010/07/18/fuer-mich-ist-es-ja-selbstverstaendlich-zwischen-den-kulturen-zu-leben (Zugriff 06.04.2021, gek.); **70.f.** Saša Stanišić: Herkunft. Luchterhand, München 2019, S.132-135; **79** Peter Ilg: Auswanderer: Die Besten verlassen Deutschland. (11.03.2020) Unter: https://www.heise.de/newsticker/meldung/Auswanderer-Die-Besten-verlassen-Deutschland-4680750.html (Zugriff 06.04.2021, gek.); **80** Daten und Fakten: Zahlen zu deutschen Auswanderern. Unter: https://www.deutsche-im-ausland.org/im-ausland-leben-und-arbeiten/leben-im-ausland/daten-und-fakten.html (Zugriff 06.04.2021); **81** Schreiner in Schweden. Unter: https://www.deutsche-im-ausland.org/im-ausland-leben-und-arbeiten/leben-im-ausland/erfahrungsberichte/schweden-schreiner.html (Zugriff 06.04.2021, gek.); **82** Gastarbeiter. Unter: https://www.bpb.de/nachschlagen/lexika/270369/gastarbeiter (Zugriff 06.04.2021, gek.); **83.f.** Otto Langels: Millionster Gastarbeiter vor 50 Jahren. Ein Moped für Armando Rodrigues de Sá. (10.09.2014) Unter: https://www.deutschlandfunk.de/millionster-gastarbeiter-vor-50-jahren-ein-moped-fuer.871.de.html?dram:article_id=296998 (Zugriff 06.04.2021, gek.); **84** Gastarbeiter. Unter: https://de.wikipedia.org/wiki/Gastarbeiter (Zugriff 06.04.2021, gek.); **85** Matthias Mayer: Bertelsmann-Stiftung: Deutscher Arbeitsmarkt auf außereuropäische Zuwanderung angewiesen. (2019) Unter: https://www.bertelsmann-stiftung.de/de/themen/aktuelle-meldungen/2019/februar/deutscher-arbeitsmarkt-auf-aussereuropaeische-zuwanderung-angewiesen/ (Zugriff 06.04.2021, gek.); **86** Elisabeth Steinkellner: Die Nacht, der Falter und ich. Tyrolia Innsbruck 2016, S. 47–49; **88.f.** Fabrizio Silei, Maurizio. A.C. Quarello: Der Bus von Rosa Parks. Übers. v. Sarah Pasquay. Verlagshaus Jacoby & Stuart, Berlin 2011; **90** Paul Rogat Loeb: Wer war Rosa Parks wirklich? (15.11.2005) Unter: http://www.aurora-magazin.at/gesellschaft/loeb_parks_frm.htm (Zugriff 11.12.2020, gek.); **92.f.** ; **92.f.** Sibylle Berg: Und in Arizona geht die Sonne auf. In: Zeit Punkte 3/2000. Bewegte Welt. Zeitverlag Gerd Bucerius, Hamburg 2000, S. 34; **94.f.** Erich Kästner: Der tägliche Kram: Chansons u. Prosa 1945–1948. Atrium, Zürich 1949; **97.f.** Lutz Rathenow: Sisyphos. Erzählungen. Berlin Verlag, Berlin 1995, S. 26-30; **102** Reiner Kunze: Die wunderbaren Jahre. Prosa. S. Fischer, Frankfurt/M. 1976; **104** Kurt Marti: szene 81. beispiele schweizer gegenwartsliteratur. Garte zitig. Zürich 1980, S. 17f.; **105** Selim Özdogan: Trinkgeld vom Schicksal. Aufbau, Berlin 2010, S. 163f.; **106** Clemens J. Setz: Die Liebe zur Zeit des Mahlstädter Kindes. Erzählungen. Suhrkamp, Berlin 2012, S. 255; **108.f.** Stefan Zweig: Die unsichtbare Sammlung. Novellen. fabula Verlag, Hamburg 2016, S. 5ff.; **110** Wolfdietrich Schnurre: Der Schattenfotograf. Aufzeichnungen. List Verlag, München 1978; **110.f.** Stefan Zweig: Die unsichtbare Sammlung. Novellen. fabula Verlag, Hamburg 2016, S. 16-21; **113.f.** Root Leeb: Verrat. In: Geheimnis Kurz_geschichten. Hrsg. v. Rafik Schami. ars vivendi, Caldozburg 2019. S. 12–14; **114** Gregor Tholl: Zehn Jahre «Tschick»: So jung und schon ein Klassiker. (16.09.2020) © dpa Deutsche Presse-Agentur; **115** Leserbrief Schülerin, 9. Klasse/Frankfurt. In: Tobias Rüther: Herr Herrndorf, wie haben Sie das gemacht? (17.09.2020) Unter: https://www.faz.net/aktuell/feuilleton/buecher/themen/zehn-jahre-tschick-briefe-an-wolfgang-herrndorf-16951453.html (Zugriff 08.04.2021, gek.); **116** Wolfgang Herrndorf: Tschick. Rowohlt, Reinbek 2012, S. 7ff.; **117.f.** Wolfgang Herrndorf: Tschick. Rowohlt, Reinbek 2012, S. 21ff., 39f., 41ff.; **119** Wolfgang Herrndorf: Tschick. Rowohlt, Reinbek 2012, S. 81, S. 82ff.; **121** Wolfgang Herrndorf: Tschick. Rowohlt, Reinbek 2012, S. 225f.; **122** Wolfgang Herrndorf: Tschick. Rowohlt, Reinbek 2012, S. 235f., 237, 253f.; **124.f.** Wolfgang Herrndorf: Tschick. Rowohlt, Reinbek 2012, S. 175ff., S. 249f.; **132.f.** Wolfgang Herrndorf: Tschick. Rowohlt, Reinbek 2012, S. 135ff.; **134** Erich Fried: Es ist wie es ist. Wagenbach, Berlin 1983, S. 43; **134** Franz Hohler: Vom richtigen Gebrauch der Zeit. Luchterhand, München 2006; **134** Jürgen Spohn: Ein Schauder. In: Ununterbrochen schwimmt im Meer der Hinundhering hin und her. Das dicke Buch vom Nonsens-Reim. Hrsg. v. Uwe-Michael Gutzschhahn. cbj, München 2015 S. 173; **136** Christian Morgenstern: Wir fanden einen Pfad. Piper, München 1914, S. 32; **137** Václav Havel: Das Gartenfest, Die Benachrichtigung. 2 Dramen. Rowohlt, Reinbeck b. Hamburg 1967, S. 169; **137** Renate Welsch: Die Brücke. Aus: Das Sprachbastelbuch. Hrsg. v. Gerri Zotter, G & G Verlag, Wien 2005, S. 37; **137** Piere Aziz: liebe. Unter: http://www4.ac-nancy-metz.fr/allemand/HIDA/aurore%20sandrine/GT%20COLLEGE%202012/Dossier%205%20-%20konkrete%20Poesie/Konkrete%20Poesie_ausgew%E4hlte_Gedichte.pdf (Zugriff 06.04.2021); **138** Rose Ausländer: Gesammelte Werke. S. Fischer, Frankfurt/M. 1985–1990; **139** Ilma Rakusa: Gedicht gegen die Angst. In: Ein Gedicht von mir. Lyrikerinnen und Lyriker der Gegenwart stellen sich vor. Hrsg. v. Dirk von Petersdorff. Reclam, Stuttgart 2012. S. 107f.; **140** Reiner Kunze: Gespräch mit der Amsel. S. Fischer, Frankfurt/M. 1984, S. 9; **141** Elisabeth Steinkellner: Die Nacht, der Falter und ich. Tyrolia, Innsbruck 2016; **142** Johann Wolfgang von Goethe: Goethes Schriften, 8. Band. G. J. Göschen, Leipzig 1789, S. 147f.; **143** Heinz Kahlau: Zweisam. Liebesgedichte. Aufbau Taschenbuch, Berlin 1999, S. 86; **145** Christa Kožik: Tausendundzweite Nacht. Gedichte. Verlag Neues Leben, Berlin 1988, S. 13; **147** Erich Kästner, Sachliche Romanze. In: Ders. Doktor Erich Kästners Lyrische Hausapotheke, Zürich: Atrium Verlag 1986; **148** Christine von dem Knesebeck: Ob ich ihr sag, dass ich sie mag? Aus: Großer Ozean. Hrsg. v. Hans- Joachim Gelberg. Beltz & Gelberg, Weinheim 2000, S. 29.; **152** Friedrich von Bodenstedt: Gesammelte Schriften, Berlin 1862; **153** Kristiane Allert-Wybranietz: Trotz alledem. Verschenktexte. Körner, Fellbach 1983, S. 40; **154** Johann Wolfgang Goethe: In: Sämtliche Werke nach Epochen seines Schaffens. Münchner Ausgabe. Bd. 1.1, S. 264 f.; **155** Elisabeth Steinkellner: Die Nacht, der Falter und ich. Tyrolia, Innsbruck 2016; **156** Lutz Hübner: Das Herz eines Boxers. Ein Jugendtheaterstück. Taschenbücherei Texte & Materialien. Hrsg. v. Klaus-Ulrich Pech u. Rainer Siegle. Ernst Klett, Stuttgart 2009, S. 4ff.; **158.f.** Lutz Hübner: Das Herz eines Boxers. Ein Jugendtheaterstück. Taschenbücherei Texte & Materialien. Hrsg. v. Klaus-Ulrich Pech u. Rainer Siegle. Ernst Klett, Stuttgart 2009, S. 4–7; **160.f.** Lutz Hübner: Das Herz eines Boxers. Ein Jugendtheaterstück. Taschenbücherei Texte & Materialien. Hrsg. v. Klaus-Ulrich Pech u. Rainer Siegle. Ernst Klett, Stuttgart 2009, S. 8–11; **162.f.** Lutz Hübner: Das Herz eines Boxers.

Ein Jugendtheaterstück. Taschenbücherei Texte & Materialien. Hrsg. v. Klaus-Ulrich Pech u. Rainer Siegle. Ernst Klett, Stuttgart 2009, S. 14–16; **164** Lutz Hübner: Das Herz eines Boxers. Ein Jugendtheaterstück. Taschenbücherei Texte & Materialien. Hrsg. v. Klaus-Ulrich Pech u. Rainer Siegle. Ernst Klett, Stuttgart 2009, S. 20f.; **165** Lutz Hübner: Das Herz eines Boxers. Ein Jugendtheaterstück. Taschenbücherei Texte & Materialien. Hrsg. v. Klaus-Ulrich Pech u. Rainer Siegle. Ernst Klett, Stuttgart 2009, S. 23–25; **166** Lutz Hübner: Das Herz eines Boxers. Ein Jugendtheaterstück. Taschenbücherei Texte & Materialien. Hrsg. v. Klaus-Ulrich Pech u. Rainer Siegle. Ernst Klett, Stuttgart 2009, S. 25–29; **168.f.** Lutz Hübner: Das Herz eines Boxers. Ein Jugendtheaterstück. Taschenbücherei Texte & Materialien. Hrsg. v. Klaus-Ulrich Pech u. Rainer Siegle. Ernst Klett, Stuttgart 2009, S. 30-33; **170.f.** Lutz Hübner: Das Herz eines Boxers. Ein Jugendtheaterstück. Taschenbücherei Texte & Materialien. Hrsg. v. Klaus-Ulrich Pech u. Rainer Siegle. Ernst Klett, Stuttgart 2009, S. 18–20; **172.1** Eisbrecher „Polarstern" – Größte Arktis-Expedition aller Zeiten gestartet. (20.09.2019) Unter: https://www.faz.net/aktuell/gesellschaft/eisbrecher-polarstern-richtung-arktis-gestartet-16395780.html (Zugriff 12.03.2021, gek.); **172.2** Kampf gegen Schrott im All – ESA schickt die Müllabfuhr in den Weltraum. 2025 soll „ClearSpace-1" mit der Arbeit beginnen. (09.12.2019) Unter: https://www.bild.de/ratgeber/wissenschaft/ratgeber/esa-projekt-clearspace-1-all-muellabfuhr-sammelt-weltraumschrott-ein-66588160.bild.html (Zugriff 12.03.2021, gek.); **172.3** Im Sommer startet die Mega-Expedition – Forscher frieren sich schon mal warm. (23.02.2019) Unter: https://www.bild.de/regional/bremen/bremen-aktuell/1-jahr-expedition-forscher-frieren-sich-schon-mal-warm-60293950.bild.html (Zugriff 12.03.2021, gek.); **172.4** Astro-Alex erreicht ISS – „Wow! Wow! Wow!" – Kollegen überwältigt. (08.06.2018) Unter: https://www.express.de/news/panorama/astro-alex-erreicht-die-iss--wow--wow--wow-----kollegen-ueberwaeltigt-30589456 (Zugriff 12.03.2021, gek.); **172.5** Bild auf Twitter. (12.10.2020) Unter: https://twitter.com/BILD/status/1315755445940817920 (Zugriff 12.03.2021, gek.); **172.6** Nach Mondlandung: China greift nach den Sternen. (03.01.2019) Unter: https://www.tagesschau.de/ausland/mond-159.html (Zugriff 12.03.2021, gek.); **172.7** Bild auf Twitter. (19.10.2020) Unter: https://twitter.com/BILD/status/1318220387361132544 (Zugriff 12.03.2021, gek.); **172.8** Mit „Dragon"-Kapsel: SpaceX will Touristen so weit ins Weltall fliegen wie noch nie. (19.02.2020) Unter: https://www.spiegel.de/wissenschaft/weltall/spacex-will-touristen-so-weit-ins-weltall-fliegen-wie-noch-nie-a-3f5074df-782d-4b4b-8b30-9fa139698b78 (Zugriff 12.03.2021, gek.); **172.9** Nasa-Stellenausschreibung – Mehr als 12.000 Männer und Frauen wollen Astronaut werden. (02.04.2020) Unter: https://www.spiegel.de/wissenschaft/weltall/nasa-stellenausschreibung-mehr-als-12-000-maenner-und-frauen-wollen-astronauten-werden-a-36e5480a-25a9-43b7-b09e-74134e0c0ff8 (Zugriff 12.03.2021); **173** «Perseverance»: Nächster Nasa-Rover soll zum Mars starten. (30.07.2020) © dpa Deutsche Presse-Agentur; **179** Benno Schwinghammer: «Perseverance» auf dem Weg zum Mars – mit deutscher Technik an Bord. (30.07.2020) © dpa Deutsche Presse-Agentur; **181** Marie-Astrid Langer: Ein Stück Zürich fliegt zum Mars. (06.05.2018) Unter: https://www.nzz.ch/panorama/reportage-mars-mission-ld.1383379 (Zugriff 15.02.2021, gek.); **183** Udo Harms: Mars-Mission: Ein Triumph der Wissenschaft. (30.07.2020) Unter: https://www.landeszeitung.de/nachrichten/medien-wissen/65004-mars-mission-ein-triumph-der-wissenschaft/ (Zugriff 15.02.2021, gek.); **186** Janet Binder: Extrem-Expedition in die Arktis mit vielen Herausforderungen. (19.09.2021) © dpa Deutsche Presse-Agentur; **187** Kai Strittmatter: Das wilde Treiben am Nordpol. (22.05.2020) Unter: https://www.sueddeutsche.de/leben/abenteuer-das-wilde-treiben-am-nordpol-1.4911613 (Zugriff 15.02.2021, gek.); **187** «Mosaic»-Expedition: Eisscholle zerbricht in viele Teile. (31.07.2020) © dpa Deutsche Presse-Agentur GmbH; **189** Alexander Gerst 2018 zum zweiten Mal auf der ISS. Die Mission Horizons des deutschen Astronauten. (20.12.2018) Unter: https://www.br.de/wissen/alexander-gerst-iss-all-astronaut-mission-horizons-2018-100.html (Zugriff 15.02.2021, gek.); **189** Der lange Weg ins All: Wie Alexander Gerst zum Astronauten wurde. Lars Abromeit im Interview mit Alexander Gerst. Unter: https://www.geo.de/wissen/weltall/horizons/19029-rtkl-interview-der-lange-weg-ins-all-wie-alexander-gerst-zum (Zugriff 15.02.2021, gek.); **189** Alexander Gerst, Zitat. Aus: Frank Herold, Richard Friebe: Alexander Gerst. Ein Glücksfall für die Raumfahrt (20.12.2018) Unter: https://www.tagesspiegel.de/themen/reportage/alexander-gerst-ein-gluecksfall-fuer-die-raumfahrt/23788184.html (Zugriff 16.02.2021, gek.); **192** Christina Horsten: Geschichte geschrieben: Raumfahrer aus USA an ISS angekommen. (31.05.2020) © dpa Deutsche Presse-Agentur GmbH; **192** Horst Rademacher: Cape Canaveral. Erste bemannte SpaceX-Rakete erfolgreich gestartet. (30.05.2020) Unter: https://www.faz.net/aktuell/wissen/weltraum/spacex-start-im-zweiten-versuch-geglueckt-16794166.html (Zugriff 16.02.2021, gek.); **193** Die Mutter aller Verschwörungstheorien. Fünf Fakten gegen Mond-Fake-News. (26.07.2020) Unter: https://www.bz-berlin.de/panorama/fuenf-fakten-gegen-mond-fake-news (Zugriff 16.02.2021, gek.); **193** PUBLIZISTISCHE GRUNDSÄTZE (PRESSEKODEX, Fassung v. 11.09.2019). Unter: https://www.presserat.de/pressekodex.html (Zugriff 25.02.2021, gek.); **194** Stefan Schmitt, Fritz Habekuß, Dirk Asendorpf: Arktis: Mosaik aus Eis und Fragen. In: Die Zeit Nr. 24/2019 v. 06.06.2019. Unter: https://www.zeit.de/2019/24/arktis-polarnacht-polarstern-expedition-forschung-klimawandel (Zugriff 16.02.2021, gek.); **206** Christian Bohnenkamp: Fremdsprache Amtsdeutsch. (04.01.2012) Unter: https://www.neuepresse.de/Hannover/Meine-Stadt/Fremdsprache-Amtsdeutsch (Zugriff 22.03.2021, gek.); **206** Daniel Nusser: Die besten Funkkopfhörer für TV und Stereoanlage im Nutzer-Test: Es geht auch ohne Bluetooth. (12.05.2020) Unter: https://www.chip.de/artikel/Die-besten-Funkkopfhoerer-fuer-TV-und-Stereoanlage-im-Nutzer-Test_170609362.html (Zugriff 22.03.2021, gek.); **207** Sulaiman Masomi – Der Rat der Sprache. (26.01.2015) Unter: https://www.fantasy-geschichten-forum.de/index.php?thread/1572-sulaiman-masomi-der-rat-der-sprache/ (Zugriff 22.03.2021, gek.); **208** Thaddäus Troll: Das etwas andere Rotkäppchen. (02.10.2020) Unter: https://aventin.de/das-etwas-andere-rotkaeppchen/ (Zugriff 22.03.2021, gek.); **208** Brüder Grimm: Rotkäppchen. Unter: https://gutenberg.spiegel.de/buch/dieschonsten-kinder-und-hausmarchen-6248/140; **209** Das gute alte Rotkäppchen auf Berlinerisch. (01.06.2018) Unter: http://anb030.de/a/das-gute-alte-rot-kaeppchen-auf-berlinerisch/ (Zugriff 22.03.2021, gek.); **212** Annika Zeitler: Energie aus dem Meer. Manganknollen. (04.10.2018) Unter: https://www.planet-wissen.de/natur/meer/energie_aus_dem_meer/pwiemanganknollen100.html (Zugriff 10.11.2020, gek.); **213** Bernd Flessner, ahoi! Mare für Kinder No. 3. Mareverlag, Hamburg 2011, S. 48–51 (bearb.); **216** Bernd Flessner, ahoi! Mare für Kinder No. 3. Mareverlag, Hamburg 2011, S. 48–51 (bearb.); **217** Bastian Sick: Der traurige Konjunktiv. Unter: https://bastiansick.de/wp-content/uploads/old-site2/content/kolumnen/Bastian_Sick_-_Der_traurige_Konjunktiv_fur_den_Unterricht.pdf (Zugriff 11.12.2020, gek.); **218** Insp. durch: Titanic. Seenot: Rette sich, wer kann! Aus: GEOLINO Nr. 04/12, S. 24–30. Unter: https://www.geo.de/geolino/mensch/11756-bstr-seenot-rette-sich-wer-kann/137083-img- (Zugriff 10.11.2020, bearb.); **221** Sebastian Reuter: Jüngste Solo-Weltumseglerin . Die neuen Pläne der Laura Dekker. (12.02.2019) Unter: https://www.faz.net/aktuell/stil/leib-seele/juengste-solo-weltumseglerin-die-neuen-plaene-der-laura-dekker-16035719.html (Zugriff 10.11.2020, gek.); **224** Ab 2021 kann man das Titanic Wrack besuchen. (30.10.2020) Unter: https://www.travelbook.de/attraktionen/expedition-titanic-wrack (Zugriff 11.12.2020, gek.); **225** Must-See: Unterwasser-Post Office in Efate. (Helena, 24.03.2015) Unter: https://www.pacific-travel-house.com/blog/2015/03/must-see-unterwasser-post-office-efate/ (Zugriff 10.11.2020, gek.); **226** „Wir müssen sofort die Reißleine ziehen". Meeresbiologin Frauke Bagusche im Interview mit Claudia Barner. (03.02.2020) Unter: https://www.stuttgarter-zeitung.de/inhalt.meeresbiologin-frauke-bagusche-wir-muessen-sofort-die-reissleine-ziehen.c10ccfef-f77b-47cb-a37b-195af9bb001a.html (Zugriff 10.11.2020, gek.); **227** Sebastian Schuch: Maritime Müllabfuhr: Wie ein Garchinger Verein die Weltmeere von Plastik befreit. (16.10.2019) Unter: https://www.merkur.de/lokales/muenchen-lk/garching-ort28709/plastikmuell-wie-ein-garchinger-verein-weltmeere-von-plastik-befreit-13113871.html (Zugriff 10.11.2020, gek.); **228** Jean Bethel: Berühmte Wissenschaftler. Was ist Was, Bd. 29. Übers. v. Otto Ehlert. Tessloff, Nürnberg 1987, S. 43; **230** Karin Stawski: Schiedsrichterin Bibiana Steinhaus über das wichtigste Spiel ihrer Karriere. (30.09.2020) Unter: https://www.stern.de/wirtschaft/die-boss/schiedsrichterin-bibiana-steinhaus-ueber-das-wichtigste-spiel-ihrer-karriere-9335274.html (Zugriff 16.02.2021, gek.); **232** Wiebke Plasse: Weltveränderer Vincent van Gogh. Unter: https://www.geo.de/geolino/mensch/1083-rtkl-weltveraenderer-vincent-van-gogh (Zugriff 16.02.2021, gek.); **235** Fiona Macdonald: Albert Einstein. Übers. v. Babette Kösling u. Annah Madrigal. Georg Bitter, Recklinghausen 1992, S. 34f.; **237** Anna Lila May: Alles hinter dem Spiegel. Die kosmische Reise des Stephen Hawking. Unter: https://www.mdr.de/kultur/radio/ipg/sendung831826.html (Zugriff 16.02.2021, gek.); **238** Nadja Ayoub: Stephen Hawking. Zehn Fakten über die Physik-Legende. Unter: https://www.focus.de/wissen/weltraum/stephen-hawking-zehn-fakten-ueber-die-physik-legende_id_4711617.html (Zugriff 16.02.2021, gek.); **239** Lucy und Stephen Hawking: Der geheime Schlüssel zum Universum. Übers. v. Irene Rumler. cbj, München 2010, Klappentext; **240** Furioses Finale - Oprah Winfrey beendet Talkshow-Karriere. (25.05.2011) Unter: https://www.t-online.de/unterhaltung/tv/id_46673754/oprah-winfrey-beendet-talkshow-karriere.html (Zugriff 16.02.2021, gek.); **242** Anna-Lena Abbott: Kunsthistoriker-Rätsel – Wie verlor van Gogh sein Ohr? (20.12.2013) Unter: https://www.spiegel.de/geschichte/van-goghs-ohr-verlor-der-maler-es-im-wahn-oder-im-streit-mit-gauguin-a-951336.html (Zugriff 16.02.2021, gek.); **243** Richard Platt: Spione. Wanzen und Waffen, Geheimcodes und Beschattung, Doppelagenten und Überläufer, James Bond und Mata Hari. Übers. v. Margot Wilhelmi. Gerstenberg, Hildesheim 1997, S. 56ff.; **294** Ralf Zacharias: Der Mond in der Science-Fiction-Literatur. Zum 50-jährigen Jubiläum der ersten Mondlandung. (2019) Unter: https://www.sf-lit.de/themen-und-artikel/der-mond-in-der-sf-literatur/ (Zugriff 07.04.2021); **302** Unter: https://www.rafik-schami.de/rafik-schami/c-1305, (Zugriff 06.04.2021); **303** Leonie Berger: Rafik Schami wird 70. „Ich erzähle Rafik-Schamisch". (23.06.2016) Unter: https://www.deutschlandfunk.de/rafik-schami-wird-70-ich-erzaehle-rafik-schamisch.1773.de.html?dram:article_id=358023 (Zugriff 07.04.2021, gek.); **308** Susan Lages: `nen Kerl wie den. Aus: Warmer Regen auf meiner Haut. Liebesgedichte aus der NDR-2-Sendung „Sweet, Soft and Lazy". Hanseatische Edition, Hamburg 1987, S.27; **313** Margret Steenfatt: Augenaufmachen. 7. Jahrbuch der Kinderliteratur. Hrsg. v. Hans-Joachim Gelberg. Beltz & Gelberg, Weinheim/Basel 1984, S. 218 f.; **319** Lutz Hübner: Das Herz eines Boxers. Ein Jugendtheaterstück. Taschenbücherei Texte & Materialien. Hrsg. v. Klaus-Ulrich Pech u. Rainer Siegle. Ernst Klett, Stuttgart 2009, S. 28f.

Bildquellen

Cover Getty Images RF, München (Maskot); **Cover** ShutterStock.com RF, New York (antstang); **10** Bridgemanimages.com (Twenty Thousand Leagues Under the Sea © Look and Learn), Berlin; **11** Alamy stock photo, Abingdon (BFA); **13** Ursula Poznanski, Cryptos, Loewe Verlag 2020; **15** imago images, Berlin; **22** 2001: Odyssee im Weltraum, R: Stanley Kubrick, UK/USA 1968 © ddp Media GmbH, Hamburg; **26** Alamy stock photo, Abingdon (Pictorial Press Ltd); **26** iStockphoto, Calgary, Alberta (HultonArchive); **26** Alamy stock photo, Abingdon (Granger Historical Picture Archive); **30** laif, Köln (© Vincent Moncorge/LookatSciences); **30** Alamy stock photo, Abingdon (Megapress); **31** Alamy stock photo, Abingdon (Astrakan Images); **31** ShutterStock.com RF, New York (ViChizh); **35** ShutterStock.com RF, New York (Floral Deco); **35** ShutterStock.com RF, New York (Anna Kutukova); **35** ShutterStock.com RF, New York (Halay Alex); **35** ShutterStock.com RF, New York (originalpunkt); **35** ShutterStock.com RF, New York (Fascinadora); **35** ShutterStock.com RF, New York (VGstockstudio); **35** ShutterStock.com RF, New York (Azindianlany); **40** Robert Scheifler, Wien; **42** Gerhard Seyfried © Edition Ahrend & Wegner, Berlin; **43** Heiko Sakurai, Köln; **44** Mauritius Images, Mittenwald (dieKleinert); **47** Getty Images Plus, München (DigitalVision/Sally Anscombe); **57** Plaßmann, Thomas, Essen; **57** POLO/toonpool.com; **59** ShutterStock.com RF, New York (LSqrd42); **60** laif, Köln (Klaus Stuttmann); **64** Picture-Alliance, Frankfurt/M. (Erwin Elsner); **65** Getty Images, München (Alexander Hassenstein); **65** Getty Images, München (Gonzalo Arroyo Moreno); **69** Picture-Alliance, Frankfurt/M. (dpa/Jens Kalaene); **70** Action Press GmbH, Hamburg (Christoph Hardt/Future Image); **76** imago images, Berlin (STAR-MEDIA); **78** VOX; **82** Fotosearch Stock Photography, Waukesha, WI (Digital Wisdom); **83** ullstein bild, Berlin (dpa); **89** Alamy stock photo, Abingdon (Science History Images); **92** stock.adobe.com, Dublin (rakratchada); **108** gestaltung, motiv: florian l. arnold, verlag topalian & milani, 2016; **110** akg-images, Berlin (Erich Lessing); **114** Rowohlt Verlag GmbH, Reinbek; **115** Ziemlich beste Freunde, R: Eric Toledano, Olivier Nakache, F 2011 © Alamy stock photo (AF archive), Abingdon; **116** Picture-Alliance, Frankfurt/M. (dpa/Erwin Elsner); **118** Tschick, R: Fatih Akin, D 2016 © Imago (ZUMA Press), Berlin; **121** Tschick, R: Fatih Akin, D 2016 © Imago (ZUMA Press), Berlin; **124** Tschick, R: Fatih Akin, D 2016 © Imago (ZUMA Press), Berlin; **126** Ziemlich beste Freunde, R: Olivier Nakache, Eric Toledano, F 2011 © ddp media GmbH (Senator Film), Hamburg; **126** Ziemlich beste Freunde, R: Olivier Nakache, Eric Toledano, F 2011 © ddp media GmbH (Senator Film), Hamburg; **126** Ziemlich beste Freunde, R: Eric Toledano, Olivier Nakache, F 2011 © imago images (epd), Berlin; **126** Ziemlich beste Freunde, Regie: Olivier Nakache, Eric Toledano, F 2011 © ddp images GmbH (Senator Film/Gaumont S. A.). Hamburg; **127** Ziemlich beste Freunde, R: Eric Toledano, Olivier Nakache, F 2011 © imago images (epd), Berlin; **128** Ziemlich beste Freunde, R: Eric Toledano, Olivier Nakache, F 2011 © ddp images GmbH (Senator Film), Hamburg; **130** Still aus dem Film „Ziemlich beste Freunde“ (Intouchables), R: Eric Toledano, Olivier Nakache, F 2011 © Gaumont S. A., Neuilly-sur-Seine; **131** Ziemlich beste Freunde (Intouchables), R: Olivier Nakache, Eric Toledano, F 2011 © Alamy stock photo (AF Archive), Abingdon; **131** Ziemlich beste Freunde, R: Eric Toledano, Olivier Nakache, F 2011 © ddp images GmbH (Senator Film), Hamburg; **131** Still aus dem Film „Ziemlich beste Freunde“ (Intouchables), R: Eric Toledano, Olivier Nakache, F 2011 © Gaumont S. A., Neuilly-sur-Seine; **135** Getty Images Plus, München (iStock/jacoblund); **135** Getty Images Plus, München (iStock/Deagreez); **135** Getty Images Plus, München (E+/svetikd); **138** Getty Images, München, Kristen, Tom, Weil (Andreas Gebert); Rose Ausländer: Gesammelte Werke. S. Fischer, Frankfurt/M. 1985-1990; (Rose Ausländer: Gemeinsam); **138** Picture-Alliance, Frankfurt/M., Kristen, Tom, Weil (SZ Photo); Rose Ausländer: Gesammelte Werke. S. Fischer, Frankfurt/M. 1985-1990; (Rose Ausländer: Gemeinsam); **142** akg-images, Berlin; **143** Getty Images Plus, München (E+/PeopleImages); **145** Getty Images Plus, München (DigitalVision Vectors/Clu); **145** Getty Images Plus, München (E+/LordHenriVoton); **146** Getty Images Plus, München (E+/Aleksandar-Georgiev); **147** Artothek, Spardorf (Reni Hansen); **148** Getty Images Plus, München (DigitalVision/Justin Lambert); **152** Getty Images Plus, München (iStock/Giulio Fornasar); **154** akg-images, Berlin; **157** Pingel, Tom, Hamburg; **157** Salzburger Landestheater/Christina Baumann-Canaval; **157** Ruda, Barbara, Lörrach; **158** Salzburger Landestheater/Christina Baumann-Canaval; **160** Salzburger Landestheater/Christina Baumann-Canaval; **163** Salzburger Landestheater/Christina Baumann-Canaval; **165** Salzburger Landestheater/Christina Baumann-Canaval; **166** Salzburger Landestheater/Christina Baumann-Canaval; **168** Salzburger Landestheater/Christina Baumann-Canaval; **170** Salzburger Landestheater/Christina Baumann-Canaval; **173** Alamy stock photo, Abingdon (NASA Photo); **173** ddp media GmbH, Hamburg (abaca press/Alfred Wegener Institute); **174** Süddeutsche Zeitung vom 09.11.2020; **174** Süddeutsche Zeitung vom 08.11.2020; **175** Screenshot FAZ vom 10.11.2020 (c) Alle Rechte vorbehalten. Frankfurter Allgemeine Zeitung GmbH, Frankfurt/M. Zur Verfügung gestellt vom Frankfurter Allgemeine Archiv, Frankfurt/M.; Getty Images, München (AFP / Jim Watson); **176** Süddeutsche Zeitung vom 08.11.2020; **177** Quelle(n): BDZV; ID 72084; **178** Alamy stock photo, Abingdon (RGB Ventures/SuperStock); **184** Action Press GmbH, Hamburg (NASA); **186** imago images, Berlin (McPHOTO/Bäsemann); **186** imago images, Berlin (ZUMA Wire); **188** Picture-Alliance, Frankfurt/M. (Alexander Ryumin/TASS/dpa); **188** Picture-Alliance, Frankfurt/M. (AP Images/Shamil Zhumatov); **189** Picture-Alliance, Frankfurt/M. (REUTERS/Shamil Zhumatov); **192** Picture-Alliance, Frankfurt/M. (ASSOCIATED PRESS/David J. Philip); **197** Lo Graf von Blickensdorf/toonpool.com; **198** stock.adobe.com, Dublin (sunt); **199** ShutterStock.com RF, New York (GoodStudio); **203** Quelle: Atlas zur deutschen Alltagssprache (Elspaß/Möller), Grafik: Matthias Stolz/Infografik 1kilo © Zeitverlag Gerd Bucerius GmbH & Co.KG, Hamburg; **204** Reinhard Trummer - Trumix, Konstanz; **207** imago images, Berlin (Horst Galuschka); **210** ShutterStock.com RF, New York (sergemi); **211** ShutterStock.com RF, New York (Richard Whitcombe); **212** Picture-Alliance, Frankfurt/M. (dpa/lni/Caroline Seidel); **213** Der geplante Atlantiktunnel im Querschnitt, S. 50 aus: mare aHoi! No. 3 © mareverlag, Hamburg; **215** Picture-Alliance, Frankfurt/M. (dpa/China Central Television/Yan Runbo/HPIC); **216** imago images, Berlin (Science Photo Library); **218** Picture-Alliance, Frankfurt/M. (dpa/Bernd Wüstneck/lmv); **220** Getty Images Plus/Microstock, München (iStock/caraman); **221** laif, Köln (Arie Kievit/Hollandse Hoogte); **222** © MELUND; **223** Image Professionals GmbH/ Science Photo Library, München (NOAA); **224** Ghosts of the Abyss, R: James Cameron, USA 2003 © ddp media GmbH (CAMERA PRESS/Jerry Watson), Hamburg; **225** ddp media GmbH, Hamburg (Camera Press/JM); **227** Picture-Alliance, Frankfurt/M. (AP Photo); **228** Alamy stock photo, Abingdon (Pictorial Press Ltd); **228** Mauritius Images, Mittenwald (TopFoto); **229** Getty Images, München (Bettmann); **230** imago images, Berlin (ULMER Pressebildagentur); **232** akg-images, Berlin; **234** Alamy stock photo, Abingdon (The Picture Art Collection); **235** ddp media GmbH, Hamburg (Camera Press); **236** Picture-Alliance, Frankfurt/M. (akg-images); **237** Picture-Alliance, Frankfurt/M. (dpa/EPA/Stefan Zaklin); **240** Alamy stock photo, Abingdon (PHOTOlink/John Barrett); **243** akg-images, Berlin; **246** Getty Images Plus, München (iStock/Ralf Geithe); **248** iStockphoto, Calgary, Alberta (jslsvg); **251** Getty Images Plus/Microstock, München (DigitalVision Vectors / exdez); **255** phæno gGmbH, Wolfsburg (Foto: Matthias Leitzke); **260** Getty Images Plus, München (E+/AJ_Watt); **302** Picture-Alliance, Frankfurt/M. (dpa/Hermann Wöstmann); **325** Ziemlich beste Freunde, R: Olivier Nakache, Eric Toledano, F 2011 © Alamy stock photo (cineclassico), Abingdon; **329** Getty Images Plus, München (Gerard Soury); **331** Picture-Alliance, Frankfurt/M. (KPA/HIP)

Illustrationen
Bohn, Maja, Berlin, **53; 102; 106;**
Bundesagentur für Arbeit, **84;**
dodotes illustrations, Berlin, **36; 39; 55; 136; 139; 141; 144; 153; 155; 177; 196; 197; 200; 204; 244;**
Fairwear, Grafik: Dorina Tessmann, **32;**
Fotosatz Buck, Kumhausen/Hachelstuhl, **11; 42; 49; 65; 80; 180; 193;**
Goedelt, Marion, Berlin, **94; 96; 98; 104; 162;**
Grigo, Pe, Bielefeld, **208; 245;**
Merkle, Helga, Albershausen, **26;**
Oser, Liliane, Hamburg, **26; 34; 48; 73; 87; 233; 254; 292; 296; 312; 326; 341; 342; 343**

1. Auflage 1 5 4 3 2 1 | 25 24 23 22 21

Alle Drucke dieser Auflage sind unverändert und können im Unterricht nebeneinander verwendet werden.
Die letzte Zahl bezeichnet das Jahr des Druckes.

Herausgeberinnen und Herausgeber: Martina Blatt, Frankfurt a. M.; Heike Henniger, Jahnsdorf; Andreas Zdrallek, Köln
Autorinnen und Autoren: Dr. Thomas Bickelhaupt, Ludwigsburg; Martina Blatt, Frankfurt a. M.; Jennifer Braden, Bonn; Julia Faber, Bonn; Maria Geipel, Leipzig; Heike Henniger, Jahnsdorf; Felicitas Knauer, Crimmitschau; Annika Restemeyer, Enger; Dr. Anja Seiffert, Leipzig; Daniel Sieverding, Osnabrück; Andreas Zdrallek, Köln
Mit Beiträgen von: Friederike Braun, München; Susanne Büttner, Bonn; Julia Glage, Hannover; Katja Hofmann, Kirchhain; Wiebke Hoheisel, Göttingen; Andy Horschig, Dresden; Susanne Jugl-Sperhake, Lippersdorf; Janina Kiehl, Hannover; Peter Koch, München; Dr. Rosemarie Lange, Ruttersdorf; Konrad Notzon, Bramsche; Kerstin Plewka, Bremen; Christina Rutsch, Bad Neuenahr-Ahrweiler; Claus Schlegel, Göttingen; Stephanie Seidenspinner, Bremen; Maja Sturm, Osnabrück
Beratung: Eren Hajizadeh-Zaker, Köln

Entstanden in Zusammenarbeit mit dem Projektteam des Verlags.

Gestaltung: normaldesign GbR, Maria und Jens-Peter Becker, Schwäbisch Gmünd
Titelbild: links: Getty Images RF, München (Maskot); rechts: ShutterStock.com RF, New York (antstang)
Satz: Fotosatz Buck, Kumhausen
Reproduktion: Meyle + Müller GmbH + Co. KG, Pforzheim
Druck: PASSAVIA Druckservice GmbH & Co. KG, Passau
Produktion Hörfiles: Buchfunk Verlag, Leipzig

Printed in Germany
ISBN 978-3-12-316204-6

9 783123 162046

Inhalte des Online-Bereichs